持続可能な
開発目標とは何か

2030年へ向けた変革のアジェンダ

蟹江憲史

［編著］

ミネルヴァ書房

まえがき

　本書は 2013〜2015 年度に実施された環境省環境研究総合推進費戦略的研究開発課題（S-11）『持続可能な開発目標とガバナンスに関する総合的研究——地球の限られた資源と環境容量に基づくポスト 2015 年開発・成長目標の制定と実現へ向けて（英語通称：POST2015，研究代表者：蟹江憲史）』のプロジェクト参画者を中心に，その研究成果に基づいて，持続可能な開発目標（SDGs）と，その先の持続可能な世界へ向けた変革に関する知見を取りまとめたものである。2012 年度に実施された FS（環境省環境研究総合推進費フィーシビリティースタディ「環境面を強化したポスト MDGs の開発とその実現のための国際制度に関する研究」，研究代表者：蟹江憲史）実施期間を入れると合計 4 年間の大規模プロジェクトの研究成果といってよい。プロジェクトは，国連における SDGs 合意形成プロセスへのインプットを行うことを第一の目標にしながら，これを日本の持続可能な成長へ向けた変革や，持続可能な開発へ向けた世界の変革を行う好機ととらえ，持続可能な世界を実現するための考え方や方策，政策を検討してきた。期せずして，国連の 2030 年アジェンダにも，世界の「変革」というタイトルが付された。もはや変革なくしては，世界は持続しえないというのが，共通の認識となってきている。そうした状況や変革の方向性をどうとらえればよいのか。その理解の一助となりたいという希望をもって，本書は執筆された。

　本書に含まれる知見を生み出した研究は，この他にも，本書の執筆者が受け取った多様な研究費の支援を受けて実施された。上記の環境省環境研究総合推進費をはじめ，以下に挙げるこれら研究費の寛大な支援に対し，深くお礼を申し上げたい。国際交流基金日米センター「国際環境ガバナンスにおける多様な行為主体の効果的参加のための制度設計」（2011 年 2 月〜2013 年 3 月，研究代表者：蟹江憲史），独立行政法人科学技術振興機構（JST）戦略的創造研究推進事業（社会技術研究開発）研究領域「フューチャー・アース構想の推進事業」「持続可能な開発目標（SDGs）実施へ向けたトランスディシプリナリー研究」（2015 年 2 月〜7 月，研究代表者：蟹江憲史），科学研究費補助金・基盤研究（B）課題番号 26285041「グロー

i

バル・タックスの効果に関する研究——気候変動ガヴァナンスを中心に」（研究分担者：森晶寿），科学研究費助成事業 特別推進研究（26000001）「人口減少社会における，経済への外的ショックを踏まえた持続的発展社会に関する分析」（研究代表者：馬奈木俊介）（2014～2018 年度）」（日本学術振興会），E-1501「気候変動対策の進捗評価を目的とした指標開発に関する研究」（2015～2017 年度）（課題代表者：亀山康子），大学共同利用機関法人　人間文化研究機構　総合地球環境学研究所プロジェクト「アジア環太平洋地域の人間環境安全保障——水・エネルギー・食料連環」（2013～2017 年度）（研究代表者：遠藤愛子）。

　本書の知見は，S-11 プロジェクトの多くの会合やワークショップ，シンポジウム等を経て構築されてきた。2013 年 1 月 28～31 日には Earth System Governance Tokyo Conference を主催し，未だ見ぬ SDGs とそのガバナンスの可能性に関する知見を収集すると同時に，ガバナンス研究についての国際研究チームの基礎が築かれた。そのときに集ったメンバーのうちの一人 Laurence Tubiana 氏は，後に COP21 のフランス政府特使となり，2015 年のパリ合意形成の中心人物となったことに代表されるように，当時集い，その後も検討を重ねてきたメンバーは，持続可能な開発の政策と科学の中核を担うメンバーであった。そうしたメンバーの最先端の知見を集めてプロジェクトを推進できたことは，何よりも貴重なことであった。その後 3 月末には S-11 の中核メンバーで，当時進行中の国際プロセスについての知見や認識の共有を行い，最初の全体会合は 2013 年 7 月 25～27 日に横浜にて実施された。ニューヨークの国連環境計画事務局から参加された Surendra Shrestha 氏をはじめ，Dave Griggs 氏，Laszlo Pinter 氏等，広く国際的参画を得て，プロジェクトはスタートした。そのころから，特にガバナンス研究に関しては Earth System Governance プロジェクト（Future Earth コアプロジェクトの国際研究プロジェクト）を中心とする以下のプロジェクトメンバーとの議論や共同研究が非常に重要な知見を生み出した。それらは Oran R. Young, Frank Biermann, Steven Bernstein, Peter M. Haas, Arild Underdal, Rakhyun E. Kim, Casey Stevens, Aarti Gupta, Mans Nilsson, Michelle Scobie, Marcel Kok, Dora Almassy, Steinar Andresen, Takahiro Yamada, Tancrede Voituriez, Kanako Morita, Thierry Giordano, Noura Bakkour, Noriko Shimizu, Joyeeta Gupta らである。ここに感謝したい。

　また，S-11 プロジェクトではアドバイザリーボードを設置し，年数回プロ

ジェクト全体や研究の推進，国連へのインプット方法等について，貴重なアドバイスをいただいた。国内からは，西岡秀三，黒田かをり，富本幾文，植田和弘の各先生，国際的には Sakiko Fukuda-Parr，Dave Griggs の両先生がこれに当たる。また，環境研究総会推進費関係の委員やプロジェクトオフィサー（PO）としても，以下の先生方には折に触れ貴重なアドバイスをいただいた。とりわけ，委員会を代表して様々な助言をくださった鈴木基之，浅野直人両先生，福山研二，安田憲二両 PO には大変お世話になった。こうした方々にはこの機会に深く感謝の意を表したい。

　ワークショップやシンポジウムは国内外において数多く実施した。2013 年度は 1 月 17 日，14 年度は 1 月 16 日，15 年度は 1 月 15 日に，それぞれ国民との科学・技術対話の一環として年次シンポジウムを実施した。持続可能な開発は，環境だけでは実現できず，社会および経済の持続可能性の達成なくしてはありえない，との理念のもと，東京工業大学（2013〜14 年頃），慶應義塾大学総合政策学部・環境情報学部・政策・メディア研究科（2015 年度）主催のシンポジウムを Beyond MDGs Japan，国連大学サステイナビリティ高等研究所，環境省，東京大学大学院教育学研究科，東北大学大学院環境科学研究科，地球環境戦略研究機関といった団体との共催で実施してきた。これら諸共催団体に感謝すると同時に，シンポジウムに登壇いただいた，武見敬三，川廷昌弘，荒川博人，木下圭晃，スレンドラ・シュレスタ，デイビッド・マローン，小池俊雄，稲場雅紀，中村桂子，佐々木論，関正雄，池上清子，荒川博人，佐藤真久各氏を始め，その他のプロジェクト活動にも関係してくださった方々に対しても感謝の気持ちを表したい。また，2013，2014 年度は東京工業大学から三島良直学長に，2015 年度には慶應義塾大学から真壁利明理事に，それぞれ主催者としてご登壇いただいた。私の所属先変更から主催が変わる中，いずれの大学からも大きなご支援をいただいたことは，本当にありがたく，感謝の意に絶えない。

　これらの他にも国際ワークショップ 12 回，国内諸都市でのワークショップやシンポジウム実施は 11 回を数えた。こうした活動を支えてくれたのが，S-11 事務局や東京工業大学，慶應義塾大学，それに国連大学サステイナビリティ高等研究所の職員や学生の方々である。特に以下の方々の尽力なしには本研究プロジェクトは成り立たなかったといって過言ではない。徳田知佳子，秋田百合，武居千春，ポーターあけみ，竹村典子，島谷仁美，堀江里絵子，江藤香織，井口正彦，

早川有香，古賀真希，中川唯，飯島美枝，菅谷恭子，大草奈津子，青柳宏美の皆さん，プロジェクトの立ち上げ時にマネージメントを担当してくださった宮澤郁穂さん，そして本書の執筆者にも名を連ね，プロジェクト後半のマネージメントを一手に引き受けてくださった小坂真理さん，本当にありがとうございました！

　政策指向の本研究プロジェクトの推進に当たっては，環境省，外務省をはじめ，国連関係者等多くの政策担当者の方々にも貴重なアドバイスを頂き，連携関係を持っていただいた。特に以下の各氏には政策と科学の間に立って，いろいろな形でご尽力いただいた。瀬川恵子，戸田英作，大菅岳史，小林正明，松澤裕，辻原浩，竹本明生，竹中篤史，刈部博文，水嶋周一，樋口祐太，房村拓矢，鈴木真野，辻景太郎，尾池厚之，南博，谷津龍太郎，関総一郎，塚本直也，柴田泰，飯田慎一，香川剛廣，杉中淳，高田勝信，田村政美といった方々。また，研究面においては，国連大学の武内和彦先生，同サステイナビリティ高等研究所の竹本和彦所長をはじめ，沖大幹，高柳彰夫，黒田一雄，肱岡靖明，永井三岐子，谷口真人，三宅博之の各先生からのアドバイスや意見交換，議論などが非常に重要であった。これらの方々には特に深く感謝するところである。

　私が最初に持続可能な開発目標（SDGs）という言葉を聞いたのは，リオ＋20会議を翌年に控えた2011年9月に箱根で開催したEarth System Governance Hakone Vision Factoryであった。研究者と政策担当者をそれぞれ世界から20名程度集めて2泊3日の集中討議を行い，21世紀の持続可能なガバナンスを考える中で出てきたのが，SDGsというアイディアであった。当時まだ提案段階であったこの考えを提示したのは，その国連交渉への提案者の一人で当時グアテマラ政府の国連代表部で外交官を務めていたJimena Leiva氏であった。

　それから5年が経ち，SDGsは国連の2030年目標となった。Hakone Vision Factoryに応援に駆け付けた当時0歳の息子も，5歳になった。2030年に成人を迎える彼らの世代に持続可能な世界を引き継ぐことができるか。これから15年間で目標を達成するのは，現世代の責任であり，義務であるともいえよう。本書がその取り組みに資する事が出来れば幸いである。

2016年5月　湘南藤沢にて

蟹江憲史

持続可能な開発目標とは何か

――2030 年へ向けた変革のアジェンダ――

目　　次

まえがき

序　章　持続可能な開発のための 2030 アジェンダとは何か……………1
　　　　——SDGs の概要と背景

　1　2030 年の世界へ向けて …………………………………………1
　2　持続可能な開発目標（SDGs）とは？ …………………………3
　3　持続可能な開発のための 2030 アジェンダの背景と課題 ………11
　4　本書の構成……………………………………………………16

第Ⅰ部　ミレニアム開発目標から SDGs へ

第 1 章　ミレニアム開発目標における経験と反省……………………22
　　　　——何が出来て何が出来なかったのか？
　1　ミレニアム開発目標ができるまで………………………………22
　2　ミレニアム開発目標の進捗状況と課題…………………………25
　3　ミレニアム開発目標の成功要因と失敗要因……………………34
　4　MDGs を踏まえた持続可能な開発目標の実施に向けて……………38

第 2 章　環境資源制約下での持続可能性の評価と SDGs………………42
　1　21 世紀の発展のあり方と「新国富」……………………………42
　2　「新国富」による地域の持続可能性の評価——資本の量と価値 ………44
　3　資本の価値の推計——鉱物資源の価値とアジアの特徴 …………47
　4　迫りくる地球システムの限界と資源の価値——銅の例 …………50
　5　生物資源の利用と地球の境界（Planetary Boundaries）…………57
　6　「新国富」を用いた持続可能性の評価に向けて …………………63

第Ⅱ部　環境と開発の統合と持続可能な開発目標
──具体的課題への取組み──

第3章　サステイナビリティ指標 ……………………………………… 68
　　　　──持続可能な開発をいかに測るか？

1　SDGs 達成に向けた取り組みの進捗状況のモニタリング ……………… 68

2　指標の基礎 ……………………………………………………………… 69

3　持続可能な開発に係る指標の類型と SDGs の指標 …………………… 70

4　グリーン・エコノミーとグリーン成長──環境問題を中心とした指標群 …… 74

5　幸福度とウェルビーイング──社会面を計測する指標群 ………………… 79

6　指標の今後 ……………………………………………………………… 85

第4章　「ネクサス」と SDGs ………………………………………… 89
　　　　──環境・開発・社会的側面の統合的実施へ向けて

1　「ネクサス」の視点に着目する必要性の高まり ……………………… 89

2　ネクサスの定義と関連動向 …………………………………………… 90

3　水・エネルギー・食料のネクサス …………………………………… 91

4　SDGs におけるネクサス ……………………………………………… 96

5　ネクサス構造の把握 …………………………………………………… 98

6　ネクサス構造の発見・把握からネクサス・アプローチによる対策適用まで … 100

7　複雑性への対応と持続可能な開発 …………………………………… 102

第5章　教育における SDGs …………………………………………… 106
　　　　──「量」から「質」への転換と課題

1　SDGs が教育の「量」から「質」への転換を促す背景 ……………… 108

2　SDGs 達成の実施手段（Means of Implementation : MoI）としての ESD …… 115
　　　　──水リテラシーの事例から

3　サステイナブルな教育のために──教育の公正性の確保に向けて …………… 117

4　良質で公正な教育の実現に向けて …………………………………… 121

第**6**章　保健衛生問題からみる SDGs······128
　　　　──新たな非感染症疾患としての肥満問題と，処方箋としてのヘルスリテラシー

1　MDGs における保健衛生関連目標の成功と課題······128

2　SDGs における新たな保健衛生問題──肥満問題 ······130

3　保健衛生問題における教育の可能性と課題······133

4　ユニバーサル・ヘルス・カバレッジへ向けた挑戦······136

第**7**章　エネルギーと気候変動······141
　　　　──持続可能な開発に向けたレジリエンスとイノベーション

1　持続可能な開発と気候変動······141

2　気候変動リスクその 1 ──気候変動抑制策に伴うリスク······141

3　気候変動リスクその 2 ······143
　　　　──温室効果ガス排出量抑制が不十分な場合に予想される悪影響

4　2015 年 9 月の国連持続可能な開発目標（SDGs）······145

5　COP21 とパリ協定······147

6　エネルギー分野におけるイノベーション······148

7　持続可能性におけるレジリエンスの役割······155

8　持続可能な開発に向けて······159

第**8**章　環境と経済発展······162
　　　　──21 世紀型発展へ向けて

1　ミレニアム開発目標と SDGs······162

2　環境と経済発展──持続可能な開発は可能か？······163

3　ガバナンス，教育および格差がなぜ重要なのか？······168

4　21 世紀型発展へ向けて──SDGs 達成に何が必要か？······172

第Ⅲ部　実施に向けて

第9章　21世紀の新グローバル・ガバナンス戦略 ……………………178
　　　　——目標設定によるガバナンスとSDGs

1　21世紀の世界におけるグローバル・ガバナンス ………………………178

2　目標によるガバナンスとは？ …………………………………………180

3　持続可能な開発目標への文脈 …………………………………………182

4　SDGsと目標によるガバナンス ………………………………………188

5　新たなグローバル・ガバナンスの仕組みとしてのSDGs ……………190

第10章　国際開発資金動員と国内実施へ向けた課題 ……………………196

1　持続可能な開発目標の実現手段としての資金メカニズム ……………196

2　国際開発資金の動員の論理 ……………………………………………198

3　グローバルな開発資金の成果と課題 …………………………………201

4　持続可能な開発の具現化に向けた日本国内の資金動員の現状と課題……204

5　持続可能な開発の実現に向けて日本の国内資金を動員する手法………209

6　得られた知見 ……………………………………………………………211

第11章　国連目標の実施 ……………………………………………………214
　　　　——国連目標と国別・ステークホルダー別目標をどうつなげるか？

1　SDGs策定過程における実施とステークホルダー ……………………214

2　過去の教訓 ………………………………………………………………216

3　進捗を測定するための国別目標・ターゲット …………………………218

4　マルチステークホルダーの参画 ………………………………………220

5　マルチステークホルダー目標の落とし込み——グローバル・コンパクトの試み…222

6　SDGsの実施手段，協働と連携 ………………………………………225

7　今後のSDGsの展開 ……………………………………………………228

第**12**章　ボトムアップ・アプローチによる SDGs への挑戦……………230
　　　　　——人々を中心に据えた SDGs 達成へ向けた課題

　1　ボトムアップ・アプローチを考える………………………230
　2　ボトムアップ・アプローチについて………………………231
　3　国際開発分野における教訓…………………………232
　4　人々を中心に据えたアプローチ……………………235
　　　　——日常生活の状況把握のための主観性と客観性について
　5　ボトムアップ・アプローチの意義と役割……………239
　　　　——MDGs や日本における公害対策からの教訓
　6　2000 年と 2015 年における社会経済情勢の違い——都市化の進展と ICT の普及…240
　7　ボトムアップ・アプローチによる事例調査・研究……………246
　8　都市内部のコミュニティを対象とした住民参加型ワークショップの設計・
　　　開催……………………………………247
　9　住民参加型 WS からわかったこと——人々の主観と SDGs の関係…………251
　10　具体的な生活様式を理解する——生活時間調査からわかったこと…………254
　11　SDGs 達成に向けた課題………………………261

第**13**章　統合目標形成へ向けて……………………………267
　　　　——SDGs 達成に向けた日本への処方箋
　1　なぜ，日本への処方箋が必要か？……………………267
　2　日本への処方箋………………………………270
　3　処方箋とグローバルな目標との関連…………………292
　4　今後に向けた期待……………………………293

終　章　21 世紀の持続可能なガバナンスと SDGs ………………………297

索　引　303

<table>
<tr><td>序　章</td><td>持続可能な開発のための 2030 アジェンダとは何か
——SDGs の概要と背景</td></tr>
</table>

1　2030 年の世界へ向けて

　2015 年 9 月 25 日ニューヨークの国連本部にて，2030 年に向けた世界の目標が決まった。SDGs と略称される，「持続可能な開発目標（Sustainable Development Goals）」の採択である。色々な面で革新的な要素を持つこの新たな国際目標を解き明かそうというのが，本書の目的である。

　非常に大きくわけると，SDGs は 2 つの点で極めて革新的だといえる。

　第 1 に，SDGs はグローバルガバナンスの方法として革新的である。従来の国際的課題解決は，「国際レジーム」と呼ばれる仕組みが中心的役割を担ってきた。国際レジームとは，気候変動や軍縮といった特定問題領域における問題解決のためのルールの総体のことを言い，その中核的役割を担うのが，国際交渉を経て作られる国際法的枠組みである（Krasner 1983）。つまりこれまでは，国際的な問題解決は，各国が築いてきた法的枠組みを国際交渉によってすり合わせながら，新たな共通ルールを構築することによって，課題解決を行ってきたわけである。それは，可能なことから出発するフォアキャスティング（forecasting）のやり方であり，ボトムアップでの，各国の法律の擦り合わせから出発していた。

　ところが，SDGs は全く逆のアプローチをとる。まず到達点の目標を掲げるが，どのようにその目標を達成するかという手段は扱わない。目標は国際交渉で作られたものの，法律の擦り合わせではなく，あるべき姿から出発するトップダウンのアプローチであり，未来の姿から現在を振り返ることで政策を積み上げるバックキャスティング（backcasting）のアプローチをとる。法的拘束力は持たないが指標で到達度を測り，比べることで，競争原理を導入する。こうした新たな戦略を「持続可能な開発」という包括的課題に採用して，グローバルガバナンスに臨むのは歴史上初めてのことである。果たしてそのアプローチにはどのような重要性があり，これまでと何が変わるのか。本書では主に第 Ⅲ 部でこの課題を扱うが，

これに加え第 1 章では，ミレニアム開発目標との比較において，SDGs の新規性を問う。

　第 2 に，SDGs は経済，環境，社会の諸課題を包括的に扱っている点で革新的である。これまで，持続可能な開発の諸課題は，環境面の持続可能性の課題を中心に扱ってきた。確かに，環境問題は経済開発の結果として生じるものであり，また，社会開発の問題の重要性も主張されてきており，開発，環境，社会の持続可能性の関係はこれまでも強調されてきている。1992 年の地球サミットは，国連環境開発会議と呼ばれたし，2002 年のヨハネスブルグ・サミットのころからは，経済，環境，社会の 3 つの持続可能性が，持続可能な開発の「三本の柱」として，国連文書などでも認識されてきている。しかし，経済の持続可能性に関する課題は，国際的には国際開発として，主として発展途上国の開発援助の文脈で捉えられてきた。社会の持続性に関する課題は，女性や障がい者といった個別の文脈を中心とした，社会開発の文脈で捉えられることがほとんどであった。結果として，国連の持続可能な開発に関する会議の出席者は環境関係省庁の出席者が大半を占めるというのが実態であった。

　そうした中，SDGs は経済，環境，社会の諸課題を包括的に扱い，また，課題相互間の連関（inter-linkage）を重視している点が極めて重要である。こうした認識の背景には，近年の地球環境の悪化と，その悪化と人間活動との因果関係を明らかにする科学の進展とがある。本書では第 2 章で，こうした点を明らかにするが，もはや，経済政策と環境政策と社会政策とを別々にとらえていては，近い将来地球上に人類が存続することすら難しくなっていることが，明らかになってきているのである。化石エネルギーを大量に使用する産業で，男性の雇用のみを増やすのではなく，自然エネルギーや低炭素型産業において，女性の雇用を促進することで，成長・発展することが求められているのである。実際の政策実施は，タテ割りが進んでおり，統合的政策実施は想像以上に難しい。だからこそ，SDGs は 2030 年へ向けた「変革」を要求しているわけである。具体的個別課題では，こうしたことはどう扱われ，どのような困難が生じ，どんな課題に直面するのか。本書では主として第 II 部でこうした課題を扱う。

　こうした SDGs の革新的側面は，21 世紀のグローバルガバナンスのありかたを考えたり，持続可能な開発及びサステイナビリティを実現していくうえでの核心を突く。その意味では，本書は SDGs というプリズムを通して，サステイナビ

リティの本質を考えるものでもある。

　ではSDGsとはいったいどのようなものであり，どのような背景で生み出されたものなのであろうか？　本章は，SDGsを考えるにあたり，大前提となる事柄を明らかにすることとする。

2　持続可能な開発目標 (SDGs) とは？

(1) SDGs をめぐる国際交渉[1]

　SDGsの起源は，2012年に開催された国連持続可能な開発会議（リオ + 20）の準備会合にさかのぼる。リオ + 20 を 1 年後に控えた 2011 年 9 月の国連総会において，コロンビア政府がリオ + 20 に期待する成果の 1 つとして提案したのがSDGs であった。提案はグアテマラ政府により支持された。その後リオ + 20 へ向けた提言をまとめるために環境ガバナンスの第一線の研究者が集結して同年 9 月末に開催された Earth System Governance Hakone Vision Factory でも，グアテマラ政府国連代表や国連環境計画（UNEP）国連代表とガバナンス研究者らによる議論の結果，新たなガバナンスを引き起こす可能性のある概念として SDGs の設定を提案した（Earth System Governance Project 2011; Kanie et al. 2012; Biermann et al. 2012）。11 月 4 日には，ボゴタにて，30 カ国の代表を集めたコンサルテーションが開かれ，広くその概念が議論された。こうした論議過程では，持続可能な開発への政治的コミットメントを得る場としてリオ + 20 の役割が重要であることを認識したうえで，アジェンダ 21 やヨハネスブルグ行動計画での合意事項を実施するためには，より具体的なきっかけが必要であることが確認された。そして，ミレニアム開発目標（MDGs）で採用された国際目標設定アプローチの利点や，それが国際共通目標達成へ向けて及ぼすプラスの効果についての議論が重ねられていった。

　リオ + 20 が近づくにつれ，その二大テーマである「グリーン経済」と「持続可能な開発のための制度枠組み」についての成果について，特に注目を浴びるような顕著なものが出てこないことがわかってくると，次第に，「目に見える成果」

---

1)　蟹江憲史「持続可能な開発目標（SDGs）——サステイナビリティへのクロスロード」『環境研究』（177）：24-33（2015 年 4 月），および蟹江憲史・小坂真理（2016）「SDGs 実施へ向けた展望」『環境研究』（181）から一部加筆・修正のうえ転掲した。

としての SDGs へ向けた期待が高まっていった。そして最終的には成果文書「我々の求める未来（The Future We Want）」の 7 パラグラフ（245 から 251）が SDGs に関する記述へと向けられることとなった。

　成果文書によれば，SDGs は以下のような性格を持つものと規定された。すなわち，行動指向であること，簡潔かつ伝達しやすいものであること，数が限られていること，意欲的なものであること，グローバルな性質を持って全ての国に普遍的に適用可能なものであること，そして，ミレニアム開発目標の達成期限となっている 2015 年以降の国際開発目標として議論されてきた「ポスト 2015 年開発アジェンダ」に統合されていくものであること，が合意された。

　また，合意形成プロセスとして，全てのステークホルダーへ開かれた政府間交渉プロセスを立ち上げることとし，このオープンな作業部会（Open Working Group, OWG）は，5 つの地域グループを通じて加盟諸国から指名される 30 名の専門家で構成されることとなった。当初 2012 年 9 月までに発足されることとなっていた OWG であるが，「30 名の専門家」をいかに選ぶか，そして最初の OWG の様式や組織編成をどのようにするかといった点で議論はなかなか着地点を見出せず，結局翌年 1 月まで OWG 発足に関する議論は延長されることになった。最終的に，OWG のメンバーを決める 2013 年 1 月 22 日の決定（67/555）では，30 の座席中いくつかについては複数国が共有し，より「オープンな」プロセスにすることで決着した。すなわち，ベニン，コンゴ，ガーナ，ハンガリー，ケニヤ，タンザニアの 6 カ国は 1 国 1 席に，9 席は 2 カ国で共有（バハマとバルバドス，ベラルーシとセルビア，ブラジルとニカラグア，ブルガリアとクロアチア，コロンビアとグアテマラ，メキシコとペルー，モンテネグロとスロベニア，ポーランドとルーマニア，ザンビアとジンバブエ），14 席は 3 カ国で共有（アルゼンチン・ボリビア・エクアドル，オーストラリア・オランダ・イギリス，バングラデシュ・韓国・サウジアラビア，ブータン・タイ・ベトナム，カナダ・イスラエル・米国，デンマーク・アイルランド・カザフスタン，フランス・ドイツ・スイス，イタリア・スペイン・トルコ，中国・インドネシア・カザフスタン，キプロス・シンガポール・アラブ首長国連邦，ガイアナ・ハイチ・トリニダードトバゴ，インド・パキスタン・スリランカ，イラン・日本・ネパール，ナウル・パラオ・パプアニューギニア），そして残りの 1 席を 4 カ国が共有（アルジェリア，エジプト，モロッコ，チュニジア）することとなった。リストを見てもわかるように，これらの国は全ての国が発言をコーディネートしていたわけではない。

あるグループはコーディネートを行い，1つの声として発言するところもあるものの，他のグループはそれぞれの国が独自に発言するところもあり，まさに参加国を拘束しない「オープンな」合意形成プロセスとなっていった。

OWG の最初のセッションは 2013 年 3 月 14 日から 15 日にかけて，ニューヨークの国連本部にて開催され，ハンガリー国連大使のチャバ・コロシ（Csaba Korosi）氏とケニヤ国連大使のマチャリア・カマウ（Macharia Kamau）氏を共同議長に選出した。それから翌 2014 年 7 月にかけて，OWG は合計 13 回開催された。当初 8 回は現状調査（stocktaking）のためのセッションとしてテーマごとに課題を設定し，その課題について専門家による情報提供や意見交換が行われた（表序 - 1）。

およそ一年の意見交換を経て，2014 年 3 月 3 日から 5 日の第 9 回セッションからは交渉フェーズに入っていった。交渉フェーズに入る直前の 2 月 21 日には，それまでの議論を振り返りながら作成した 19 の「フォーカス領域（focus areas）」を示した文書が提示された。これがその後の議論の方向付けを行うことになる（表序 - 2）。

5 カ月の交渉期間を通して，「フォーカス領域」の数は増減を繰り返した。いくつかの領域は統合され，一時は 15 から 16 の領域へと削減された提案もだされ，議論された。交渉の結果，7 月 19 日午後 1 時 20 分に出された最終案には，17 の目標と 169 のターゲットが盛り込まれることとなり（A/68/970），9 月の国連総会にて，この提案がポスト 2015 年開発アジェンダに統合されることになる SDGs の基礎となっていくことが決定した（A.68/L.61）。OWG による SDGs 提案はまた，ターゲットはグローバルレベルで意欲的なものとして設定されるものの，それに導かれる形で，各国政府が国別ターゲットを設定していくものであるとした。

2014 年 12 月には，国連事務総長がそれまでのポスト 2015 年開発アジェンダに関する論議をまとめた統合報告書を提示しており，2015 年 9 月の国連総会における SDGs 決定へ向けた議論の整理を行っている。同報告書は，今後の議論に資する基本的要素として，尊厳（dignity），繁栄（prosperity），公正（justice），パートナーシップ（partnership），地球（planet），人々（people）という 6 つを提示した。

こうした動向を総括する形で，2015 年 2 月から 8 月にかけて，ポスト 2015 年

	日　程	テーマ
OWG-1	2013年3月14〜15日	全体討論
OWG-2	2013年4月17〜19日	SDGs の概念化，貧困撲滅
OWG-3	2013年5月22〜24日	食糧安全保障・栄養，持続可能な農業，砂漠化，土地の劣化，砂漠化，水・衛生
OWG-4	2013年6月17〜19日	雇用と働きがいのある仕事，社会的保護，ユース，教育と文化，健康，人口動態
OWG-5	2013年11月25〜27日	持続可能かつ包括的な経済成長，マクロ経済政策に関する課題（国際貿易，国際金融システム，対外債務の持続可能性を含む），インフラ開発，工業・産業化，エネルギー
OWG-6	2013年12月9〜13日	実施手段（ファイナンス，科学技術，知識共有，能力開発），持続可能な開発実現のためのグローバルパートナーシップ，特異な状況下の国々・アフリカ諸国・発展途上国・後発発展途上国・小島嶼開発途上国・特殊な課題に直面している中進国のニーズ，人権，開発する権利，グローバルガバナンス
OWG-7	2014年1月6〜10日	持続可能な都市と人間の居住，持続可能な交通，持続可能な消費・生産（化学物質と廃棄物），気候変動，災害リスクの軽減
OWG-8	2014年2月3〜7日	海洋，森林，生物多様性，社会的公平，男女平等，女性のエンパワメントを含む公正の促進，紛争予防，紛争後の平和構築，恒久的平和の促進，法の支配・ガバナンス
OWG-9	2014年3月3〜5日	フォーカスエリアドキュメントの採択・レビュー／改正の提案
OWG-10	2014年3月31日〜4月4日	フォーカスエリアドキュメントに関連するクラスターに基づく示唆的討論
OWG-11	2014年5月5〜9日	改訂版フォーカスエリアドキュメントに基づくコンサルテーション
OWG-12	2014年6月16〜20日	"持続可能な開発目標及びターゲットに関するコンサルテーション・改良版 SDGs 及びターゲットの作成"
OWG-13	2014年7月14〜18日	"持続可能な開発目標及びターゲットに関するコンサルテーション・SDGs 及びターゲットに関するレポートへの合意，採択"

出典：資料をもとに筆者作成

表序 - 2 19のフォーカス領域と OWG による SDGs 目標提案の比較

19のフォーカス領域（2014年2月19日）	OWG 成果文書（2014年7月19日）
1. 貧困撲滅	1. あらゆる場所のあらゆる形態の貧困を終わらせる
2. 食糧安全保障および栄養	2. 飢餓を終わらせ，食糧安全保障および栄養改善を実現し，持続可能な農業を促進する
3. 健康および人口動態目標	3. あらゆる年齢のすべての人々の健康的な生活を確保し，福祉を促進する
4. 教育	4. すべての人々への包括的かつ公平な質の高い教育を提供し，生涯学習の機会を促進する
5. ジェンダー平等および女性のエンパワーメント	5. ジェンダー平等を達成し，すべての女性および女子のエンパワーメントを行う
6. 水および衛生	6. すべての人々の水と衛生の利用可能性と持続可能な管理を確保する
7. エネルギー	7. すべての人々の，安価かつ信頼できる持続可能な現代的エネルギーへのアクセスを確保する
8. 経済成長	8. 包括的かつ持続可能な経済成長，およびすべての人々の完全かつ生産的な雇用とディーセント・ワーク（適切な雇用）を促進する
9. 産業化	9. レジリエントなインフラ構築，包括的かつ持続可能な産業化の促進，およびイノベーションの拡大を図る
10. インフラストラクチャー	9に統合
11. 雇用およびディーセント・ワーク（適切な雇用）	8に統合
12. 公正の促進	10. 各国内および各国間の不平等を是正する
13. 持続可能な都市と人間居住	11. 包括的で安全かつレジリエントで持続可能な都市および人間居住を実現する
14. 持続可能な消費と生産	12. 持続可能な生産消費形態を確保する
15. 気候	13. 気候変動およびその影響を軽減するための緊急対策を講じる

16. 海洋資源および海	14. 持続可能な開発のために海洋資源および海を保全し，持続的に利用する
17. 生態系と生物多様性	15. 陸域生態系の保護・回復・持続可能な利用の推進，森林の持続可能な管理，砂漠化への対処，ならびに土地の劣化の阻止・防止および生物多様性の損失の阻止を促進する
18. 実施手段	16. 持続可能な開発のための平和で包括的な社会の促進，すべての人々への司法へのアクセス提供，およびあらゆるレベルにおいて効果的で説明責任のある包括的な制度の構築を図る
19. 平和で非暴力の社会，法および有用な制度	17. 持続可能な開発のための実施手段を強化し，グローバル・パートナーシップを活性化する

出典：2014年3月のフォーカス領域文書及び A/68/970（OWG からの SDGs 提案文書）

開発アジェンダに関する政治宣言，SDGs を包括する原則や実施手段，進捗の把握に関するレビューの枠組みに等についての議論が行われた。また，3月には仙台にて第3回国連防災世界会議，7月には第3回開発資金会議が開催されてアディスアベバ行動目標を採択するなど，関連する重要な会議からのインプットを受けながら，ポスト2015年開発アジェンダ交渉は進んでいった。

2015年9月の国連総会において，SDGs は合意文書「我々の世界を変革する：持続可能な開発のための2030アジェンダ（以下，2030アジェンダ）」に含まれる形で採択された。文書の前文には，上記の事務総長の統合報告書にあった6つの基本的要素が，人間，地球，繁栄，平和，パートナーシップという5つの要素に集約された。具体的な実施手段は今後国や地域，あるいはステークホルダーによって検討されていくとされつつも，今後のフォローアップとレビューについても言及された。

SDGs については，17の目標と169のターゲットで構成され，OWG の最終提案とほぼ同じものとして採択された。これらは OWG 交渉の結果がデリケートなバランスの上に出来上がっており，1つ動かすと他の項目も一気に紛糾しかねないことを考慮した結果の判断であった。OWG 成果文書では X という形で表現された部分が，「大幅に（削減する，増加する）」という表現を用いるといった程度の変更が加えられたうえで，SDGs は決定した。

SDGsの交渉を通して，これまでの国連における開発や環境，持続可能な開発の議論の特性にも変化が見られた。MDGsの達成期限が2015年と設定されていたため，2015年の後の国際開発目標をいかなるものとするかという観点から，当初SDGsを含む議論は「ポスト2015年開発アジェンダ」と呼称されてきた。しかし，議論が進むにしたがい「持続可能な開発目標」あるいは「グローバル持続可能な開発アジェンダ」と呼ばれ，最終的には「持続可能な開発のための2030アジェンダ」となり，成果文書にも反映されることになった。つまり，MDGsにおいては「開発」の目標であったものが「持続可能な」開発のための目標となり，国連の中でも開発に対する認識が変わったわけである。これまで実質的な統合がみられなかった2つの課題が，20年以上の時を経て，ついに「持続可能な開発」として国連のメインストリームの課題となったわけである。

　交渉プロセスに関しては，2点ほど特筆すべき点がある。第一に，従来の交渉連合（coalition）の枠を超えた交渉が行われた点である。OWGでは，30の専門家による国際交渉の議論が行われることが，リオ＋20の結果明らかとなっていた。しかしふたを開けてみると，30カ国以上の国がこの議論に参加することを表明した。そこで行われたのは，前述したように，この30座席のいくつかを複数国が分け合うという工夫であった。それは，フランス，ドイツ，スイスのようにある程度同質性のある国で共有することもあったが，例えば日本がイランとネパールと共有したように，従来あまり共通行動をとってこなかった国々が座席を共有することもあった。

　結果として起こったのは，OWGのタイトル通りの「オープンな」議論である。座席を共有した国々でポジションを共有するものもあったものの，多くの国は独自の主張を行った。その結果，例えばG77＋中国という，国連交渉では非常に強固な交渉グループの影響がうすめられ，各国が自国の立場で発言することが可能になっていった。交渉グループの力が発揮されたのは，本当の交渉最終段階に限られたものであったことがわかってきている。

　コロンビアやガテマラという「中進国」がSDGs論議を牽引していったことと相まって，このことは多国間交渉の動向を分析する上で非常に興味深い。従来途上国はG77＋中国という強固な交渉連合を形成し，経済発展の必要性を盾にして一体となって交渉を続けてきた。しかし近年，中国やインドをはじめとする新興国や，小島嶼国に典型的にみられるように，途上国も課題により少しずつ異な

る利害関係を持つことが多くなってきていた。個々の国々が立つ異なる政治・社会状況や経済発展状況，環境や資源の状況などの多様化傾向に起因して，最終的にはG77＋中国と行動を共にしつつも，個別の課題では国によって立場が違ってきていることが，気候変動のような他の国際交渉でも近年頻繁に見られ始めていた。そのことを改めて裏付け，また，連合にこだわらないことの1つの効果を示唆しているのが今回の事例であると考えてよいといえよう。

第二に，合意文書の策定方法である。国連の国際交渉では，従来，原案が出てくると，それに対して意見をだすことで，多くの考えが括弧（【】）の中に入れられ，文章がいったんふくれあがり，そこからまた意見を収斂させる作業が行われるのが常である。ところがSDGs交渉に関しては，括弧を使うことはせず，文章は議長預かりとして，次の会合で再び議長が文書を提示する，という形での交渉が行われた。これは共同議長の信頼がないと出来なかったことであるが，こうした交渉形式をとることで，細かい数値をめぐる交渉や，それにより交渉が紛糾するといったことが最小限に抑えられたといえる。

（2）2030アジェンダとSDGsの性質

持続可能な開発のための2030アジェンダは，「だれ一人取り残さない」という大目標のもと，持続可能な開発目標（SDGs）をその中心として成り立っている。SDGsは，17の目標と169のターゲットから成り立っており，MDGsと同様，「目標，ターゲット，指標」という三重構造で構成されている（前掲）。目標の数が多いことが批判の対象となることもあるが，同時に，目標の一つひとつが他の目標と関連していることもその特徴となっている。つまり，環境，社会，経済の3つの側面から成り立つ目標は，相互に連関しあうことで，統合的に達成されることが可能になるし，またそれが求められているわけである。こう考えると，統合的実施を行えば，目標達成はシンプルになりうる。SDGsの1つの活用法はそこにある。つまり，複雑な因果関係を持つ持続可能な開発という課題を可能な限り包括的に網羅することで，統合的問題解決に際して，課題の整理や関連付けのためのツールとしても，SDGsは活用可能になるわけである。

また，SDGsはMDGsとは異なり，途上国のみではなく先進国も含めた普遍的な目標となっている。さらにMDGsとの重要な相違点は，各国においてテーラーメードのターゲットや指標を補完的に設定すると求めることで，よりその国

の課題に即した実施形態になるようにしている点である。グローバルレベルで設定されたSDGsを踏まえつつ，各国政府が国内の状況や優先順位を鑑みて国内でのターゲットや指標を定めることで，各国政府がグローバルなターゲットを具体的な国家戦略プロセスや政策，戦略に反映していくことを期待しているわけである。指標に関しては，SDGs指標に関する機関間専門家グループから提出される枠組を国連統計委員会が3月11日に合意，230ほどの指標が提示された（2016年7月現在）。指標は今後国，地域その他のステークホルダーレベルで補完的に設定される可能性を含みつつも，国連経済社会理事会及び今後の国連総会で採択されることになる。指標はその後も進化し，必要に応じて追加される事も考えられるものの，グローバルな指標決定により，フォローアップやレビューへ向けて重要な第一歩を踏み出すことになる。グローバルな指標設定は，政治的論争を可能な限り避けるため，統計の専門家によって閉じられた形で決定された。ただ，実際には，指標のあり方により，実施状況も変化することが考えられ，その意味で指標設定はきわめて政治的かつ，フォローアップとレビューにおいて重要な意味をもつはずである。批判的な見方をすれば，政治的関心の排除の名の下で，特定の政治的意向が影響力を及ぼすこともある。今後の指標検討へこうした課題を残しつつも，2030アジェンダは，各国のイニシアティブのもと，各国におけるSDGsの進捗を定期的かつ包括的にレビューする方向へむけて動き出したわけである。

　加えて，2030アジェンダは政府，市民社会，民間セクター，国連機関などの主体によるパートナーシップなしではSDGsが達成できないことを強調しており，これにより，知識，専門的知見，技術及び資金源を多様な形で動員することを目指している。

　こうした形で分散的・多元的に大きな目標へ向かって進むことを「緑の多元主義（green pluralism）」と筆者らの研究グループでは呼んでいるが（Kanie et al. 2013），SDGsは，まさにこうした多元主義による持続可能性へのアプローチを醸成するためのツールだといっても過言ではなかろう。

3　持続可能な開発のための2030アジェンダの背景と課題

　2030アジェンダの背景には，3つの重要な課題があると筆者はみている。

2015年を目標に実施されてきたミレニアム開発目標（MDGs）の反省や教訓，地球システムの限界に起因する課題，そしてガバナンスに関する課題である。

　1つめの背景は，MDGsの後継という位置づけからくる。MDGsは，先進国及び途上国において人間の福祉の向上や貧困をなくすなどの課題の関心度が向上したこと（Langford 2010），健康問題と水質・衛生問題，栄養問題などセクターを超えたリンケージを強化したこと（Vandemoortele 2011），いくつかの先進国や援助機関において政府開発援助（ODA）の増加をもたらし，またいくつかの国において貧困撲滅などに関する政策の優先順位を上げ，大きな役割を果たしたといった評価がある（Moss 2010；Pollard et al. 2010；Manning 2010；Vandemoortele 2011）。ミレニアム開発目標報告書によると，1990年には途上国の半数近くの人口が一日1.25ドル未満で生活していたが，2015年にはその割合が14％に削減された（UN 2015a）。とはいえ，未だ約8億人は極度の貧困や飢餓の状態にあるため，SDGsはこのようなMDGsの未達成課題を引き継ぎ，とりわけあらゆる形態の貧困をなくすことが出発点となっている。

　また，目標には具体性が欠け，画一的な目安しか提供しておらず，各国や各目標の達成度におけるギャップがあること（Vandemoortele 2011），受益者のニーズが考慮されておらず，援助供与優先型であること（Sumner 2009；Shepherd 2008），MDGsの達成度について地理的なばらつきがあること等が問題視されており，特にサブサハラ・アフリカ地域や後発発展途上国においてはほとんどその成果が得られなかったことという批判もある（Agwu 2011；Peterson 2010；Easterly 2009；勝間 2008；UN 2015a）。MDGsは全世界で共通する1つのグローバルな目標を設置したが，これだけでは各国のおかれた状況を十分には鑑みないことにもなるため，グローバル目標に加えて，国別あるいは地域別の目標やターゲットを立てる必要性も指摘されてきた。2030アジェンダでは，これらの教訓を反映するように，グローバルの目標を踏まえながら，各国の状況を念頭に置き，国内でターゲットを設置し，実施する方向になったのはすでに述べた通りである（UN 2015b：パラグラフ55）。

　MDGsは，反省点を含め様々な面でSDGsの先駆的取り組みとしての役割を果たしたわけである。

　2つめの背景は，地球システムの課題に起因する，今後の持続可能な開発や成長のあり方に関するものである。

持続可能な開発は，ブルントラント委員会が「我ら共有の未来（Our Common Future）」で提示した「将来の世代の欲求を満たしつつ，現在の世代の欲求も満足させるような開発」という定義によって体現されているとされてきた（World Commision on Environment and Development 1987）。それは，同時に生きる世代内の公平性のみでなく，世代間の公平性という考えを経済開発の課題に持ち込んだ点において非常に意義深いものであった。他方，概念自体が抽象的で様々なとらえ方が可能であり，解釈の余地を残すことから，持続可能な開発の概念操作や具体的適用については，1980年代以降様々な議論を呼び起こしもした（蟹江 2001）。こうした中，2002年の持続可能な開発に関する世界首脳会議（ヨハネスブルグ・サミット）のころからは，持続可能な開発は，経済，社会，環境の3つの「柱」で構成されるという考え方が，国連を中心として広く使われるようになっていった。

　しかし，その後の地球システムに関する科学的検討成果は，3つの柱のうち，環境の柱は他の2つの柱が成り立つそもそもの大前提となっているということを次第に明らかにしていった。こうした地球システムの変動や限界をわかりやすくとらえたものが，「地球システムの境界（Planetary Boundaries）」という，人類が社会経済的発展をするために許容される地球システム上の境界をとらえた概念である。境界内であれば地球システムは回復力を発揮できるが，これを超えてしまうと地球システムが大きな変動を招く危険があるというのである（Rockström et al. 2009）。最近の研究成果は，地球システムが健全な状態を保つ上で少なくとも重要となる9つのプロセス（気候変動，海洋酸性化，成層圏オゾンの減少，窒素およびリンの生物地球化学的循環の変化，地球規模での淡水利用，土地利用変化，生物多様性，エアロゾルの負荷，化学物質による汚染）のうち，気候変動，生物多様性の減少，生物地球化学的循環の変化，土地利用変化の4分野ではすでに境界を超えたり，あるいは超えつつあるという衝撃的な結果を示している（Steffen et al. 2015）。

　他方で，1950年代以降の人間社会では，様々な資源やエネルギーの利用を急加速（great acceleration）して増大しており，その影響は環境悪化としても表れてきていることがIGBPといった国際学術研究プログラムの研究成果等を中心に明らかにされている。

　人類の生存基盤となっている地球システムの境界が超えられ，さらに急加速傾向が止まないとすれば，持続可能な開発・成長はありえない。こうしたことを背

図序 - 1　入れ子状に存在する持続可能な開発の3つの要素
出典：Griggs et al.(2013) をもとに筆者が加筆修正

景に，2012 年のリオ + 20（国連持続可能な開発会議）のころからは，地球システムの健全な保全を前提として持続可能な開発をとらえる議論が行われてきた。筆者も共同研究に加わった，21 世紀の持続可能な開発の定義を考える国際研究プロジェクトでは，「現在及び将来の世代の人類の繁栄が依存している地球の生命維持システムを保護しつつ，現在の世代の欲求を満足させるような開発」と定義した（Griggs et al. 2013）。

　こうした認識は国連文書における持続可能な開発のとらえ方にも反映されている。リオ + 20 のころからは，持続可能な開発は，環境，経済，社会の三側面の統合や相互連関の重要性が指摘されているのである。すなわち，環境，経済，社会の持続性はそれぞれ独立に考えるのでは不十分であり，全てを統合的に考える必要があるというのである。地球環境の限界は，その中で当然の前提条件として含まれることになる（図序-1）。

　雇用政策はそれだけで考えても持続可能にはならない。二酸化炭素排出のない再生可能エネルギーを生み出す産業での雇用を増やす，その際には，ジェンダーや社会的弱者の問題を考慮して，例えば女性の雇用を増やす形で雇用を創出する。こういったことが求められているわけである。SDGs はそのための起爆剤になる

可能性を秘めているといえよう。

　3つめは，グローバルガバナンスをめぐる課題である。

　従来持続可能な開発や環境をめぐる国際協力を推進する仕組みとして中心的役割を担ってきたのは，国際法的枠組みを中心として多様なルールのセットが提供される「国際レジーム」の構築である。これまでに，GATT や WTO 関連の国際貿易ルールをはじめ，国連気候変動枠組条約やその下での京都議定書，生物多様性条約と名古屋議定書等の国際協力メカニズムが構築されてきた。しかし，地球環境問題に関する近年の国際レジームは，手続き事項などのルール設定のための合意に多くの時間を必要とすることや，地球システムの制約の課題に対応できるだけの野心的な行動を集積することができないという限界に直面してきている。

　象徴的な例が気候変動である。これまで京都議定書体制につづく国際レジームを構築するために極めて長い交渉を行ってきたが，結果，2015 年の 12 月に，各国が自主的目標を提示し，できることから対策をとるボトムアップのアプローチを採用したパリ合意を採択した。しかし，各国が提出している自主的な排出削減の目標を集積しても，産業革命前と比較して 2℃以内，あるいは 1.5℃以内に気温上昇を抑えるという野心的な目標を実現するには，極めて大きなギャップがあることがわかっている（UNEP 2015）。もちろん各国の目標がどのように構成されているのかを明らかにし，比較可能にするために透明性を高める取り組みは進んではいる。しかし，依然として目標とするレベルと実際に各国の政治的意思が示すレベルには極めて大きなギャップがあり，これを埋めるために政策手段をいかにして引き上げるのかについて，切り札は未だ存在していない。

　そうした中，SDGs は，従来とは全く異なるアプローチにより，持続可能な開発に取り組もうとしている。目標設定によるグローバルガバナンスである。

　前述した通り，SDGs は目標，ターゲット，指標という構造と，それらの進捗をモニタリングし，評価するというシンプルなメカニズムで成り立つものである。実施は目標 17 に記載されてはいるものの，詳細な実施手段は掲載されておらず，各国やステークホルダーに委ねられている。すなわち，国際レジームが法的枠組みの積み上げというボトムアップかつフォアキャスティングのアプローチをとっているのに対し，SDGs は全く逆に，あるべき理想像からスタートしたトップダウンかつバックキャスティングのアプローチを採用しているわけである。こうしたアプローチは，これまでのグローバルガバナンスには見られなかったもので あ

る。MDGs は先行事例ではあるが，その規模と課題の大きさについて，SDGs はこれまでに類を見ないものである（Kanie and Biermann 2017）。

　こうしたガバナンスを受容するだけの社会基盤も整いつつある。インターネットやソーシャルメディアの普及は，これまでに見られなかったような自律分散協調的な枠組みを作り出し，新たなコラボレーションや人と人のつながりを生み出している。本書第12章でも触れているように，それは2000年から2015年にかけての最大の社会的変化の1つといってよいであろう。アラブの春に見られたように，こうした動向が政治動向を変化させるレベルまで来ているのが現代社会の1つの特徴である。こうした新たな動態をうまくとらえ，社会全体として持続可能な方向へ向かう。その際の駆動力となりうるのが，SDGs に体現される目標設定によるガバナンスなのである。

4　本書の構成

　本書は大きくⅢ部から構成されている。第Ⅰ部では，持続可能な開発目標の背景となっている事柄を検討する。まず1つは，ミレニアム開発目標である。持続可能な開発目標の先駆的役割をになっているのは，あらゆる意味で MDGs であるといってよい。そこで取り上げた課題や教訓が，SDGs のいろいろな特徴を生み出している。そうした経験や教訓を振り返ることから本書はスタートする。第2章では，SDGs を大きく特徴付ける要因としての，地球システムが突きつける課題を取り上げる。20世紀の大量生産・大量消費型社会はあらゆるところでひずみを生み出し，地球が悲鳴を上げてきていることがわかってきている。さらに悪いことに，地球の悲鳴が，人間にフィードバックされているのが現代社会である。フィードバックは，社会の中のより脆弱な人たちに，より厳しく降りかかる。地球が1つしかない以上，近づきつつある，あるいはすでに超えている，資源環境上の限界を理解し，その中で発展する術を考える必要がある。21世紀の開発の前提条件が取り上げられる。

　第Ⅱ部では，SDGs の具体的課題を取り上げ，SDGs，そして21世紀の持続可能性の課題をより詳細に見ることとする。第3章では，SDGs の評価として重要な役割を担う，指標について考える。指標はただ単に進捗を測るだけではない。指標が設定されることにより，成績をよくしようとして測られる課題には資源の

投入が集中する。それはまた，その他の課題への資源投入の相対的減少も意味する。そもそも指標によって，課題は正確に測れるのか。そうした指標の性格にまつわる課題をはじめ，持続可能性を測るこれまでの様々な指標や，その展開を概観し，SDGs の評価メカニズムとしての指標のあり方を考える。第 4 章は，SDGs の特徴の 1 つ，統合的アプローチを扱う。とりわけ，近年取り上げられることの多い「ネクサス」の概念を取り上げ，これにより，多様な課題の相互連関を扱うことが 21 世紀の発展には不可欠であることを説明していく。つづく第 5 章は教育，第 6 章は保健衛生問題という，MDGs から引き継ぐ課題を取り上げることによって，MDGs と SDGs の大きな違いを明らかにしていく。量から質への変化と転換，そして変革モデルへの転換といったように，MDGs と同じ課題を扱っているからこそ，SDGs の特徴が際立ってくる事柄がある。これらの章では，そうした課題をハイライトし，これにより SDGs の特徴と挑戦を明らかにする。第 7 章はエネルギーと気候変動の課題を扱う。2015 年には 9 月に決定した「持続可能な開発に関する 2030 年アジェンダ」と並びもう 1 つ，12 月に決定した気候変動対策に関するパリ協定という非常に重要な決定がなされた。SDGs では気候変動問題における条約プロセスの第一義的重要性を認識しつつも，17 目標のうちの大多数が気候変動問題解決に関係した行動を目標としている。その最たる課題がエネルギーである。こうした課題は MDGs では取り上げられてこなかった課題でもあり，一方で現代社会の抱える特徴的かつ最重要課題の 1 つでもある。それは，1 つの課題が多様な目標や課題に関係しているという SDGs の特徴を典型的に示すものでもある。つづく第 8 章では，気候変動問題に象徴される，接続可能な開発に関する諸課題解決の根本的課題でもある，経済発展と環境保全の関係を取り上げる。経済と環境の課題解決は，もはやできるかどうか，ではなく，やらねばならない必然である。そのための方策を探る。

　第Ⅲ部は，実施に関する課題を取り上げる。SDGs は目標を策定し，実施メカニズムは目標 17 に掲載されているものの，詳細の法的枠組みを提供しているわけではない。実施メカニズムやガバナンスは，国家をはじめとした実施におけるステークホルダーが，それぞれ考えるところにその特徴がある。このように，目標によってグローバルガバナンスを行う試みをこれほど包括的大規模に実施するのは，国連史上初めてのことである。国連 70 周年を迎え，ガバナンスはついに新たなフェーズに入ろうとしている。そうした動きをどうとらえればよいのか，

第9章はこうして新たなアプローチを概念化する。つづく第10章で扱うのは資金の問題である。国際的な資金フローや開発援助はその1つであるが，それだけではないのも，SDGsの特徴である。プライベートな資金も重要であるし，なによりも，先進国国内において，持続可能な開発に対して資金を供給する必要がある。第10章では，新たな課題に対応し，変革を促すための資金メカニズムを提言する。第11章は，ステークホルダーやパートナーシップを動員しながらSDGs実施を進めるための方策を考える。それは，SDGs実施の中核的課題である。具体的に起こりつつある現象やイニシアティブを取り上げながら，ステークホルダー主導の実施方法のあり方を考える。第12章は，国別，ステークホルダー別の実施という，MDGsの反省を踏まえたSDGsの特徴を正面から取り上げる。個別状況の特徴にかかわらず大きな枠組みで行われる目標設定をテーラーメードの目標設定や実施と対比させてとらえることで，テーラーメードの実施の重要性を訴える。第12章は，インドネシアの具体的事例研究に基づいて，SDGsの実施を本当の意味で持続可能に行うためにはどうすればよいのかを正面から考えている。こうしたチャレンジをグローバルレベルから日本の国レベルで取り組んだものが，日本における実施のための方策を考えた第13章である。ここでは，SDGsを日本で実施していくための9つの「処方箋」を提示，これらは多様な課題を含んでいることから，これらの課題実施が延いてはグローバルな17のSDGs実施へと直結していることを述べている。こうした取り組みこそが，SDGsを本当に持続可能なものとするためには必要とされていくだろう。

　SDGsにより，2030年に達成すべき目標は示された。いかに実施していくか，ここから本当の挑戦が始まる。持続可能な開発は，21世紀の成長の課題である。21世紀の成長は，もはや20世紀型の成長では続かない。大きく舵を切る必要がある。経済成長は重要だが，格差を解消しなければ社会不安は大きくなり，安全保障にも亀裂が生じる。そもそもこのままの成長パタンでは地球システムが保たないとすれば，生存基盤としての地球のことを考えるのはもはや絶対条件である。経済，社会，環境を統合した成長のあり方はどのようなもので，どうすればよいのか。前例のない世界での競争が一斉に始まった。

　持続可能な開発という基準で考えれば，もはや先進国はない。全ての国が発展途上国である今，変革によって抜け出すのは誰なのか。世界の知恵の挑戦である。

参考文献

Agwu, F. A. (2011) "Nigeria's Non-Attainment of the Millennium Development Goals and Its Implication for National Security," *The IUP Journal of International Relations*, 5(4).

Biermann, F. et al., (2012) "Navigating the Anthropocene: Improving Earth System Governance," *Science*, 335(6074): 1306-1307, DOI: 10.1126/science.1217255.

Earth System Governance project (2011) "Towards A Charter Moment: Hakone Vision on Governance for Sustainability in the 21st Century," Earth System Governance Project, 29 September 2011 (Lead Author).

Easterly, W. (2009) "How the Millennium Development Goals are Unfair to Africa," *World Development*, 37(1): 26-35.

Fukuda-Parr, S., et al. (2014) "The Power of Numbers: A Critical Review of Millennium Development Goal Targets for Human Development and Human Rights," *Journal of Human Development and Capabilities*, 15(2-3): 105-117.

German Watch (2010) *The Millennium Development Goals and Climate Change: Taking Stock and Looking Ahead*, Bonn: GTZ.

Griggs, D., M. et al. (2013) "Sustainable development goals for people and planet," *Nature*, 495(7441): 305-307.

Kanie, N. et al. (2012) "A Charter Moment: Restructuring Governance for Sustainability" Public and Administration and Development, 32: 292-304.

Kanie, N. et al. (2013) "Green Pluralism: Lessons for Improved Environmental Governance in the 21st Century" *Environment: Science and Policy for Sustainable Development*, 55(5): 14-30.

Kanie, N. and F. Biermann (eds.) (2017) *Governing through Goals: Sustainable Development Goals as Governance Innovation*, Cambridge MA: MIT Press, forthcoming.

Krasner, S. D. (ed.) (1983) *International Regimes*, Ithaka and London: Cornell University Press.

Langford, M. (2010) "A poverty of rights: six ways to fix the MDGs," *IDS Bulletin*, 41(1): 83-91.

Manning, R. (2010) "The Impact and Design of the MDGs: Some Reflections," *IDS Bulletin*, 41(1).

Moss, T. (2010) "What Next for the Millennium Development Goals?," *Global Policy*, 1(2).

Peterson, S. (2010) "Rethinking the Millennium Development Goals for Africa", *Harvard Kennedy School Faculty Research Working Paper Series*, RWP10-046.

Pollard, A. et al. (2010) "What should come after the Millennium Development Goals? Voices from the South," Presented at after-dinner Roundtable discussion on "The MDGs and Beyond 2015: Pro-Poor Policy in a Changing World" Wednesday 8 September, University of Manchester.

Rockström, J. et al. (2009) "A safe operating space for humanity," *Nature*, 461 (24): 472-475.

Sachs, J. D. (2015) "Goal-based development and the SDGs: implications for development finance," *Oxford Review of Economic Policy*, 31 (3-4): 268-278.

Shepherd, A. (2008) "Achieving the MDGs: The fundamentals," *ODI Briefing Paper*, 43, London: ODI.

Steffen, W. et al. (2015) "Planetary boundaries: Guiding human development on a changing planet," *Science*, 347 (6223).

Sumner, A. (2009) "Rethinking Development Policy: Beyond 2015," *The Broker*, 14: 8-13, June.

UN (2015a) *The Millennium Development Goals Report 2015*, New York: United Nations.

UN (2015b) "Transforming our world: the 2030 Agenda for Sustainable Development," A/RES/70/1, New York: United Nations.

UNEP (2015) *The Emissions Gap Report 2015*, Nairobi: UNEP.

Vandemoortele, J. (2011) "If not the Millennium Development Goals, then what?" *Third World Quarterly*, 32 (1): 9-25.

Vandemoortele, J. and E. Delamonica (2010) "Taking the MDGs Beyond 2015: Hasten Slowly," *IDS Bulletin* 41 (1): 60-69.

World Commission on Environment and Development (1987) *Our Common Future*, Oxford: Oxford University Press.

勝間靖（2008）「ミレニアム開発目標の現状と課題──サブサハラ・アフリカを中心として」『アジア太平洋討究』10。

蟹江憲史（2001）『地球環境外交と国内政策──京都議定書をめぐるオランダの外交と政策』慶応義塾大学出版会。

蟹江憲史（2013）「持続可能な開発目標とフューチャー・アース──トランスディシプリナリーな研究の試金石」『環境研究』（170）：14-21。

蟹江憲史（2015）「持続可能な開発目標（SDGs）──サステイナビリティへのクロスロード」『環境研究』（177）：24-33。

蟹江憲史（2015）「『先進国の責任』求める新開発目標」『外交』34：126-134。

蟹江憲史・小坂真理（2016）「SDGs 実施へ向けた展望」『環境研究』（181）：3-10。

POST2015 プロジェクト（S-11）（2016）『SDGs 達成に向けた日本への処方箋』POST2015 レポート（http://www.post2015.jp）。

（蟹江憲史）

第Ⅰ部　ミレニアム開発目標から SDGs へ

第1章	ミレニアム開発目標における経験と反省
	——何が出来て何が出来なかったのか？

2001年に開発途上国のための貧困削減を目的としたグローバル目標として，貧困削減やジェンダー平等性，環境保全などを含む8つの目標から成る「ミレニアム開発目標（MDGs）」が策定された。MDGs は，2015年までに貧困を半減し，より豊かで健康に暮らせる世界を目指した目標である。その結果，貧困に関するターゲット（極度の貧困人口の割合を1990年比で半減）が2010年に達成され，10億人以上の人々が極度の貧困から脱却し，開発途上国における栄養不良人口の割合がほぼ半減した。また，全ての教育レベルにおける男女格差が解消され，世界の女性議員比率が倍増し，2000年から2013年で世界の HIV エイズの感染が40％減少したといった成果もあった。その一方で，未だに約8億人が極度の貧困の中で生活し，全ての児童の初等教育修了は実現せず，5歳未満児及び妊産婦の死亡率の減少に関するターゲットの未達成といった課題も多く残っている。

本章では，MDGs における経験と反省について，それぞれの目標に関する具体的な成功例と失敗例に着目する。第1節では，まず MDGs がどのようなプロセスを経て策定されたのかについて概観する。第2節では MDGs の進捗状況と課題について着目し，続く第3節で MDGs の成功要因と失敗要因について分析を行う。最後に第4節において MDGs を踏まえた持続可能な開発目標（SDGs）の実施への展望を考察する。

1　ミレニアム開発目標ができるまで

MDGs の目標は，それ以前から存在していた様々な規範や合意が土台となり，形成されたものである。その先駆けとなったのは，第二次世界大戦前後に行われた演説や国連会議であり，とりわけ，1941年にフランクリン・D・ルーズベルト前アメリカ大統領により行われた『4つの自由』の演説や，1948年に第3回国連総会において採択された「世界人権宣言」を挙げることができる（Hulme

2009)。前者の演説では，「どの国も，特に経済的な意味において，その住民のために健康で穏やかな生活を確保」する，「欠乏からの自由」が強調された。続いて，後者の宣言の 25 条において，「すべて人は，衣食住，医療及び必要な社会的施設等により，自己及び家族の健康及び福祉に十分な生活水準を保持する権利」を有することが記載され，国際開発の重要性の議論が高まった（UN 1948）。このような流れのもと，1969 年に世界銀行・IMF 年次総会で公表された「ピアソン報告」により先進国，発展途上国，国際機関に対して，1975 年ないし 1980 年を目途に南北問題解決に向けた取り組みの強化が呼びかけられた。続く 1970 年に国連総会で採択された「第二次国連開発の 10 年のための国際開発戦略」案においては，ピアソン報告において勧告された，「先進国は対 GNP 比 0.7 ％まで政府開発援助（ODA）を増額する」という努力目標が盛り込まれた（UN 1970）。

1990 年代になると，冷戦の終焉とともに国際開発に関する運気が高まり，経済発展の手段だけでなく，貧困削減の重要性を強調したレポートが，それぞれ世界銀行や国連開発計画（UNDP）から出版された。さらに，冷戦期にあって開催数が減少していた国連にて，開発関連会議が多数開催され，それぞれの分野における政治コミットメントが提唱されたのである（表 1 - 1）。例えば，1990 年にタイのジョムティエンで開催された万人のための教育世界会議では，2000 年までに初等教育の完全普及を目指した「万人のための教育世界宣言」が世界の教育大臣を中心に合意されている。さらに，1995 年にコペンハーゲンで開催された「世界社会開発サミット」では保健や教育分野における，全ての人々の基礎的な生活ニーズを満たすための国際的なコミットメントが提唱された。

さらに特筆すべきは，国際開発援助の低下を背景に，経済協力開発機構開発援助委員会（OECD/DAC）によって「国際開発目標（International Development Goals, IDGs）」が設定されたという点である（Hulme and Fukuda-Parr 2011）（表 1 - 2）。IDGs は，OECD/DAC によって打ち出された「21 世紀に向けて——開発協力を通じた貢献（1996 年 5 月）」に盛り込まれた期限付きの国際目標であり，貧困撲滅を中心とする経済開発，社会的発展，環境保全の 3 つの目標が組み込まれ，MDGs についての世界的な合意が形成される土台となったのである（勝間 2012）。しかしながら，IDGs は必ずしも国際開発援助としては効果的な目標ではなかったという批判も存在する。例えば，Hulme（2009）によれば，IDGs は一部の先進国によって策定されたために，途上国のニーズが適正に反映されなかったとい

表1－1　ミレニアム開発目標に至るまでの主要国際会議（1990年～1996年）

開催年	会議名	イシュー
1990	万人のための教育世界会議（The World Conference on Education for All）	教育
1990	最貧国に関する国連会議（UNCTAD Conference on the Least Developed Countries）	開発
1992	国連環境開発会議（UN Conference on Environment and Development）	環境
1993	世界人権会議（World Conference on Human Rights）	人権
1994	世界人口開発会議（International Conference on Population and Development）	人口と開発
1995	世界社会開発サミット（World Summit on Social Development）	開発
1995	第4回世界女性会議（UN Fourth World Conference on Women）	ジェンダー
1996	第2回国連人間居住会議（Second UN Conference on Human Settlements）	人間居住
1996	世界食糧サミット（World Food Summit）	食糧

出典：筆者作成

表1－2　国際開発目標（IDGs）

経済的福祉：
●2015年までに極端な貧困の下で生活している人々の割合を半分に削減すること。
社会的開発：
●2015年までにすべての国において初等教育を普及させること。
●2005年までに初等・中等教育における男女格差を解消し，それによって，男女平等と女性の地位の強化（エンパワメント）に向けて大きな前進を図ること。
●2015年までに乳児と5歳未満の幼児の死亡率を3分の1に削減し，妊産婦の死亡率を4分の1に削減すること。
●2015年を最終目標として可能な限り早期に，適当な年齢に達したすべての人が基礎保健システムを通じて性と生殖に関する医療保健サービス（リプロダクティブ・ヘルス・サービス）を享受できるようにすること。
環境の持続可能性と再生：
●2015年までに，現在の環境資源の減少傾向を地球全体及び国毎で増加傾向に逆転させること。そのため，すべての国が2005年までに持続可能な開発のための国家戦略を実施すること。

出典：DAC（1996：9-11），外務省（n.d.a）

うことが指摘されている。

　これら一連のイベントや目標を受け，1998 年 12 月にコフィ・アナン事務総長のリーダーシップのもと開催された国連総会において，貧困撲滅を中心とする国際開発が重要課題として掲げられ，ミレニアム・サミットの開催が国連決議 53/202 によって決定された。翌年 5 月の国連総会では決議 A/53/948 によってこのサミットのテーマ一覧が示され，2000 年 4 月には事務総長報告「われら人民：21 世紀の国連の役割（We, the Peoples: The Role of the United Nations in the 21st Century）」が発表され，国際開発に関する多数の目標とプログラム，構想などが示された。同年 9 月に開催されたミレニアム・サミットでは，参加国が 2015 年までに世界の最貧国の人々が，よりよい生活を営むことができるよう支援することに合意した。この会議で「国連ミレニアム宣言」（A/RES/55/2）が 189 カ国によって採択され，この宣言に基づいてその 1 年後に「開発及び貧困撲滅」を世界の主要課題の中心の 1 つとして掲げた MDGs が打ち出されたのである（表 1 - 3）。

2　ミレニアム開発目標の進捗状況と課題

　第 1 節では MDGs の概要と，目標ができるまでの経緯を概説した。本節では，具体的にどの目標が達成されたのか，または達成されなかったのかについて，国連開発計画（UNDP）の報告書 *The Millenium Development Goals Report 2015* をもとに概観する（UN 2015）。特に断りのない場合，下記に記載されている数値はすべてこの報告書に基づく。さらに課題を明らかにするため，地域別の進捗状況と達成見込みについても着目する（表 1 - 4）。

　目標 1「**極度の貧困と飢餓の撲滅**」は，人間開発における中核的な課題，また，それを達成することが上位目標として掲げられている。貧困と飢餓の撲滅を達成することにより，その他の目標に対してポジティブな効果が得られるという認識を前提に，第 1 目標として定められた。付随するターゲットには，所得の向上，社会的弱者（女性や若者）の雇用，飢餓の撲滅の 3 点に重点が置かれ，それぞれの進捗度を測るために設定された詳細な指標が設けられている。

　2000 年以降，様々な地域で貧困と飢餓撲滅に関する対策や事業が実施され，多くの成功を導いてきた。1990 年には，開発途上国の半数に近い人口が，極度

表 1 - 3　ミレニアム開発目標

目　標	ターゲット	指　標
目標 1 ： 極度の貧困と飢餓の撲滅	ターゲット 1 . A ： 2015年までに 1 日 1.25ドル未満で生活する人口の割合を1990年の水準の半数に減少させる。	1.1　 1 日1.25ドル（購買力平価）未満で生活する人口の割合 1.2　貧困ギャップ比率 1.3　国内消費全体のうち，最も貧しい 5 分の 1 の人口が占める割合
	ターゲット 1 . B ：女性，若者を含む全ての人々に，完全かつ生産的な雇用，そしてディーセント・ワークの提供を実現する。	1.4　就業者 1 人あたりの GDP 成長率 1.5　労働年齢人口に占める就業者の割合 1.6　 1 日 1 ドル（購買力平価）未満で生活する就業者の割合 1.7　総就業者に占める自営業者と家族労働者の割合
	ターゲット 1 . C ： 2015年までに飢餓に苦しむ人口の割合を1990年の水準の半数に減少させる。	1.8　低体重の 5 歳未満児の割合 1.9　カロリー消費が必要最低限のレベル未満の人口の割合
目標 2 ： 初等教育の完全普及の達成	ターゲット 2 . A ： 2015年までに，全ての子どもが男女の区別なく初等教育の全課程を修了できるようにする。	2.1　初等教育における純就学率 2.2　第 1 学年に就学した生徒のうち初等教育の最終学年まで到達する生徒の割合 2.3　15～24歳の男女の識字率
目標 3 ： ジェンダー平等推進と女性の地位向上	ターゲット 3 . A ：可能な限り2005年までに，初等・中等教育における男女格差を解消し，2015年までに全ての教育レベルにおける男女格差を解消する。	3.1　初等・中等・高等教育における男子生徒に対する女子生徒の比率 3.2　非農業部門における女性賃金労働者の割合 3.3　国会における女性議員の割合
目標 4 ： 乳幼児死亡の削減	ターゲット 4 . A ： 2015年までに 5 歳未満児の死亡率を1990年の水準の 3 分の 1 に削減する。	4.1　5 歳未満児の死亡率 4.2　乳幼児死亡率 4.3　はしかの予防接種を受けた 1 歳児の割合
目標 5 ： 妊産婦の栄養の改善	ターゲット 5 . A ： 2015年までに妊産婦の死亡率を1990年の水準の 4 分の 1 に削減する。	5.1　妊産婦死亡率 5.2　医師・助産婦の立ち会いによる出産の割合
	ターゲット 5 . B ： 2015年までにリプロダクティブ・ヘルスへの普遍的アクセ	5.3　避妊具普及率 5.4　青年期女子による出産率

	スを実現する	5.5 産前ケアの機会 5.6 家族計画の必要性が満たされていない割合
目標6： HIV/エイズ，マラリア，その他の疾病の蔓延の防止	ターゲット6.A：HIV/エイズの蔓延を2015年までに食い止め，その後減少させる。	6.1 15～24歳のHIV感染率 6.2 最後のハイリスクな性交渉におけるコンドーム使用率 6.3 HIV/エイズに関する包括的かつ正確な情報を有する15～24歳の割合 6.4 10～14歳の，エイズ孤児ではない子どもの就学率に対するエイズ孤児の就学率
	ターゲット6.B：2010年までにHIV/エイズの治療への普遍的アクセスを実現する。	6.5 治療を必要とするHIV感染者のうち，抗レトロウィルス薬へのアクセスを有する者の割合
	ターゲット6.C：マラリア及びその他の主要な疾病の発生を2015年までに食い止め，その後発生率を減少させる。	6.6 マラリア有病率及びマラリアによる死亡率 6.7 殺虫剤処理済みの蚊帳を使用する5歳未満児の割合 6.8 適切な抗マラリア薬により治療を受ける5歳未満児の割合 6.9 結核の有病率及び結核による死亡率 6.10 DOTS（短期科学療法を用いた直接監視下治療）の下で発見され，治療された結核患者の割合
目標7： 環境の持続可能性確保	ターゲット7.A：持続可能な開発の原則を国家政策及びプログラムに反映させ，環境資源の損失を減少させる。	7.1 森林面積の割合 7.2 二酸化炭素（CO_2）の総排出量，一人当たり排出量，GDP1ドル（購買力平価）当たり排出量
	ターゲット7.B：生物多様性の損失を2010年までに確実に減少させ，その後も継続的に減少させ続ける。	7.3 オゾン層破壊物質の消費量 7.4 安全な生態系限界内での漁獲資源の割合 7.5 再生可能水資源総量の割合 7.6 保護対象となっている陸域と海域の割合 7.7 絶滅危機に瀕する生物の割合
	ターゲット7.C：2015年までに，安全	7.8 改良飲料水源を継続して利用でき

	な飲料水及び衛生施設を継続的に利用できない人々の割合を半減する。	る人口の割合 7.9 改良衛生施設を利用できる人口の割合
	ターゲット7.D：2020年までに，少なくとも1億人のスラム居住者の生活を改善する。	7.10 スラムに居住する都市人口の割合
目標8： 開発のためのグローバルなパートナーシップの推進	ターゲット8.A：さらに開放的で，ルールに基づく，予測可能かつ差別的でない貿易及び金融システムを構築する（良い統治，開発及び貧困削減を国内的及び国際的に公約することを含む。） ターゲット8.B：後発開発途上国の特別なニーズに取り組む（後発開発途上国からの輸入品に対する無税・無枠，重債務貧困国（HIPC）に対する債務救済及び二国間債務の帳消しのための拡大プログラム，貧困削減にコミットしている国に対するより寛大なODAの供与を含む。） ターゲット8.C：内陸開発途上国及び小島嶼開発途上国の特別なニーズに取り組む（小島嶼開発途上国のための持続可能な開発プログラム及び第22回国連総会特別会合の規定に基づく。） ターゲット8.D：債務を長期的に持続可能なものとするために，国内及び国際的措置を通じて開発途上国の債務問題に包括的に取り組む。	以下に挙げられた指標のいくつかについては，後発開発途上国，アフリカ，内陸開発途上国，小島嶼開発途上国に関してそれぞれ個別にモニターされる。 **政府開発援助（ODA）** 8.1 ODA 支出純額（全体および後発開発途上国向け）が OECD 開発援助委員会（DAC）ドナー諸国の国民総所得（GNI）に占める割合 8.2 基礎的社会サービスに対する DAC ドナーの分野ごとに配分可能な二国間 ODA の割合（基礎教育，基礎医療，栄養，安全な水及び衛生） 8.3 DAC ドナー諸国のアンタイド化された二国間 ODA の割合 8.4 内陸開発途上国の GNI に対する ODA 受取額 8.5 小島嶼開発途上国の GNI に対する ODA 受取額 **市場アクセス** 8.6 先進国における，開発途上国及び後発開発途上国からの輸入品の無税での輸入割合（価格ベース。武器を除く。） 8.7 先進国における，開発途上国からの農産品及び繊維・衣料輸入品に対する平均関税率 8.8 OECD 諸国における国内農業補助金の国内総生産（GDP）比 8.9 貿易キャパシティ育成支援のための ODA の割合 **債務持続可能性**

		8.10 HIPC イニシアティブの決定時点及び完了時点に到達した国の数 8.11 HIPC イニシアティブ及び MDRI イニシアティブの下でコミットされた債務救済額 8.12 商品及びサービスの輸出額に対する債務返済額の割合
	ターゲット8.E：製薬会社と協力して，開発途上国において人々が安価で必要不可欠な医薬品を入手できるようにする。	8.13 安価で必要不可欠な医薬品を継続的に入手できる人口の割合
	ターゲット8.F：民間部門と協力して，特に情報・通信における新技術による利益が得られるようにする。	8.14 人口100人当たりの電話回線加入者数 8.15 人口100人当たりの携帯電話加入者数 8.16 人口100人当たりのインターネット利用者数

出典：外務省（n.d.b）

の貧困状態（あるいは絶対的貧困状態）と定義される1日1.25ドル以下で生活していたが，2015年にはその割合が14％まで減少した。これは10億人以上の人々が極度の貧困状態から抜け出したことを意味する。

　地域別の達成度を見ると，多くの地域で大幅な貧困削減を達成している。特にその達成度が著しいのはアジア地域で，総人口の大きい中国やインドは，世界的な貧困削減の努力に多く貢献している。2011年には，サブサハラ・アフリカ地域を除く全ての地域で，ターゲット1.A「2015年までに1日1.25ドル未満で生活する人口の割合を1990年の水準の半数に減少させる」が達成され，また，開発途上地域における栄養不良の人々の割合は1990年に比べてほぼ半減した。しかしながら，今なお約8億人が極度の貧困状態にあり，特にサブサハラ・アフリカ地域では，2015年時点で，人口の約40％の人口が依然として極度の貧困層である。

　目標2「**普遍的初等教育の達成**」は，全ての児童が初等教育を受けることを目指して掲げられた目標である。教育目標は国が発展する根幹をなす，いわば，他のMDGsを達成する上で非常に重要な実施の手段として捉えることができる。

この目標に付随するターゲットは，すべての子供が男女の区別なく初等教育の全課程を修了することであり，この進捗を測るために純就学率，最終学年まで到達する生徒の割合，識字率などが設定されている。

　教育目標は，ほとんどの地域で着実な目標以上の成果があげられている。開発地域における小学校の純就学率は，2000年の83％から2015年には91％にまで達しており，サハラ以南アフリカを除く全ての地域において達成間近である。また，開発途上国地域の小学校就学率の最大の増加はサハラ以南アフリカで見られている。世界の15歳から24歳男女の識字率についても，1990年の83％から2015年には91％にまで達している。

　このように，一定の成果が見られた教育目標であるが，MDGsで掲げられている教育目標は，初等教育における純就学率に代表されるように，「教育へのアクセス」を主眼として推し進められてきた。MDGsに次ぐ2030年アジェンダの実施に向けては，教育へのアクセスのみならず，教育の「質」という側面においても，持続可能な世界へ向けた取り組みが期待されている（詳しくは第5章参照）。

　目標3「ジェンダーの平等の推進と女性の地位向上」は，家族や社会における女性差別を是正すべく設定された目標である。この背景として，開発途上国において女性は家事労働力として従事しているため，教育機関へ女子を就学させることに理解を得にくいことなどがある。従って，本目標に付随するターゲットは全ての教育レベルにおける男女格差を解消することであり，これを測る指標として男子学生に対する女子生徒の比率，女性賃金労働者の割合，そして国会における女性議員の割合が設定されている。

　2000年以降，ジェンダーの平等の推進と女性の地位向上に関する様々な取り組みが推進され，その結果，全ての開発途上地域は，初等，中等および高等教育における男女格差を撲滅するという目標を達成している。とりわけ，南アジアにおいては，1990年には100人の男子に比べ，74人の女子が小学校に通学していたのに対し，今日では100人の男子と比較して103人の女子が通学している。女性議員の増加についても，過去20年において，174カ国のほぼ90％の女性が政治に参加する基盤を得た。しかしその一方で，女性議員の絶対数は未だ男性議員数よりも圧倒的に少ない状態がつづいており，就業機会などについても，未だに差別に直面し，また女性は男性よりも貧困状態に置かれている傾向にある。

　目標4，5，6は保健衛生に関する目標である（地域別の進捗状況を含め，詳し

くは第6章を参照)。**目標4「幼児死亡率の削減」**は，1990年には5歳未満の子供の死亡率が実に年間1260万人であった開発途上国における乳児死亡率（UNICEF, 2013）を削減すべく設定された目標である。この目標はすでにIDGsにおいて，「2015年までに乳児と5歳未満の幼児の死亡率を3分の1に削減」という形で掲げられていた目標であり，MDGsにおいてもやはり同じターゲットが掲げられ，指標として乳児・5歳未満児の死亡率及び，はしかの予防接種を受けた一歳児の割合が設定されている。

　1990年初頭以降，5歳未満の幼児死亡率改善のペースは世界規模で3倍に加速され，実に世界における5歳未満の幼児死亡率は1990年から2015年の間に生まれた，1000人あたり90人から43人減へと，半分以下に減少した。さらに，2013年までに世界における約86％の5歳未満の幼児がはしかの予防接種を受け，2000年から2013年の間に1560万人の死を防ぐことができたなどの成果が見られている。しかし，これらの成果が見られる一方で，最貧困層家庭の5歳未満の幼児死亡率は，最裕福層家庭の子どもに比べ2倍高く，また，毎日約1万6000人の子どもたちが，5歳の誕生日を迎える前に命を落としている。

　目標5「妊産婦の健康の改善」は，目標4と同様に，すでにIDGsにおいて「妊産婦の死亡率を4分の1に削減すること，及び，2015年を最終目標として可能な限り早期に，適当な年齢に達した全ての人が基礎保健システムを通じて性と生殖に関する医療保健サービス（リプロダクティブ・ヘルス・サービス）を享受できるようにすること」という目標として掲げられていた。これらのターゲットを測る指標として，妊産婦死亡率，医師・助産婦の立ち会いによる出産の割合，避妊具普及率，青年期女子による出産率，産前ケアの機会，家族計画の必要性が満たされていない割合，の6つが設定されている。

　2014年には，世界の71％以上の出産は，医療従事者の立会のもとに行われ（1990年には59％であった），1990年以降，実に妊産婦の死亡率は45％減少している。このうち，とりわけ成果があった地域はサハラ以南のアフリカおよび南アジアである。サハラ以南アフリカにおいては1990年には10万人に990人が，南アジアにおいては530人が命を落としていたのに対し，2013年にはサハラ以南アフリカでは510人（49％減），南アジアでは190人（64％減）となっている。しかしながら，例えば大きな改善が見られた東アジアにおける妊産婦の死亡率が10万人中33人（1990年には95人）という数字に比べれば未だに2つの地域におい

ては大きな差がみられる。この背景には，医師・助産婦の立ち会いによる出産の割合が東アジアでは 100％であるのに対し，サハラ以南アフリカと南アジアにおいてはそれぞれ 52％に留まっていることがある。また，2014 年の段階では開発途上国の妊産婦のうち，望ましい妊産婦検査を受けているのは 52％に留まっており，普遍的なリプロダクティブ・ヘルスへのアクセスが達成したとはいえない。

目標 6「HIV/エイズ，マラリアその他疾病の蔓延防止」，特に HIV/エイズについては，ミレニアム開発目標の根幹部分である貧困削減に深く結びついている目標である。そのターゲットとして，1. HIV/エイズの蔓延を 2015 年までに食い止め，その後減少させる，2. 2010 年までに HIV/エイズの治療への普遍的アクセスを実現する，3. マラリア及びその他の主要な疾病の発生を 2015 年までに食い止め，その後発生率を減少させる，の 3 つが掲げられている。

HIV への新たな感染は 2000 年から 2013 年の間で約 40％低下し，感染者数も約 350 万人から 210 万人へ減少している。さらに，2014 年 6 月までに世界中で 1360 万人が HIV 療法を受け（2003 年には 80 万人であった），1995 年から 2013 年までの間に 760 万人が抗レトロウイルス療法を受けたことにより，HIV による死亡を免れている。また，2000 年から 2015 年の間に，620 万人以上の人々がマラリアによる死を逃れている。さらに，マラリアの予防策として，2004 年から 2014 年までの間に，9 億以上もの殺虫処理された蚊帳が，マラリアが風土病となっているサハラ以南アフリカの国々に配布されている。最後に，2000 年から 2013 年の間に，結核の予防，診断，治療によって，約 3700 万人以上の命が救われた，といった成果が挙げられている。しかし，アフリカにおいては HIV/エイズへの感染率がいまだに高く，2013 年度の世界の HIV/エイズ感染率の実に約 71％を占めている（その内訳は，サハラ以南アフリカ 36％，東アフリカ 20％，西アフリカ 15％）。

目標 7「環境の持続可能性確保」は，人類を脅かす環境破壊の脅威に対応すべく設定された目標である。持続可能な開発という概念に基づき，国家の環境政策や計画，森林保護，二酸化炭素排出量の削減，水資源の確保や都市におけるスラム居住者の生活改善など多岐にわたる。世界的に環境破壊は人々の生活や健康に大きな影響を与える。また，その影響を受けやすいのは，環境対策を講じる能力や技術を持たない開発途上国や社会的弱者である。MDG7 は，途上国のみでは解決できない目標といえる。

1990 年には，改良された飲料水源を使用する人の割合は，世界人口の 76 ％であったが，2015 年には 91 ％に達した。また，1990 年以来改良された飲料水へのアクセスを得た 26 億人のうち，19 億人が水道水へのアクセスを得ることができた。1990 年代には，毎年 830 万ヘクタール（ha）もの森林面積が失われていたが，2000 年から 2010 年にかけて，その面積は毎年 520 万ヘクタールに削減された。開発途上国のスラム居住者の割合も，2000 年から 2014 年の間に 39.4 ％から 29.7 ％に減少している。

　地域別の達成度を見ると，多くの地域で，改善された飲料水を利用することが可能になった。ターゲット 7.C「2015 年までに，安全な飲料水及び衛生施設を継続的に利用できない人々の割合を半減する」は，期限である 2015 年の 5 年前に世界全体としては達成された。地域別にみると，サブサハラ・アフリカ地域のみがこのターゲットを未達成だが，それでも 1990 年に比べて 20 ％も改善されている。一方，生物多様性の保全に関しては，南アメリカ，カリブ海やオセアニア，西アジア地域で自然や海洋保護地区の導入が進んでいる。スラム居住者の割合は，アジア，南アメリカ，北アフリカ地域で大幅に減少しているが，サブサハラ・アフリカ地域では人口割合の 55 ％が依然としてスラムに住んでいる。

　しかしながら，気候変動対策の最重要課題の 1 つである CO_2 排出量の削減は依然として課題が残っており，現在世界的な排出量は 1990 年に比べて 50 ％以上も増加している。また，都市部と農村部での安全な飲料水と衛生施設の利用率はともに改善されたが，農村部に住む貧困層や社会的弱者はこれらの基本的なニーズにアクセスすることが困難な状況である。都市と農村の格差改善も MDGs で達成できなかった課題の 1 つである。

　目標 8「開発のためのグローバルなパートナーシップの推進」は，ここまで概観してきた MDG の目標 1 から 7 を実現させるために必要な，実施のための手段に関する目標である。実施のための手段とは，資金，貿易，能力開発，官民パートナーシップ等，途上国の MDGs の達成のために先進国が支援可能な，あるいは，支援すべき事項を掲げている。目標 8 では，ODA，情報通信技術（ICT）分野で世界的な進捗があったが，多くの課題も残っている。

　2000 年から 2014 年にかけて，先進国の ODA は 66 ％増加し，1352 億ドルに到達した（UN 2015）。2014 年の ODA 拠出額（支出純額ベース）の国別順位トップ 5 は，1 位からアメリカ，イギリス，ドイツ，フランス，日本となっている（The

World Bank Group 2015）。日本の ODA（支出純額ベース）は，2005 年に約 131 億ド
ルであったが，2007 年に約 77 億ドルに減少した以降，徐々に増加し 2013 年に
約 116 億ドルとなった（外務省 2015）。ただし，日本国外務省（2015）によれば，
2014 年は円安の進行等により前年比 20.7％減の約 91.8 億ドルになったとして
いる。特筆すべき事項は，OECD-DAC 加盟国から後発開発途上国に対する対
GNI（国民総所得）比の ODA 総額が MDGs 策定後に上昇したことである（UN
（2015）によれば，2000 年の 0.06％から 2014 年には 0.1％に増加した）。貿易面では，
2014 年に先進国から途上国への輸入製品の 79％が免税になった。過去 15 年間
（2000〜2015 年）での携帯電話の契約数は 7 億 3800 万から 70 億と約 10 倍に増加，
また，インターネット普及率も 6％から 43％まで増加し，32 億人がグローバ
ル・ネットワークとつながった。

　こうした進展にもかかわらず，これまで ODA の GNI 比 0.7％目標を達成し
た国（2014 年統計）は，デンマーク，ルクセンブルグ，ノルウェー，スウェーデ
ン，イギリスの 5 カ国のみであり，逆に 1974 年以降，2013 年に初めてオランダ
が未達成になった。The World Bank Group（2015）によれば，途上国の債務負担
も債務履行能力の向上や輸出収入の増加等により 2000 年比で半分に削減された。
また，ICT の普及においては，地域や国家間また国内の格差が多く存在してい
る（表 1 - 4）。

3　ミレニアム開発目標の成功要因と失敗要因

　MDGs は，全体として途上国のみならず先進国においてさえも，人間の福祉
の向上や貧困撲滅などの課題に対して，これまでにない注目を呼ぶことができた
ことが第一に評価されている。具体的な MDGs の実施において，先進国による
ODA や援助機関からの支援を増加させ，いくつかの途上国で貧困撲滅などに関
する政策の優先順位が上げられた，ということも成功要因の 1 つである。そのこ
とが結果として，途上国の各々の経済成長につながり，貧困削減が実現したとい
える。さらに，8 つの目標間に存在する様々なセクター間の連携が強化されたこ
とや，様々なステークホルダーの参加を促したこと等が，これまでの研究によっ
て成功例として評価されている（Manning 2010；Moss 2010；Vandemoortele 2011；
Langford 2010）。

表1-4　ミレニアム開発目標の進捗状況と達成見込み

目標とターゲット	アフリカ		アジア				オセアニア	ラテンアメリカ・カリブ海	コーカサス・中央アジア
	北	サハラ以南	東	東南	南	西			
目標1　極度の貧困と飢餓の撲滅									
極度の貧困の半減									
生産的雇用と働きがいのある人間らしい仕事									
飢餓の半減									
目標2　初等教育の普遍化の実現									
初等教育の完全な普及									
目標3　ジェンダーの平等の推進と女性の地位向上									
初等教育への女子の平等な就学									
有給雇用における女性の割合									
国家における平等な女性議員数									
目標4　幼児死亡率の引き下げ									
5歳未満幼児死亡率の3分の2引き下げ									
目標5　妊産婦の健康状態の改善									
妊産婦死亡率の4分の3引き下げ									

リプロダクティブ・ヘルスへのアクセス							
目標6　HIV/エイズ，マラリア，その他の疾病の蔓延防止							
HIV/エイズのまん延防止及び減少							
結核のまん延阻止及び減少							
目標7　環境の持続可能性の確保							
改良された飲料水を利用できない人々を半減							
衛生施設を利用できない人々の割合を半減							
スラム居住者の生活を改善							
目標8　開発のためのグローバル・パートナーシップの構築							
インターネット利用者							

凡例：目標達成済み又は高い進捗／良好な進捗／着実な進捗／不十分な進捗／データ紛失又はデータ不十分

注：現在の進捗度を，各種の言葉により，今後の達成見込みとアミの濃度によって示す
出典：国際連合広報センター（2015）をもとに筆者作成

　一方，いくつか進展が見られていない目標もある。これらの，いわば「失敗」に関連し，少なくとも以下の2つの批判が存在する。第一に，グローバル・レベルとローカル・レベルを結ぶようなしくみが欠如していたという点である（勝間2008）。これは，目標自体が各国の能力を考慮せずに，単一の，全ての国が目指

すべき目標（英語では One size fits all）として作られたことが要因とされている。実際に，MDGs の達成状況はアジア各国とアフリカ各国で大きな差が生じている。MDGs の時代における国際援助は援助供与国主導であり，詳しい地域的な意味合いや状況までは考慮していなかったという背景がある。すなわち，目標に関わる「実施の手段」に関する議論が十分に担保されていなかったという批判である（Agwu 2011；Easterly 2009；Peterson 2010；Fukuda-Parr 2010；Clemens et al. 2007；Saith 2006）。これは特に，目標 8 について当てはまる。前述の通り，MDGs は総合的に開発援助資金を増加させ，財政ニーズの確保を促したと評価される一方で，目標 8 に関しては，具体的な定量目標がなく，効果的なモニタリング（進捗度や達成度を測ること）と評価システムが設置されなかった。その結果，先進国において効果的な実施に至らなかったわけである。

　第二に，上記の点と関連し，MDGs の顕著な特徴として，開発の成果を重視（result-based）するという考え方がある（勝間 2012）。このため，効果が計測しにくい「人権」，「公平性」，あるいは「グッド・ガバナンス」，さらには環境問題の中でも特に社会的広がりの大きい「気候変動問題」といったような課題が目標に含まれていないという批判がある（Alston 2005；Hulme 2007；Nelson 2007；Vandemoortele and Delamonica 2010）。とりわけ，目標 7 は MDGs 全体の中でも達成されなかったターゲットが多いといわれている。安全な飲料水や衛生施設へのアクセスなど，基本的なニーズの確保は解りやすく実施につながりやすいという側面があった。しかし，その他の環境関連目標は，定量的なターゲットや指標が設定されておらず達成度を測ることが困難であったこと，特に森林問題や二酸化炭素排出量に関する目標は他の分野ほど野心的ではなかったこと，環境問題は途上国のみでは解決できる問題ではないこと，また，目標 7 に掲げられている環境分野が限定的であること，などが，目標達成を阻害する要因として挙げられる。

　目標設定により，課題解決を行おうとするときの負の側面としては，この他に，資源投入の偏りを指摘する向きもある。目標に含まれた課題には人的，資金的な資源が投入される一方で，目標に含まれない課題には資源が投入されないというのである（Fukuda-Parr et al. 2014）。

4 MDGs を踏まえた持続可能な開発目標の実施に向けて

このような MDGs の成果と失敗を踏まえ，「ポスト 2015 年開発アジェンダ」は経済開発を中心とした貧困撲滅という側面だけでなく，社会的に持続可能な発展や環境保全をバランスよく組み込んだ持続可能性を重視すべきとの意見が次第に強まってきた。このような背景のもと，リオ + 20 にて SDGs の「ポスト 2015 年開発アジェンダ」への統合が決議され，やがて 2015 年 9 月の国連総会での採択により，先進国・開発途上国を問わない，世界共通の目標として掲げられることとなった。

MDGs では，各国の能力に応じた国際目標が十分に考慮されなかったことが，オーナーシップの欠如や実施の障害になった。SDGs では，国際的な基準としての共通目標を設定しながら，各国が国内の優先課題や能力に応じて国家目標を定められるプロセスを前提にしている。そのため，先進国を含む全ての国が，各国の状況に応じて，意欲的に優先課題を選定し，国家計画等に反映していくことが重要である。

また，2016 年には，SDGs 実施をモニタリングするための国際指標が策定された。SDGs の実施にむけては，定量的，かつ，わかりやすい指標を設定し，国際（及び地域），国内レベルでのモニタリング評価枠組みを設置することがまずは必要である。SDGs の達成度を定期的に報告し，評価し，フィードバックしていくプロセスは，各国における実施を把握し，また，持続的に実施していくために必要である。指標を測るためのデータの確保も重要である。特に途上国では，データ収集・管理能力などが課題となっているため，これに関する国際的な支援も必要になる（UN 2014；Eye on Earth 2015）。

SDGs は，全世界共通の普遍的目標であり，発展途上国と開発援助を主な対象とした MDGs とは異なる性格を持つ。対象課題の性格や多様性も異なるし，結果として，目標の数もターゲットも異なる。なによりも，一部の専門家によって策定された MDGs と，国際交渉によって策定された SDGs とは策定過程が異なる。それは，実施へ向けたステークホルダーの参加を促進する上でも重要な相違点となっていくであろう。こうした違いはあれど，MDGs は SDGs を考える際に，非常に重要な示唆と教訓を与えている。MDGs の経験をいかにして SDGs

へとつなげるかが今後重要な課題になる。

参考文献

Agwu, F. A. (2011) "Nigeria's Non-Attainment of the Millennium Development Goals and Its Implication for National Security," *The IUP Journal of International Relation*, 5(4): 7-19.

Alston, P. (2005) "Ships Passing in the Night: The Current State of the Human Rights and Development Debate Seen through the Lens of the Millennium Development Goals," *Human Rights Quarterly*, 27(3): 755-829.

Clemens, M., K. Charles and T. Mess (2007) "The Trouble with the MDGs: Confronting Expectations of Aid and Development Success," *World Development*, 35(5): 735-751.

DAC (Development Assistance Committee) (1996) *Shaping the 21st Century: The Contribution of Development Co-operation*, Paris: OECD.

Easterly, W. (2009) "How the Millennium Development Goals Are Unfair to Africa," *World Development*, 37(1): 26-35.

Eye on Earth (2015) "Outcome of Eye on Earth Summit 2015," Abu Dhabi, United Arab Emirates, 11 October 2015.

Fukuda-Parr, S. (2010) "Reducing Inequality－The Missing MDG: A Content Review of PRSPs and bilateral Donor Policy Statements," *IDS Bull etin*. 41(1): 26-35.

Fukuda-Parr, S., A. E. Yamin and J. Greenstein (2014) "The Power of Numbers: A Critical Review of Millennium Development Goal Targets for Human Development and Human Rights," *Journal of Human Development and Capabilities*, 15 (2-3): 105-117.

Hulme, D. (2007) "The Making of the Millennium Human Development Meets Results-Based Management In an Imperfect World," *Brooks Workd Poverty Institute Working Paper*, (16): 1-26.

Hulme, D. (2009) "The Millennium Development Goals (MDGs): A Short History of the World's Biggest Promise," *Brooks World Poverty Institute Working Paper*, (100): 1-55.

Hulme, D. and S. Fukudu-Parr. (2011) "International Norm Dynamics and 'the End of Poverty': Understanding the Millennium Development Goals (MDGs)," *Global Governance*, (17): 17-36.

JICA (n. d.) "Millennium Development Goals," Available at: http://www. jica. go. jp/aboutoda/mdgs/about.html. (最終アクセス日：2015 年 11 月 16 日)

Langford, M. (2010) "A Poverty of Rights: Six Ways to Fix the MDGs," *IDS Bulletin*, 41 (1): 83-91.

Manning, R. (2010) "The Impact and Design of the MDGs: Some Reflections," *IDS Bulletin*, 41(1): 7-14.

Moss, T. (2010) "What Next for the Millennium Development Goals ?" *Global Policy*, 1(2): 218-220.

Nelson, P. J. (2007) "Human Rights, the Millennium Development Goals, and the Future of Development Cooperation," *World Development*, 35(12): 2041-2055.

Peterson, S. (2010) "Rethinking the Millennium Development Goals for Africa," *Harvard Kennedy School Faculty Research Working Paper Series*, RWP10-046: 1-49.

Saith, A. (2006) "From Universal Values to Millennium Development Goals: Lost in Translation," *Development and Change*, 37(6): 1167-1199.

Scott, L. and A. Shepherd (2011) *Climate change as part of the post-2015 development agenda*, London: ODI Background note.

The World Bank Group (2015) *Global Monitoring Report 2015/2016: Development Goals in an Era of Demographic Change*, Washington, D. C. USA.

UN (1948) The Universal Declaration of Human Rights, 217 A (III), adopted by the UN General Assembly, 10 December 1948.

UN (1970) Resolution adopted by the General Assembly 2626 (XXV), International Development Strategy for the Second United Nations Development Decade, A/RES/25/2626, adopted by the twenty-fifth session of the UN General Assembly, 24 October 1970.

UN (2000) *We the Peoples : The Role of the United Nations in the 21st Century*, New York: United Nations.

UN (2014) "The Road to Dignity by 2030: Ending Poverty, Transforming All Lives and Protecting the Planet," Synthesis Report of the Secretary-General On the Post-2015 Agenda, New York: United Nations.

UN (2015) *The Millennium Development Goals Report 2015*, New York: United Nations.

UN (n.d.) "About Major Groups and other stakeholders," Available at: https://sustainab ledevelopment.un.org/majorgroups/about. (最終アクセス日：2015 年 11 月 16 日)

UNICEF (2013) *Coming to Child Survival: A Promise Renewed. Progress report 2013*, New York: UNICEF.

Vandemoortele, J. and E. Delamonica. (2010) "Taking the MDGs Beyond 2015: Hasten Slowly," *IDS Bulletin* 41(1): 60-69.

Vandemoortele, J. (2011) "If Not the Millennium Development Goals, then what ?" *Third World Quarterly*, 32(1): 9-25.

外務省 (n.d.a)「DAC 新開発戦略（21 世紀に向けて：開発協力を通じた貢献）序章及び要約」http://www.mofa.go.jp/mofaj/gaiko/oda/doukou/dac/sei_1_10.html（最終アクセス日：2015 年 4 月 14 日）。

外務省 (n.d.b)「ミレニアム開発目標（MDGs）とは」http://www.mofa.go.jp/mofaj/gaiko/oda/doukou/mdgs/about.html（最終アクセス日：2015 年 4 月 14 日）。

外務省（2015）「ODA（政府開発援助），ODA 実績」http://www.mofa.go.jp/mofaj/
　　gaiko/oda/shiryo/jisseki.html（最終アクセス日：2015 年 4 月 14 日）。

勝間靖（2008）「ミレニアム開発目標の現状と課題──サブサハラ・アフリカを中心とし
　　て」『アジア太平洋討究』10。

勝間靖（2012）『テキスト国際開発論──貧困をなくすミレニアム開発目標へのアプロー
　　チ』ミネルヴァ書房。

国際連合広報センター（2015）『ミレニアム開発目標成果チャート 2015』http://www.
　　unic.or.jp/files/14975_4.pdf（最終アクセス日：2015 年 4 月 14 日）。

（井口正彦・宮澤郁穂・蟹江憲史）

<table>
<tr><td>第 2 章</td><td>環境資源制約下での持続可能性の評価と SDGs</td></tr>
</table>

1　21 世紀の発展のあり方と「新国富」

　2015 年 9 月，国連持続可能な開発サミットにおいて，2030 年までに達成すべき持続可能な開発目標（Sustainable Development Goals : SDGs）を含む「持続可能な開発のための 2030 アジェンダ」が採択された。この SDGs は，途上国の貧困や教育を中心の課題として進められ，2015 年を目標としたミレニアム開発目標に代わる今後の目標として位置づけることができる。しかしながら，SDGs およびその背景にある公文書では，SDGs を達成するために実施される施策が有効かどうか，また，それをどのように判断すべきかについては言及されていない。そこで本章では，「新国富」という新しい包括的な富の指標について言及し，環境資源制約下での持続可能性の評価と SDGs の今後のあり方について検討する。

　現在，広く用いられている国民経済計算システム（System of National Accounts : SNAs）は，消費や投資，雇用，財政支出など資源のフローを記録するものであり，一定期間の経済規模を表す国内総生産を測定するように設計されている。しかしながら，SDGs の持続可能性を判断するには，ストックである富を包括的に測定する新しい SNAs が必要となる。この包括的な富（Inclusive Wealth）のことを「新国富」と呼び，経済の生産能力を測る手段として，国家の人工資本，人的資源，および自然資本の合計の値で示される。国内総生産では資本の償却が記録されないため，自然資本を使い果たすことで一定期間において国内総生産の増加が可能となった場合，その自然資本の枯渇については記録されないのである。急激な資源の消耗を伴う国内総生産の増加は，同時に「新国富」の減少，つまり，経済の生産能力の縮小を意味しており，やがて持続不可能になることを意味している。つまり，持続可能な成長とは，国内総生産の成長ではなく，「新国富」の成長を意味すべきであるといえる。

　これまで，経済学者らを中心として，過去の「新国富」の推計が実施されてき

た。国連大学および国連環境計画による「包括的『富』報告書 2014（新国富報告書）（Inclusive Wealth Report 2014：UNU-IHDP and UNEP 2014）」では，1990 年から 2010 年までの期間における，140 カ国の「新国富」の変化が測定されている。その結果，サンプル国のうち，ポジティブなレートで「新国富」が成長した国の割合は 92％である一方，一人当たりの「新国富」の成長がポジティブであった国の割合は 60％であることがわかった。これは，世界全体の人口増加が，SDGs の形成においても懸念すべきポイントであることを示唆している。

　また，新国富報告書では，多くの国々において，国内総生産と「新国富」は正反対の方向を向いており，国内総生産は増加傾向，「新国富」は減少傾向にあることが示されている。つまり，人類は，限られた地球資源を消耗して経済活動を行っているということを意味している。これは，「地球の境界（Planetary Boundaries）」という考えに端的に表されている。この境界内であれば，人類は将来世代に向けて発展と繁栄を継続することができる一方で，その境界値を超えると急激な，もしくは取り返しのつかない環境変化が生じる可能性がある。この境界は，少なくとも 9 つの領域（気候変動，海洋の酸性化，成層圏のオゾンの破壊，窒素とリンの循環，世界的な淡水利用，土地利用の変化，生物多様性の損失，大気エアロゾルの付加，化学物質による汚染）によって成り立っているとされ，そのうち窒素とリンの循環，生物の多様性の損失，気候変動，土地利用の変化の 4 つの領域ではすでに境界を越えていると報告されている。つまり，環境資源制約下に人類は直面しており，それを考慮した持続可能性の評価と SDGs が必要である。

　そこで，本章では，第 2 節で，「新国富」によって地域の持続可能性をどのように評価するか，また，従来の評価手法とどのように異なるか，資本の量と価値という視点から具体的に例示する。資本の価値を評価するためには限られた地球資源をどのように活用していくかが重要であり，本章では，限られた地球資源の代表的なものとして，鉱物資源や生物資源をとりあげる。具体的に，第 3 節では，資本の価値について，グローバルな視点から，鉱物資源を事例として詳述する。また，環境資源制約下での持続可能な開発目標を考えるにあたっては，将来にわたる資源の需要の推計やそれを基にした評価が必要となる。そこで，第 4 節では，第 3 節で取り上げた鉱物資源のうち，銅に着目し，先行事例的なケーススタディーとして，電力供給とこれに必要なインフラ向け鉱物資源需要を検討する。さらに第 5 節では，生物資源に着目し，前述の「地球の境界」で示されている複数の

境界考慮に入れた今後の生物資源の需要シナリオを基に適切な生物資源の利用について検討する。

2 「新国富」による地域の持続可能性の評価
——資本の量と価値——

　持続可能性を評価するためには，まず，2時点以上での「新国富」に関する情報を得ることが必要である。ある時点で保有していた「新国富」が，もう1つの時点においてどのように変化しているかによって，その持続性を測ることができる。つまり，前の時点に比べて「新国富」が増加していれば持続可能であるといえる可能性が高いし，減少していればこのままでは持続不可能になる可能性があるといえる。では，「新国富」とは一体何を指しているのであろうか。前節でも取り上げたように，大きく分けて人的資本，人口資本，自然資本の3つをまとめたものを指している。一般的にイメージのつきやすい道路や橋，発電所などの施設はもちろん，森林や田畑，人々に至るまで，あらゆるものが資本であり，我々の「新国富」であると考えることができる。「新国富」を計算するためには，これら資本の量とその価値が必要となる。言い換えれば，各資本の量とその価値を各地点で推計できれば，持続可能性の評価を行うことが可能になる。また，こうした資本の量や価値を適切に求めることができれば，国や自治体の政策についても「新国富」をベースに対象地域の持続可能性を評価することが可能である。一例として東日本大震災で甚大な被害を被った陸前高田市における防潮堤建設計画について考えてみよう。

　東日本大震災は2011年3月11日に発生し，東北地方を中心に大きな被害をもたらした。この地震の規模はマグニチュード9.0であり，それに伴う津波によって太平洋沿岸部は壊滅的な被害状況となった。陸前高田市では，津波は最大18mほどに到達し，1700人以上の犠牲者（行方不明者含む）を出した。これを踏まえ，国土交通省では，比較的発生頻度の高い津波（L1）と最大クラスの津波（L2）のうち，L1津波に対しては海岸堤防の整備による住民の財産や地域経済の安定を目指し，L2津波に対しては，ハード整備とソフト対策を組み合わすことで被害を最小化させるとした減災の考え方を示した。この指針に則り，今回甚大な被害を被った県，自治体は，L1津波に対応できる防潮堤計画を策定したもの

の，地域によっては最大で 15 m ほどの防潮堤が必要となり，当該地域の住民からは観光や景観への懸念や海が見えなくなることに対する不安が表明されている。また，巨大防潮堤の建設には巨額の費用が必要となることから，これらの巨大防潮堤の建設に対する賛否が分かれる結果となっている。この巨大防潮堤の建設プロジェクトは，「新国富」をベースにどのような評価を行うことができるだろうか。

　一般的に政策の評価を行う手段としてよく用いられてきたものとして，費用便益分析があげられる。費用便益分析では，その政策を実行するのにかかる費用とその政策を実行したことで増加した便益を求めることで政策を評価する。この費用便益分析において「新国富」を考慮していないものと考慮したもの，それぞれの特徴を見よう。

　巨大防潮堤の建設プロジェクトの費用便益分析において，費用は，総事業費と毎年かかる維持費になる。一方，防潮堤の建設による便益とは何であろうか。それは，その防潮堤を建てることで，建設しなかった場合に引き起こされただろう被害を軽減させた額である。この軽減額を推計するためには，今後，陸前高田市を襲うであろう津波の頻度と強度が必要である。ここでは，宮城県沖地震，三陸沖北部地震など 8 種類の地震を想定し，津波被害が予測される資産を家屋，家庭用品，事業所資産，農作物，農地被害，人的被害と仮定する。さらにそれらの資産価値として治水経済マニュアルの値を用いることで便益の計算が可能となる。津波が発生した場合の浸水域として，簡易的に①浸水深＝津波高，②浸水深＝1.2×津波高，の 2 パターンと仮定したところ，①の場合費用便益比（総便益÷総費用）は 0.230，②の場合 0.315 となった。これはともに防潮堤建設費用のほうが建設による便益よりも高くなることを意味している。

　一方，「新国富」を考慮した評価はどうか。「新国富」を評価するときには，基本的に対象地域の資本増減が重要である。巨大防潮堤のように基本的に国費で事業が行われる場合，対象地域の人工資本が投資額分増加することとなり，さらにその防潮堤によって守られる資本も増加する。そのため，防潮堤の建設プロジェクトを実行した場合としなかった場合の陸前高田市の期待「新国富」は必然的に高くなる。ここで，期待「新国富」とは，将来の「新国富」の期待値のことを指している。一見すると，全ての公共工事においてそのプロジェクト後の期待「新国富」は高くなるように見えるが，正確にはそうでない。今回例に挙げた防潮堤

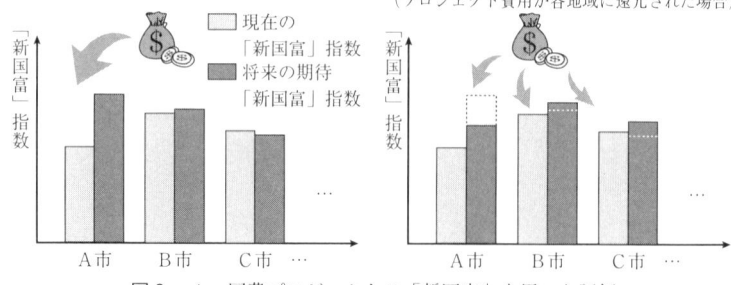

図2-1 国費プロジェクトの「新国富」を用いた評価

出典：筆者ら作成

　の場合においても，陸前高田市の期待「新国富」は増加するものの，その他の防潮堤が建設されない全国の市町村では，防潮堤を建設しなかった場合にその建設費用として投資された額の一部が各地域に還元された可能性があるので，全国の市町村の期待「新国富」はプロジェクトが実行されなかった場合に比べて低くなると考えられる。また，国レベルで見た場合には，建設される防潮堤は自国からの投資で増加する人工資本なので事業費は計算上相殺され，防潮堤ができたことにより守られる資本の期待値分だけが「新国富」の増加につながる。図2-1は国費によるプロジェクトを地域で実施する場合のイメージである。国費によるプロジェクトであれば，A市のようにプロジェクトが実施された地域は「新国富」が増加するものの，C市のように「新国富」が減少する地域が現れる可能性がある。一方，このプロジェクトが実施されず，プロジェクト費用分が他の政策などに投資され結果的に地域に還元された場合，A市の期待「新国富」はプロジェクト実施時より下がるものの，その他地域の期待「新国富」がプロジェクト実施時より高まる可能性もある。「新国富」を用いてプロジェクトを評価するためには，以上のようなプロジェクト対象地域以外への影響にも注意して総合的な評価を行うことが必要となる。

　費用便益分析では，その名のとおり対象とするプロジェクトをその費用と便益によって評価するが，「新国富」を用いた場合には，そのプロジェクトの費用と便益による各地域，各資本の増減によって評価されるため，そこに大きな違いがある。政策自体の評価は費用便益分析で行うことが可能であるが，政策実施による地域ごとの持続可能性を評価するためには「新国富」を用いた評価法を行うべきである。特に，異なる政策を比較する際に，周辺地域を含めた持続可能性を基

準に政策を評価できるため，「新国富」を用いた評価法は有用な手法であるといえるだろう。話ははじめに戻るが，この持続可能性を評価できる手法を確立させるためにも，「新国富」の推計精度の向上，つまり，資本保有量及びその価値の推計精度の向上が重要になる。

3　資本の価値の推計
——鉱物資源の価値とアジアの特徴——

　前節では，ローカルな地域における評価のあり方に着目した。一方で，資本の価値を評価するためには限られた地球資源をどのように活用していくかというグローバルな視点も必要不可欠であり，限られた地球資源の代表的なものとして，鉱物資源や生物資源がある。そこで，本節では，鉱物資源に着目し，その価値について見てみよう。鉱物資源は有限であり，持続可能な発展のためには，将来を見据えた資源制約が必要である。特に近年では，中国をはじめアジアにおける経済発展が目覚しく，それに伴う世界全体での鉱物資源の需要量および生産量は大幅に増加している（図2-2）。

　多くの発展途上国にとって，経済成長を達成するためには，工業の発展が必要であり，そのためには鉱物をはじめとした資源の消費が必要である。さらに，発展途上国の経済成長と環境や資源の持続可能な開発をともに実現するためには，発展途上国だけでなく先進国も含めた世界全体の協力が必要である。それでは，どのように地域ごとの資源制約を定めるべきであろうか。本節では，環境資源制約下における鉱物資源価値に着目して，アジアとその他地域との鉱物価値の違いについて見てみよう。

　鉱物資源を対象とした資源制約について「新国富」をベースに分析する場合，その価値は各鉱物のシャドープライスとして表される。ここで，シャドープライスとは，資源量1単位当たりの経済的価値のことである。一方，ストック量は各鉱物の埋蔵量が適当であるが，鉱物資源の場合，その埋蔵量は不明瞭である場合がほとんどである。そこで，ここでは使用量をベースとして考え，資源制約として，実際の使用量から10％及び20％削減した場合の削減量を評価することとする。

　鉱物資源と一言でいっても，その種類や地域で価値は大きく異なる。そこで，

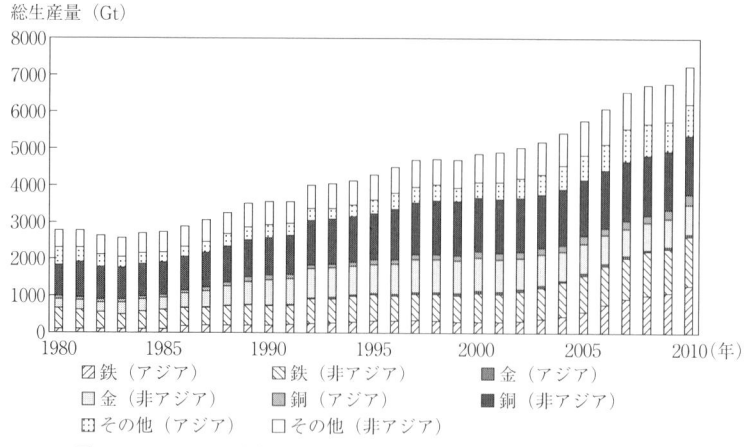

総生産量（Gt）

図2-2　アジア地域およびアジア地域以外の各種鉱物生産量の推移
出典：SERI/WU Global Material Flows Database.

　まずは，その種類や地域によるシャドープライスの差について見てみよう。図2－3は，アジア地域とアジア以外地域の各鉱物のシャドープライスの関係を示している。図中斜線の右下側に各鉱物は集まっており，全体的にアジアにおけるシャドープライスが高く出ていることを意味している。つまり，アジア地域において鉱物の使用量を制限することは，その他地域で制限をかけるよりもコストがかかることを意味する。実際，アジアにおける鉱物の使用量の増加率は，その他地域の使用量の増加率よりも高く，経済的な成長も著しい。そのため，鉱物の使用量が削減された場合にアジア各国の経済成長にもたらされる影響は大きくなることが予想される。

　次に，使用量制限を行う場合，どのような効果が得られるか，データの存在する 2010 年までのデータを基準に，今後 10 年間で鉱物の使用量を 10 ％減少させる場合及び 20 ％減少させる場合について推計を行った。図2－4は，主要 10 鉱物に対して，10 ％及び 20 ％削減の使用量制限を行った場合の 10 年間の削減コストを示している。例えば鉄鉱石の場合，10 ％削減を行う際に約 1300 億ドル，20 ％削減を目標とした際には，約 3700 億ドルの削減コストがかかることが示唆されている。これは 10 年間でかかる削減コストであるが，10 ％削減と 20 ％削減では 3 倍近いコストの差があることがわかる。つまり，削減量は倍であっても削減コストに関してはそれ以上になる可能性がある。さらに，アジア地域とそれ以外の地域に分けて比較することで削減コストに地域の差が大きく関係していること

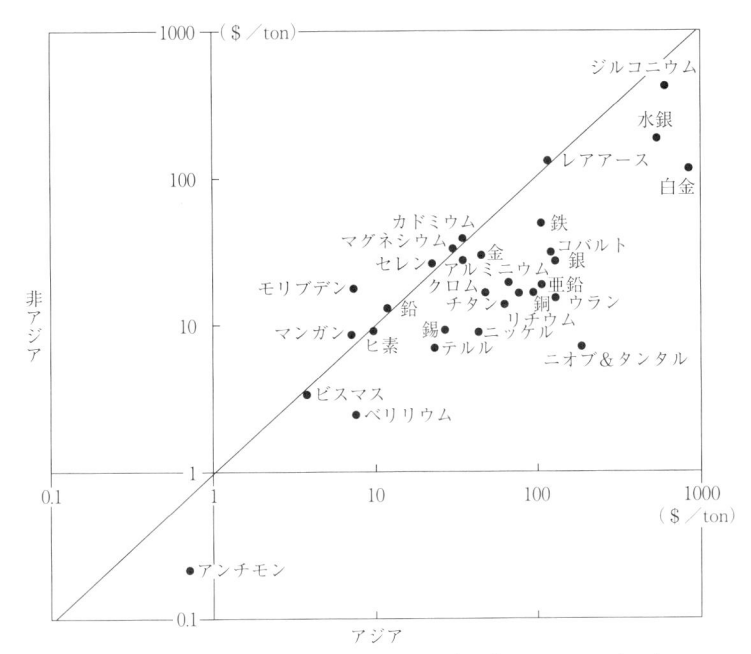

図2-3　アジア地域とアジア以外地域の各鉱物のシャドープライス

出典：筆者ら作成

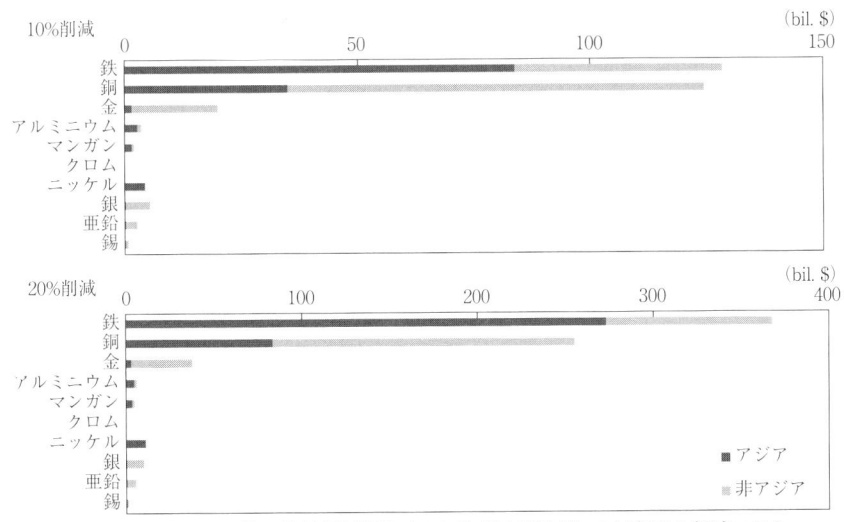

図2-4　主要10鉱物の使用量制限時（10％及び20％削減）の10年間の削減コスト

出典：筆者ら作成

もわかる。アジア地域における 10％の削減時は約 850 億ドル，20％削減時は約 2750 億ドルと約 3.2 倍あるのに対して，アジア以外の地域では，10％削減時は 450 億ドル，20％削減時は 950 億ドルと約 2.1 倍にしかならない。つまり，経済成長の著しい国が多いアジアにおける大幅な使用量制限は，その他地域で行われる使用量制限に比べて大きな負担を強いることになる。

　以上で見てきたように，鉱物の使用量制限を行う場合には，地域ごとに鉱物使用制限量を定めることが望ましい。鉱物ごと，地域ごとによってそのシャドープライスには違いがあり，また，経年変化を見ても大きな違いがある。つまり，単純に全体目標を立てるだけでなく地域ごとに使用制限目標を立てていくことが，社会的に望ましい持続可能な開発目標になるのである。

　しかしその一方で，環境資源制約下での持続可能な開発目標を考えるに当たっては，将来にわたる資源の需要の推計やそれを基にした評価が必要となる。そこで，次節以降では，より詳細な鉱物資源の将来需要の推計と生物資源の将来需要の推計，およびそれらの利用の在り方について検討する。

4　迫りくる地球システムの限界と資源の価値
——銅の例——

　本節では，非再生可能資源について，鉱物資源である銅を事例に整理を行う。前節とは異なり，ものの流れに沿って，天然資源の供給における制約，需要サイドの変化とこれに対する供給側の対応のずれが引き起こす制約，さらには直接的な需給以外での制約を整理してみよう。

　まず素材系鉱物資源については図 2 - 5 のような流れに沿って社会で利用されることを理解されたい。天然資源の供給サイドで考えられる制約としては枯渇が考えられるが，枯渇を論じるためには資源を定義する必要がある。金属鉱物元素についてその賦存量を考えるとき，品位を無視して存在量を定義する場合に用いられる指標は「地殻存在度」と呼ばれるものである。その次に狭いものとして考えられるものが，「資源量」であり，さらにこれよりも狭い範囲の量を指す言葉として「埋蔵量」がある。地殻存在度とは，その名の通り，地球の地殻にどの程度の濃度でその元素が存在するのかを示す値であり，例えば銅についていえば文献にもよるが 50〜60ppm であるとするものが多く，これを用いて地球上（正確

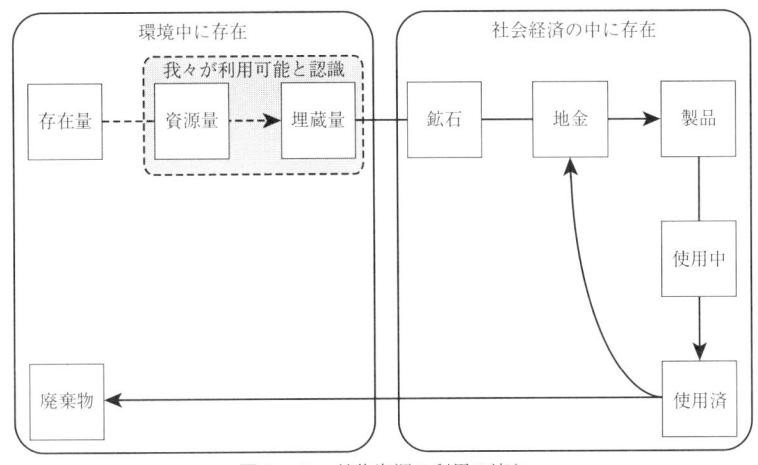

図 2 - 5　鉱物資源の利用の流れ

出典：筆者ら作成

には地殻）にどの程度その元素が存在するかを示す「存在量」が算出可能である。ただし，銅がこの濃度で存在したとしてもまったく資源としての価値は現状では考えられず，品位（基本的には濃度）を踏まえて資源としての量を議論する必要がある。また，埋蔵量とは現時点でかなりの確度で存在が確認できており（情報の精度が高い），かつ経済的・技術的に採掘可能な量を示す。そのため，長期的な視点でどの程度その資源が利用可能かを考える指標として適切ではない。そのために，資源量という曖昧な数字が必要になる。

　鉱物資源の利用可能量（資源量）については Grade-Tonnage Curve と呼ばれる考え方を用いて整理する。その研究事例の1つを図 2 - 6 に示す。

　図 2 - 6 からもわかるように，濃度に対する元素の存在量には分布がある。そして，我々はその非常に濃い部分を使っているに過ぎない。昨今稼行中の銅鉱山であれば，0.3〜3％程度の銅品位のものが多い。分布を見ると，これまで中心的な役割を担ってきた種類の鉱床にとってはまさに量の最も多い部分に相当するが，今後の銅資源として大きな期待をかけられている斑岩銅鉱床にとってはまだまだ高品位の部分にあたることが分かる。

　いずれにしても多くの鉱物資源について，絶対的な枯渇というものは遠い将来の話ではあるが，徐々に品位が下がる，つまり劣化することになる。この劣化は，直接的な生産コストの増加（同じ量の銅を得るために採掘する土石の量は確実に増え，そのための関連費用も増える）のみならず，これに起因する環境負荷等の間接的な

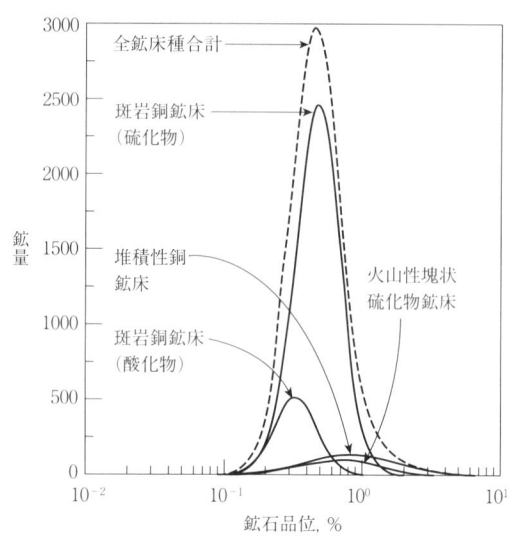

図 2 - 6　銅鉱床種別の品位と鉱量の関係

出典：Gerst（2008）をもとに村上進亮訳

費用も増えることが想定される。こうした意味での経済的な枯渇の可能性は少なくない。特に銅のように，今後も需要が減退することがあまり期待できない鉱物資源については早い段階でこれらに対する対策が必要不可欠である。

　埋蔵量ではなく，図 2 - 6 に示すようなより捕捉されている範囲の広い資源量に関するデータを用い，銅供給の将来を検討した研究（Northey et al. 2013）によれば，生産量は 2040～50 年ごろには頭打ちとなり，今世紀末には非常に小さなものとなることを予測している。筆者らも同様のシミュレーションによって同じような傾向を確認している。ただし，これらが利用している資源の元データの中でも，非常に品位の低いものが生産可能になる，またそもそも知られていない資源が発見されるなどの可能性もあり，必ずなくなるというものではないことは理解されたい。

　次に需要サイドにおける問題を考えてみる。ここでも再び銅について考えるが，その理由は今後需要が大幅に減少することがあまり期待できないという点による。社会の持続可能性を論じる中，複数の分野の関連に注目し包括的にその検討にあたるための視点としてネクサスという言葉が注目されているが，鉱物資源に関しては Energy-Minerals Nexus と呼ばれるエネルギー資源と鉱物資源の関連性に関心が集まっている。特に，低炭素社会への移行に伴い，再生可能エネルギーの利

用拡大などが求められる中，そうした技術に必要になるレアメタル類，例えばモーターのためのレアアース，太陽光パネルのためのインジウムなどがエネルギークリティカルメタル（橋本・村上 2013）などと呼ばれ関心を集めてきた。

　しかしながら，こうした技術についてはいくらかの選択肢もあるものの，電気を利用する以上必要不可欠なインフラが送電・配電網である。この部分の銅需要が減少するとは当面思えず，特に発展途上国においてますますこうしたインフラが整備されることを思えばむしろ需要は幾何級数的に伸びることすら考えられる。また様々な電子・電気機器類の中に細かい配線，基板といった形で銅が需要されることもいうまでもない。つまりレアメタルではないが銅こそがエネルギークリティカルメタルだと考えることもできる。

　そこで筆者らの研究グループでは，発展途上国等の持続可能な発展を担保すべく，こうした国々への電力グリッドの整備が進んだ場合にどの程度の銅需要が発生するのかを定量的に予測した（Murakami et al. 2015）。その結果を図 2 - 7 に示す。いくつかのシナリオ分析を実施したが，例えばこうした途上国の電力インフラがかなり急速に整備されるような場合（図中のシナリオ A），これはいうまでもなくその国の経済発展にとっては望ましいことであるが，かなりの銅需要が早い時期で起こることとなり，供給能力の確保が難しくなることが浮き彫りになった。図中の天然資源供給可能量とある点線は Northey et al.（2013）による銅の天然資源供給の予測値のうち，現在の需要比率でこの部門に割り当て可能だと考えられる量を示す。この点線とモデルの予測により天然資源由来でこの部門に供給する必要があるとされる 2 つの実線を比較するとよい。シナリオ A という極端な分析シナリオにおいては，ほぼすべての時期において供給能力は不足することになる。また，BAU とあるものは，現状の傾向から予測される需要のベンチマーク的なシナリオであるが，その結果と供給可能量を比較したとしても 2000 年代の後半には供給不足が訪れることになる。

　またもう 1 点注目されたいのは，スクラップ由来の供給予測量である。こちらについては必要量というよりこれらの設備から回収可能な銅量であると考えるとよいのだが，2 つのシナリオ間で，天然資源由来の必要量ほど大きな差を生じないことがわかる。これは当然ながら投入された資源がスクラップになるまでには時間がかかることに起因する。このことからわかる重要な示唆は，仮に社会がリサイクルをしようと考えていたとしても，急激な需要増はリサイクル原料不足を

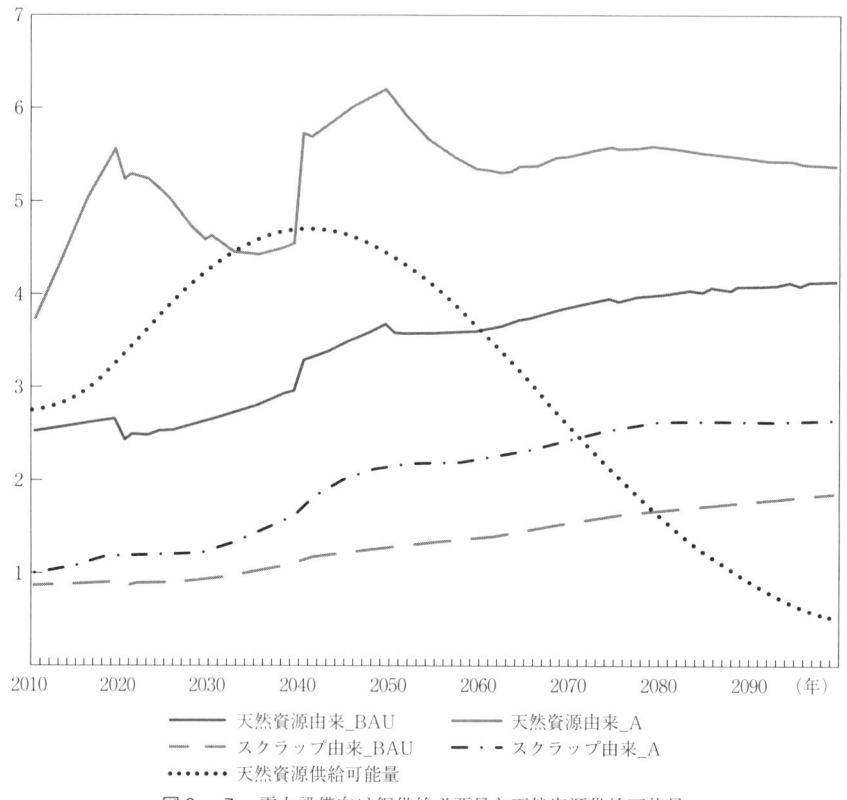

（100万トン）

凡例：
天然資源由来_BAU　　　天然資源由来_A
スクラップ由来_BAU　　－・－　スクラップ由来_A
・・・・・・天然資源供給可能量

図2-7　電力設備向け銅供給必要量と天然資源供給可能量

出典：Murakami et al.（2015）をもとに筆者作成

意味するために，この需要は天然資源で満たすしかないという事実である。よっ
て素材の需要の伸びは穏やかである方が望ましい。

　先ほど天然資源の供給サイドにおいて，資源の劣化が起こり，間接的な費用が
増えることについては言及した。ここではそもそも天然資源の採掘現場における
環境影響と資源の劣化がこれにもたらす影響について言及しておく。金属鉱山を
念頭に，天然資源採掘がもたらす直接的な環境影響は概ね以下のように整理する
ことができる。それは，地表を採掘することによる土地改変，重金属鉱物を採掘
する以上不可避である汚染された水（酸性坑排水（Acid Mine Drainage：AMD））の
排出，機械利用によるエネルギー消費とそれによる GHG などの排出，騒音・振
動といった問題の4点を挙げることができる。まず土地改変について考えてみれ

ば，チリ等にある大規模銅鉱山のピット，採掘の結果生まれるすり鉢状の穴の直径は 1km を超えることも珍しくない。またその穴の深さも 1km を超えることもままある。仮に 1km の円形だとしてその面積は $0.78km^2$ 程度となりよくあるたとえでいえば東京ドーム 17 個分程度になる。チリの場合，鉱山の多くは乾燥地帯にあるために直接的な生態系への影響は少ないかもしれないが，東南アジア域で同様の鉱山開発がなされればその生態系への影響は計り知れないことがわかる。仮に資源の品位が下がれば，同じ量の金属を得るために必要な採掘は増加するため，当然こうした土地改変面積も増加する恐れがある。

次に水，AMD の問題である。これは地中に閉じ込められていた重金属の硫化物等を採掘によって露頭させ，その表面が水と空気に暴露することを考えれば，重金属や硫黄が溶け出すことは不可避の事実である。問題はこうした AMD の排出をいかに最小限にとどめ，またこれを適切に処理するかの問題である。排出された AMD を適切に処理することに関しては，多くの鉱山で対応がなされている。また我が国においてはかつて操業していた鉱山跡地からの AMD の中和処理などを行っており，処理がなされている限り問題はない。ただし，問題は今の日本の例からも分かるように AMD の排出は鉱山閉山後も続く場合が多いという点である。これは閉山後も費用が引き続き発生することを意味する。こうした意味も含めそもそもこうした水の発生を最小限にする取り組みがなされているが，こちらに関してはまだ試行錯誤中といえよう。

次に地球温暖化ガスであるが，これも土地改変の場合と同じく資源が劣化すれば増加することになる。また資源工学の専門家の中では古く知られていることだが，現在金属鉱山の多くで選鉱と呼ばれるプロセスが存在する。これは採掘した鉱石を，そこから金属を抽出する製錬所へ送る前に，物理的な単体分離・選別プロセスを持って濃縮する過程を指す。この選鉱という技術が，ある程度以上に品位が低下すると困難になるといわれてきた。もしこれが不可能になると採鉱以降の段階を全面的に見直す必要が生じるとともに，エネルギー消費が大幅に増える可能性もある。

最後に騒音，振動，さらには景観といった地域住民に直接的に与える影響だが，これらは資源の劣化とともに，同じ量の金属を得るために必要な操業の規模が拡大すれば増加することになろう。

つまり，金属鉱物などの場合，資源の劣化は少なくとも品位（濃度）の低下を

通し，同じ量の金属を得るための操業規模の拡大をもたらし，少なくともこれに起因する環境負荷の拡大をもたらす。品位の低下が不可避であることはすでに述べたとおりである。実際にはこれ以外にも，採掘現場の大深部化をはじめとして，これまでより採掘しやすい現場で操業してきたことから，より採掘が困難な場所での採掘を強いられる現状がある。これは多くの場合より大きな環境影響をもたらすことが懸念されていることも付け加えておく。

　本節の最後の話題として，こうした問題にどのように取り組んでいくのかを整理しておきたい。昨今注目される言葉に資源効率というものがある。資源をもっとうまく使おうというものであるが，社会全体としては，例えば国内総生産を資源消費量で除することでその社会の資源の利用効率を把握することができるとされており，こうした指標は資源生産性と呼ばれ，我が国においてもすでに環境政策の一環として把握が続けられている。現在把握している指標は，投入された天然資源の質の劣化などを捉えることが難しいために改善が必要だとされているなど問題もあるが，概念として資源効率の高い世界を目指すことはおそらく合意しやすい目的であろう。また，環境効率という言葉もある。これは資源効率と同様に，国内総生産などを環境負荷で除することで捉えることが可能であり，この値が大きくなることは，同じアウトプットを産出するために排出される環境負荷が小さくなることを意味する。

　ここでは，この2つの効率を改善するための具体的な方策を考えることで，鉱物資源のもたらす制約を緩和する方法について考えることにする。ここでは資源効率指標でいう分母，すなわち資源投入量を減らすための方策から考えよう。おそらく最もわかりやすい方策は，製品の寿命を伸ばすなどの方法で達成される，一度投入された資源を長く使うことである。リサイクルすることも投入された資源を長く使うことに変わりはないが，リサイクルの段階でその処理に何らかの資源が投入され，さらには環境負荷を生じるであろう。全く同じ製品を長期使用する方がより望ましいように思える。ただし，1つ注意すべきは，製品の中にはその利用段階で多くの資源が投入されるものがあることである。わかりやすい例でいえば，非常に省エネが進んだ家電などの場合，製品製造に必要な素材は必要ないものの，使用時のエネルギー消費による化石燃料などの投入が非常に大きいのであれば，製品の長期使用は必ずしも社会としての資源効率の向上にはつながらない。また，環境効率という意味でも同じことがいえよう。ここで長期使用につ

いて，効率性指標の分子を見ておくと，製品の長期使用はその製品の販売数の減少を意味する。もし単価が変わらないのであれば，売り上げが下がり，社会全体としてはアウトプット，すなわち指標の分子が減少するかもしれない。これを回避するための方策は単価を上昇させること，すなわち長く利用できるという価値を正しく評価した価格付けをすることになろうが，このあたりの議論は本書の範囲を超えるためにここまでとする。ただしこうしたトレードオフがあることだけは正しく理解されたい。

次にリユースとリサイクルについて考えてみる。リユースは製品リユースであれば長期使用に近い。ただし，所有者が変わる場合にはその間での輸送などが起こるであろうから，同じユーザーが長期使用する場合よりは効率指標の分母は悪化するであろう。他方で，ここにビジネスがあれば分子が増加する可能性は否定できない。

最後にリサイクルである。これは，リサイクルされた素材が天然資源を代替できるのであれば，これまで同様分母を小さくする効果を発揮する。ただし，そのプロセスに投入される天然資源量（特にエネルギーなど）が代替によって削減される天然資源よりもすくないことが必要である。

このように，効率的な資源利用のあり方を考えることで，非再生可能資源の長期的な資源問題を緩和していくことが，現在の我々にとって最も重要なアプローチであると考えるべきだろう。

5　生物資源の利用と地球の境界 (Planetary Boundaries)

第 1 節で Rockström et al. (2009a, 2009b) が設定した地球の境界（Planetary Boundaries）について触れた。この境界は 9 つの領域（気候変動，海洋の酸性化，成層圏のオゾンの破壊，窒素とリンの循環，世界の淡水利用，土地利用の変化，生物多様性の損失，大気エアロゾルの負荷，化学物質による汚染）で構成されるが，生物資源の利用はこれらの Planetary Boundaries と密接な関わりがある。特に関係が深いのは以下の 5 つであろう。

まず，生物資源の生産・加工には当然のことながらエネルギーが必要であり，このために化石燃料が利用されれば温室効果ガスが排出されることから，「気候変動」の Planetary Boundaries との関わりがある。生物資源である森林資源の

減少，すなわち森林に蓄積された炭素の減少は，温室効果ガスの大きな排出源の1つであり，また，田んぼからはメタンが，農地に散布される肥料からは一酸化二窒素が，家畜の消化管や排泄物からはメタンが発生することもよく知られている。一方，生物資源の利用，すなわち，生物素材やバイオエネルギーの利用によって，化石燃料起源の温室効果ガス排出量を削減する取組が行われているが，これも「気候変動」の Planetary Boundaries に関わる活動である。さて，肥料の三大要素は窒素・リン酸・カリであるが，窒素やリンが水圏に流れ込めば富栄養化の原因となる。すなわち，生物資源の利用は「窒素とリンの循環」という Planetary Boundaries にも深く関わっている。また，農作物の育成には水も必要であるが，これは「世界の淡水利用」という Planetary Boundaries に関する議論である。さらに，こうした農作物の需要は，人口の増加や経済の成長によって増加するものと考えられるが，これは農地の需要の増加を意味する。森林を開墾して農地を広げていくことになれば，これは「土地利用の変化」という Planetary Boundaries に関わる課題となる。ここでいう「土地利用の変化」とは，端的には森林の減少を意味するが，森林の減少は，そこを生息地とする生物の生存に影響を与えることから，「生物多様性の損失」という Planetary Boundaries とも間接的に繋がっている。

　このように生物資源の利用においては，多くの Planetary Boundaries を考慮する必要があり，これらの境界の範囲内での利用を考えていく必要がある。以下では，上記 5 つの Planetary Boundaries のうち，「気候変動」を除いた 4 つに着目して少し詳しく見ていく。

　最初は「土地利用の変化」である。生物資源の需要（農作物や林産物の需要）とは，言い換えればそれらを生産する土地の需要であり，その変化が「土地利用の変化」をもたらすからである。また，農地の増加による森林の減少という「土地利用の変化」は「生物多様性の損失」にも影響を与え，その土地に散布される肥料の増加が「窒素とリンの循環」を壊し，生産に必要となる「世界の淡水利用」を増加させるからであり，他の Planetary Boundaries を検討する際の基本となるからである。

　人類は地球上の土地の約 10 ％（15 億 ha）を耕作地，約 23 ％（35 億 ha）を牧草地，約 26 ％（39 億 ha）を森林，約 2 ％（3.6 億 ha）を居住地等として利用している（UNEP 2014）。このうち，耕作地については，今後も人口の増加や食生活の

変化（肉食化），作物の単収の飽和や再生可能資源（バイオ燃料等）の需要の増加等から，増加するものと考えられている。一方，都市域が拡大して耕作地を浸食したり，土壌劣化により利用できなくなる耕作地も増えていくであろう。UNEP（2014）は，これらを考慮して様々な研究をレビューし，2050年までに新たに必要となる耕作地の面積を3.2～8.5億haと見積もっている。「新たに」とは，都市域の拡大や土壌劣化による既存耕作地の減少も考慮して，新たに必要となる耕作地という意味である。

　筆者らの研究グループでも，世界187カ国・地域について，FAOの食糧需給表に掲載されている96品目の食料及び自動車用バイオ燃料を対象に今後の需要を推計し，これらの作物需要を満たすために必要となる耕作地面積の推計を行ったが，その結果は2050年までで8～10億haであった。この値は，UNEP（2014）によるレビューの上位側の推計となる。また，この耕作地需要のうち約25％が飼料用と推計され，肉食に関わって一定の耕作地が必要となることが示唆された。一方，牧草地については，その供給ポテンシャルを最大限利用することが可能であれば，新たに牧草地を開発する必要はないと推計された。

　「土地利用の変化」のPlanetary Boundariesは，地球上の不凍結の土地が耕作地に転換される限度を15％と設定しており，2005年以降の拡張の余地を約4億haとしている（Rockström et al. 2009a, 2009b）。上記の数値はこれを上回る可能性を示唆するものである。

　次に「生物多様性の損失」である。これには様々な要因があるが，Baillie et al.（2004）は，鳥類，ほ乳類，両生類が絶滅の危機にさらされている要因のうち，最もよく見られるのが農業や林業による生息地の破壊や劣化であるとしている。これまでに人類が破壊した森林面積は18億haにのぼるとされ，近年では年平均で約500万haが消失しているとされる（FAO 2012）。20世紀後半に入ってからの森林減少のほとんどは熱帯地域で起こっているが（FAO 2012），熱帯林に生息する種の多くは，原生林やそれに近い一次林にその生活を依存しており，生息地の消失はもとより択伐に対しても脆弱であるとされる（Baillie et al. 2004）。したがって，森林の減少による生息地の消失は，生物多様性に大きな悪影響を及ぼすものと考えられる。化石記録によれば，海洋生物やほ乳類の平均的な絶滅速度は100万種1年あたり0.1～1種とされるが，人類はこの速度を100～1000倍に増加させているとされ，今世紀にはさらにその10倍になると予想されている

（Mace et al. 2005）。

　現状を把握することも難しいなか，将来の「生物多様性の損失」を推計することはもちろん容易ではない。そのことは十分承知の上，筆者らの研究グループでも IUCN の Red List（IUCN 2014）に掲げられている生物のうち，その生息分布図が入手できる約 1 万 4000 種を対象に，これらの種の絶滅の期待値を試算した。これは上記「土地利用の変化」において推計した 8 〜 10 億 ha の新たな耕作地需要が，森林からの転換により満たされるものとして，森林に生息する種の生息域の減少から，絶滅の期待値を推計したものである。概算でしかないが，その結果は 100 万種 1 年あたり 200〜400 種であった。

　「生物多様性の損失」に関する Planetary Boundaries の設定も非常に難しいが，Rockström et al.（2009a，2009b）は，100 万種 1 年あたり 10 種（幅を持たせて〜100 種）の絶滅を掲げている。上記の数値はこれを一桁上回る結果となっている。

　では，「土地利用の変化」や「生物多様性の損失」を Planetary Boundaries 内に収めることは可能であろうか。「土地利用の変化」については，作物需要を削減することが重要であることから，食品廃棄物の削減や肉食の削減が重要な対応として考えられる。また，上述の推計では単収の改善を見込んでいなかったが，単収の増加も対策の 1 つである。「生物多様性の損失」については，このような対策によって森林の減少を回避するとともに，必要となる農地の開発をできるだけ生物多様性の損失が少ない国・地域で行うことが考えられる。筆者らの研究グループによるシナリオ分析では，食品廃棄物の半減，肉食の 4 割減，これまでのトレンドでの単収の増加等の組合せにより，「土地利用の変化」を Planetary Boundaries 以下にできる可能性が示唆された。ただし，効果の大きかった単収の増加については，これまでのような改善を今後も期待することは難しいとの指摘がある。また，森林の面積が大きい国・地域で農地の開発を行うことにより，「生物多様性の損失」を Planetary Boundaries 以下にできる可能性も示唆された。これは，大きな森林がある国・地域で農地を開発することにより，生息地の減少率を下げられる種が増えるためである。ただし，このような農地開発の配分を国・地域間で行うことは現実的ではない。

　さて，「窒素とリンの循環」に話を移そう。窒素やリンは生物が生きていく上で必要不可欠な元素であり，人間はこれを化学肥料等として人為的に土地に供給して農産物の生産を増加させてきたが，これらが最終的に水圏へ流出すると富栄

養化等の環境問題を引き起こす。窒素についてはこのほか化石燃料やバイオマスの燃焼による大気圏への窒素酸化物の排出がある一方，リンについては資源として枯渇の懸念がある。

「窒素とリンの循環」の Planetary Boundaries は，産業及び農業による大気からの窒素の固定を 1 年あたり 35Mt-N，リンの海洋への流出を 1 年あたり 11Mt-P としている（Rockström et al. 2009a，2009b）。前者は陸上生態系が自然に固定する窒素量の約 25％，後者は自然のリン流出の 10 倍の量として設定されたものである。

筆者らの研究グループでは，「生物多様性の損失」の分析において用いたいくつかの農地開発のシナリオをもとに，各国・地域のリンの施肥量，家畜の糞尿や生活排水に含まれるリンの量を推計し，これらの水圏へのフローを分析した。その結果，2050 年までのリンの水圏への排出量が Planetary Boundaries の 2 倍程度になることが示唆された。肥料に含まれるリン成分の水圏への流出量の推計は不確実性が高いものの，この排出量が支配的であったことから，施肥量のコントロールが重要な対策になると考えられる。また，下水道の整備の有無は生活排水由来のリン排出量に大きな影響を与えることから，下水道の普及も重要な対策である。

最後に「世界の淡水利用」である。世界の淡水資源需要のうち，最も大きな割合を占めるのが農業用途である。Shen et al.（2008）の推計によると，世界の水資源取水量のうち 70％は農業用水であり，生活用水や産業用水の使用量を大きく上まわっている。すなわち，淡水資源の Planetary Boundaries を考えるうえでは農業を含む生物資源の利用が最も重要であるといえる。

水資源消費による影響には，河川の断流や富栄養化による水圏生態系への影響，植物の生長など陸域生態系への影響や，地域の気候への影響などがある。Rockström et al.（2009a，2009b）は，世界の水資源利用やその影響をレビューしたうえで，生態系サービスや水資源の利用可能性を確保するためには年間 $4000\,km^3$ 以下の consumptive blue water use（表流水・地下水等の消費）が Planetary Boundaries であるとしている。

この consumptive blue water use とは何だろうか。水の「消費」はいくつかに分類され，その定義は文献により異なることもある。Rockström et al.（2009a，2009b）では，消費を含めた水の流れを green water flows と blue water flows に

分類している。green water flows とは，農地など地上から蒸発散していく水の流れであり，blue water flows とは河川や湖沼，地下水などの水の流れである。また，水の消費（consumptive use）とは，Water Footprint Network（WFN）の定義によれば，「再び水源に戻ることのない水の使用」のことを指す（Hoekstra et al. 2011）。例えば農業において，供給された水が農地にとどまったり，そのまま河川などに流れていったりすれば，これは消費ではない。使用された場所にとどまり，またはそこから下流に流れることによって，再び利用される可能性があるからである。植物の蒸散作用や，土壌からの蒸発により失われて農地や下流の土地で利用できなくなった水が「消費」としてみなされる。

水循環は，降雨から蒸発・流出といった複雑な過程である。基本的には再生可能な資源であるがゆえに，Planetary Boundaries の設定が難しい。Rockström et al.（2009a，2009b）では，このことを認めつつ，3 つの水消費のうち河川等の流量不足に直結する blue water を用いた指標を提案している。現状の水の consumptive use は，例えば，Shiklomanov and Rodda（2003）の推計によると最大で年間 2600 km^3 である。これによると，現在のところは Planetary Boundaries の範囲内に収まっている状況である。

それでは，この淡水資源需要は将来どのように変化するであろうか。表 2 - 1 は，筆者らの研究グループが推計した食料生産由来の淡水資源（blue water）消費量を，他研究での推計結果と比較したものである。筆者らの研究グループによる推計は，上述の「土地利用の変化」の検討において推計した品目別食料需要量に品目別・生産国別淡水資源消費原単位（Mekonnen and Hoekstra 2011）を乗じることで算出した。これによると，2000 年での推計値は Shiklomanov and Rodda（2003）より小さく，Mekonnen and Hoekstra（2011）とほぼ同等である。2050 年の時点では，2000 年比で 45〜69 ％の増加となる。他の研究でも 5 〜73 ％の増加と推計されているが，総じて Planetary Boundaries の範囲内に収まっていることがわかる。このことから，土地利用や生物多様性，窒素やリンの循環に比べると地球規模での制約は緩いものと考えられる。

とはいえ，淡水資源については資源制約を気にする必要がないわけでは決してない。特に，水資源については地域偏在性が強く，地域によっては深刻な影響が出る可能性があることに注意を払わなければならない。Pfister et al.（2011）では，農業による水消費を地域別と将来推計しているが，これによると北アフリカ，中

表2-1　現状および2050年における農業由来淡水資源消費量の推計値

	筆者らによる推計	De Fraiture and Wichelns (2010)	Pfister et al. (2011)	Mekonnen and Hoekstra (2011)	Rost et al. (2008)	Shiklomanov and Rodda (2003)
現状〔km³/年〕	835（2010年）	1,570（2000年）	1772（2000年）	945（1996-2005年）	636（最小）1,364（最大）（1971-2000年）	2268（1995年）
2050年〔km³/年〕	1,207（最小）1,413（最大）	1,650（最小）2,255（最大）	1,914（最小）3,066（最大）	‒	‒	‒

出典：筆者ら作成

　東，中央アジア，インド，北米南部などにおいて強い水ストレス下に置かれるとされる。このように，淡水資源については，地球規模での制約と地域レベルでの制約を同時に考慮する必要があるといえる。

　本節では，生物資源の利用と Planetary Boundaries と関わりについて概観するとともに，とりわけ関係の深い「土地利用の変化」「生物多様性の損失」「窒素とリンの循環」「世界の淡水利用」を取り上げ，2050 年までに想定される状況を検討した。また，生物資源利用の影響をこれらの Planetary Boundaries 以下にするためには大胆な変革が必要となることも示唆された。2015 年に策定された Sustainable Development Goals においては，Target 2.3 において 2030 年までの農業生産性の倍増，Target 12.3 において 2030 年までの食品廃棄物の半減，Target 15.2 において森林の保全等が掲げられているが，これだけでは Planetary Boundaries を越えてしまう可能性がある。肉食の抑制や施肥の管理等も含め，より多面的なアプローチについて検討する必要があると考えられる。

6　「新国富」を用いた持続可能性の評価に向けて

　本章では，SDGs の今後のあり方の議論の一助として，SDGs を達成するために実施される施策が有効かどうか，また，それをどのように判断すべきかについ

て，「新国富」という新しい指標を活用し，その指標に必要な資本の量と価値という視点から，環境資源制約下での持続可能性の評価を実施することの必要性について議論した。

　具体的には，第1節，第2節では，プロジェクト評価の事例を参考として，「新国富」を用いることで，従来計測されることのなかった自然資本など新たな資本が計測され，より地域の持続可能性の評価が可能となることを示した。

　その際，資本の価値を評価するためには限られた地球資源をどのように活用していくかが重要であり，第3節，第4節では，限られた地球資源の代表的なものとして鉱物資源に着目し，その点を議論した。その結果，国際的に鉱物資源の価値を計測することで，資本の価値が地域によって異なることが示唆された。さらに，より具体的な例として鉱物資源の「銅」に着目し，分析することで，資源は枯渇にまで達しない場合においても，資源の劣化が起こることによる間接費用の増加や地域・環境への影響も看過できないことがわかった。鉱物資源の持続性を考えれば，世界レベルでの資源利用に対する協力が必要であり，各国の必要度（各国における鉱物の価値）に応じた政策を提言することが重要となるだろう。しかしながらその一方で，国際レベルの対策だけでなく，国，地域，個人レベルで出来るリユース・リサイクルなどによる効率的な資源利用も模索していく必要がある。

　そして，第5節では，生物資源の利用について言及している。資源利用をPlanetary Boundaries 内に収めるためには，食品廃棄の削減や肉食の削減，施肥量のコントロールなど我々が国や地域レベルで行うことができる対策も多い。今後，これらの対策が国や地域の持続可能性にもたらす効果についても「新国富」を用いて評価することが可能となるだろう。

　国際的な対策や地域レベルでの対策が，自国さらには世界に対してもたらす効果が，「新国富」といった指標で明確に示されれば，適切な資源管理に関する政策への第一歩へとつながることが期待される。未来永劫住みよい地球を守るためにも，効率的かつ持続可能的な資源利用が，今，我々には求められている。

参考文献

Baillie, J. E. M. et al. (2004) *2004 IUCN Red List of Threatened Species: A Global Species Assessment*, IUCN.

Dasgupta, P., A. Duraiappah, S. Managi, E. Barbier, R. Collins, B. Fraumeni, H. Gundimeda, G. Liu and K. J. Mumford (2015) "How to measure sustainable progress," *Science*, 350 (6262).

De Fraiture, C. and D. Wichelns (2010) "Satisfying future water demands for agriculture," *Agricultural Water Management*, 97: 502-511

FAO (2012) *State of the World's Forests 2012*, FAO.

Gerst, M. D. (2008) "Revisiting the cumulative grade-tonnage relationship for major copper ore types." *Economic Geology*, 103(3): 615-628.

Hoekstra, A. Y. et al. (2011) *The water footprint assessment manual: Setting the global standard*, London: Earthscan.

IUCN (2014) "The IUCN Red List of Threatened Species," http://www.iucnredlist.org/.

Mace, G. et al. (2005) "Chapter 4 Biodiversity," in H. Hassan, R. Scholes, and N. J. Ash (eds.) *Ecosystems and Human Wellbeing: Current State and Trends*: 77-122, Washington, D. C.: Island Press.

Mekonnen, M. M. and A. Y. Hoekstra (2011) "National water footprint accounts: the green, blue and grey water footprint of production and consumption," *Value of Water Research Report Series* (50), UNESCO-IHE.

Murakami, S., T. Kawamoto, A. Masuda and I. Daigo (2015) "Metal Demand to Meet SDG Energy-related Goals," *Global Environmental Research*, 19, 181-186.

Northey, S., S. Mohr, G. M. Mudd, Z. Weng and D. Giurco (2013) "Modelling future copper ore grade decline based on a detailed assessment of copper resources and mining," *Resource, Conservation and Recycling*, 83: 190-201.

Pfister, S. et al. (2011) "Projected water consumption in future global agriculture: Scenarios and related impacts," *Science of the Total Environment*, 409: 4206-4216.

Rockström, J. et al. (2009a) "Planetary boundaries Exploring the safe operating space for humanity," *Ecology and Society*, 14(2) art.32.

Rockström, J. et al. (2009b) "A safe operating space for humanity," *Nature*, 461 (24): 472-475.

Rost, S. et al. (2008) "Agricultural green and blue water consumption and its influence on the global water system," *Water Resources Research*, 44, W09405.

Shen, Y. et al. (2008) "Projection of future world water resources under SRES scenarios: water withdrawal," *Hydrological Sciences Journal*, 53(1): 11-33.

Shiklomanov, I. A. and J. C. Rodda (eds.) (2003) *World Water Resources at the Beginning of the 21st Century*, Cambridge: Cambridge University Press.

Steffen, W. et al. (2015) "Planetary boundaries: Guiding human development on a changing planet," *Science*, 347, 1259855.

UNU-IHDP and UNEP (2014) *Inclusive Wealth Report 2014: Measuring progress toward sustainability*, Cambridge: Cambridge University Press.

UNEP (2014) *Assessing Global Land Use: Balancing Consumption with Sustainable Supply*, A Report of the Working Group on Land and Soil of the International Resource Panel, Nairobi: UNEP.

国土交通省・農林水産省 (2004)『海岸事業の費用便益分析指針 (改訂版)』。

国土交通省 (2005)『治水経済調査マニュアル (案)』。

地震調査研究推進本部『三陸沖から房総沖にかけての地震活動の長期評価 (第2版) について』http://www.jishin.go.jp/main/chousa/11nov_sanriku/ (最終アクセス日：2016年2月25日)。

橋本征二・村上進亮 (2013)「明日を支える資源 (137)〈連載：持続可能な資源の利用④〉温暖化対策技術とクリティカルメタル」『エネルギー・資源』34 (5)：291-295。

（馬奈木俊介・玉置哲也・中村寛樹・村上進亮・橋本征二・吉川直樹）

第Ⅱ部　環境と開発の統合と持続可能な開発目標

──具体的課題への取組み──

第 3 章

サステイナビリティ指標

──持続可能な開発をいかに測るか？

1 SDGs 達成に向けた取り組みの進捗状況のモニタリング

　持続可能な開発目標（SDGs）とそのターゲットは，2015 年 9 月の国連総会にて採択されたが，それらが着実に達成する方向に向かっているかは今後適切にモニタリングをしていかなければならない。このことは，採択文書である「持続可能な開発のための 2030 アジェンダ（United Nations 2015）」でも重視されており，「フォローアップとレビュー」という章が設けられている。ここでは，次の 15 年における目標とターゲットを実行した進捗状況に関し，各国政府が，国，地域，世界レベルでのフォローアップとレビューの第一義的な責任を有すること（第 47 段落），国連総会及び経済社会理事会の下で開催される「ハイレベル政治フォーラム」が世界レベルのフォローアップとレビューを主に監督すること（第 47 段落），そのために用いる指標が開発されること（第 48 段落）が述べられている。その世界レベルの指標の枠組みは，国連統計委員会の下に設けられた「SDG 指標に関する機関間専門家グループ（IAEG-SDGs：Inter-Agency and Expert Group on SDG indicators）」が開発・検討することになっていたが（第 75 段落），本専門グループの検討の後，第 47 会期の国連統計委員会で 2016 年 3 月 11 日，230 のグローバル指標が合意された。

　このように，取り組みの進捗状況を計測する指標の重要性は高まっているが，それとは別に持続可能な開発の状態を計測しようとする指標も存在する。前章で扱った新国富もそのような指標の 1 つと考えられよう。本章では，これらの指標に着目し，持続可能な開発をいかに計測するかという視点から以下の点を説明する。

　まず，第 2 節において，指標の定義，求められる要件などの指標の基礎事項を，第 3 節ではこれまでに提案されてきた持続可能な開発指標の類型や特徴などを概説する。次に，第 4 節で環境と経済を調和させるというグリーンエコノミー，グ

リーン成長の視点からの指標群を，第5節では開発指標の歴史的展開と社会面を計測する指標に着目し，幸福度指標とウェルビーイングに関する指標群を解説する。最後に，第6節で今後の指標について述べて本章を締め括る。

2　指標の基礎

　持続可能な開発の指標を扱う前に，まず，指標（indicator）とは何かについて述べる。指標の定義にはいろいろあることが指摘されているが，森口（1998）は，「指標とは，ある事象を記述する多くの変数の中から，事象の特性をよく表すために，もとの情報に含まれる内容をなるべく失わないようにしながら，より少数の変数を選んだり加工してより少数の変数に集約したものである」としている。数学的に言えば，「対象の属性から構成される集合を抽出・変換・集約した集合」といえ，図3-1のように示すことができる。ここでの抽出・変換・集約作業は，指標の利用目的に合致するように行われる。つまり，指標とは「ある対象の特徴を理解・伝達するために，特定の目的に合致するようにその特徴（属性）を抽出・変換・集約した変数」と定義できる。

　人の身体を例にすれば，身長，体重，IQ など，いろいろな身体の属性がある。それらのなかから特定の目的に合致した属性を選出したものやそれらを組み合わせたものが指標である。風邪を引いていないかを判断する場合は，体温が指標となる。また，肥満かどうかを理解・判断するには，BMI（body mass index ＝体重／身長^2）という体重と身長から算出される指標が用いられている。このように指標の利用目的によって着目されるべき特徴が異なるので，指標が合目的であるかは，指標が兼ね備えるべき要件として重要である。指標の利用目的・役割は基本的には理解とコミュニケーションを促進・改善することにあり，Moldan et al.（1997）によれば主に①状態や傾向を評価する，②地域や状況をこえて比較する，③目標達成の状態や傾向を評価する，④早期に警告する，⑤将来の状態や傾向を予期する，の5つであるとしている。理解とコミュニケーションを促進するねらいがあるため，指標の情報量は対象の元の情報量よりも少なくなる。どの程度まで情報を集約化するかによって指標の数が変わり，単一の指標とする場合もあれば，複数の指標群が用いられる場合もある。単一指標は何かの判定を行う場合に使いやすく，複数の指標群は多面的に現状把握をする場合などに使いやすい。

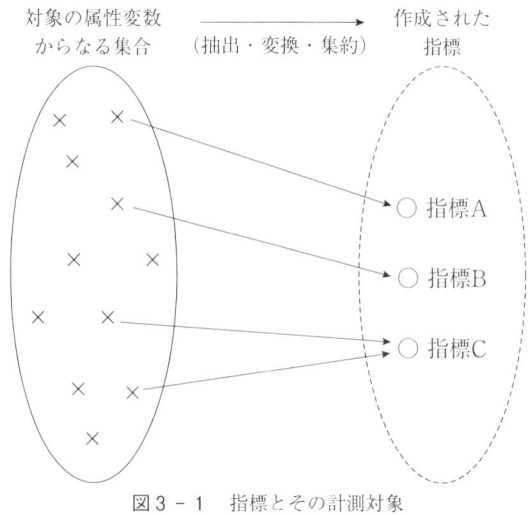

図3-1 指標とその計測対象

出典：筆者作成

表3-1 環境指標の利用目的と求められる特性

環境指標の利用目的	指標に求められる特定
計画・施策の立案	戦略性，予見性，体系性
計画・施策の評価	包括性，厳密性，多元性
監視（モニタリング）	代表性，継続性，厳密性
環境教育・住民参加	直感性，平易性，魅力性

出典：内藤・西岡・原科（1986）

　指標が満たすべき要件は，いろいろなものがある。内藤・西岡・原科（1986）は環境指標の利用目的ごとに求められる特性が異なるとして，表3-1のようにまとめている。また，EU の政策影響評価のガイドライン（EC 2009）では，指標は妥当性・合目的性（Relevant），受容性（Accepted），信頼性（Credible），簡便性（Easy），頑健性（Robust）の5項目（RACER クライテリアという）を満たすべきとされている。

3　持続可能な開発に係る指標の類型と SDGs の指標

　では，持続可能な開発に係る指標については，どのようなものがあるだろうか。

1992年の地球サミットにおいて採択された「アジェンダ21」の第40章「意思決定のための情報」では，持続可能な開発を計測する指標を開発することの重要性が述べられ，それ以降，国際機関や各国，研究機関やNGOなどが様々な指標を開発・提案してきた（開発されてきた指標については，国立環境研究所（2009：54-56）や佐藤（2014），Bell and Morse（2008：31-40）などを参照）。これらの指標は，大きくは2つに分けることができる。1つは単一指標で，持続可能性を計測するものである。この類型には，さらにいくつかに分けることができ，次のようなものがある。

a）環境面に着目し，人間活動による環境負荷が環境容量を超えていないかをもって人間活動が持続可能であるかを判定する指標（例：エコロジカルフットプリント（ワクナゲル・リース2004））

b）人間活動が依存している基盤（人工資本，自然資本，人的資本など）が減少しないことをもって人間活動が持続可能であるかを判定する指標（例：Inclusive wealth index（UNU-IHDP and UNEP 2014），genuine savings（Pearce and Atkinson 1993）など）

b）がややわかりにくいので補足説明すると，この類型では生活の質や福祉（welfare）を生み出す基盤に注目し，生産的基盤が減少しているならば次第に福祉を生み出す能力が減っていくと考え，そうした社会は持続的ではないと判定するものである（佐藤2014）。これら2つの指標類型では，自然資本（環境）が他の資本で代替できるかの考えが大きく異なっている（佐々木2010）。例えば，環境が減少しても生活を支えるインフラが整備され，環境の減少分以上の価値が創出されれば，b）の指標ではこのような状態を持続可能と判定する。a）の指標は，そのような代替可能性の前提をおかずに環境面に着目するので，上記の状態は持続可能と判定しない。また，単一指標のなかには，理論的背景は持たずに持続可能な発展に関わる特定の事象に着目してそれを計測する指標（例：Happy Planet Index）や，これまで国の発展指標として用いられたGNPやGDPをベースにそれを修正する指標（第5節を参照）なども提案されているが，これらは上記a），b）とは異なり，持続可能性そのものを計測しているわけではない。

単一指標と対置されるもう1つの指標類型は，多数の指標を用いて，持続可

な開発の状態を多面的に計測するものである（「ダッシュボード型」の指標と呼ばれる）。1992 年のアジェンダ 21 以降，各国が持続可能な開発の状況を把握しようとして策定してきた指標はこちらの類型に属する。国立環境研究所では 28 の国および国際機関等が策定した 1848 の指標をデータベース化しているが，それらの指標が計測する分野は 77 と多岐に渡っている。多数の指標を採用するので，各指標は階層的あるいは構造的な指標体系のなかに位置づけられる。例えば，28 の国等が策定した指標体系の多くは，国連経済社会理事会のもとにある持続可能な開発委員会（CSD）の指標体系である「環境」「経済」「社会」「制度」の 4 つの分野，あるいはこれらから制度を除いた 3 つの分野（いわゆる「トリプルボトムライン」）に指標群を位置づける構成となっている（これらを大分野として，中分野，小分野を設定することもある）。しかしながら，現状のダッシュボード型の指標群では，持続可能性そのものは計測されておらず，代わりに，持続可能性を達成する上で重要なもの，あるいは持続可能性を損なう可能性があるものに着目して，それらを計測しているのが実状である（Tasaki et al. 2010）。とはいえ，分野別に指標を設定するダッシュボード型の指標体系は，担当部局とのつながりを強化し政策の実施を促すという利点があることも忘れてはならない。

　このような UNCSD の指標体系とは別に，因果関係に着目した指標体系も存在する。一つは環境指標で用いられているもので，OECD が用いている PSR フレーム（OECD 1994）や欧州環境庁の DPSIR フレーム（European Environment Agency 1999）である。D は driving force（人間活動・駆動力），P は pressure（環境負荷），S は state（環境の状態），I は impact（環境状態の低下から受ける悪影響），R は response（環境対策）を表し，「一部の人間活動がドライビング・フォース（D）となって，環境に負荷を与え（P），それによって環境状態が変化し（S），悪影響が生じ（I）。これを回避するために対策が行われる（R）」というメカニズムを想定して，それぞれの断面で指標を設定するものである。他方，上記の R に着目する政策評価指標の分野では，インプット指標—アウトプット指標—アウ

1）「アジェンダ 21」を受け，国連の UNCSD では持続可能な開発指標の検討が行われ，1996 年，2001 年，2007 年に持続可能な開発指標のガイドラインを発行している。2001 年のガイドラインまでは，このような 4 分野から構成される指標体系が採用されていたので，各国はこの体系を採用・援用することが多かった。なお，2007 年のガイドラインでは，これら 4 分野を統合することが重視され，14 の横断的なテーマ（貧困，ガバナンス，健康，教育，生産と消費パターンなど）が新しい指標体系のなかに位置づけられている。

トカム指標からなる指標体系が用いられている。「政策・施策へのリソース投入（インプット）によって，サービスや施設等が産出され（アウトプット），それによって政策・施策の真の成果（アウトカム）が得られる」というメカニズムを想定して，それぞれの断面で政策の実施状態を把握しようというものである。

　持続可能な開発に向けた取り組みの進捗度を計測する場合，これらのいずれの断面でも指標を設定することができる。大気汚染の状態を state の指標として設定することもあれば，それによる被害者数を減らすことを目的として impact の指標を設定することもできる。大気汚染対策の人員数や予算額のインプット指標を設定することもあれば，設置された排ガス設備数をアウトプット指標として，あるいはそれによる大気中汚染物質の削減量をアウトカム指標として設定することができる。

　また，進捗度の計測としては，取り組み開始時点の状態からの改善率を計測する場合もあれば，目標に対する達成度を計測する場合もある。例えば，改善された場合に数値が大きくなる指標を考えると，次式で進捗度の評価が可能である。

改善率＝現在の指標値／当初の指標値
目標達成度＝現在の指標値／目標値

　この他にも，比ではなく差の形で進捗度を評価することもできるし，目標値と取り組み当初の指標値の両方を用いて評価することもできる。このように，持続可能な開発に向けた取り組みの進捗度を計測するには，目標値と進捗度の評価方法についても決めておく必要がある。

　SDGs 以外にもいくつかの指標提案も存在する。例えば，国連と連携した持続可能な開発に係る科学的・技術的なネットワーク組織である SDSN（Sustainable Development Solutions Network）では，SDGs が採択される前から独自の 10 の目標と 30 のターゲットを提示し，それらを計測する 100 の指標を提案している（SDSN 2014）。また，Schoon et al.（2015）は，SDGs における 169 のターゲットのうち持続可能な生産と消費に関する 34 のターゲットに対する指標を提案している。SDGs に関しては，2015 年 3 月に国連統計委員会による技術レポートのワーキングドラフト（UNSC 2015）が示され，169 の SDGs のターゲットに対して，300 の指標案が提示された。これを受けて IAEG-SDGs で議論がなされ，2015 年

10 月の会合では，直ちに利用できるとした 159 の指標が示された（IAEG-SDGs 2015）。検討の後，第 47 会期の国連統計委員会で 2016 年 3 月 11 日に 230 のグローバル指標が合意された。

4　グリーン・エコノミーとグリーン成長
——環境問題を中心とした指標群[2]——

　ところで，SDGs を策定することを定めた 2012 年のリオ＋ 20（国連持続可能な開発会議）では，グリーン・エコノミーが主要なテーマの 1 つとして取り上げられている。持続可能な開発の文脈では環境と経済が対立的に捉えられることもあるが，それらを調和することも重要な論点である。SDGs にはグリーン・エコノミーとグリーン成長への直接の言及はないものの，目標 7（エネルギー），目標 9（強靭なインフラ，持続可能な産業化，イノベーションの推進），目標 12（持続可能な生産消費）はこれらと大いに関係がある。本節はグリーン・エコノミー，グリーン成長という概念の背景にある理論を紹介するとともに，今までの国際的な議論の流れとその一例として経済協力開発機構（OECD）のグリーン成長戦略とその指標を紹介する。

（1）グリーン・エコノミー，グリーン成長とは——理論的な背景

　グリーン・エコノミーとは何であろうか。従来，国または企業が環境問題への取り組みを進めることと経済発展を進めること（一企業にとっての収益の獲得）の間にはトレードオフがあるという考え方が存在していた。一方，シカゴ大学の公共経済学者スティグラー教授は経済学的観点から，ハーバード大学ビジネススクールのポーター教授は経営学的観点から公共政策や技術革新は環境問題と経済発展の両立に大きな役割を果たしていることを指摘した。グリーン・エコノミーという概念には，環境問題と経済発展の間に存在するトレードオフを乗り超えていこうという思想がうかがえる。

　スティグラー教授の提唱する「スティグラー型状況」とは，ある規制の費用が

2）　本節は以下の論文を一部抜粋している。鈴木（2014）「グリーン・エコノミーをめぐる国際的な議論の動向と理論的背景のレビュー」『環境研究』（172）：99-109.

多数の企業に分散され，便益が少数の企業に集中する状況である。スティグラー型状況の下，技術革新によって生まれる独占的な便益を少数の企業が享受する場合，この企業は規制推進に動くことがある。この「スティグラー型状況」が生まれたとされる一例は 1980 年代のフロンガスの規制である。「スティグラー型状況」がフロンガス代替物質の技術開発を引き起こし，フロンガスの排出を規制するモントリオール議定書の締結の大きな引き金となった。フロンガスの代替物質の開発の見込みがついたアメリカのデュポン社は，フロンガスの規制反対から規制支持へ数年のうちに大きく戦略を変えた。この戦略転換により，より実効性の高い国際規制が合意され，オゾン層減少を防止する取り組みの成果につながったということができる。経済学で論じられる「スティグラー型状況」は経営学で論じられる「ポーター仮説」と同一であると考えられる。ポーターは，「適切に設計された環境規制は技術革新を刺激し，国際市場における競争において企業が早い者勝ち（First mover advantage）の素地を提供する」と論じ，これが一般的にポーター仮説と呼ばれている。

（2）グリーン・エコノミー，グリーン成長に関する国際的な議論の流れ

　国連環境計画（UNEP）がグリーン・エコノミー・イニシィアティブ（Green Economy Initiatives）を 2008 年に立ち上げ，グリーン経済報告書を発表した。UNEP はこの報告書の中でグリーン・エコノミーを「環境リスクと生態上の希少性を大幅に減少させつつ，人間の福祉と社会的公平さを向上させる経済」と定義した。一方，OECD も 2008 年からグリーン成長戦略の検討を進め，2011 年に「Towards Green Growth」というタイトルの報告書を発表した[3]。OECD はこの報告書の中で資源生産性の工場や資源の有効活用，新たなイノベーションなどが経済の課題と環境の課題の両方に対処すると共に成長の新たな源泉となることを強調した。

　グリーン・エコノミーやグリーン成長というテーマは，国際機関だけでなく各国で成長戦略として取り上げられてきたテーマである。日本では 2009 年に「新成長戦略（基本方針）」の中で再生可能エネルギーやスマートグリッドなどの促進

3）OECD はグリーン・エコノミーのかわりにグリーン成長という言葉を使用するが，本質的には，両者の内容に違いはない。

によるグリーン・イノベーションという形で取り上げられている。欧州では2010年に新成長戦略「欧州2020」が発表され，成長におけるエネルギー効率改善技術や再生可能エネルギーの技術の重要性が強調されている。アメリカでは2009年にクリーンエネルギーや環境関連への追加投資を表明した「米国再生・再投資法」，また韓国でも2009年から環境分野における新たな雇用創出をうたった「グリーン・ニューディール」が発表された。韓国は2008年よりグリーン成長戦略の分野の議論を他の国に先立って主導している感がある。各国のグリーン・エコノミー，グリーン成長という概念に対する戦略の違いはあるものの，環境分野が将来において新たな雇用の創出の中心分野になるという点では一致している。

　一方，2012年に開催されたリオ＋20（国連持続可能な開発会議）においてグリーン・エコノミーは主要なテーマの1つであったが，グリーン・エコノミーの概念に対する参加国の見解は大きく異なっていることが明らかになった。先進国の焦点は前述のとおり環境問題への取り組みを成長戦略と捉えたのに対し，新興国や途上国は社会的側面も含めた持続可能な開発の議論と位置づけた。地球環境戦略研究機関（IGES）がまとめた報告書によると本会議においてブラジル，南アフリカ共和国，フランスはグリーン経済の社会的側面を強調し，包含的グリーン経済という概念を打ち出した。これからの国は貧困層などの社会的弱者の参画を促すグリーン経済体制への移行を求めている。また新興国や途上国がグリーン・エコノミーの議論に積極的でなかった理由として，グリーン認証や国境調整措置の手段が国内産業保護に利用されかねないとの懸念があったことも関係しているようである。

（3）OECD のグリーン成長戦略とグリーン成長指標

　OECD は2008年からグリーン成長戦略の検討を進めた。経済危機からの復興や革新的な成長を図るため，経済，社会，環境，さらに，技術及び開発の分野を検討した包括的な戦略となっている。2011年には「Towards Green Growth」というタイトルの報告書を発表した。本報告書で注目する点はまずグリーン成長に関して，OECD が様々な政策オプションを提示している点である。経済的インセンティブ政策とともに，イノベーションの促進や新市場を創造するために政策の実施が必要なことを指摘している。またグリーン成長戦略の実施は環境面にお

表 3 - 2 OECD が選定したグリーン成長に関する指標の一部

テーマ	指標案
環境と資源の生産性	
炭素とエネルギーの生産性	CO$_2$ の生産性
	・生産ベースの CO$_2$ 生産性
	・需要ベースの CO$_2$ 生産性
	エネルギー生産性
	各部門（家庭，サービス，貨物輸送，旅客輸送）のエネルギー強度
	再生可能エネルギーのシェア
資源生産性	物質生産性
	需要ベースの物質生産性 ・国内物質生産性（GDP/DMC）
	廃棄物発生強度と回収率
	栄養素フローとバランス（N.P） ・農業における栄養素フロー
	水の生産性
自然資産ベース	
再生可能なストック	淡水資源
	森林資源
	漁業資源
再生不可能なストック	鉱物資源
生物多様性や エコシステム	土地資源 ・土地利用：状態と変化
	土壌資源 ・水食による農業用地の影響
	野生生物資源 ・森林の繁殖鳥の数など ・絶滅の危機がある生物種の数 ・豊富な生物種の状況
環境面での生活の質	

環境的健康とリスク	環境的にもたらされる健康問題とコスト ・大気汚染にさらされる人数	
	自然的・産業的なリスクへの露出状況と経済的損失	
	下水処理と飲料水へのアクセス ・下水処理へのアクセス人数 ・安全な飲料水へのアクセス人数	
経済的機会と政策反応		
技術とイノベーション	グリーン成長への研究開発費用（R & D） ・再生可能エネルギー ・環境技術 ・多目的事業の開発費	
	グリーン成長に関する特許	
	環境関連のイノベーション部門	
環境財とサービス	環境財とサービスの生産性（EGS） ・EGS 部門の粗付加価値 ・EGS 部門の雇用率	
国際金融フロー	グリーン成長に向けた国際金融フロー	

出典：OECD (2011b)をもとに筆者作成

　ける地球の制約量を超えるリスクを軽減することも指摘している。また本文の冒頭では「自然資産が今後も我々の健全で幸福（ウェルビーイング）な生活のよりどころとなる資源と環境サービス」を提供する」と書かれており，グリーン（環境問題）とウェルビーイング（幸福）の関係に OECD も注目をしていることがわかる。さらに 2010 年に出された中間報告書では発展途上国に対する貧困撲滅のグリーン成長アプローチ（pro-poor green growth approach）の指摘がある。これはグリーン成長戦略の適応対象は先進国だけでなく途上国も含まれることを OECD は示唆している。2011 年に OECD はグリーン成長に関する指標を選定した。選定された指標の一部は表 3 - 2 の通りである。

　グリーン成長指標の使用に際しては各国で社会構造や価値観が大きく異なるため，全ての場面で共通の指標を利用することができない点は留意しなければならない。すなわち，それぞれの国でどの分野が，どのように経済的側面との関係性を持っているかということに関して理解することが必要となる。またグリーン成

長指標の策定が進められるなかで，「成長サイド」と「グリーンサイド」の両側面がバランスの取れたグリーン成長指標を検討することが重要である。

5　幸福度とウェルビーイング
——社会面を計測する指標群——

国等の開発状態を計測する指標は，経済開発指標に始まり，社会開発指標，人間開発指標，そして，持続的開発指標へと進化を遂げてきた歴史がある。続いて本節では，この指標発展の動向と社会面を計測する指標開発の展開について概説する。

（1）国民所得計算と GNP

GNP（Gross National Product：国民総生産[4]）は，経済開発の指標として，重用されてきた。この GNP の起源は，経済生産動向を計測するため，サイモン・クズネッツ（Kuznets 1934）によって，開発された国民所得（National Income）計算に求められる。アメリカ連邦政府は，1929 年に始まる大恐慌によって倒産や失業者の増大が深刻化したことから，安定した経済運営政策を模索するようになった。1934 年，同政府商務省は，開発された国民所得計算手法によって，初めてアメリカの国民所得計算を行った。1939 年には，国際連盟が国民所得計算を導入し，アメリカのみならず，同連盟加盟諸国の国民所得統計が作成された。さらに，1942 年，アメリカ連邦政府は，第二次世界大戦の戦時経済体制構築を目指すために，GNP を初めて計測した。そして，GNP は，国際機関等による活用によって，一国の国民による経済生産から経済的生活水準の動向を評価し，経済開発の動向を示す指標として位置づけられ，国家経済計画策定に頻繁に用いられるようになった。とくに，第二次世界大戦後，世界経済の建て直しの中，国家レベルまたは地域レベルの経済開発計画の導入がなされるようになり，それらの計画策定時には，国民所得計算を用いて，計画当該期間における達成目標水準としての

---

4)　各地域における経済パフォーマンスをより綿密に把握するために，1990 年以降には，GNP に代わり GDP（Gross Domestic Product：国内総生産）がより利用されるようになっているが，本節では，開発指標の変遷をわかりやすく説明するために，一貫して，GNP のみで表記する。

GNP のレベルと目標成長率が示されるようになり，その達成のために経済政策の策定がなされていくことになった（Allin and Hand 2014）。

　1950 年代以降，世界的規模で，国家単位の経済開発計画を支援しながら，様々な国や地域の経済システムの導入，構築と発展を目指したのが，国際通貨基金（IMF）や国際復興開発銀行（IBRD 世界銀行），国際連合という国際機関であった。とくに，1953 年に国際連合によって，国民経済計算体系（System of National Accounts：SNA）が策定され，以後，現在に至るまで，数度の改定を重ねながら，幅広く活用されている（Marcuss and Kane 2007）。

　SNA を開発した国連は，戦後，植民地から脱し，政治的独立を遂げた多くの発展途上国の経済発展を支援するため，1961 年に「第一次国連開発の 10 年」を開始し，途上国各国が達成すべき年間 GNP 成長率を最低 5 ％と設定した。第一次国連開発の 10 年により，GNP 重視の国家開発計画が導入されたが，成長率増加を実現していても，国内において，経済格差が深刻化し，経済貧困の問題が浮き彫りになったとの指摘がなされた。国内の経済格差や社会問題などが生じ，深刻化する事態に対応するためには，経済指標のみを開発指標とすることへの疑問が次第に投げかけられるようになった。[5]

（2）GNP の代替指標の必要性

　世界的規模で，第二次世界大戦後の経済復興が進んだが，1962 年のレーチェル・カーソン（Carson 1962）の『沈黙の春』や 1972 年の『成長の限界』（Meadows, et al. 1972）が発表され，経済開発と環境の持続性の視点が注目を集めるようになった。社会発展を単なる経済成長の観点から評価するのではなく，経済成長とともにどのように社会の質が変化するのかを把握することが必要であるという考え方が登場した。具体的には，社会の質を悪化させる種々の公害，過度な資源利用などに起因する環境破壊，ストレスの増加，自殺者や気分障害の問題などを考慮することで，包括的な社会の発展を評価していく指標の必要性であり，GNP の改善が模索された。改善の要は，次のようなものである。例えば，社会の治安状況の低下が起きたとする。そうすると，防犯対策としての監視関連機器

---

5)　1968 年の大統領選挙中のロバート・ケネディによる GNP 批判に見られるように，GNP への批判は，先進国においてもなされた。

設置への需要が高まり，監視カメラが増産される。その場合，経済生産の点で考えれば，間違いなくプラスに働くけれども，他方，社会の質の点でこの動きを評価すれば，マイナスとなる。同様に，実際には，生活経済の重要な一部でありながら，市場取引の対象になっていない活動（例えば，家事労働）を社会的便益のある活動として評価する。そこで，新しい指標の開発には，これらの例に見られるように，経済面でのプラス・マイナスと社会面でのプラス・マイナスの両方を反映させることが試みられた。1990年代には，環境経済学者であるハーマン・デーリーとジョン・コッブ（Daly and Cobb 1989）は，持続可能な経済的福祉の指標（Index of Sustainable Economic Welfare：ISEW）を開発した。その後，ISEW からGPI（Genuine Progress Indicator）が開発（Talberth, Cobb and Slattery, 2007）された。GPI は，生産される財・サービスの経済価値の算出の際，市場価格をそのまま適用しない。社会的費用をもたらす財・サービスについては，個々の財・サービスがもたらす社会的費用を加味した上で経済価値を算定し，市場取引はされていないが，社会的便益の高い財・サービスについては，その価値を独自に評価し，経済価値を算定する。さらに，個々の社会の不平等度合いによって全体の経済生産価値を割り引くなどの調整を行う。GPI は，個々人の生活の豊かさが市場取引される財・サービスの量的拡大によって推察できるとする従来の考え方では不十分であり，GNP に代わる経済・社会・環境の持続性を反映する新たな指標の形を具体的に示したといえる。GPI 開発に尽力したのは，アメリカの NPO であるRedefining Progress であり，市民社会の成熟によって，国家エリート主導の国家経済開発計画・推進の段階から，生活当事者たる市民目線と地球公共財の視点に立つ豊かさのあり方とその持続的実現に向けた指標が求められることが明らかになっていったことがわかる。

（3）GNP から HDI（人間開発指標）へ

　アマルティヤ・センは，「人間の潜在能力発展アプローチ」を提唱（Sen 1985）し，人間の求める豊かさとは，経済規模拡大によって実現されるものではなく，個々人の持つ能力を伸ばし，その可能性を開花しうるような経済環境を創出することによって獲得されるという考えを提示した。国連開発計画（UNDP）は，貧困を低所得という狭義の経済的現象だけで捉えるのではなく，教育，保健衛生をはじめとする生活基盤の底上げ，公正な社会経済参加の機会均等や政治参加の保

障など，人権主義の立場にたち，貧困を多領域にわたる広義の劣悪な生活状態として捉えた。そして，センの考え方をもとにして，1990 年，経済，教育，保健衛生の 3 つの領域から成る複合指標「人間開発指標（Human Development Index：HDI）」を開発し，以来，世界規模での人間開発報告書を毎年発行している。また，国単位，地域単位の報告書もまとめられており，それらは，従来の国家経済計画とは違う視点から，包括的な国家開発計画の策定に寄与している。現在では，HDI は，GNP に代わる社会発展指標として認知され，途上国開発指標の中で，もっとも利用されている指標となっている。

しかし，HDI は，あくまでも，生活当事者たる人間の生活状態に着目して設計された指標であり，持続的な開発指標としての役割を担ってはいない。GPI が GNP を改良して策定されたように，HDI に持続性や環境-経済-社会のトリプルボトムラインの考え方を適用することで新たな指標の開発を目指すことが求められるようになった。

国連は，1990 年代に，タイのジョムティアンにおいて教育，ブラジルのリオデジャネイロにおいて環境，デンマークのコペンハーゲンにおいて社会開発，中国の北京において女性をテーマにした国際会議を開催し，各会議の場にて，加盟国が達成すべき目標の策定，指標の活用を促進した。また，同時期に，開発援助供与国が加盟する OECD 開発援助委員会（DAC）は，21 世紀に向けた DAC 新開発戦略（DAC 1996）を発表し，その中で，貧困，教育，保健医療，環境に関する 7 つの開発目標を具体的に提案した。ここで，注目すべきことは，これらの目標設定の中で，1990 年を基準年とし，2015 年の達成水準を打ち出していたことであり，これが後の MDGs（ミレニアム開発目標）の組み立て方に少なからぬ影響を与えたことである。

（4）ウェルビーイング指標開発の模索と実践

経済成長を達成し，高い HDI 水準に到達した先進国であるが，国家社会の内実は決して薔薇色ではなかったが，不平等，麻薬問題，銃犯罪，自殺などの社会問題に直面し，人々の生活の質に焦点をあてた調査研究が医療，社会福祉，社会心理の領域においてなされるようになった。とりわけ，社会発展をもたらすことを前提としてきた経済成長そのもののあり方について，社会的影響の観点から再検討する研究が注目を集めるようになった。先駆的研究として，リチャード・イ

ースタリン（Easterlin 1974）の研究がある。イースタリンは，アメリカの経年デ
ータを活用し，長期で見ると，経済成長と人々の生活への満足度は，必ずしも正
の相関をしないことを指摘した。また，心理学者（Biswas-Diener and Diener 2001）
の手によって，先進国の住民と途上国のスラム住民という経済的生活条件の大き
く異なるグループ間の幸福度が調査され，スラム住民の幸福度がその生活状態に
基づく社会における相対的位置づけに比べ，それほど極端に低いわけではないこ
とが示された。スラム住民による幸福度の評価においては，生活改善への将来見
通しを立てるのが容易でないことから，結果的に，現状でよしとする可能性があ
るため，その解釈には慎重にあたるべきではあるものの，GNP という経済領域
のみからの生活現状評価の限界，経済，教育，医療という最低限の生活基盤領域
をカバーした HDI の限界が様々な研究成果から示唆されることとなった。

　2000 年 9 月，国連ミレニアムサミットの場にて，ミレニアム開発宣言が採択
され，2001 年にはミレニアム開発目標（MDGs）と指標が策定された。1990 年を
基礎年として，2015 年に達成目標水準を設定し，国連加盟諸国は，2015 年に，
貧困，教育（本書第 5 章），保健衛生（本書第 6 章），環境，ジェンダーなどの領域
ごとの達成に向けて取り組むこととなった。

　主な開発指標は，GNP，HDI，MDGs へと進化を遂げてきたといえるが，人
間の生活の質を確かなものとしつつも，環境の持続性を担保していくために有用
な指標の必要性が指摘されてきた。そのような動きの 1 つが，OECD による暮
らしを改善するための指標開発である。まず，2004 年に，OECD の統計局は，
イタリアにて，第一回「統計，知識及び政策に関する国際フォーラム」を開催し
た。この会議の目的は，グローバル化によって，人と人との行き来が密になり，
また，社会が多様化，多層化していくことによって，一国内の社会・経済の変化
を把握するための新たな統計が必要とされるようになったことに起因する。そし
て，OECD は，環境保全と社会的持続性を視野に入れた指標開発のため，より
よい暮らしのためのイニシアティブ（Better Life Initiative）に取り組んできている。
2008 年に発生したリーマンショックを契機にして，フランス政府の主導により
立ち上がった学際的専門家グループが，いわゆる「スティグリッツ報告書」ある
いは「サルコジ報告書」（Stiglitz, Sen and Fitoussi 2010）をまとめ，新たな経済・
社会発展のための新しい指標の必要性を提案した。OECD は，2011 年には，よ
りよい暮らし指標（Better Life Index：BLI[6]）を発表，BLI は，暮らしに関わる 11

の分野（住宅，収入，雇用，共同体，教育，環境，ガバナンス，医療，生活の満足度，安全，ワークライフバランス）をカバーしている。経済成長や所得のみに偏らない，包括的に暮らし向きの状態を重視している点が特徴的である。

　もう１つは，国家レベルの実験ともいえるブータンのGNH指標の動きである。ブータンでは，発展の目的を物質的な豊かさに置くのではなく，国民の生活への充足感に置き，物心両面での豊かさ実現に向けた国家発展の構想と実行を掲げている。ブータンは，第十次国家開発計画策定と同計画に連動した，GNPとは異なる「GNH指標」を2008年に発表した。GNH指標は，カナダのウェルビーイング指標（Canadian Index of Well-being：CIW）に共通する点が多いが，特筆されるべき点が２つある。１つは，GNH指標は，４つの柱（公正で持続可能な社会経済発展，自然環境保全，伝統文化の保全とその促進，良い政治（グッドガバナンス））と９つの領域（生活水準，健康，心理的・主観的幸福，教育，生態系と環境，コミュニティの活力，バランスのよい生活時間活用，文化の活力と多様性，良い統治）からなる複合指標である点である。２つ目に注目すべき点は，経済面での充足を満たすという項目が含まれており，このブータンの試みに対して，国内の経済的格差や国民の幸福感の低下に悩む先進国の大きな関心を集めている点である。

　日本における動きについても，触れておきたい。まず，2010年に内閣府が立ち上げた幸福度に関する研究会は，2011年12月に幸福度指標試案（内閣府 2011）を発表した。統合指標ではなく，主観的幸福感を上位概念として，経済社会状況，心身の健康，関係性の３本の柱からなる指標群を提案した。また，持続可能性を重視することを指摘し，活用指標を提示した。この試案は，ウェルビーイング指標の考え方や持続的開発指標（SDI）の考え方と共通する点が含まれている。また，自治体レベルでは，2013年に「住民の幸福実感向上を目指す基礎自治体連合」（通称：幸せリーグ）が立ちあげられ，90近くの地方自治体が参加している。個別の指標化の取り組みに関しても，荒川区のGAH（グロス・アラカワ・ハッピネ

---

6)　OECDのよりよい暮らしのイニシアティブやBLIについては，次のウェブページを参照のこと。http://www.oecd.org/statistics/better-life-initiative.htm（最終アクセス日：2016年7月12日）

7)　CIWについては，次のウェブページを参照のこと。https://uwaterloo.ca/canadian-index-wellbeing/（最終アクセス日：2016年7月12日）

8)　詳細資料は，次のウェブページを参照のこと。https://www.city.arakawa.tokyo.jp/kusei/topics/shiawaseleague.html（最終アクセス日：2016年7月12日）

ス），兵庫県の豊かさ指標（Hyogo Well-being Index）などがある[9]。

6 指標の今後

　以上，持続可能な開発をいかに測るかという問いを念頭に様々なサスティナビリティ指標を紹介した。本章で述べた指標をさらに改良していくことや次章で述べる「ネクサス」を把握する指標など，指標開発の課題は残されている。他方，指標は利用されてはじめてその効果を発現するものである。指標をどのように利用していくのか，特にどういった指標値になった場合にどのような対策を講じていくのかなど，有効に指標が活用されることも課題である。今後，SDGs とそのターゲットが達成されているかが様々な指標によってモニタリングされていくことになるが，それらの情報を持続的な社会を実現するために活用できるかどうかは私たち次第である。

参考文献

Allin, P. and D. J. Hand (2014) *The Wellbeing of Nations: Meaning, Motive and Measurement*, West Sussex: John Wiley & Sons.

Bell, S. and S. Morse (2008) *Sustainability Indicators: measuring the immeasurable ?*, London: Earthscan.

Biswas-Diener, R. and Ed Diener (2001) " Making the best of a bad situation: Satisfaction in the slums of Calcutta," *Social Indicators Research*, 55: 329-352.

Carson, R. L. (1962) *Silent Spring*, Boston: Houghton Mifflin Harcourt（カーソン，R. ／青樹簗一訳（1974）『沈黙の春』新潮文庫）.

DAC (1996) "Shaping the 21st Century: The Contribution of Development Co-operation," http://www.oecd.org/dac/2508761.pdf（最終アクセス日：2015 年 11 月 11 日）

Daly, H. and Cobb Jr. (1989) *For the Common Good: Redirecting the Economy Toward Community, the Environment, and a Sustainable Future*. Boston: Beacon Press.

Easterlin, R. A. (1974) "Does Economic Growth Improve the Human Lot ?" in P. A. David and M. W. Reder (eds.) *Nations and Households in Economic Growth: Essays in Honor of Moses Abramovitz*, New York: Academic Press: 89-125.

EC (European Commission) (2009) *Impact Assessment Guidelines*, Annex 13 Indicators,

---

9）GAH に関しては枝廣・草郷・平山（2011）を，兵庫県の豊かさ指標に関しては，草郷・平田（2013）を参照のこと。

Monitoring and Evaluation, SEC（2009）92, 15 January 2009.

European Environment Agency（1999）"Environmental indicators: Typology and overview," Technical report No. 25.

Gallopin, Gilberto C.（1997）"Chapter 1 Indicators and Their Use: Information for Decision-making," Moldan, B., S. Billharz, R. Matravers（eds.）*Sustainability Indicators: A Report on the Project on Indicators of Sustainable Development*, SCOPE 58, Chichester: John Wiley & Sons: 13–27.

Happy Planet Index, http://www.happyplanetindex.org.（最終アクセス日：2015 年 11 月 13 日）

IAEG-SDGs（Inter-Agency and Expert Group on SDG indicators）（2015）"Results of the list of indicators reviewed at the second IAEG-SDG meeting," Outcome documents of second meeting of the IAEG-SDGs–2 Nov 2015, http://unstats.un.org/sdgs/meetings/iaeg-sdgs-meeting-02.（最終アクセス日：2015 年 11 月 16 日）

Kuznets, S.（1934）"National Income 1929–1932," *National Bureau of Economic Research Bulletin*, 49: 1–12. http://www.nber.org/chapters/c2258.（最終アクセス日：2015 年 11 月 10 日）

Marcuss, R. D. and R. E. Kane（2007）"US National Income and Product Statistics: Born of the Great Depression and World War II. Bureau of Economic Analysis, "*Survey of Current Business* 87（2）: 32–46.

Meadows, D. H., D. L. Meadows, J. Randers. and Behrens III, W. William（1972）*The Limits to Growth*, New York: Universe Books.（メドウズ，D. H.，D. L. メドウズ，J. ランダーズ，W. W. ベアランズ三世／大来佐武郎監訳（1972）『成長の限界』ダイヤモンド社）

Molden, B., S. Billharz and R. Matravers（eds.）（1997）*Sustainability Indicators: A Report on the Project on Indicators of sustainable Development*, SCOPE58, Chichester: John Wiley & Sons.

OECD（Organisation for Economic Co-operation and Development）（1994）*Environmental Indicators*, Paris: OECD Publishing.

OECD（2009）*Natural Resources and Pro-Poor Growth: The Economics and Politics*, Paris: OECD Publishing.

OECD（2010）*Monitoring progress towards Green Growth Ministerial Report on Green Growth Indicators*, Paris.

OECD（2011a）*Towards Green Growth*, Paris: OECD Publishing.

OECD（2011b）*Towards Green Growth: Monitoring Progress-OECD Indicators*, Paris: OECD Publishing.

Pearce, D. W. and G. D. Atkinson（1993）"Capital Theory and the Measurement of Sustainable Development: An Indicator of 'Weak' Sustainability," *Ecological Econo-*

mics, 8(2): 103-108.

Porter, M. and Claas van der Linde (1995) "Green and competitive-ending the stalemate," *Harvard Business Review*, 73: 120-134.

Schoon, N., E. Auckland, and S. Riddlestone (2015) *Indicators for Sustainable Consumption and Production in the SDGs.*

Sen, A. K. (1985) *Commodities and Capabilities*, Amsterdam: North-Holland. (鈴村興太郎訳 (1988)『福祉の経済学——財と潜在能力』岩波書店)

Stigler, G. (1971) "The Economic Theory of Regulation", *Bell Journal of Economics*, 2: 3-21.

Stiglitz, J. E., A. Sen, and Jean-Paul Fitoussi (2010) "Report by the Commission on the Measurement of Economic Performance and Social Progress," http://www.insee.fr/fr/publications-et-services/dossiers_web/stiglitz/doc-commission/RAPPORT_anglais.pdf. (最終アクセス日: 2015 年 11 月 16 日)(スティグリッツ, J. E., A. セン, J. フィトゥシ／福島清彦訳 (2012)『暮らしの質を測る——経済成長率を超える幸福度指標の提案』金融財政事情研究会)

Sustainable Development Solutions Network (SDSN) (2014) "Indicators for Sustainable Development Goals," Working draft, 22 May 2014.

Talberth, J., C. Cobb, and N. Slattery (2007) *The Genuine Progress Indicator 2006: A Tool for Sustainable Development.* Oakland, California: Redefining Progress.

Tasaki, T., Y. Kameyama, S. Hashimoto, Y. Moriguchi and H. Harasawa (2010), "A survey of national sustainable development indicators," *International Journal of Sustainable Development*, 13(4): 337-361.

United Nations (2015) "Transforming our world: the 2030 Agenda for Sustainable Development," A/RES/70/1, New York: United Nations.

UNCSD (United Nations Commission on Sustainable Development) (2001) *Indicators of Sustainable Development: Guidelines and methodologies.*

UNSC (United Nations Statistical Commission) (2015) *Technical report on the process of the development of an indicator framework for the goals and targets of the post-2015 development agenda.*

UNU-IHDP (United Nations University, International Human Dimensions Programme) and UNEP (United Nations Environment Programme) (2014) *Inclusive Wealth Report 2014, Measuring progress toward sustainability.* Cambridge: Cambridge University Press.

植田和弘, (2012)「未来を創るグリーン経済」基調講演 2012 年 6 月 4 日（本資料からグリーン・エコノミー定義を引用）。

枝廣淳子・草郷孝好・平山修一 (2011)『GNH（国民総幸福）——みんなでつくる幸せ社会へ』海象社。

奥村重史 (2011)「リオ + 20 及び国際環境政策の将来展望」研究ノート，三菱総合研究所。

草郷孝好・平田晋作 (2013)「『21 世紀兵庫長期ビジョン』と『兵庫の豊かさ指標』への挑戦」『環境研究』(172)：121-133。

国立環境研究所 (2009)「中長期を対象とした持続可能な社会シナリオの構築に関する研究（特別研究）」『国立環境研究所特別研究報告書』SR-92-2009。

国立環境研究所 (n. d.)『国等が策定する持続可能性指標 (SDI) のデータベース』http://www.nies.go.jp/sdi-db/（最終アクセス日：2015 年 11 月 13 日）。

小嶋公史 (2012)「リオ + 20 会合でのグリーン経済議論の考察」『Climate Edge』14。

小嶋公史・蒲谷景・矢野貴之 (2011)「持続可能な開発につながるグリーン経済——日本は世界の貧困撲滅を重視した政策への転換を！」『IGES ポリシーブリーフ』(12)。

佐々木健吾 (2010)「サステイナビリティはどのように評価されうるのか」『名古屋学院大学論集　社会科学篇』46(3)：135-157。

佐藤真行 (2014)「『持続可能な発展』に関する経済学的指標の現状と課題」『環境経済・政策研究』7(1)：23-32。

鈴木政史 (2014)「グリーン・エコノミーをめぐる国際的な議論の動向と理論的背景のレビュー」『環境研究』(172)：99-109。

地球環境戦略研究機関 (2012)「リオ + 20 におけるグリーン経済の論点」2012 年 2 月。

内閣府 (2011)『幸福度に関する研究会報告——幸福度指標試案——報告書』http://www5.cao.go.jp/keizai2/koufukudo/pdf/koufukudosian_sono1.pdf（最終アクセス日：2015 年 11 月 11 日）。

内藤正明・西岡秀三・原科幸彦 (1986)『環境指標』学陽書房。

古川俊一・北大路信郷 (2001)『公共部門評価の理論と実際』日本加除出版。

ワクナゲル，M., W. リース／和田喜彦監訳 (2004)『エコロジカル・フットプリント——地球環境持続のための実践プランニング・ツール』合同出版。

森口祐一 (1998)「第 3.2 節　環境情報と環境指標」土木学会環境システム委員会編『環境システム』共立出版：94-107。

吉田文和 (2011)『グリーン・エコノミー——脱原発と温暖化対策の経済学』中公新書。

（草郷孝好・鈴木政史・田崎智宏）

第4章	「ネクサス」とSDGs
	——環境・開発・社会的側面の統合的実施へ向けて

1 「ネクサス」の視点に着目する必要性の高まり

　持続可能な発展目標（SDGs）を設定するための議論のなかで出てきた新しい視点・キーワードに「ネクサス（Nexus）」がある。まだ定訳はないが，「連環」「関連」「関係性」といった意味で捉えられるものである。これまでの持続可能な発展に向けた取り組みの進展には，一定の評価が与えられる一方で，持続可能な発展における分野を縦割りにして分野ごとの取り組みを進めることの限界が指摘されてきた。例えば，再生可能エネルギーの利用を増大させることで食料生産との競合を引き起こす恐れが高まる，省エネを進めるために稀少金属資源の消費を増大させるといった問題である。そのため，複数の分野間の関係性を認識し，複数の分野の取り組みを統合的に発展させることが必要となっており，「ネクサス」という表現が用いられるようになった。こうした背景のもと，「持続可能な開発のための2030アジェンダ」もインターリンケージ（inter-linkage）という概念を多用しながら，総合的・統合的な問題解決の重要性を強調している。

　本章では，ネクサスに関する議論を概観する。第2節では，持続可能な発展の文脈における「ネクサス」ならびに「ネクサス・アプローチ」の定義と特徴を述べる。続く第3節では，具体例として，食・水・エネルギーのネクサスについての論点や最新の知見などを紹介する。第4節ではSDGsにおけるネクサスの議論を紹介し，第5節では複雑な構造を理解する方法としてシステムダイナミックスにおける因果ループ図を紹介する。第6節では，ネクサス構造の発見・把握から対策適用というマネジメントサイクルを概観したうえで，ネクサス・アプローチで問題解決をしていく手順の全体像を説明する。第7節で本章を総括する。

2 ネクサスの定義と関連動向

まず,「ネクサス」とは何か。まだ,統一的に合意された定義はないため,いくつかの文献で述べられている説明をもとに,その概念を理解した上で,本書での定義を示す。

国連大学 (UNU-FLORES 2015) によれば,ラテン語の「nexus」は,何をつなげる行為,あるいは何らか関連しているものを意味しており,環境分野においては 1980 年代に最初に用いられたとしている。実際,国連大学では 1983 年から 1988 年にかけて「食料・エネルギーネクサス」という研究プロジェクト (Sachs and Silk 1990) が実施され,食料とエネルギー問題における相乗効果のある解決策を探索する研究がされていた。1980 年代中頃からはアメリカ合衆国において,水と電気エネルギーの相互関係に着目した研究が開始され,1990 年代には世界銀行が水・食料・貿易を関係させる用語として「ネクサス」を使用している (MaCalla 1997)。1990 年代中頃から 2000 年初期頃には,コロンビア大学地球研究所によりインドの水・エネルギー・農産物ネクサスが研究され,水利用のためのエネルギー消費研究はメキシコにも拡大された (Scott 2011)。ネクサスの考えは,バーチャル・ウォーターやウォーター・フットプリントに関する議論によってさらに発展した (Allan 2003)。2003 年に京都で開催された世界水フォーラムでは,ネクサスの柱としてエネルギーを考慮する必要があることが確認されている (Hussey and Pittock 2012)。「ネクサス」という用語が注目されるようになったのは近年であり,2011 年のボンにおける「水・エネルギー・食料 セキュリティ・ネクサス会議」が 1 つの契機となった。この会議の背景文章 (Hoff 2011) によれば,ネクサス・アプローチとは「分野 (sector) や空間範囲 (scale) を超えてマネジメントやガバナンスを統合するアプローチ」であり,これらの間の「トレードオフを減らし,相乗効果を生み出すアプローチ」としている。ネクサス・アプローチは,従来的な縦割り型の政策や意思決定がもたらす総体的な非効率性を回避して効率性を向上し,持続可能な開発に向けたガバナンスを改善するものであり,言い換えれば,分野横断的に効果的・効率的な政策や取り組みを促すものといえる。また,国連食糧農業機関 (FAO 2014) では,ネクサスは持続可能な開発を達成するために,地球規模の水・エネルギー・食料資源システムの持つ複雑で相

互に関係した性質を表現し，かつ，取り組むための有益なコンセプトとしている。

　以上のように，ネクサス・アプローチは統合的なアプローチであり，分野など
を超えた関係性を俯瞰的に理解し，分野横断的な協力のもとで持続可能な発展を
推し進めるものである。ここでいう「関係性」が本章で着目する「ネクサス」で
あり，分野（エネルギー分野，食糧分野など），部門（電力業や農業といった産業部門や
エネルギー庁や農林水産省食料産業局といった行政部門など），空間範囲（地球レベル，
国レベル，市町村レベルなど）を超えた関係性である。ところで，これらの関係性
は「従来のマネジメントの単位を超えた複数の領域間の関係性」であるという特
徴がある。したがって，「ネクサス」はアプリオリに（事前に）決まるものではな
く，着目する問題領域や当該地域において対処する部門の管轄範囲によって規定
されることになる。

　それでは，どういったネクサスが近年注目されているのであろうか。近年着目
された主要なネクサスを挙げると，「水・エネルギー・食料」（前述の2011年ボン
会議や総合地球環境学研究所のプロジェクト），「水・土地・エネルギー」（ストックホ
ルム環境研究所），「水・廃棄物・土壌」（Kurian and Ardakanian 2014），「エネルギ
ー・環境・生態系」（3E Nexus initiative project）などがある。次節では，このうち
水・エネルギー・食料のネクサスについて詳しく説明を行う。

3　水・エネルギー・食料のネクサス

　まず，水・エネルギー・食料ネクサスの背景を確認しよう。国連によれば，世
界人口は2025年に約80億人，2050年には約100億人，2100年には約110億人
に達すると予測されている。また，2050年までに世界人口の66％が都市に住む
と推計されており，ますます都市化が進行する。世界の農産物貿易については，
貿易自由化に伴って，貿易額全体に占める農産物貿易の割合が1970年には10％
であったが，2000年には15％に増加し，農産物貿易のグローバル化が進行して
いる。貧困問題に目を向けてみると，開発途上国における約11億人が必要最低
限量の清潔な水を手に入れることができず，12億人はまだ極度の貧困の中で生
活している。一方，気候変動によってもたらされる温暖化の影響は，地域や季節
によって異なると予測されているものの，気候変動が世界の水循環に影響を及ぼ
していることがわかってきた。このような社会的変化や気候変動の影響を受けて，

水，エネルギー，食料需要は 2030 年までにそれぞれ 40 ％，50 ％，35 ％増加すると見積もられている（UN NIC 2012）。さらに，世界経済フォーラムが 2016 年に発表したグローバル・リスク報告書では，相互に関連するグローバル・リスクとして，水危機と食料危機，エネルギー価格ショックと食料危機が挙げられている（WEF 2016）。水・エネルギー・食料ネクサスのコンセプトが国際社会に出現したのは，このように人口増加，経済成長，グローバル化，都市化，不平等の拡大等社会的変化や気候変動が，水・エネルギー・食料資源にますます圧力をかけるとともに，実際には相互に複雑に関係する 3 つの資源間のトレードオフ及びそれら資源の利用者間の利益相反関係が顕著に表れてきた背景がある。

（1）水・エネルギー・食料ネクサスとは

キーワード 'water-energy-food nexus' を，Google で検索すると約 5 万 3000 件がヒットするものの（2014 年 6 月時点），国際的に統一された「ネクサス」の概念定義はない。これは，水・エネルギー・食料ネクサス研究が，生物多様性条約や気候変動枠組条約のように特定の国際連合条約によってまだ先導されていないこと，水・エネルギー資源間（エネルギー生産にどのくらいの水が必要か等），水・食料資源間（食料生産にどのくらいの水が必要か等），水・エネルギー・食料資源間のトレードオフや，これらの資源利用者間のコンフリクト関係まで含めたネクサスに関する議論・研究の蓄積が少ないためであろう（Endo et al. 2015a）。

水・エネルギー・食料ネクサスの具体事例としては，すでに発生している資源間のトレードオフを低減させるために資源を効率的・経済的に利用していくことを検討しているケースや，資源間のトレードオフやステークホルダー間の対立はまだ発生していないものの，潜在的なトレードオフや対立構造を想定し，まず資源間の相互関係を自然科学的に解明しようとするケースなど，様々である。

このようなネクサスの問題に対して水資源分野では，輸入食料を消費国で生産するために必要な水量を定量的に把握するバーチャル・ウォーター，農産物の生産・消費・廃棄・リサイクル等のライフ・サイクル全体に要した水消費量を定量的に計算するウォーター・フットプリント，土地資源を含む表層水・地下水を質的・量的に管理する統合的水管理（IWRM）等，水資源保全や有効利用を促すための検討やツールが開発されてきた。水・エネルギー・食料ネクサスの検討は，特に IWRM の視点で実施されてきた（Bogardi et al. 2012）が，IWRM が水分野と

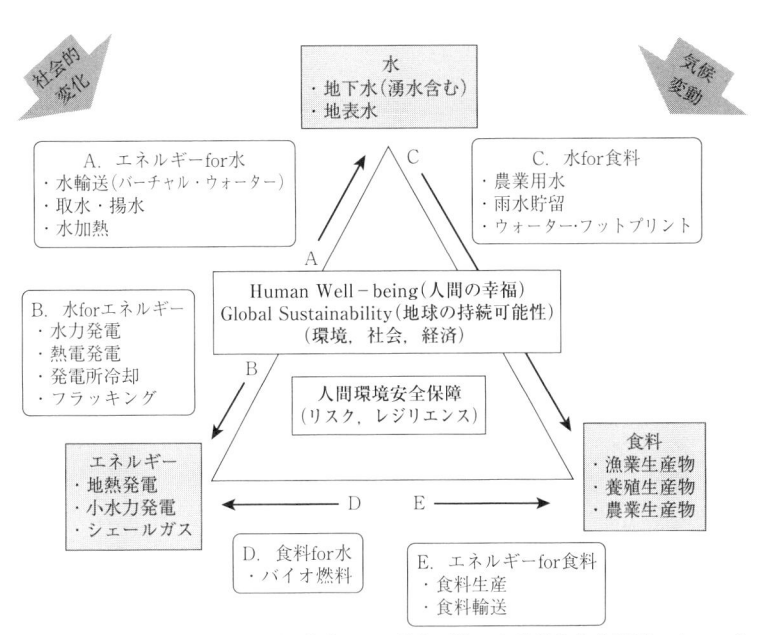

図4-1 総合地球環境学研究所「アジア環太平洋の人間環境安全保障：水・エネルギー・食料連環（ネクサス）プロジェクト」による水・エネルギー・食料 ネクサスの概念図

出典：Endo et al. (2015b), Scott et al. (2015) をもとに筆者作成

関連した他分野と限定的に関係するのに対し，ネクサスは資源利用の効率性を喚起することによって各分野との協力を助長することを促すもので，さらに多くの分野に開けたものとされる（Ringler et al. 2013）。

　水・エネルギー・食料ネクサス・コンセプトの理解（図4-1），さらに，水・エネルギー・食料ネクサスシステムの解明と，ネクサスシステムの持つ科学の不確実性とどう向き合っていくのか，言い換えると，これら資源に関係するステークホルダーと協働しながら，持続可能な方法で水・エネルギー・食料資源を利用することが，我々の時代の取り組むべき最も重要な地球環境課題の1つとなっている。

（2）水・エネルギー・食料ネクサス研究・活動の近年の動向

　前述した2011年のボン会議では「水・エネルギー・食料ネクサス」の用語が初めて使用された。本会議は2012年のリオ＋20（国連持続可能な開発会議）で提唱された「グリーン・エコノミー」に貢献することを目的に開催されたもので，

その成果として水・エネルギー・食料・安全保障ネクサスに関する情報共有やネットワーク構築のためのネクサス・リソースプラットフォームが設立された。これを契機に，世界的に水・エネルギー・食料ネクサスが注目され，その後，様々なネクサス関連の国際会議やプロジェクト等が開催・開始された。例えば，国連大学（UNU-FLORES）は 2012 年に「環境資源の統合的管理：水・廃棄物・土壌ネクサス」プロジェクトを開始し，国連アジア太平洋経済社会委員会（UN-ESCAP 2013）は「アジア太平洋における水・食料エネルギーネクサスの現状」という報告書を発表した。FAO や国際持続可能開発研究所（IISD）でもネクサス関連研究が開始された。2014 年の世界水週間では「水とエネルギー」が開催テーマとなり，2015 年 4 月の世界水フォーラムでは多数のネクサス関連ワークショップやセミナーが開かれた。また，持続可能な開発を達成するための国際的な研究プラットフォームである Future Earth の 2025 年ビジョンには 8 つの取組優先課題の一つに水・エネルギー・食料ネクサスが挙げられた。2015 年からは Future Earth の枠組みの下，ネクサス研究・活動のグローバル・ネットワーク Nexus KAN（Knowledge Action Network）が開始されている。

（3）水・エネルギー・食料の各ネクサス

①水・食料ネクサス

　水・食料ネクサスの例として，世界の淡水資源の約 70 ％が農業活動に利用されていることから，食料生産のための水消費を減らすための活動や，食料生産のための水資源利用の効率をあげる活動が行われている。具体的には，グリーン・ウォーター（土壌水分）利用の効率性をあげること，作物収穫後の休閑期を短縮することにより土壌水分の減水を避けること，水消費の少ない作物への転換を通して水利用を減らす（Kumar et al. 2012）等がある。社会的ガバナンスの視点では，農業者に対するトレーニングプログラムの提供や官民パートナーシップが促進されており，経済的視点ではマイクロ・ファイナンスモデルが構築されている（CWC 2015a）。また，農業生産に及ぼす気候予測モデルが開発されてきている。

②水・エネルギーネクサス

　エネルギー生産のための水利用の例として水力発電，地熱発電，シェールガス開発があり，他方，水利用のためのエネルギー消費として，揚水や汚染水の浄化に消費される電気エネルギーが挙げられる。具体的な取組として，再生可能エ

ネルギーである太陽光発電を利用した揚水や，現場での汚染水浄化技術の開発が促進されている。経済的視点では，揚水と課金のためのクエンチ・システムの導入（CWC 2015b）や，農業分野における比例価格設定方式の促進（Kumar et al. 2012），炭素価格や水価格が再評価されている（Ackerman and Fisher 2013）。さらに社会的ガバナンス視点では，ライフサイクルの考え方でシェールガス開発を含む汚染水浄化施設への調査（Mo and Zhang 2013）や，定量的な水・エネルギーネクサス評価とステークホルダー参画のため，現場で取得されたデータの正確さを向上させるためのプロジェクトが実施されている（CWC 2015c）。

③水・エネルギー・食料ネクサス

　水・エネルギー・食料ネクサスの例として，生物由来のバイオマスを原料としてバイオ燃料を生産する取組みが見られる。例えば，モーリシャスでは，代替エネルギーとしてサトウキビからバイオ燃料が生産されており，中国では，トウモロコシからバイオエタノールを生産するための土地や水への投資が行われており，農産物資源をめぐる食料利用とエネルギー利用のトレードオフが発生している。一方，南アフリカでは，非食料系の生物資源を利用する木質バイオマス発電が開発されており，食料と競合しない原料の活用が実施された。

　地下水関連では，農産物生産のために，帯水層における地下水の涵養促進のための土壌トレンチシステムの開発プロジェクトがエチオピアで行われている。また，イランでは，地下水の灌漑利用を減らすことでエネルギー使用量と炭素排出量を減少させるプロジェクトが実施された。中央アジアでは，水力発電市場への投資，電力市場開発，灌漑改善，地域公共財に関する啓蒙等，複合的視点より地域の統合的管理アプローチが検討された（Granit et al. 2012）。

　また，バイオ燃料作物の生産に要したウォーター・フットプリントや，社会・生態系代謝のマルチスケール統合的解析（MuSIASEM）（FAO），土壌・水・大気・植物を一体化したシミュレーションモデル（SWAP モデル）（Karimi et al. 2012）や，CropSyst と呼ばれる作物モデル（Marta et al. 2011）や統合解析モデル等が開発されている（Bazilian et al. 2011；Hoff 2011；WEF 2011）。

④気候変動と関連するネクサス

　気候変動と関連したネクサス研究の多くでは，長期的に災害や環境悪化を引き起こす気候変動に対する脆弱性を下げるための解析が実施されている。例えば，メキシコの280の帯水層における降雨量や温度データが解析され（Scott 2011），

ナイジェリアでは気候変動と貧困の関係を結びつけるための気象データや歴史データが利用された（Agbola 2011）。また，潜在的水リスクを見積もるための手法として，Normalized Deficit Index（NDI）や Normalized Deficit Cumulated（NDC）が開発されている。気候変動に関連したネクサス研究は都市地域にも広がった。例えば，2007 年にオーストラリアでは，オーストラリアの電気マーケットの深刻な水不足に対応するために，システム・ダイナミクスツールが適用された（Newell et al. 2011）。

4　SDGs におけるネクサス

　次に，「ネクサス」が SDGs に関する国際的な議論の場でどのように扱われているかをみてみよう。まず，SDGs の設定が定められた 2012 年のリオ + 20 の成果文書である「我々の求める未来」では，第 246 段落で「これらの目標においては，持続可能な開発の 3 つの側面全てとそれらのインターリンケージを，バランスの取れた形で取り上げ，組み入れるべきである」（環境省仮訳より）と述べられている。ネクサスという表現は用いられていないが，環境・経済・社会という持続可能な開発における 3 つの側面を統合的に発展させるべきことが述べられている。このような統合的な視点は，1992 年の地球サミットで採択された「環境と開発に関するリオ宣言」の「持続可能な開発を達成するため，環境保護は，開発過程の不可分の部分とならなければならず，それから分離しては考えられないものである。」という第 4 原則にさかのぼることができる。

　では，2015 年に国連総会で採択された SDGs には，「ネクサス」はどのように反映されているのであろうか。SDGs における 17 の目標と 169 のターゲットの文章を読む限り，複数の分野が言及されているターゲットがあることは理解できるものの，ネクサスの構造が体系的には位置づけられているわけではない。これは，ネクサスを体系的に把握するための枠組みが確立されていないことに由来するものであり，ネクサスを看過しているわけではないと理解すべきだろう。実際，SDGs の進捗状況を総括する報告書として「グローバル持続可能な開発報告書（Global Sustainable Development Report：GSDR）」があるが，その初版（UN 2015）では「ネクサス・アプローチ」という節が設けられ，SDGs どうしのネクサスを図 4 - 2 のように整理しており，ネクサスへの関心が高いことが窺い知れる。

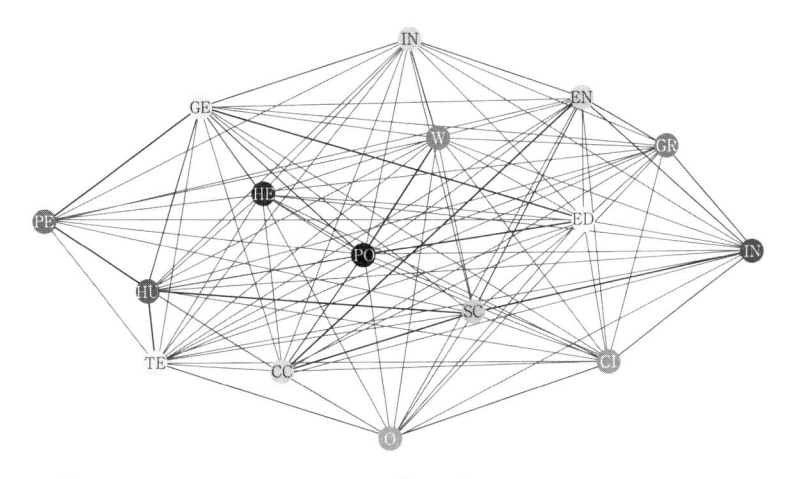

Ⓒ	都市	ⓘ	不平等
CC	気候変動	ⓘ	インフラと産業
ED	教育	Ⓞ	海洋
EN	エネルギー	Ⓟ	平和で包摂的な社会
GE	ジェンダー	Ⓟ	貧困
Ⓖ	経済成長と雇用	SC	持続可能な生産と消費
Ⓗ	健康	TE	陸域生態系
Ⓗ	飢餓	Ⓦ	水

図4-2　科学者による評価に基づく，持続可能な発展目標（SDGs）の関係構造
注：実施手段に関する SDG17を除く；関係線の太さは，2つの目標に属するターゲット総数のうち当該
　2目標に言及するターゲットの割合の大きさを表現している。
出典：UN（2015）を訳出

　なお，グローバル持続可能な開発報告書の初版（UN 2015）では，現存する72の世界モデルを分析して，SDGs のレベルでどのようなネクサスが対象となっているかを整理している。その多くが，経済発展とエネルギーあるいは気候変動との関係を扱っている結果となり，その他のネクサス構造の詳細な把握は十分でないことが示されている。

　また，2014年に公表された同報告書の試作版（UN 2014）では，世界レベルでの1950年から2013年までの様々なネクサスの組み合わせ（原因側42×被影響側36）それぞれについて，持続可能な開発に対して好ましいあるいは好ましくないトレンドにあるかを棚卸的に評価している。ほとんど全ての原因項目が他分野にプラスとマイナスの影響を及ぼしているという結果で，一つひとつのネクサス構造を紐解いて理解していかなければならないことが示唆されている。

5　ネクサス構造の把握

　ネクサス・アプローチで問題に取り組む上では，まずは，ネクサス構造を的確に把握することが求められる。そのうえで，重要な視点が2つある。

　・俯瞰的であること（システム思考を活用して，システムの全体像を捉えること）。

　・静的な関係性だけでなく，動的な変化（ダイナミズム）を捉えること。

　このような視点で構造を把握する手法として，システム・ダイナミックスにおける因果ループ図の作成がある。本節ではその手法の概要を説明する（システム・ダイナミックスのモデリングのための数式化などの詳細は Sterman （2004）などを参照されたい）。

　まず，原因と結果の2つの要素（変量）からなる単純な構造を考えよう。この場合，原因と結果の間には因果関係があり，これを矢印で表現するものとする。この因果関係において，原因が増えれば結果も増える（原因が減れば結果も減る）場合は正の因果関係があるといい，矢印に「＋」を付す。他方，原因が増えれば結果が減る（原因が減れば結果が増える）場合は負の因果関係があるといい，矢印に「－」を付す。例えば，ニワトリと卵の関係を考えてみよう。卵をX，ニワトリをYとすると，卵が多いほど孵化してニワトリになる数が多くなるので，X→Yという関係は正の因果関係である。また，ニワトリが多いほど（よほど特殊な状況でない限り）メスのニワトリがより多くの卵を産卵するので，Y→Xという関係にも正の因果関係がある（図4－3左）。このようにしてX→Y→X→……という因果関係の輪（ループ）があることが理解できるようになる。この輪を「因果ループ」といい，正の因果関係のみからなる因果ループは「正のフィードバックループ」と呼ばれる（正確には，因果ループに含まれる負の因果関係の数が偶数である場合。正のフィードバックループの内部には「R」が付いたループ記号を記入する）。この場合のXとYはともに増加し続ける。次に，オスの野良猫たちがある地区に生息しており，その生育域には道路があり，一定の割合で事故に遭って死亡してしまう場合を考えよう。この場合，オスの野良猫たちをX，道路を渡る野良猫の数をYとすると，X→Yには正の因果関係がある一方，Y→Xという因果関係は野良猫の事故死を表現し，負の因果関係があることになる（図4－3右）。この場合の因果ループは，含まれる負の因果関係の数が奇数であるので，「負のフィー

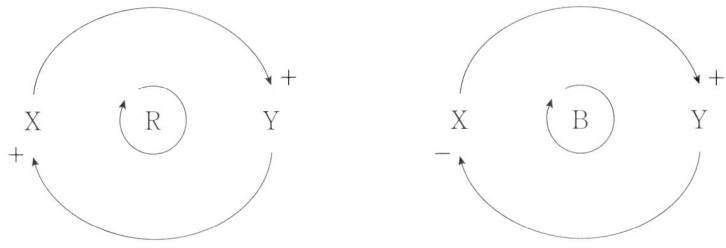

図4-3　因果ループ図の記載例

注：左：正のフィードバックループ，右：負のフィードバックループ

出典：筆者作成

ドバックループ」と呼ばれる（負のフィードバックループの内部には「B」が付いたループ記号を記入する）。負のフィードバックループ内の変量であるXとYは減少し続ける挙動をする。

　フィードバックループはシステムの挙動を理解するうえで重要である。フィードバックによる増長効果により，系内のある要素（変量）に大きな変化がもたらされるからである。複雑なシステムの場合においても，矢印が循環している輪（因果ループ）を探しだし，そのなかにある負の因果関係が偶数か奇数かによって当該因果ループが正あるいは負のフィードバックループであるかを判別できる。ただし，正のフィードバックループが良く，負のフィードバックが悪いというわけではない（図4-3でのXが「問題」を表す変量であれば，正のフィードバックループは問題を増長させる）。複雑なシステムを因果ループ図に描くだけでなく，何が問題かを意識して，因果ループ図で表されている現象を読解することも求められる。正のフィードバックが問題を増長させるのであれば，それを負のフィードバックループに転換したり，新たに他の負のフィードバックループを創出することが求められる。とはいえ，数多くのフィードバックループが存在するとどのような挙動をするかが直感的に理解できないこともでてくる。そのため，定量モデルを用いてシミュレーションを行い，そのような場合のシステムの挙動を理解することも必要になってくる（システム挙動を理解する上では，Senge（2006）の第6章や付録2なども参考にするとよい）。

　システムダイナミックスによる分析においては，通常，「問題の明確化（あるいは分析の対象範囲の決定）」からスタートする（Sterman 2004：87）。しかしながら，ネクサス構造の把握はネクサスに起因する新たな問題の発見を重視することから，最初の段階で問題が明確になっているわけではない。分析の対象範囲を複数の分

野にまたがるように設定することが大切となる。

6 ネクサス構造の発見・把握からネクサス・アプローチによる対策適用まで

　それでは，把握されたネクサスの構造をもとに，どのようにネクサス・アプローチに基づく対策・管理（マネジメント）につなげたらよいであろうか。この点についての統一的な見解はないが，ネクサスが分野をまたがる複雑な，あるいは見えにくい関係を扱うことから，段階的なアプローチをとったマネジメント・サイクルになるだろう。図4-4を用いてその説明を行う。ネクサスに起因する問題へ対処するマネジメント・サイクルの第一の段階は「気づき」の段階である。科学者や一部の人々によるネクサス構造・問題の発見を政策・取組の担当者や社会全般への「気づき」につなげていく必要がある。この段階で大きな役割を果たすツールとしては，第3章で見た指標を挙げることができる。近年，SPI（science-policy interface）といって科学と政策との対話が重視されているが，このような対話はネクサスに関する問題対応においては重要な役割を果たす。しかしながら，指標ではどういったネクサスがどういった挙動をするかを表現することは難しく，的確な対策にはつながりにくい。そのため，第二段階では，モデリングの手法によりネクサスを有する構造のメカニズムを理解する必要がある。モデリングにはより多くの研究リソースが求められるので，前段階の社会的な気づきを背景に資金や人員などの研究リソースを的確に割り当てることも大切である。モデリングのためには，具体的な事例での現象やメカニズムの把握が必要な場合もあり，事例研究も大切になると考えられる。このようにしてメカニズムや介入ポイントが理解されたら，第三段階として，考えられるいくつかの対策の優劣比較を行うことになる。費用便益分析や多基準分析などの手法や，参加型意思決定などの参加型アプローチを適用することが想定できる。問題に応じた適当なネクサス・アプローチを探索・決定する段階といえる。続く第四段階は，有効な対策の実施であるが，ネクサスが従来のマネジメントの単位を超えた複数の領域にまたがることから，対策実施のマネジメント体制を再編あるいは調整せざるを得ない。当該問題を分野横断的に扱う組織や部署等の設置が1つの選択肢であるが，新組織による対応ができる場合ばかりとは限らない。既存のマネジメント体制を

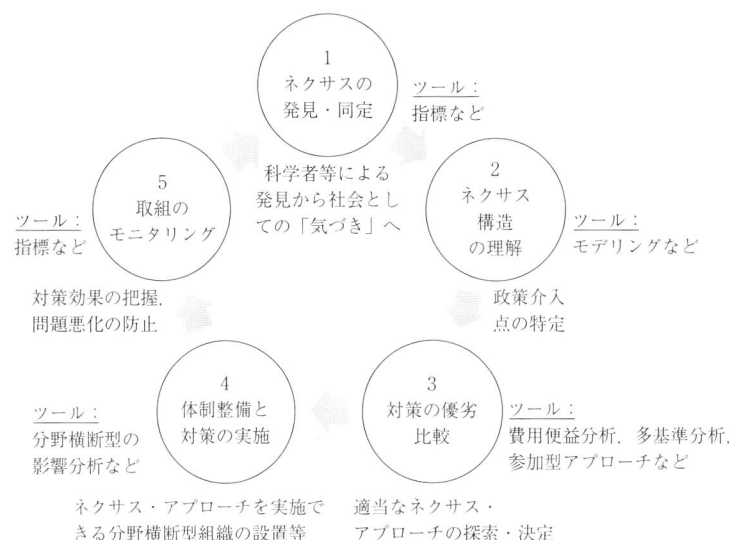

図4-4　ネクサス構造の発見・把握からネクサス・アプローチによる対策適用ま
　　　　でのマネジメント・サイクル

出典：筆者作成

活かしつつ，片方が他方への悪影響に留意するという選択肢もありえる。ある規
制の実施前に他方への影響がないかのネガティブチェックを行うという規制影響
評価のような制度をネクサスに起因する問題に適合させ，分野横断型の影響評価
として制度導入していくことも考えられる。第五段階は，実施された対策が効果
を上げているか，ならびに問題の深刻化を防ぐためのモニタリングと評価である。
以上，マネジメント・サイクルを単純化して説明を行ったが，実際のプロセスは
多様であろう。例えば，第四段階の体制整備が行えず対策の再検討に迫られたり，
第五段階のモニタリングにより第二段落のネクサス構造の理解が進んだりするこ
とが想定されうる。

　このような流れをみると，2つの大きなチャレンジがある。1つは，第一，第
二段階におけるネクサス構造の把握である。複雑な構造に対しても，社会全体と
して予防的かつ速やかにネクサスに起因する問題を察知できるかという課題であ
る。もう1つは，従来のマネジメントの体制を速やかに調整・変容させる体制的
な柔軟性をもたせることができるかという課題である。問題が顕在化してから事
後的に対策を行うこともあれば，問題の可能性を察知して事前回避することも想
定される。場合によっては，第二段階や第三段階で得られる知見が十分でないま

ま，対策適用の第四段階に移ることも想定できる。そのような場合は，いわゆる順応的な管理に頼らざるを得ないかもしれない。ネクサスに起因する問題の大きさや不確実性に応じて体制的な対応をどうとっていくべきかは多くの課題があるといえる。

7　複雑性への対応と持続可能な開発

　「ネクサス」に着目する根底には，人間－環境システムの「複雑性」への注意深い認識と対応が求められることを示唆している。これまでの環境問題の多くは，意識する，意識しないとに関わらず環境容量と密接に関係し，人間社会に環境容量（プラネタリー・バウンダリー）内の発展を要請するものであった。なかでも，地球環境問題は人類に地球の「有限性」に着目させる契機となった。しかしながら，環境容量内に人間活動に由来する環境負荷を低減させる取り組みでは，有効な効果が得られず，場合によってはかえって環境負荷を増大させることもある。これからの環境問題ならびに持続可能な開発に向けた取り組みは，有限性とともに複雑性に対応していかなければならないのである。ネクサスにおいて，分野を超えた学際的なアプローチが期待されるのはこのような複雑性に根ざした背景がある。また，第3節でみたネクサスに関するプロジェクトの多くはローカルレベルで実施されており，今後は，ローカル間，さらに，ローカルからグローバルをつなぐ検討が求められる。複数の空間スケールにおける多層的な問題は複雑性の高い問題の一つであり，また，時間スケールを考慮した水・エネルギー・食料ネクサスの解明なども取り組むべき課題といえ（Endo et al. 2015b），ネクサス・アプローチはさらなる進化が求められている。

参考文献

3E Nexus initiative project（n. d.）http://www.ir3s.u-tokyo.ac.jp/3e-nexus/index.html（最終アクセス日：2015 年 11 月 3 日）

Ackerman, F. and J. Fisher.（2013）"Is there a water-energy nexus in electricity generation？Long-term scenarios for the western United States," *Energy Policy*, 59: 235-241.

Agbola, B. S.（2011）"Climate change and poverty in Nigeria," *Regional Development Dialogue*, 32（1）: 54-80.

Allan (Tony), J. A. (2003) "Virtual water—the water, food, trade nexus, useful concept or misleading metaphor ?" *Water International*, 28(1): 106-113.

Bazilian, M., H. Rogner, M. Howells, S. Hermann, D. Arent, D. Gielen, P. Steduto, A. Mueller, P. Komor, R. S. J. Tol, and K. K. Yumkella (2011) "Considering the energy, water and food nexus: Towards an integrated modelling approach," *Energy Policy*, 39: 7896-7906.

Bogardi, J. J., D. Dudgeon, R. Lawford, E. Flinkerbusch, A. Meyn, Claudia. Pahl-Wostl, K. Vielhauer and C, Vorosmarty (2012) "Water security for a planet under pressure: interconnected challenges of a changing world call for sustainable solutions," *Current Opinion in Environmental Sustainability*, 4: 35-43.

CWC (Columbia Water Center) (2015a) "Millennium Villages Project-Mali," http://water. columbia.edu/research-themes/water-food-energy-nexus/mali/. (最終アクセス日: 2015 年 6 月 20 日)

CWC (2015b) "Cost-effective and Sustainable Technologies for Drinking Water Storage and Distribution in Rural Areas of Jharkhand, India," http: //water. columbia. edu/research-themes/water-food-energy-nexus/water-in-rural-jharkhand/. (最 終 ア クセス日:2015 年 6 月 20 日)

CWC (2015c) "Brazil Infrastructure," http://water.columbia.edu/research-themes/water-food-energy-nexus/brazil-infrastructure/. (最終アクセス日:2015 年 6 月 20 日)

Endo, A., I. Tsurita, K. Burnett, and P. M. Orencio (2015a) "A Review of the Current State of Research on the Water, Energy, and Food Nexus," *Journal of Hydrology*: *Regional Studies*, Elsevier (accepted).

Endo, A., K. Burnett, P. M., Orencio, T. Kumazawa, C. A. Wada, A. Ishii, I. Tsurita, and M. Taniguchi (2015b) "Methods of the Water-Energy-Food Nexus," *Water*, 7: 5806-5830.

FAO (United Nations Food and Agriculture Organization) (2014) "The Water-Energy-Food Nexus A new approach in support of food security and sustainable agriculture," http://www.fao.org/nr/water/docs/FAO_nexus_concept.pdf. (最終アクセス日: 2015 年 6 月 20 日)

Granit, J., A. Jägerskog, A. Lindström, G. Björklund, R. Löfgren, G. De Gooiger, and S. Pettigrew (2012) "Regional options for addressing the water, energy and food nexus in Central Asia and the Aral Sea basin," *International Journal of Water Resources Development*, 28(3): 419-432.

Hoff, H. (2011) *Understanding the Nexus. Background Paper for the Bonn2011 Conference: The Water, Energy and Food Security Nexus*, Stockholm: Stockholm Environment Institute.

Hussey, K. and J. Pittock (2012) "The Energy-Water Nexus: Managing the Links between Energy and Water for a Sustainable Future," *Ecology and Society*, 17(1): 31.

Karimi, P., Asad Sarwar Qureshi, Reza Bahramloo, David Molden (2012) Reducing carbon emissions through improved irrigation and groundwater management: A case study from Iran, *Agricultural Water Management*, 108: 52–60.

Kumar, D. M., M. V. K. Sivamohan and A. Narayanamoorthy (2012) "The food security challenge of the food-land-water nexus in India," *Food Security*, 4(4): 539-556.

Kurian, M. and R. Ardakanian (2014) *Governing the nexus: water, soil and waste resources under conditions of global change*, The Netherlands: Springer.

MaCalla, A. (1997) "The Water, Food, and Trade nexus," In the paper delivered at MENA-MED Conference, Marrakech, Morocco, 12-17 May 1997.

Marta, A. D, F. Natali, M. Mancini, R. Ferrise, M. Bindi and S. Orlandini (2011) "Energy and water use related to the cultivation of energy crops: a case study in the Tuscany region," *Ecology and Society*, 16(2): 2.

Mo, W. and Q. Zhang (2013) "Energy-nutrients-water nexus: Integrated resource recovery in municipal wastewater treatment plants," *Journal of Environmental Management*, 127: 255-267.

Newell, B, D. M. Marsh, and D. Sharma (2011) "Enhancing the resilience of the Australian National Electricity Market: taking a systems approach in policy development," *Ecology and Society*, 16(2): 15.

Ringler, C, A. Bhaduri and R. Lawford (2013) "The nexus across water, energy, land and food (WELF): Potential for improved resource use efficiency?" *Current Opinion in Environmental Sustainability*, 5(6): 617-624.

Sachs, I. and D. Silk (1990) *Food and Energy: Strategies for Sustainable Development*, Tokyo: United Nations University Press.

Scott, C. A. (2011) "The water-energy-climate nexus: Resources and policy outlook for aquifers in Mexico," *Water Resources Research*, 47 (6): DOI: 10.1029/2011WR 010805.

Scott, C. A., M. Kurian and J. L. Wescoat, Jr. (2015) "The Water-Energy-Food Nexus: Enhancing Adaptive Capacity to Complex Global Challenges," In *Governing the Nexus: Water, Soil and Waste Resources Considering Global Change*, Kurian, M., and Reza A. (eds.), Springer International Publishing AG: 15-38.

Senge, P. M. (2006) *The Fifth Discipline*, Revised and updated version, London: Random House.

Sterman, J. D. (2004) *Business Dynamics: Systems Thinking and Modeling for a Complex World*, International edition, Singapore: McGraw Hill.

UNESCAP (2013) *The Status of the Water-Food-Energy Nexus in Asia and the Pacific*.

United Nations (2014) *Prototype Global Sustainable Development Report*, New York: United Nations Department of Economic and Social Affairs, Division for Sustainable

Development.

United Nations（2015）*Global Sustainable Development Report, 2015 Edition*, Advance unedited version.

UNU-FLORES（United Nations University Institute for Integrated Management of Material Fluxes and of Resources）（2015）"The Nexus Approach to Environmental Resources' Management," https://flores.unu.edu/about-us/the-nexus-approach/.（最終アクセス日：2015 年 11 月 3 日）

United States National Intelligence Council（US NIC）（2012）*Global Trends 2030: Alternative Worlds*, US NIC.

WEF（World Economic Forum）（2011）*Water Security: The Water-Food-Energy-Climate Nexus*, Island Press.

WEF（World Economic Forum）（2016）*The Global Risks Report 2016, the Global Risks Interconnections Maps 2016*, WEF.

（田崎智宏・遠藤愛子）

<table>
<tr><td>第 5 章</td><td>教育における SDGs
──「量」から「質」への転換と課題</td></tr>
</table>

　持続可能な開発目標（Sustainable Development Goals：SDGs）では，教育に関し，目標4として「すべての人に対して，インクルーシブかつ公正で質の高い教育を保障し，生涯学習の機会を向上させる」ことが盛り込まれた。この目標4のターゲット7においては，「2030年までに，学習者が持続可能な開発を促進するうえで必要とされる知識やスキルを身につける」とともに，「持続可能なライフスタイル，人権，ジェンダー平等，平和の文化と非暴力，グローバル・シティズンシップ，文化の多様性などに関する教育を促進する」ことを謳っている。そして，そうした教育を実践していくうえで「持続可能な開発のための教育（ESD）」が欠かせないと指摘している。

　すなわち，SDGsにおいては，学校などの教育機会へアクセスするだけでは十分とはいえず，そこで何を，どのように学び，いかなる能力を身につけるのか，さらには，それによってどのような個人や社会の変革を促すのか，といった教育の「質」に関わる視点がより重要視されている。

　また，SDGsに関する議論と並行して，持続可能な世界を実現していくうえで教育が果たすべき役割については，国連教育科学文化機関（ユネスコ）を中心とした国際的な議論も積み重ねられてきた。とくに，2015年5月に韓国の仁川で開かれた「世界教育フォーラム2015（World Education Forum 2015）」において，ミレニアム開発目標（Millennium Development Goals：MDGs）と同じく2015年に目標年を迎える「万人のための教育（Education for All：EFA）」の後継目標として，「2030年に向けた教育：包括的かつ公平な質の高い教育及び万人のための生涯学習に向けて」が採択された。そのなかでは，「質の高い教育により，市民が健康で，満たされた生活を送り，情報に基づいた意思決定を行う」ことが不可欠であり，ローカル及びグローバルな課題を解決することのできる能力や価値観などを育むためには，「持続可能な開発のための教育（Education for Sustainable Development：ESD）」や「地球市民教育（Global Citizenship Education：GCED）」が重要で

あると強調されている（UNESCO 2015）。

　さらに，2012年に潘基文・国連事務総長のイニシアティブで立ち上げられた「世界教育推進活動（Global Education First Initiative：GEFI）」では，教育分野における国際的な戦略・取り組みの指針が示され，3つの優先目標が設定された。それらの優先目標は，（1）すべての子どもが学校に通えること（Put every child in school），（2）学習の質を向上させること（Improve the quality of learning），（3）グローバル・シティズンシップの促進（Foster Global Citizenship）であり，これらの目標を達成することで，公平，平和，寛容かつインクルーシブな社会が実現できると謳われている[1]。

　このように，SDGsをはじめとするポスト2015年の国際教育開発に関する目標やイニシアティブのいずれも，教育の「質」的な側面について検討することの重要性を指摘している。そこでは，例えば「質」について考える際に，従来の学力観（すなわち試験で測定できる認知能力を重視する見方）だけではなく，複雑な事象を学際的にとらえ批判的考察力をもって問題解決を導く力などを育む新しい学力観を明確に意識しており，それが先述のようなESDやグローバル・シティズンシップ教育の強調につながっている。

　本章では，SDGsをはじめとするポスト2015年の国際教育開発目標において，教育の「量」から「質」がより重視されている背景について整理・分析する。そのうえで，持続可能な社会を構築し，「開発」や「環境」に関する諸問題を幅広い視野のもとに考え，行動につなげる教育アプローチとして強調されている「ESD」が立脚する教育・学習観に着目しつつ，SDGsの実現に向け質の高い教育が果たす役割について論じる。また，持続可能で公正な社会を構築するためには，こうした新しい時代の質の高い学びの機会が，公正に全ての人々に提供されることが重要であることを指摘し，そのために克服すべき様々な課題についても考察を加える[2]。

1）　GEFIについては，国連のホームページ http://www.globaleducationfirst.org/（最終アクセス：2014年12月11日）を参照のこと。
2）　本章は，北村・興津（2015），北村他（2014），Kitamura et al.（2014）を加筆・修正したうえで再構成したものである。

1 SDGs が教育の「量」から「質」への転換を促す背景

（1）MDGs における教育の「質」の相対的軽視

　SDGs を含むポスト 2015 年の国際教育目標において，教育の質の向上が重視されるに至った背景には，MDGs においては教育のアクセスが重視されるなか，教育の質が相対的におざなりにされてきたという国際社会の反省がある。

　MDGs では，目標 2「初等教育の完全普及の達成（すべての子どもが男女の別なく初等教育の全課程を修了できるようにする）」および目標 3「ジェンダー平等推進と女性の地位向上（すべての教育レベルにおける男女格差を解消する）」が教育に関連する目標として設定されていた。2000 年に MDGs が設定された当時は，教育へのアクセスの問題が依然として深刻な状況にあり，1990 年に途上国の基礎教育普及のために合意された「万人のための教育（EFA）」という国際目標があったにもかかわらず，90 年代を通して十分な普及が進まなかった。これは，国際目標を設定したものの，それをどのように達成し，モニタリングするのか，といった実施枠組みが不十分であったことに起因している。この反省から，MDGs 策定に先立つ 2000 年 4 月にセネガルのダカールで開かれた「世界教育フォーラム（World Education Forum）」において，2015 年までにすべての子どもたちが良質で無償の初等教育にアクセスし，修学を完了することなどの具体的目標を掲げた「ダカール行動の枠組み」を採択した（UNESCO 2000）。そして，この新たな EFA 目標に加えて MDGs でも教育分野が強調されるなど，国際社会のなかで教育へのアクセスを改善するための多様な取り組みが加速し，一定程度の改善を見ることができている。

　一方，初等教育機会の急激な拡大にともなって，教育の質に深刻な影響が出ている例が多数報告されてきた。例えばウガンダでは，初等教育の無償化政策が実施された後，とくに貧困層の男子で第 5 学年以降の修了率が大きく低下した（Nishimura et al. 2006）。これは，児童数の急激な増加に対して，教室の増設や教員養成・配置・訓練が間に合っていないことなどにより，意味のある学びが十分に行われていないことが主な原因と考えられる。また，適切な訓練を受けた教員が不足していることなどから，学校に通学していたとしても，基礎的な読み書きや計算の力をつけていない子どもがかなりの割合で存在していることが，近年の

国際学力調査などから明らかになってきた。さらに，学校での学習内容が社会の
ニーズに合致していないことなど，「教育の質」の問題は若者の失業にも大きな
影響を及ぼしている。

SDGs においては，こうした MDGs の進捗と反省を踏まえ，すべての教育段
階で「質」を確保することが強調されている。

（2）知識習得型から個人と社会の変容を促す学習へ
──「持続可能な開発のための教育（ESD）」という新たなアプローチ──

さらに，SDGs において教育の質がより重視されたり，より深く考察されるよ
うになった背景には，20 世紀後半に「近代化」のパラダイムが揺らぎ，「持続不
可能」な世界のあり様が人々の眼前に突きつけられるようになるなか，環境問題
の深刻化や社会システムの限界などといった課題と主体的に向き合い，それらの
解決の方策を見出していけるような学びの重要性が広く認識されるようになった
ことがある。

言い換えれば，現代社会が目指すべき開発の方向性として「持続可能な開発」
が国際的な合意事項となった今日，教育のあり方や教育の質を巡る議論も大きな
変革期を迎えている。持続可能（サステイナブル）な社会を実現するためには，そ
の担い手となる人々を育てることが欠かせず，このことが持続可能な社会を構築
するためにいかなる教育が重要であるのかについてより深く考える契機となって
いるのである。

もとより，社会と教育とは不可分の関係にあり，教育はいかにあるべきかとい
う問いは，常に，人類が目指すべき社会のあり方に関する議論と密接に関連づけ
られてきた。

第二次世界大戦後，多くの国において，国家建設と経済成長が緊急的課題とさ
れ，進化論的な一元的発展段階を想定する近代化論（Modernization theory）を支
柱とした，産業化を通じた経済成長が目指された（西川 2000）。こうした経済至
上主義の近代化論のもとでは，国家が経済成長を実現するために，国家の成員を
「国民」として編成・育成するという機能が，教育に付与された。すなわち，教
育の機能的側面が重視され，近代的な学校教育制度の構築が目指されたのである
（北村 2015）。さらに，1960 年代からは，人的資本論の台頭により，経済成長の
ための有効な投資先として教育が位置づけられ，技術教育・職業訓練や高等教育

への投資に焦点があてられた。

　このように工業化を通じた国家の経済成長を促すという観点から重視された教育のあり方は，体系化された知識をいかに効率良く伝達できるかということを重視するものであった。そうした教育観のもとでは，「知識」は学習者にとって外在的なものであり，正解や普遍的真理といった客観的に把握，あるいは実証できる実体として捉えられた。そのため，学習は「知識の権威者」である教師から学習者に「知識」を伝達する営みであると位置づけられた。その結果，教授法としては一斉授業が重視され，学習者は受動的立場に置かれた（久保田 1995）[3]。

　しかし，1970 年代になると，近代化論のパラダイムに支えられた単線的発展神話の陰で，飢餓や貧困，経済格差，環境問題，国内外の紛争などの問題が顕在化してくるようになった。そうしたなか，近代化論へのアンチテーゼとしての意味も包含しつつ，ベーシック・ヒューマン・ニーズ（BHN）の充足を開発戦略の主要課題にすべきであるとの主張が主流化されていった。その後，1990 年代以降には，人間にとって豊かさの享受とは，財や収入だけから得られるものではなく，実現可能な選択肢を増大し，それにより人々の自由と潜在能力（ケイパビリティ［capability］）の拡大を生み出すことで実現されるとする，人間開発論が登場することになる（Sen 1999, 2009；Nussbaum 2000, 2006）。

　人間開発論においては，自己の置かれた状況を認識し，考え，自己の選択する自由と潜在能力を最大限に伸長させられるような教育それ自体が開発の目的であり，なおかつ人権であると捉えられる。また，人間開発論では，近代的な開発論において支配的であった行動主義的な教育観とは異なり，知識は学習者に内在するもので，与えられた知識を吸収することよりも，学習者自身が問題を見つけ，課題方法を探ることのできる力を養うことに重点が置かれる。さらに，知識を活用し他者とかかわる中で価値を選択したり，新しい価値を剔出する能力（ケイパビリティ）の構築にも関心が払われる。こうした学習観は，20 世紀初頭に学習とは周りの他者との相互作用を通じて初めて生起するものであると提唱した，デューイやヴィゴツキーらの思想を受け継ぐ社会構成主義的な学習観に重なるもので

3）　客観主義的パラダイムに基づく学習理論は，1960 年代に全盛を誇った，スキナー等による行動主義心理学の影響を色濃く受けている。スキナーは，学習を，「刺激と反応」にたとえ，小さなステップに分けられた問題をシステマティックに解いていくことで学習が促進されるとした（久保田 1995）。

ある。そうした学習観にもとづく教育実践においては，学習者中心型の問題解決型学習，社会とのつながりのなかでの学習，体験型学習，学習者同士による協同学習などが促進される（久保田 2003）。

BHN や人間開発論のもとでは，教育のなかでも，とりわけ基礎的な能力や識字能力をすべての人々に保障することが重要であるとされ，そのメッセージは1990 年に採択された「万人のための教育（EFA）」世界宣言として結実した。さらに，EFA の目標として掲げられている「初等教育の完全普及」という国際目標は，MDGs にも採り入れられた。

加えて 2000 年代に入ると，サステイナブルな社会の担い手を育てる ESD という新しい教育のアプローチが提唱された。1972 年にストックホルムで開催された「国連人間環境会議」において，環境問題と貧困をはじめとする社会経済問題との関係に国際社会の注目が集まり，従来の人間と環境とを二項対立的に捉える視点を持つ社会観に変化が訪れる契機となった。

これにより，それまでの開発観は，変革を迫られることになった。[4]「持続可能性（サステイナビリティ）」という言葉が初めて社会に広く認知されるようになったきっかけは，1987 年に「環境と開発に関する世界委員会（通称ブルントラント委員会）」が発表した報告書「われら共有の未来（Our Common Future）」である（本書序章参照）。同報告書では，持続可能な開発がキー概念として取り上げられ，「将来の世代のニーズを満たす能力を損なうことなく，今日の世代のニーズを満たす開発」が目指されることとなった（環境と開発に関する世界委員会 1987）。この考え方は，「自然は無限で無料であり，自然から得た資源を有効利用することで永続的に経済の成長を続けることができる」という従来の正統派経済学とそれに基づく近代化論的開発観の前提を大きく覆すものであった（河口 2006：31）。

1991 年には国連自然保護連合（IUCN），国連環境計画（UNEP），世界自然保護基金（WWF）が，持続可能な開発を「人間を支える生態系が有する能力の範囲内で営みながら，人間の生活の質を向上させること」と定義した（IUCN, UNEP and WWF 1991）。人類は限りなき"フロンティア"を進んでいるというそれまで

---

4) 「持続可能な開発」思想は『人間開発報告 1994 年版』において，国連開発計画（UNDP）が「持続可能な人間開発」という概念を導入したことにも明確に表れている。そこでは，人間の安全保障を実現するためには，持続可能な社会を構築することが不可欠であるというメッセージが含まれた。

の楽天的な経済至上主義に代わって，過剰な産業と消費のパターンを見直し，自然環境や世代間の公正を含む社会的公正に関心を払わなければ，我々あるいは将来世代の未来はないという開発思想が，国際社会における一定の共通認識となったのである。加えて，グローバル化が一層進展し，かつてないほどに人・経済・政治・文化・情報が国境を越えて密接につながり合い，活発に移動するようになるなかで，国際社会が抱える諸問題はより複雑化の様相を呈している（本書第9章参照）。それは環境問題だけでなく，食料安全保障，資源エネルギー保障，平和，人権などの諸問題が相互に複雑に絡み合い深刻化する不確実な時代を迎えていることを意味する（本書序章，第3章，第4章参照）。例えば，地球温暖化のことを考える際にも，環境問題だけでなく，食料やエネルギー，科学技術，紛争など複数の領域の問題の関連性を考えていかなければ解決できない。こうした社会の大きな質的変化のなかにあって，地球環境問題をはじめとする様々な難問を解決し，サステイナブルな未来を築くためには，教育のあるべき姿や教授・学習方法の抜本的な変換が不可欠である，という認識が高まることとなった。

　こうしたなか，1992年の「環境と開発に関する国連会議（地球サミット）」で採択されたアジェンダ21の第36章において，持続可能な開発を推進するうえで教育が重要であることが強調された。以来，教育は，持続可能な社会を構築するために必要な変化をもたらす原動力であることが，国際社会の共通理解となっている（佐藤・阿部 2007）。その後，2002年の「持続可能な開発のための世界サミット（ヨハネスブルグ・サミット）」において，「持続可能な開発のための教育（ESD）」を国際的に推進していくことが合意され，ユネスコがその主導役となった。

　「ESD」は，ブルントラント報告書で示された「世代間・世代内の公正」という理念に基づき，「環境，貧困，人権，開発といった様々な現代的課題を，自らの課題として捉え，共通の未来のために行動する力を育むための教育」である[5]。その意味において ESD は，持続可能な未来の実現に求められる価値観・行動・ライフスタイルに関して，「自分自身と社会を変容させる学び」をその特徴の1つとしている（UNESCO 2009, 2010）。

5）　ここでの ESD に関する概要は，文部科学省日本ユネスコ国内委員会ホームページ『持続可能な開発のための教育』http://www.mext.go.jp/unesco/004/1339970.htm （最終アクセス日：2014年9月18日）にもとづく。

ESD の実施にあたっては，「人格の発達や自立心，判断力，責任感などの人間性を育むこと」，そして「他者との関係性，社会との関係性，自然環境との関係性を認識し，『関わり』，『つながり』を尊重できる個人を育むこと」の 2 つの観点が特に重視されている（日本ユネスコ国内委員会 2012：1）。そのため，環境，開発，貧困，平和，人権などの様々な課題を個別に捉えるのではなく，これらの課題の相互不可分性を踏まえて，学際的なアプローチをとるとともに，体系的な思考で物事を理解しようとする姿勢が不可欠となる。その意味では，SDGs の目指す方向性と合致する（本書序章参照）。そこでは，批判的思考力と問題解決力を育むとともに，それらを踏まえて具体的な行動を起こすことができる姿勢を身につけることが目指されている。それは，単に「環境教育」や「平和教育」といった形態で持続可能な社会についての知識や技能を学ぶだけでなく，体験や体感を通した探究や実践を重視する参加型アプローチを志向する学習スタイルである。

　これらを総合すると，ESD で示されている学習観は，人間中心の開発観のもとで重視されてきた知識を活用する力や課題解決力，協同の学びを重視する社会構成主義的な学習観を基軸としつつ，地球的視野を持って持続可能な社会を揺るがす問題の解決を全体論的に思考し，さらに自己変容や社会変容のための行動につなげようとするものである。つまり，ESD が立脚する学習観は，社会構成主義で示された教育のあり方を一層拡張する意味合いを持っているといえる。

　ESD が重視する「自らと社会の変容のための学習」という考え方の支柱として，パウロ・フレイレの思想をルーツとする批判的教育学（critical pedagogy）の影響を受けたジャック・メジローが提唱した変容的学習（transformative learning）を挙げることができる（Mezirow 1990, 1998；曽我 2013）。メジローは，社会的背景によって学習者の世界観は不当に形作られているとし，学習者がこれまでの経験を自己批判的に振り返ることにより，抑圧されていた認識から解放され，それまで当然視していた前提や価値観を問い直し，より包括的な見方で物事を捉えられるようになると説いた。こうした自己批判的な学習態度は，既存の社会システムを通して様々な地球規模課題が生じているのではないか，という視点を育むことにつながる。そのような視点は，既存の社会秩序を維持するための人材育成を重視してきた従来型の近代学校教育から脱却し，新たな教育のあり方を構想する上で欠かせないものである。

　それと同時に，メジローは学習主体の単位として基本的に個人を想定している。

その意味ではメジローが主張する変容的学習には限界があり，むしろ ESD で強調されるような集団や組織が継続的に学びながら変容していくための学習のあり方が重要となる。こうした学習のあり方は，ピーター・センゲによって提唱された「学習する組織（Learning organization）」の概念やそこで示される「システム思考（Systems thinking）」の考え方から強い影響を受けている（曽我 2013）。「システム思考」は，チームによって状況を認識し，省察した上で，状況を打破するための行動を検討するプロセスを可能とする思考であり，社会の変容が学習の最大の目標として位置づけられている。

　また，ESD が立脚する極めて進歩的な学習観は，近年，世界的に展開されている「コンピテンシー」や「汎用的能力」，「リテラシー」，「21 世紀型学力」などと称される新しい時代の学力観とも重なるものである（丸山 2009[6]）。こうした 21 世紀型の新しい学力観が世界的に台頭してきた背景には，経済協力開発機構（OECD）の DeSeCo（Definition and Selection of Competencies: Theoretical and Conceptual Foundations）プロジェクト（1997-2003）による「キー・コンピテンシー（key competencies）」の概念が，OECD 生徒の学習到達度調査（PISA）をはじめとする国際的な学力調査に取り入れられたことが大きく影響している（OECD 2005）。加えて，インターネットなどの情報通信技術（ICT）の発達とグローバル社会の深化により，知識が急速に陳腐化し常に更新を迫られている。また，学びの場が教科書や教室の範囲内だけではなく，多様なソース（source）に基づくものへと変化していることも，背景要因として見逃すことはできない（丸山 2009；山住 2012）。

　DeSeCo では「キー・コンピテンシー」を，ある特定の文脈のなかで複雑な要求に対応できる認知的・非認知的な両側面を含む総合的な能力と位置づけた。より具体的には（1）「社会・文化・技術的ツールを相互作用的に活用する」能力，（2）「異質な人々からなる集団で相互に関わり合う」能力，（3）「自律的に行動する」能力から構築されるとしている。そしてこれらはそれぞれ独立して存在するのではなく相互関係を持つと定義した（Rychen and Salganik 2003）。ESD との関

---

6)　「リテラシー」とは，これまで一般的には，読み書き（識字）能力を指した。しかし，OECD が 2000 年から 3 年毎に実施している国際学力調査 PISA が新しい「リテラシー」という概念を打ち出したことにより，近年，より広い社会的コンテクストにおいて参加するための重要な役割を果たす広い概念として再定義されている。

表 5 - 1　教授・学習の様式の転換

伝統的アプローチ	進歩的アプローチ
市民性に関する教育	市民性のための／市民性を通した教育
社会秩序の再生産	変化への転換・適応
服従・追従	行動ならびに市民的社会参画
内容重視	過程重視
知識基盤型	原理基盤型
講義による伝達	双方向的アプローチ，批判的解釈
教師主導型アプローチ	生徒主導型アプローチ
試験中心型	全人的発達
教科書主導型の学習環境	マルチメディア活用型の学習環境
教科の知識	生涯学習のためのスキル
模倣	創造
近代的な教授法	未来志向の教授法

出典：北村（2015）

連で留意すべきことは，これらの能力が，単に個人が社会において成功するために重要であるばかりでなく，持続可能でより機能する社会を構築していく上でも必要だという，社会的な観点が盛り込まれていることである。ESD や 21 世紀の新しい学力観が示す現代の教育革新は，このように教授・学習の様式が伝統的なアプローチから進歩的（progressive）アプローチへと転換しているなかにみることができる（表5 - 1 [7]）。

2　SDGs 達成の実施手段（Means of Implementation：MoI）としての ESD
——水リテラシーの事例から——

教育は，分野横断的かつ多くの課題に影響を与える領域である。MDGs にお

---

7)　こうした新しい時代に必要とされる資質能力は，諸国際機関や各国の枠組みにおいて，generic，key，core などの形容詞と skills，competencies，qualifications などの名詞を組み合わせた表現などによって，様々に表現されている（松下 2011）。

ける教育分野の進展からも，適切な知識，スキル，能力を備えることで，市民が様々な持続可能性の課題に適切に対処できるようになるというのは明白な事実である。本節では，SDGs においても個別目標が設定されている「水」の領域に焦点をあて，上述したような ESD という新しい教育アプローチを通じて人々の「水リテラシー」を育むことが，人々の水の利用や管理，また健康などに大きく貢献し，ひいては様々な教育以外の SDGs 目標の達成にも貢献し得るという事例を紹介する。

（1）水の安全な利用

すべての人が水リテラシーを身につけることは，多種多様な持続可能な開発課題を克服する上で必要不可欠となる。例えば，水の安全な利用は，下痢や「非衛生的な水」を介した伝染症の発生を抑えるうえで重要な要因となることは広く理解されている（UNICEF 2013）。さらに安全な水は，重金属／薬品汚染水の影響を軽減する上でも重要である。例えば，バングラデシュでは，3500〜7700 万人が主に掘り抜き井戸からの飲水によりヒ素中毒の危険性に晒されている（Smith et al. 2000）。SDGs の文脈でいえば，目標 3（健康と福祉）や目標 6（きれいな水と衛生），目標 12（持続可能な生産と消費）といった目標に関係する。

安全な水の利用に対する適切な知識を得るためには，基礎レベルの教育が必要となる。Nagata et al.（2011）では，読み書きができるか否かで人々の水の取扱方法に明確に違いが見受けられることが指摘されている。また，世界保健機関（WHO）と国際連合児童基金（UNICEF）による水供給及び衛生に関する共同モニタリング・プログラム（Joint Monitoring Program for Water Supply and Sanitation：JMP）は，ネパールを事例として，教育レベルの向上が野外での排泄率を低減させることを明らかにしている（WHO and UNICEF 2014）。しかしながら，ネパールの農村部では就学率及び識字率は極めて低い数値であり，人々がこうした知識を得る機会はほとんど存在しない。さらに，世界中で安全な水を入手できない人々の 83％が遠隔地に居住しており（WHO and UNICEF 2013），これらの人々の多くが十分な教育機会を得ることができずにいると推測される。これは，目標 10（格差の是正）に関わる問題でもある。

水と教育のネクサスにおいては，安全な水源に関する教育が必要となる。たとえば，井戸水の利用方法，飲水の前処理，廃水の処理などに関する知識を含む水

リテラシーを普及することは，水を安全に利用する人口の増加と非衛生的な水に起因する疾患の抑制の双方に貢献すると考えられる。

（2）水関連の災害

　自然災害への対応及び復興の側面からも，水リテラシーの重要性は明らかである。水災害が発生した後に水質が悪化する危険性についての知識がなかったため，汚染された水道水を加熱せずに飲むなどして，伝染病やその他の健康への悪影響を招いているという事例が報告されている（Mosley et al. 2004）。

　また，防災教育がもたらした顕著な成果の一例として，日本の沿岸都市である岩手県釜石市の事例がある。同市では，2011 年の東日本大震災にて発生した津波と洪水から 99.8％の中学校生徒が生存することができた（Sato 2012）。これは，災害発生前から，地元の学校や地域社会が主導する災害リスク削減（DRR）のための防災教育が定期的に行なわれていたことによる（目標 11（持続可能なまちづくり）に関連）。この事例からも，水災害に伴う被害（直接的な死者数や伝染病の犠牲者等）の規模を削減する要因の 1 つが水関連の DRR 教育であることを理解できる。地球温暖化やその他の環境要因が，世界における水災害の頻度や規模を増大させていると考えられることからも，こうした教育はますます重要性を増している。

　2005 年に神戸で開催された第 2 回「国連防災会議」で採択された「兵庫行動枠組 2005-2015」では，女性などの「社会的弱者」と見なされる人々に適切なトレーニングや教育機会を確実に提供することの重要性が指摘されている（目標 5（ジェンダー平等）に関連）。さらに，沿岸災害リスク管理及び地域社会の安全性やレジリエンスを強化するためには，各ステークホルダーの水に関するリテラシーを高めることが重要であると多くの調査結果が示している（Dewi 2007；Marfai and King 2008；Marfai et al. 2008；Ristiá et al. 2012）。

3　サステイナブルな教育のために
——教育の公正性の確保に向けて——

　これまで，SDGs における教育の位置づけが量から質に変化していること，そして持続可能で公正な社会を実現するうえで，新しい教育・学習観に基づく学び

が重要であることを概観した。そして，とくに個人や集団の知識，価値観，態度などを変容させるような ESD という教育アプローチが，水や健康・食糧といった SDGs の他目標の実現に重要な役割を果たすことを，事例をもとに論じた。

　これに加え，持続可能な社会の実現のためには，そうした教育の営み自体が持続可能かつ公正であることが必要である。人々が，それぞれの人生を主体的に生きる上で必要とされる「良質な教育」の機会を全ての人に保障していくことが，何よりも求められている。

　残念ながら今日の世界は，こうした「良質な教育を受ける権利」が全ての人に保障されている状況からは程遠い。1990 年に「万人のための教育（EFA）」世界宣言が採択されて以来，国際社会は「すべての子どもたちが，無償で質の高い義務教育へのアクセスを持ち，修学を完了できるようにする」という国際目標に向け努力を重ねてきた（UNESCO 1990：2000）。

　国連によるこれまでの EFA 達成状況のレビューによると，小学校就学年齢の子どものうち，不就学者数は 2011 年時点で 5700 万人であり，2001 年時点の 1 億 200 万人からおよそ半減している（United Nations 2014b）。しかしながら，図 5 − 1 が示す通り，2010 年時点においても，世界の多くで小学校を卒業できない子どもが依然として数多く存在し，それはとりわけ世界で最も貧しいサハラ以南アフリカ地域で深刻である。不就学者の実に半数以上（約 3200 万人）がサハラ以南アフリカに集中しており，この地域の国々の多くは初等教育の完全普及達成までにまだ長い時間がかかるものと予想されている（UNESCO 2013）。

　また，教育におけるジェンダー格差の是正も長年の国際的課題であるにもかかわらず，アラブ諸国，南・西アジア，サハラ以南アフリカ地域において，いまだに女子の初等教育修了率が男子を下回っている（図 5 − 1）。更にジェンダー格差に関しては，すべての教育段階でジェンダー平等を達成している国は 2011 年の時点で 130 カ国のうち 2 カ国のみにとどまっている。若者（15 歳から 24 歳）の識字率の状況はさらに深刻で，基礎的な読み書きができない若者が全世界で 1 億 2300 万人存在し，そのうち 61 ％が女性である。このように非識字者の 3 分の 2 が女性であるというジェンダー構造は，第二次世界大戦終了後から一貫して変化していない。とくに本章で重要な対象者として位置づけている EFA から取り残されている最後の 5 ％（あるいは 10 ％）といった「脆弱性を抱えた人々（vulnerable people）」や「周辺化された人々（marginalized population）」にとって，いまだ

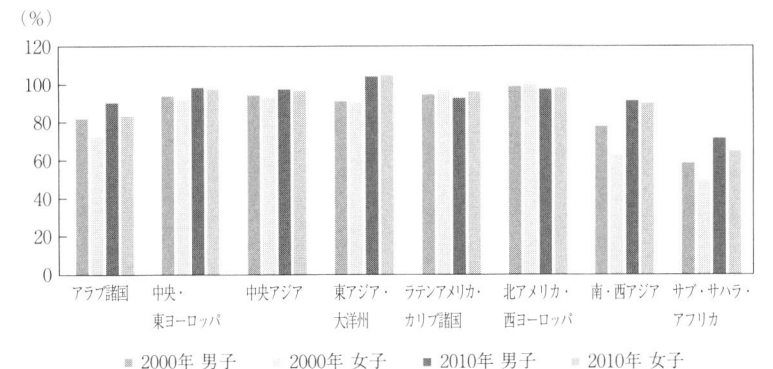

図5-1　世界における初等教育修了率の推移，男女別（2000年，2010年）

注：多くの国においては，初等教育を当該年に卒業した児童数に関するデータを得ることが困難である。
そのため，UISでは，「初等教育最終学年に在籍すべき公式学齢の人口に対する，年齢に関わりなく実際に最終学年に在籍している児童数の割合」を初等教育修了率の代替指標としている。入学の遅れや留年などの理由により公式学齢以外で最終学年に在籍している児童数も含まれるため，100％を超えることがある。

出典：UNESCO Institute for Statistics の UIS Stat. のデータベースをもとに筆者作成

に教育へのアクセスが十分にできないことが最も深刻な問題になっていることは，改めて強調しておく必要がある。

　更に，ジェンダー以外にも貧困，障がい，少数民族・言語，地理（僻地に移住する人々）など，様々な格差が教育へのアクセス及び学習到達度の両面に影響していることが明らかになっている（UNESCO 2013）。例えば，貧困層，少数民族，先住民などの子どもたちや，障がいを持つ子どもたちの就学率が，そうでない子どもたちの就学率よりも著しく低いという現象は，多くの国でみられる。それらの国では，前者の子どもたちの原級留置（留年）率や中途退学率が，後者の子どもたちと較べて高い傾向にある。例えば，ボリビアでは，先住民の子どもの第1学年での留年率が43.4％であるのに対して，先住民以外の子どもの留年率は13.7％であった（Lewes and Lockheed 2007）。また，障がい児の教育機会はさらに限られており，世界の不就学者のうち，40％が何らかの障がいを持っていると推測されている（World Bank 2011）。さらに，一般的に学力レベルは先進国の方が高いが，ノルウェーやフランス，ドイツ，イギリスでは移民をはじめとした多くのマイノリティの学力が低いとの報告もある（UNESCO 2013）。国の経済レベルを問わず，教育の公正と質は共通の課題であり，改善策を講じることが求められている。

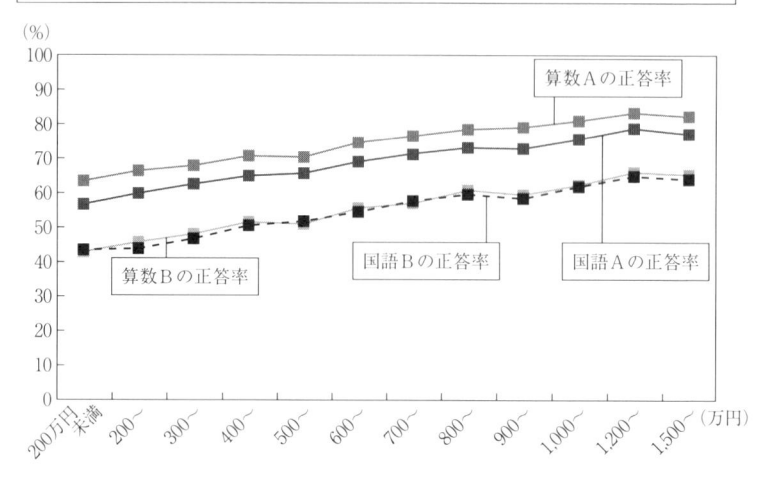

図5-2　児童の正答率と家庭の世帯年収

出典：文部科学省　（2010）の図表1-1-10より引用。原典は，文部科学省　お茶の水女子大学委託研究（平成20年度）による。

　なお，教育の格差は，何も途上国や他の先進諸国だけの問題ではない。わが国の状況を例にとっても，家庭の所得レベルによって教育格差が拡大している状況に対して，警鐘が鳴らされている。たとえば図5-2は，文部科学省が実施した全国学力・学習状況調査の正答率と家庭の世帯収入との関係について，5つの政令指定都市より100校を対象に追跡調査を行った結果を図示したものである。全体として世帯年収が高いほど，正答率が高い傾向が見られる（文部科学省 2010）。また，図5-3は両親の年収が高いほど，4年制大学への進学率が高くなり，高校卒業後に就職する割合が低くなる傾向を示している（文部科学省 2010）。つまり，日本においても家庭の経済的状況が子どもたちの進学に影響を及ぼしている。さらには，全国学力・学習状況調査結果で正答率が高い層の保護者が，正答率の低い層の保護者と比べて，「家には本がたくさんある」，「子どもが小さいころ，絵本の読み聞かせをした」，「ニュースや新聞記事について子どもと話す」，「子どもが英語や外国の文化に触れるように意識している」などの回答をしている割合が高いことも示されている（文部科学省 2010）。これは，経済状況だけでなく，親の子どもに対する接し方や教育意識といったいわゆる「文化資本[8)]」の多寡も，子ど

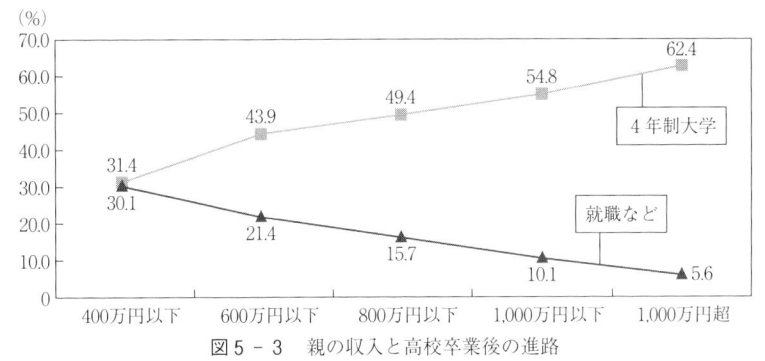

図5-3 親の収入と高校卒業後の進路

注1：日本全国から無作為に選ばれた高校3年生4,000人とその保護者4,000人が対象。

注2：両親年収は，父母それぞれの税込年収に中央値を割り当て合計したもの。

注3：無回答を除く。「就職など」には，就職進学，アルバイト，海外の大学・学校，家業手伝い，家事手伝い・主婦，その他を含む。

出典：文部科学省（2010）の図表1-1-14より引用。原典は，東京大学大学院教育学研究科大学経営・政策研究センター「高校生の進路追跡調査　第1次報告書」（2007年9月）による。

もの学力に影響を与えていることを示唆している。

　こうした経済状況をはじめとする子どもを取り巻く教育環境の格差を放置しておくことは，持続可能な社会の構築にとって最も重要な，人々の学びが大きく阻害されることに直結しうる。そして，ひいては社会の不安定化のリスクが増大することにもつながりかねない。そのため，ここで挙げたような諸課題を克服することが，サステイナブルな社会の構築に教育が貢献していくうえで不可欠であると同時に，サステイナブルな教育のあり方そのものを実現していくためにも欠かせないことを強調したい。

4　良質で公正な教育の実現に向けて

　本章ではSDGsにおける教育の位置づけと課題を検討するにあたり，教育の量から質がより重視されていること，「開発」と「環境」の問題を幅広い視野のも

8)　文化資本（cultural capital）とは，フランスの社会学者ピエール・ブルデューらが提唱した概念であり，世代間で受け継がれる文化的素養にもとづく階層文化の多寡を表すものである。文化資本の多寡は，家族の学歴や家庭における蔵書の数などによって図られる。ブルデューは，親から子へと家庭内で相続される文化資本が子どもの学校での教育達成に影響を及ぼし，社会的不平等が再生産されると主張した（ブルデュー・パスロン　1991）。

とに考える教育のあり方として ESD という新しい教育アプローチが提唱される
ようになった背景を概観した。その上で、それが立脚する教授・学習様式の変革
を促す新しい学力観（さらには教育観）について論じた。

　さらに、教育に関する国際的な議論の潮流や国際目標の変遷を簡単に振り返る
ことで、ESD が提唱されたり、教授・学習の進歩的アプローチが導入されたり
することの意味は、教育の「質」を新しい時代に対応したものに構築し直し、そ
れをいかに向上させるかという問題に多くの人々が関心を寄せている点にあるこ
とを指摘した。つまり、教育はサステイナブルな社会の実現に寄与する人材の育
成を目指すとともに、そうした教育の営みそのものがサステイナブルであること
が求められている、といえる。これが本章の結論ではあるのだが、なぜこの結論
が重要であるのか、もう少し敷行して考えてみたい。

　サステイナブルな社会とは、すべての人が多様な価値観を尊重し合いながら年
齢、性別、障がい、文化、人種、出生、宗教、経済やその他の状況などによる区
別なく社会の一員として主体的に生きることができる、インクルーシブかつ公正
（equitable）な社会であると、本書では考えている。しかしながら、今日の世界で
は多くの国で新自由主義的な思潮の影響を受けた公共政策の導入が推し進められ、
市場原理による競争や、様々な公的サービスの民営化が推進された結果、社会経
済的な格差が拡大する傾向にある。教育分野においても例外ではなく、本章でも
触れたように学力格差・進学格差が確実に広がっている。例えば富裕層の子弟が
充実した教育を享受する一方、周辺化された人々（貧困層、少数民族、女子・女性、
障がい者など）が教育を受ける機会は限られその質も非常に低いといった状況が、
途上国・先進国の別を問わず広く見られる。こうした教育のあり方では、社会の
サステイナビリティを実現していく上で、多様な人材を十分に活用することが難
しい状況が生まれると懸念される。また、教育が社会の格差を縮小させるのでは
なく、むしろ助長するのであれば、それはサステイナブルな教育であるというこ
ともできない。

　その意味では、本章で概観したような教授・学習様式の転換に基づく「新しい
教育」の考え方そのものは歓迎すべきものだとしても、その展開のあり方に関し
ては、十分な注意を払う必要がある。すなわち、新しい学観に基づき学びの様式
が転換し、カリキュラムなどの教育内容に関する「質」が向上したとしても、限
られた人たちのみがそれらの「新しい教育」の恩恵を享受するのであれば、それ

はサステイナブルな社会の構築に寄与し得ないと考えるからである。ESDなど
の新しい教育のアプローチが依拠する進歩的学力観においては，批判的な思考や
積極的な対話を行える能力が重視されている。

　しかしながら，実はこれらの能力を伸ばす上で重要となる多様な文化的体験の
機会は，本章で触れた「文化資本」の多寡が影響することを見逃してはならない。
たとえば，家庭のなかで日常的に時事問題などについて議論する機会が多い子ど
もほど，こうした能力を伸ばすための準備ができていると考えられる。日本の例
が示すように，すでに「文化資本」の多寡によって学力差が見られる傾向にある
が，今後，新しい学力観にもとづく教授・学習様式の転換が進めば進むほど，家
庭環境の差が教育達成を決める要因となる傾向か強まり，ますますサステイナブ
ルな教育のあり方から遠ざかってしまうことが危惧される。

　これまで日本は，教育の質という点に関して，基本的に国内の地域間格差を小
さなものにとどめてきた。しかしながら，近年，例えば教育行財政における地方
分権化の影響などを受け，地域間格差も広がりつつある。こうした課題に，果た
して「新しい教育」のあり方がどのような影響を及ぼすのか，今後さらに注視し
ていく必要がある。

　これらの課題や懸念を踏まえたうえで，ESDなどの新しい教育のアプローチ
を推進するにあたっては，サステイナブルな社会を構築するために公正でサステ
イナブルな教育が不可欠であるという認識に立つことが重要である。そして，教
育は何よりも社会全体で責任をもって取り組むべき課題であるという社会的な合
意を形成する必要がある。すなわち，新しい学習観にもとづく教育の成果は個々
人の属性や家庭環境に大きく左右されるものではなく，基本的に学校教育のなか
でインクルーシブかつ公正で良質の教育をすべての人々に保障していくことが欠
かせない。

　このようにESDに代表される「新しい教育」のアプローチは，いくつかの課
題を抱えつつも，今後も継続して推進されていくことが期待される。

参考文献

Burchi, F. (2012) "Whose education affects a child's nutritional status ? From parents' to
　household's education," *Demographic Research*, 27: 681-704.

Castelló, A. and R. Doménech (2002) "Human capital inequality and economic growth:

some new evidence," *The Economic Journal*, 112: 187–200.

Christiaensen, L. and H. Alderman (2001) "Child malnutrition in Ethiopia: Can maternal knowledge augment the role of income?" *Africa Region Working Paper Series*, 22. Washington, D. C.: World Bank.

Commission on Human Security (2003) *Human Security Now*. New York: United Nations.

Dewi, A. (2007) *Community-based analysis of coping with urban flooding: a case study in Semarang, Indonesia*, International Institute for Geo-Information Science and Earth Observation, Msc Thesis, Enschede, The Netherlands.

Dollahite, J., C. Olson, M. Scott-Pierce (2003) "The Impact of Nutrition Education on Food Insecurity Among Low-Income Participants in EFNEP," *Family and Consumer Sciences Research Journal*, 32: 127–139.

Gupta, N., K. Goel, P. Shah and A. Misra (2013) "Childhood Obesity in Developing Countries: Epidemiology, Determinants, and Prevention," *Endocrine Reviews*, 33: 48–70.

Hanson, M. A., P. D. Gluckman, R. C. W. Ma, P. Matzen and R. G. Biesma (2012) "Early life opportunities for prevention of diabetes in low and middle income countries," *BMC Public Health*, 12: 1025–1034.

IUCN, UNEP and WWF (1991) *Caring for the Earth. A Strategy for Sustainable Living*, Gland, Switzerland: IUCN/UNEP/WWF.

Kitamura, Y., E. Yamazaki, N. Kanie, D. B. Edwards Jr., B. R. Shivakoti, B. K. Mitra, N. Abe, A. H. Pandyaswargo and C. Stevens (2014) *Linking Education and Water in the Sustainable Development Goals*, POST2015/UNU-IAS Policy Brief #2.

Lewes, M., and M. Lockheed (2007) *Exclusion, gender and education: case studies from the developing world*, Washington, D. C.: Center for Global Development.

Marfai, M. A. and L. King (2008) "Coastal flood management in Semarang, Indonesia," *Environmental Geology*, 55: 1507–1518.

Marfai, M. A., L. King, J. Sartohadi, S. Sudrajat, S. R. Budiani and F. Yulianto (2008) "The impact of tidal flooding on a coastal community in Semarang, Indonesia," *The Environmentalist*, 28: 237–248.

Mezrow, J. (1990) *Fostering Critical Reflection in Adulthood: A Guide to Transformative and Emancipatory Learning*, San Francisco: Jossey-Bass.

Mezirow, J. (1998) "Transformative Learning and Social Action: A response to Inglis," *Adult Education Quarterly*, 49(1): 70–72.

Mosley, L. M, D. S. Sharp and S. Singh (2004) "Effects of a Tropical Cyclone on the Drinking-Water Quality of a Remote Pacific Island," *Disasters*, 28: 405–417.

Nagata, J. M, C. R. Valeggia, N. W. Smith, F. K. Barg, M. Guidera and K. D. Bream (2011) "Criticisms of chlorination: social determinants of drinking water beliefs and practices among the *Tz'utujil Maya*," *Revista Panamericana de Salud Pública*, 29: 9-16.

Nishimura, M., T. Yamano, and Y. Sasaoka (2006) Attainment and Private Costs of Primary Education in Uganda, *Africa Report*, 42: 21-26.

Nussbaum, M. C. (2000) *Women and human development: the capabilities approach*, Cambridge: Cambridge University Press.

Nussbaum, M. C. (2006) *Frontiers of justice: disability, nationality, species membership*, Cambridge MA: Belknap Press.

OECD (2005) "The Definition and Selection of Key Competencies: Executive Summary," Paris: OECD, http://www.oecd.org/pisa/35070367.pdf. (最終アクセス日：12 月 22 日)

Ristiá, R., S. Kostadinov, B. Abolmasov, S. Dragicevic, G. Trivan, B. Radic, M. Trifunovic and Z. Radosavljevic (2012) "Torrential floods and town and country planning in Serbia," *Natural Hazards & Earth System Sciences*, 12.

Rolland-Cachera M. F., M. Deheeger, M. Maillot and F. Bellisie (2006) "Early adiposity rebound: causes and consequences for obesity in children and adults," *International Journal of Obesity*, 30: 511-517.

Rychen, D. S. and L.H. Salganik (eds.) (2003) *Key competencies for a successful life and a well-functioning society*, Seattle: Hogrefe and Huber Publishing.

Sato, K. (2012) "Tokushu: Gakko-niokeru Bosai Kyoiku (Special Feature: Education for Disaster Reduction in School)," National Agency for the Advancement of Sports and Health. http://www.jpnsport.go.jp/anzen/Portals/0/anzen/kenko/jyouhou/pdf/jirei/jirei23-6.pdf. (最終アクセス日：2014 年 4 月 15 日)

Sen, A. (1999) *Development as Freedom*, Oxford: Oxford University Press.

Sen, A. (2009) *The idea of justice*, London: Penguin.

Smith, A.H., O. Lingas, E., and M. Rahman (2000) "Contamination of drinking-water by arsenic in Bangladesh: a public health emergency," Bulletin of the World Health Organization, 78(9): 1093-1103.

Tawil, S. (2013) *Education for 'Global Citizenship': A Framework for Discussion* (ERF Working Papers Series No. 7), Paris: UNESCO.

UNESCO (1990) *World Declaration on Education for All: Meeting Basic Learning Needs*, Paris: UNESCO.

———— (2000) *The Dakar Framework for Action-Education for All: Meeting our Collective Commitments*.

———— (2009) *Review of Contexts and Structures for Education for Sustainable Development 2009*, Paris: UNESCO.

———— (2010) *Education for Sustainable Development Lens: A Policy and Practice Review Tool*, Paris: UNESCO.

———— (2013) *EFA Global Monitoring Report 2013/14-Teaching and learning:*

Achieving quality for all, Paris: UNESCO.

───── (2014) "2014 GEM Final Statement: The Muscat Agreement (ED-14/EFA/ME/3)," Paris: UNESCO. http://www.unesco.org/new/fileadmin/MULTIMEDIA/FIELD/Santiago/pdf/Muscat-Agreement-ENG.pdf.（最終アクセス日：2014 年 12 月 11 日）

───── (2015) *Incheon Declaration. Education 2030: Towards inclusive and equitable quality education and litelong learning for all*, Paris: UNESCO.

───── Institute for Statistics (2014) UIS. Stat. http://data.uis.unesco.org/.（最終アクセス日：2014 年 12 月 15 日）

UNICEF （2013） "Water, Sanitation and Hygiene 2012 Annual Report," New York: UNICEF, http://www. unicef. org/wash/files/2012_WASH_Annual_Report_14August2013_eversion_(1).pdf.（最終アクセス日：2014 年 11 月 5 日）

United Nations （2014a） *Report of the Open Working Group of the General Assembly on Sustainable Development Goals*（UN General Assembly-Document A/68/970），New York: United Nations.

United Nations （2014b） *The Millennium Development Goals Report 2014*, New York: United Nations.

Usfar, A. A., E. Lebenthal, Atmarita, E. Achadi, Soekirman and H. Hamam （2010） "Obesity as a poverty-related emerging nutrition problems: the case of Indonesia," *Obesity reviews*, 11: 924-928.

Webb, P. and S. Block （2004） "Nutrition information and formal schooling as inputs to child nutrition," *Economic Development and Cultural Change*, 52: 801-820.

WHO （2014） "Obesity and overweight," http://www.worldhunger.org/articles/Learn/world%20hunger%20facts%202002.htm/.（最終アクセス日：2014 年 10 月 20 日）

WHO and UNICEF （2013） *Progress on Drinking Water and Sanitation 2013 Update*, World Health Organization and United Nations Children's Fund.

WHO and UNICEF （2014） *Progress on Drinking Water and Sanitation 2014 Update*, World Health Organization and United Nations Children's Fund.

World Bank （2011） *World Development Report 2011: Conflict, Security, and Development*, Washington, D. C.: World Bank.

環境と開発に関する世界委員会（1987）『地球の未来を守るために』福武書店。

河口真里子（2006）「持続可能性『Sustainability サステナビリティ』とは何か」『経営戦略研究』（9）：30-59。

北村友人（2015）「グローバル・シティズンシップ教育を巡る議論の潮流」『異文化間教育』（42）：1-14。

北村友人・興津妙子（2015）「サステイナビリティと教育──『持続可能な開発のための教育（ESD）』を促す教育観の転換──Sustainability and Education: Shift in Education Paradigm Facilitating "Education for Sustainable Development (ESD)"」『環境研

究』(177)：42-51。

北村友人，西村幹子，マーク・ランガガー，佐藤真久，川口純，荻巣崇世，興津妙子，林
　真樹子，山﨑瑛莉（2014）「持続可能な社会における教育の質と公正——ポスト2015
　年の世界へ向けた国際教育目標の提言」『アフリカ教育研究』(5)，アフリカ教育研究
　フォーラム：4-19。

久保田賢一（1995）「教授・学習理論の哲学的前提——パラダイム論の視点から」『日本
　教育工学雑誌』第18集(3)：219-231。

久保田賢一（2003）「構成主義が投げかける新しい教育」『コンピュータ＆エデュケーショ
　ン』第15集：12-18。

佐藤真久・阿部治（2007）「国連持続可能な開発のための教育の10年の国際実施計画とそ
　の策定の背景」『環境教育』第17巻(2)：78-86。

清水禎文（2012）「ジェネリック・スキル論の展開とその政策的背景」『東北大学大学院教
　育学研究科年報』第61集(1)：275-287。

曽我幸代（2013）「ESDにおける『自分自身と社会を変容させる学び』に関する一考察
　——システム思考に着目して」『国立教育政策研究所紀要』第142集：101-115。

多田孝志（2012）「持続可能な発展のための教育——ESDの学習方法に関する総合的研
　究」『目白大学人文学研究』(8)：219-234。

西川潤（2000）『人間のための経済学——開発と貧困を考える』岩波書店。

日本ユネスコ国内委員会（2012）『ユネスコスクールと持続発展教育（ESD）』日本ユネス
　コ国内委員会。

ブルデュー，P.，ジャン＝クロード・パスロン／宮島喬訳（1991）『再生産——教育・社
　会・文化』藤原書店。

松下佳代（2011）「『新しい能力』による教育の変容——DeSeCo キー・コンピテンシーと
　PISA リテラシーの検討」『日本労働研究雑誌』(614)：39-49。

松田哲（2006）「途上国における教育開発——統合型教育から変革型教育へ」『群馬大学
　留学センター論集』(6)：35-50。

丸山英樹（2009）「ESDではぐくむ『学力』——開かれた関係を築く複雑なコミュニケー
　ション能力」『ESD教材活用ガイド』第3部，財団法人ユネスコ・アジア文化センタ
　ー（ACCU）：110-130。

文部科学省（2010）『平成21年度　文部科学白書』文部科学省，http://www.mext.go.
　jp/b.menu/hakusho/html/hpab200901/detail/1296707.htm（最終アクセス日：2014年
　12月10日）。

山住勝広（2012）「グローバル化時代における教育・学習活動のイノベーション——地域
　創造の担い手としての学校への活動理論的アプローチ」関西大学重点領域研究助成研
　究成果報告書『グローバル化時代の東アジアにおける教育・学習活動のイノベーショ
　ン——完成大学を拠点にした国際共同研究基盤の形成に受けて』平成23年度：1-16。

（北村友人・興津妙子・山﨑瑛莉）

<table>
<tr><td>第6章</td><td>保健衛生問題からみる SDGs
――新たな非感染症疾患としての肥満問題と，処方箋としてのヘルスリテラシー</td></tr>
</table>

　「ミレニアム開発目標」（MDGs）は，8つの目標のうち，3つの目標（目標4，5，6）が保健衛生に関係するものであった。「目標4：乳幼児死亡の削減」，「目標5：妊産婦の健康の改善」，「目標6：HIV/エイズ，マラリアその他疾病の蔓延防止」である。MDGs の保健衛生関連目標における主な成果として，2000年から2013年の間に世界の HIV/エイズ感染は40％減少し，2015年までに620万人以上の命がマラリア対策により救われた。その一方で，世界の5歳未満児死亡率及び妊産婦死亡率に関するターゲットにおいては，一定の成果はあったものの，その達成にまでは至っていない（表6-1）。

　このような課題を受け，MDGs を後継する「持続可能な開発目標」（SDGs）における保健衛生関連目標では，引き続き妊産婦死亡率及び新生児・5歳未満死亡率の削減に関するターゲットが設定されたとともに，「非感染症疾患，精神保健・福祉促進」，「ユニバーサル・ヘルス・カバレッジ」といった新たなターゲットも設定された。

　本章では，SDGs における新たな非感染症疾患の一例として肥満問題についても考察を行う。さらに，肥満問題への「処方箋」としての教育の役割について，「ヘルスリテラシー」という概念の重要性について述べる。

1　MDGs における保健衛生関連目標の成功と課題

　表6-1に挙げたように，保健衛生関連目標は様々な課題を抱えながらも，世界の5歳未満児死亡率の55％減少，妊産婦死亡率の43％減少，といった一定の成果をあげてきた。これらの成果の背景には，以下の2つの理由があると考えられる。第一に，多岐にわたる関連目標が設定されたことで，途上国の保健の改善を目的とした多くの資金援助が公的・私的になされたこと（Lie et al. 2011）。例えば，2002年に日米のリーダーシップによってエイズ，結核，マラリア対策のた

表6-1　MDGs の保健衛生目標に関する成果と課題

保健衛生関連目標	成　果	課　題
目標4： 乳幼児死亡の削減	・1990年初頭以降，5歳未満の幼児死亡率改善のペースは世界全体で3倍に加速 ・乳児死亡率が半分以下に減少 ・2013年までに世界の約86％の5歳未満児がはしかの予防接種を受け，1560万人の死亡を防いだ	・最貧困層家庭の5歳未満の幼児死亡率は，最裕福層家庭の子どもに比べ2倍高い ・毎日約1万6000人の子どもたちが，5歳の誕生日を迎える前に命を落としている ・最も改善が見られた東アジアとサブ・サハラアフリカの2地域間の乳児死亡率は8倍もの差がある
目標5： 妊産婦の健康の改善	・1990年以降，妊産婦の死亡率は45％減少 ・2014年には，世界の71％以上の出産が医療従事者の立会のもとに行われた（1990年には59％）	・サハラ以南アフリカと南アジアでは医療従事者の立会の出産は52％に過ぎない ・2014年の段階で，開発途上国の妊産婦のうち，望ましい妊産婦検査を受けたのは52％に留まる
目標6： HIV/エイズ，マラリア，その他の疾病の蔓延の防止	・HIV への新たな感染が，2000年から2013年の間に約40パーセント低下し，感染者数が約350万人から210万人へと減少 ・2004年から2014年までの間に，9億以上もの殺虫剤処理蚊帳がサハラ以南アフリカの国々に配布され，620万人以上がマラリアによる死を逃れた ・2000年から2013年間の間に，結核の予防，診断，治療によって，約3700万人以上の命が救われた	・アフリカにおいては HIV/エイズへの感染率がいまだに高く，2013年度の世界の HIV/エイズ感染率の実に約71％を占めている

出典：UN（2015）をもとに筆者作成

めに資金を提供する機関として設立された「世界エイズ・結核・マラリア対策基金」（グローバルファンド）や，途上国の乳幼児へのワクチンへのアクセス拡大を目指して結成された「GAVI ワクチン・アライアンス」（旧称：ワクチンと予防接種のための世界同盟）といった基金が設立され，MDGs における健康関連目標の達成に大きな役割を担った（Andresen and Iguchi 2017）。

第二に，健康目標の達成にむけ，多様な主体の参加が，目標の進捗に大きな役割を果たした。これらの主体には，国連関連組織を始め，世界銀行や各国政府，非政府組織（Non-Governmental Organizations：NGOs），市民社会団体やメディアなどが含まれ，400 以上の政府と NGO メンバーから構成される「妊産婦および乳幼児の健康を守るためのパートナーシップ」や各国政府，学術界，国際機関，NGO などから構成される「2015 年へのカウントダウン・イニシアティブ」といった取り組みなどが活発化した。

　これらの成功要因があった一方で，地域によって目標の達成度に大きな差が見られたことも事実である（第 1 章　表 1 - 4 参照）。ほぼ全ての健康関連目標において北アフリカやアジア地域では大きな進捗が見られるものの，サハラ以南のアフリカ地域では，未だに乳幼児・妊産婦の死亡率が高く，HIV/エイズや結核の蔓延などが依然として高い状況にある。これには，未だに続く内戦による法制度の遅れ，国の保健システムの未発達などが理由として考えられる。さらにいえば，そうした不備を補う教育にも改善すべき点はあった。その際鍵になるのは，「ヘルスリテラシー」という概念であり，SDGs における保健関連目標の達成には，個々人の健康へのリテラシーを高めることが肝要である。この点については，第 3 節で，ヘルスリテラシーの重要性について述べる。

2　SDGs における新たな保健衛生問題
——肥満問題——

　肥満は SDGs のターゲット 3．4「2030 年までに非感染症疾患による若年性死亡率を，予防や治療を通じて 3 分の 1 減少させ，精神保健及び福祉を促進する」に深く関連する問題である。

　慢性疾患の 1 つである肥満の現在の状況は以下のようになっている。WHO（2015）によれば，1980 年次に比べて世界の肥満は倍以上になり，18 歳以上の人口のうち，39 ％が過剰体重であり，13 ％もの人が肥満とされている。5 歳以下の子供のまさに 4200 万人が過剰体重にある。そうした状況が将来の糖尿病，心疾患，悪性腫瘍を生むリスク要因となる。問題は先進国のみにとどまらず，開発途上国にもおよぶ。開発途上国は現在，感染症と慢性疾患に苦しむという「疾病の二重の負担」という問題に直面している。

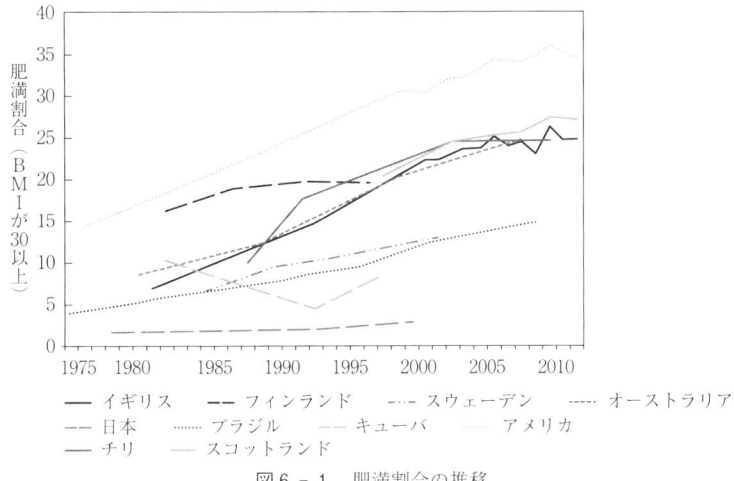

図6-1 肥満割合の推移

出典：世界肥満連盟（2014）

　アメリカ，オーストラリアを中心とする先進国ではボディマス指数（BMI）が25以上の過剰体重の人口は60〜70％に達している。メキシコ，南アフリカ，フィジー，ブラジルといった旧低所得国においても，過剰体重，肥満割合は増大を続けている。肥満は，開発途上国，先進国，共通の課題になっているのである（図6-1）。

　肥満人口は1980年以降急激に増加した。現在世界中で5人に1人が過剰体重と推定されている。この状況は，エイズの世界的流行をスピードで上回る。図6-1は，成人の肥満割合を時間軸とともに示したもので，非常に速い速度で肥満が増加していることがわかる。

　肥満は，単純にいえば，消費カロリーを摂取カロリーが上回ることによって起こる生物学的現象である。しかしそこには複雑な生理が存在する。そこで，本節ではまず，摂取カロリーの側面からこの現象を考察する。まず地域別カロリー消費を見てみると，以下のようになる。

　北米，西ヨーロッパでは，1日当たり摂取カロリーが3500キロカロリーを超えている。2009年の世界平均は2800キロカロリーである（FAOSTAT 2009）。1人当たりの国内総生産（GDP）と1人当たりのカロリー消費量をみると，1人当たりの名目国内総生産（GDP）が向上すると，摂取カロリーは増えていく。先進国型の肥満である。先進国では，肥満は「隠れた栄養不良」として「食」におけ

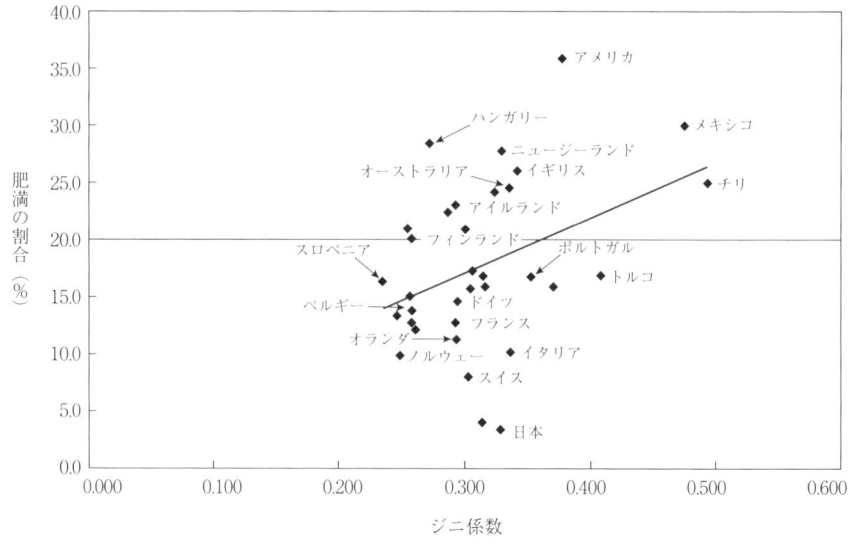

図6-2　肥満とジニ係数の相関

出典：筆者作成

る選択肢の狭さの表現型として表出している可能性が示唆される。事実，先進国での肥満は，低所得層に集積する傾向を示す。アメリカのボストンのホームレスを調査した結果では，3人に1人が臨床上の肥満に分類される（Koh et al. 2012）。やせていることが栄養失調を示していたのは，それほど昔のことではないが，現在では肥満が栄養失調の隠れ蓑になっている可能性が指摘されている。

　一方，1人当たりの国内総生産（GDP）が少ない国でも肥満人口は増加している。これは途上国型の肥満であり，1人当たりの摂取カロリーが少ない中での肥満は格差の存在を疑わせる。この問題は，「栄養不良の二重苦」とも呼ばれる。「栄養不良の二重苦」とは，栄養不足と肥満が1つの人口集団内で同時に発生する現象であり，この問題への対処に対する関心が高まっている（Iguchi et al. 2014）。図6-2は，肥満と収入格差を見たもので，経済格差が大きくなるほど肥満が増える傾向にある。こうした事実から見える世界は，ある種の「パラドックス」を示しているようにも見える。世界の18歳以上の人口の39％，約19億人の人が過剰体重である一方，世界の中で8億人が飢餓に苦しんでいる。それが同じ世界，同じ地域，同じ国に併存しているといった状況にある。

　もう1つ大きな問題もある。小児の肥満である。0～5歳児の肥満人口の推移をみると，1990年に約2000万人であった開発途上国の小児肥満人口は，2010年

には約3500万人と増加し，2020年には5000万人，2050年には1億人を超えると推計されている（WHO 2016）。

小児の肥満は成人肥満の原因で，妊婦の肥満は小児肥満の原因として知られている。こうした小児の肥満は次世代に，長く影響を及ぼす。肥満が多くの慢性疾患の原因だとすれば，われわれは将来に向けた大きな健康問題に対する時限爆弾のようなものを抱えつつあるといえるのかもしれない。

3　保健衛生問題における教育の可能性と課題

これらの問題に対する処方箋としての教育の役割は重要である。「ヘルスリテラシー」という概念を用いて考察を行う。

ヘルスリテラシーとは1990年代後半に明確化された概念で，世界保健機関によれば「よい健康を維持促進するために情報へアクセスし，それを理解し，活用する動機付けと能力を決定する，認知的，社会的スキル」（WHO 1998）と定義される。それはまた，「個々人がライフスタイルと住んでいる環境を変えることによって個人とコミュニティの健康を向上する行動をとるための知識，スキル，自信を獲得すること」も含む（大竹他 2004）。それが今後の保健関連目標の達成に重要となると考える。

例えば，飢餓と肥満の課題に同時に取り組むには，市民から行政にいたるあらゆる人々の健康に対する意識・態度の変化が欠かせない。そうした際に必要とされるのがヘルスリテラシーの考え方ということになる。

2015年5月に韓国の仁川で開催された「世界教育フォーラム2015」では，「質の高い教育により，市民が健康で，満たされた生活を送り，情報に基づいた意思決定を行う」ことが持続可能な世界の実現には必要とされた。そのためには，「持続可能な開発のための教育（Education for Sustainable Developmant：ESD）」や「地球市民教育（Global Citzenship Education：GCEP）」の重要性が強調された。

表6－2はナットビームによるヘルスリテラシーのレベルを示す。ヘルスリテラシーは，ヘルスプロモーションのアウトカムであり評価基準となりえることがわかる。さらにナットビームは公衆衛生の現場における健康教育や健康に関するコミュニケーション活動は，ヘルスリテラシーが共通の「資産」となることを示した（蝦名 2011）。

表6-2　ナットビームによる3つのヘルスリテラシーレベル

ヘルスリテラシーのレベル	内　容
基礎的/機能的ヘルスリテラシー	健康リスクや健康サービスに関する情報の伝達
相互作用的ヘルスリテラシー	（上記に加え）協力的な環境のなかで機能的ヘルスリテラシーのスキルを向上させる機会
批判的ヘルスリテラシー	（上記に加え）健康の社会的・経済的な決定要因の情報の共有，政策あるいは組織的な変化をもたらす機会

出典：Nutbeam（2000）をもとに筆者作成

　このように考えると，ヘルスリテラシーはヘルスプロモーションにおける1つの中心概念であり，「自分と自分の置かれている状況をコントロールできる」能力を有することを意味する。情報社会においては，保健医療や健康教育に関わる人々だけではなく，政策決定者やメディアもヘルスリテラシーを持ち，情報を提供していくことが重要となる。

　では，ヘルスリテラシーを向上させる意義はどこにあるのだろうか。

　ヘルスリテラシーを戦略的に普及させることは，SDGs における食糧と健康に関連する目標の達成および，飢餓と肥満という相反する事象に見える「栄養の二重苦」の解決にも貢献すると考えられる。ヘルスリテラシーを高めるための教育は，後の世代に影響を及ぼす負の連鎖の防止という観点からとりわけ重要になる。これまでの研究では，胎児期および生後数年間の栄養不足は，その後の本人の代謝を決定づけ，人生に影響を与える可能性があることを示している（Rolland-Cachera et al. 2006）。年間 1090 万人に及ぶ子どもの死亡の半数以上は，栄養不足が原因の1つとなっている（WHO 2013）。また，妊娠性糖尿病や肥満といった健康問題が，次世代の疾病リスクを高める（Hanson et al. 2012）。こうした問題を解決していくためには，何よりも母親のヘルスリテラシー向上が重要である。これまでの研究で，教育と健康の間に明確な関連性があることも立証されている。ヘルスリテラシーに関する教育を受けている母親は，子の健康によい影響を与えられることが明らかとなっている（Burchi 2012；Christiaensen and Alderman 2001；Webb and Block 2004；Medrano et al. 2008）。

　Wallace et al.（2014）が実施した研究は，カンボジア農村部の女性に地域社会

を基盤とした栄養教育プログラムを提供した場合の有効性を示している。この地域の女性は，ビタミンAと鉄分が豊富な食品を毎日摂取している。しかし，必要量には達していない。安価で栄養ある食品を入手できるにもかかわらず，女性たちは，栄養ある食品を必ずしも購入していない可能性が高い。それらの食品は価格が高いとの先入観が，行動を規制した可能性が指摘されている。一方，地域社会を基盤とした栄養プログラムを通じて栄養に関する知識を得た女性は，栄養ある食品を選んでいた。女性たちのヘルスリテラシーが向上したことが，子どもの健康状態にも好影響を与えることにつながったことがわかる。

　途上国に肥満と栄養不足が併存することは，各地域における研究によって明らかになってきている（James et al. 2004；Usfar et al. 2010）。インドネシアでは，5歳未満児の 14％が栄養不足である一方，12％が過剰栄養となっている（Usfar et al. 2010）。食習慣の急激な変化と座りがちなライフスタイルが，メキシコで 41.8％，ブラジルで 22.1％，インドで 22.0％，アルゼンチンで 19.3％と，途上国を含む国において子ども（5〜19 歳）の肥満の増大を招いている（Gupta et al. 2013）。肥満は途上国において重要な健康課題の 1 つになっているのである。

　ヘルスリテラシーの向上は，先進国でも重要である。肥満率の高いアメリカでは，地域社会を基盤とする栄養教育プログラムにより，自分の健康は管理できるという意識が向上したという報告もある（Dollahite et al. 2003）。また，イスラエルの Diane Levin-Zamir によると，ヘルスリテラシーの向上を目指した医療従事者とのコミュニケーションやワークショップによって，過去 15 年間で糖尿病の重症度の指標となる数値に大きな改善（HbA1c＜7％：10％から 53％への向上[1]）が見られたという（Levin-Zamir, 2013）。これらの現実は，地域レベルでのヘルスリテラシーの重要性を示している。

　ヘルスリテラシーを個々人が獲得し向上させていくためには，個人の学習のみならず地域社会全体で取り組むことが重要である。地域での取り組みを通してその地域における人々の健康がよりよくなり，次世代にも健康的な生活が継承され

1）　ヘモグロビン A1c（エイワンシー）とは，血管の中でブドウ糖とヘモグロビンというタンパク質が結合したものであり，この血液中濃度は 6.5％が基準値とされる。Levin-Zamir（2013）らの研究では，イスラエルにおける糖尿病患者のうち 72％の人々に対して健康促進プログラムを実施した結果，15 年間でその数値が 7％以下であった患者の割合が 10％から 53％まで増加したという成果がみられたことが報告されている。

ることによって「持続可能な社会の構築」につながる。第5章で取り上げたように、「持続可能な開発のための教育（ESD）」とは、「個人レベルで地球上の資源の有限性を認識するとともに、自らの考えを持って、新しい社会秩序を作り上げていく、地球的な視野を持つ市民を育成するための教育」である（北村 2014）。「持続可能な開発のための教育（ESD）」の理念の根底には、「持続可能な開発」の基本概念である「世代内の公平，世代間の公平」すなわち「将来の世代が自らのニーズを充足する能力を損なうことなく，今日の世代のニーズを満たすような開発（World Commission on Environment and Development 1987）」という考え方がある。さらに、「持続可能な開発のためのアジェンダ2030」の根底をなす「持続可能な開発」の概念は、「民主的で誰もが参加できる社会制度と，社会や環境への影響を考慮した経済制度を保証し，個々の文化の独自性を尊重しながら，人権の擁護，平和の構築，異文化理解の推進，健康の増進，自然資源の維持，災害の防止，貧困の軽減，企業責任の促進などを通じて，公正で豊かな未来を創る営みのことを意味」（北村 2014）する。持続可能な社会づくりを進めていくために、人々が健康に暮らしていけることは欠かせない。ヘルスリテラシーの向上はまさに、現代に生きる人の健康を促進するだけではなく，親の健康が子どもの健康に影響するように，世代を超えた健康をも促進する。また，この取り組みには健康や保健に直接的に関わる領域のみならず，地域や自治体，企業といった様々な立場の人や機関の連携が必要である（図6-3）。

4 ユニバーサル・ヘルス・カバレッジへ向けた挑戦

　前述した通り、MDGs では8つの目標のうち3つが直接，保健衛生に関わるものであった。しかし、MDGs には、この3つの目標がそれぞれどのような関係にあり，MDGs における保健衛生に関連する開発目標全体として何を達成するのか，ということは示されていない。結果，MDGs は15年間を通じて，保健衛生に関する数多くの，相互連関性を欠いたイニシアティブを林立させることとなった。

　そうしたイニシアティブを統合し、より大きな保健衛生の潮流を全面化したのが、世界保健機関（WHO）の2010年の「世界保健報告」を踏まえた、「ユニバーサル・ヘルス・カバレッジ」であったと考える。そしてその流れがSDGsにお

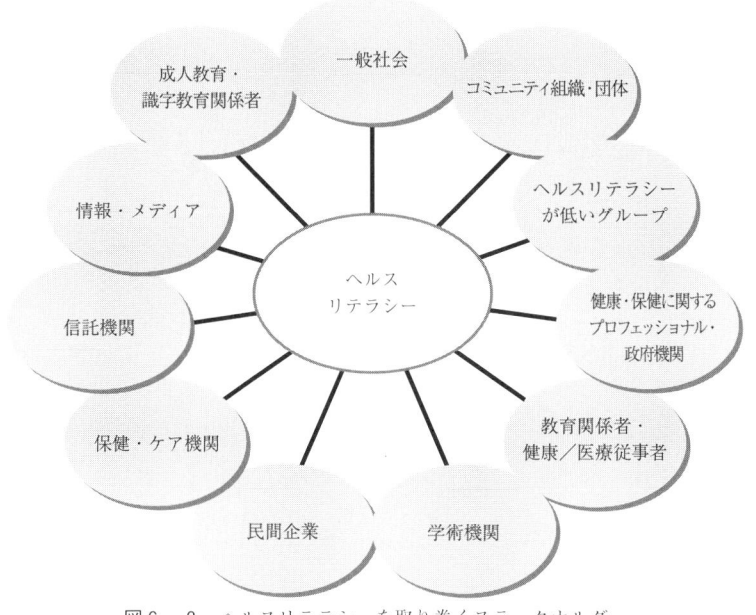

図6-3　ヘルスリテラシーを取り巻くステークホルダー
出典：Kickbusch et al.（2013）より筆者訳出

ける目標3「あらゆる年齢のすべての人々の健康的な生活を確保し，福祉を増進する」として体現された。その後の子どもや妊産婦の健康，セクシュアル・リプロダクティブ・ヘルス&ライツ，非感染性慢性疾患などを踏まえ，狭い意味での「保健」に加えて，その関連領域としての社会福祉や社会保障も含みこんだ表現となっていることは特筆に値する。また，「ユニバーサル・ヘルス・カバレッジ」へ言及したことによって，SDGs は，保健分野における目標は何か，ということを明確化した。言葉を換えていえば，人間とそのライフサイクルに焦点を当て，その健康と福利を全体として追求していくということである。そうであれば，個別疾病・個別課題に焦点を当て，その数値目標の改善を挙げる，MDGs の取り組みと対をなすものとなるのである。

　ユニバーサル・ヘルス・カバレッジについては，ゴール3の中の1つのターゲット「3.8」に掲げられている。そのこと自体は大きな進展であったが，以下の課題も存在する。それは，ユニバーサル・ヘルス・カバレッジが「保健財政」に特化する形となってしまったことである。「保健財政システムを形成する」という「個別課題」として位置づけられてしまったことによって，それがどのように

目標全体に貢献するかが，不明となっている。その他のターゲットにしても同様に，個別課題の羅列となっており，それがどのように目標の「全体性」に結び付くのか定かでない。

　SDGs の成果文書は，タイトルが「我々の世界を変革する」というものであった。これはつまり，今私たちが暮らす世界を持続可能なものに「変革」することを最大の課題とすることを意味する。そのような世界の実現に向けては，保健衛生問題に関する個別のターゲットを捉え直し，それぞれに整合性をつけ，保健衛生全体としてのヴィジョンを明確にする必要がある。それと同時に，コミュニティ・レベルでの取り組みや，地域や自治体，企業といった様々な立場の人や機関の連携が必要となると考えるものである。

参考文献

Andresen, S., and M. Iguchi (2017) (in press) "Moving from Millennium Developing Goals : What can be learned from the health related MDGs," Kanie, N. and F. Biermann (eds.). *Governing through Goals: Sustainable Development Goals as Governance Innovation*, Cambridge MA : MIT Press, forthcoming.

Burchi, F. (2012) "Whose education affects a child's nutritional status ? From parents' to household's education," *Demographic Research*, 27 : 681-704.

Christiaensen, L. and H. Alderman (2001) "Child malnutrition in Ethiopia : Can maternal knowledge augment the role of income ?" Africa Region Working Paper Series (22). Washington D. C.: World Bank.

Development Assistance Committee (1996) *Shaping the 21st Century: The Contribution of Development Co-operation*, Paris : OECD.

Dollahite, J., C. Olson, M. Scott-Pierce (2003) "The Impact of Nutrition Education on Food Insecurity Among Low-Income Participants in EFNEP," *Family and Consumer Sciences Research Journal*, 32 : 127-139.

FAOSTAT. (2009) "Food Balance Sheets," http://faostat.fao.org/site/368/default.aspx.

Gupta, N., K. Goel, P. Shah and A. Misra (2013) "Childhood Obesity in Developing Countries : Epidemiology, Determinatns, and Prevention," *Endocrine Reviews*, 33 : 48-70.

Hanson, M. A., P. D. Gluckman, R. C. W. Ma, P. Matzen and R. G. Biesma (2012) "Early life opportunities for prevention of diabetes in low and middle income countries," *BMC Public Health*, 12 : 1025-1034.

Hulme, D. (2009) "A Short History of the World's Biggest Promise," *Brooks World Poverty Institute Working Paper* (100) : 1-55.

Iguchi, M., T. Ehara, E. Yamazaki, T. Tasaki, N. Abe, S. Hashimoto and T. Yamamoto (2014) "Ending the Double Burden of Malnutrition: Addressing the Food and Health Nexus in the Sustainable Development Goals," POST2015/UNU-IAS Policy Brief #6, Tokyo: United Nations University Institute for the Advanced Study of Sustainability.

James, P. T., N. Rigby and R. leach. (2004) "The obesity epidemic, metabolic syndrome and future prevention strategies," *European Journal of Cardiovascular Prevention and Rehabilitation*, 11: 3-8.

Kickbusch, I., M.J. Pevikan, F. Apfel and D. A. Tsouros (2013) *Health literacy: The Solid facts*, Copenhagen, WHO Regional Office for Europe.

Koh, K. A., J. S. Hoy, J. J. O'Connell, P. Montgomery (2012) "The Hunger-Obesity Paradox: Obesity in the Homeless," *Journal of Urban Health*, 869(6): 952-964.

Levin-Zamir, D. (2013) "Making Health Promotion Our Daily 'business'-A Case Study of Health Oriented Healthcare management," Keynote presentation-21st International HPH ConferenceGothenburg, http: //www. hphconferences. org/fileadmin/user_upload/IC2013_Gothenburg/Proceedings2013/Plen5_Levin-Zamir.pdf. (最終アクセス日：2016年4月19日)

Levin-Zamir, D. and Y. Peterburg (2001) "Health literacy in health systems: perspectives on patient self-management in Israel," *HEALTH PROMOTION INTERNATIONAL*, 16(1), 87-94.

Lie, O. S., D. Gulati, H. Sommerfeldt and J. Sundby (2011) "Millenium Development Goals for healthwill we reach them by 2015?" *Tidsskrift for Den norske Legeforeningen* 131: 1904-1906.

Nutbeam, D. (2000) "Health literacy as a public health goal: a challenge for contemporary health education and communication strategies into the 21st century," *HEALTH PROMOTION INTERNATIONAL*, 15(3): 259-267.

Medrano, P., C. Rodriguez and E. Villa (2008) "Does mother's education matter in child's health? Evidence from South Africa," *South African Journal of Economics*, 76: 612-627.

Rolland-Cachera M. F., M.Deheeger, M.Maillot and F. Bellisie (2006) "Early adiposity rebound: causes and consequences for obesity in children and adults," *International Journal of Obesity*, 30: 511-517.

UN (2015) The *Millennium Development Goals report 2015*, New York: United Nations.

Usfar, A. A., E. Lebenthal, E. Atmartita, S. Achadi, and H. Hadi (2010) "Obesity as a poverty-related emerging nutrition problems: the case of Indonesia," *Obesity Reviews*, 11: 924-928.

Wallace, Lauren. J., Alastair JS Summerlee, Cate E Deewey, Chantharith Hak, Ann Hall and Christopher V Charles. (2014). "Women's nutrient intakes and food-related knowledge in rural Kandal province, Cambodia," *Asia Pacific Journal of Clinic Nutrition*, 23, 263-271.

Webb, P. and S. Block（2004）"Nutrition information and formal schooling as inputs to child nutrition," *Economic Development and Cultural Change*, 52: 801-820.

WHO（1998）*Health Promotion Glossary*, Geneva: WHO.

WHO（2013）"*World Hunger and Poverty Facts and Statistics*," http://www.mvschools. org/cms/lib03/CA01001212/Centricity/Domain/135/World%20 Hunger%20and%20Poverty%20Facts%20and%20Statistics%20by%20World%20 Hunger%20Education%20Service.pdf.（最終アクセス日：2015 年 10 月 20 日）

WHO（2015）"Obesity and overweight," http://www. who. int/mediacentre/factsheets/fs311/en/.（最終アクセス日：2016 年 4 月 19 日）

WHO（2016）*The report of commission: ending child obesity*, Geneva: WHO.

World Commission on Environment and Development（1987）*Report of the World Commission on Environment and Development: Our Common Future*, United Nations.

蝦名玲子（2011）「ヘルスリテラシー研究の概況――第 20 回 IUHPE 世界会議のレビュー」『日本健康教育学会誌』19(2)。

大竹聡子・池崎澄江・山崎喜比古（2004）「健康教育におけるヘルスリテラシーの概念と応用」『日本健康教育学会誌』12(2)。

北村友人（2014）「ESD に基づく総合的な『安全教育』」，田中治彦・杉村美紀『多文化共生社会における ESD・市民教育』: 42-164。

国際連合広報センター（2015）『ミレニアム開発目標成果チャート 2015』 http://www. unic.or.jp/files/14975_4.pdf.

世界肥満連盟（2014）Changes in % adult obesity prevalence over time in selected countries around the Globe. http://www. worldobesity. org/site_media/library/ resource_images/March_2014_Global_Trends_updated_4. pdf（最終アクセス日：2016 年 4 月 19 日）。

中山和弘（2014）「ヘルスリテラシーとヘルスプロモーション，健康教育，社会的決定要因」『日本健康教育学会誌』22(1): 77-87。

安田佳代（2014）『国際政治の中の国際保健事業――国際連盟保健機関から世界保健機関，ユニセフへ』ミネルヴァ書房。

脇村考平（2008）「第八章 国際保健の誕生――一九世紀に於けるこれら・パンデミックと検疫問題」遠藤乾編『グローバル・ガバナンスの最前線――現在と過去のあいだ』東信堂。

（井口正彦・稲場雅紀・山﨑瑛莉・山本太郎）

第7章

エネルギーと気候変動
──持続可能な開発に向けたレジリエンスとイノベーション

1　持続可能な開発と気候変動

　近年，地球の温暖化を原因とする気候変動がますます顕在化しつつある。世界
各国で，平均気温の最高記録が更新され，異常気象が増えている。集中豪雨や猛
暑などの一つひとつの事象が地球の温暖化に起因すると証明するのは難しいが，
地球の温暖化が進むと気候が変動し，その結果，地球のあちこちで異常気象が生
じる確率が上昇することはかねてより指摘されており，そのとおりに異常気象が
生じる頻度が増えているといえる（Intergovernmental Panel on Climate Change
2014a）。地球の温暖化は，温室効果ガス濃度が大気中に増加することによって生
じる。温室効果ガスには，いくつかの種類があるが，中でも割合が多く，温暖化
対策の主な対象とされているのが二酸化炭素（CO_2）である。

　二酸化炭素排出が人類のエネルギー利用と密接に関わっており，また，エネル
ギー利用が人々の暮らしや経済活動の根幹を成していることから，エネルギー利
用と気候変動への取り組みは，持続可能な開発の中でも中核的な役割を果たす。
本章では，前半で気候変動対処の際に考慮されるべきリスクの議論を整理する。
その後，これらの気候変動リスクの減少を目指すための今後のエネルギー利用の
あり方について議論する。検討において，レジリエンスの強化を目指した考え方
を紹介する。

2　気候変動リスクその1
──気候変動抑制策に伴うリスク──

　気候変動抑制策は，緩和策とも呼ばれている。つまり，今後さらなる地球の温
暖化に至らないよう，温室効果ガスの排出量を抑制しようとする行動を指す。温
室効果ガス排出量を急激に減らしていくためには，再生可能エネルギーなど，多

くの技術の導入が急速に進むよう，集中的かつ効率的に投資していかなくてはならない。これらの技術の中には，現在ではまだ他の技術と比べて価格が高いことが多く，投資リスクを孕むことになる。民間企業であれば，本当に利益を生むかわからない技術への先行投資には躊躇してしまう。また，原子力発電や二酸化炭素を地中に隔離する炭素回収・貯蔵（CCS）などの技術は，二酸化炭素排出量削減には役立つが，気候変動以外のリスクを発生させることになる。別の次元の話ではあるが，中東諸国など原油の輸出で外貨を獲得している国にとっては，世界各国が原油消費量を減らしてしまうと，自国の外貨収入が減ってしまうという点を経済的なリスクとして認識している。

　気候変動抑制策，あるいは緩和策は，気候変動問題が国際問題として取り上げられ始めた当初から議論の中心に据えられてきた。温室効果ガス排出量の削減がリスクも費用も伴わないのであれば，排出削減にこれほど多くの時間を割いて議論されることもないだろう。どの国も，温室効果ガス排出抑制のために化石燃料の消費量を減らすには追加的な経済的費用がかかる，つまりリスクが伴うと考えた。なぜならば，全ての国が経済的費用を負担して気候変動を解決に向かわせるならともかく，自国だけが独自に排出量を減らしても，他の国が化石燃料を使い続ける限り，気候変動問題の解決には至らないからである。

　気候変動に関する国際交渉は，つい近年まで，国が相互に温室効果ガス排出削減を押し付けあうことで，このような観点からのリスクを最小化しようとする構造だった。1992 年に採択された国連気候変動枠組条約では，2 条にて「この条約及び締約国会議が採択する法的文書には，この条約の関連規定に従い，気候系に対して危険な人為的干渉を及ぼすこととならない水準において大気中の温室効果ガスの濃度を安定化させることを究極的な目的とする。そのような水準は，生態系が気候変動に自然に適応し，食糧の生産が脅かされず，かつ，経済開発が持続可能な様態で進行することができるような期間内に達成されるべきである」と書かれている。つまり，気候変動抑制のために温室効果ガス排出量を減らすことが重要であるが，その際に，経済開発が犠牲になるべきではないという点が確認されている。もちろん，この文章が念頭においているのは主に途上国の経済発展ではあるが，先進国でも，順調な経済成長なくしては革新的な技術開発も実現しづらいという意味で，経済活動が担保された。

　続けて 3 条で，この条約が踏まえる原則として，1 項に「共通に有しているが

差異のある責任及び各国の能力に基づく衡平の原則」，4項に「持続可能な開発の権利及び責務。気候変動に対処するための措置をとるためには経済開発が不可欠」と明記され，「持続可能な」という形容詞がつきつつも，経済成長の重要性が繰り返し明示されている。

　1997年には京都議定書が採択され，先進国は押し並べて排出量を削減していくことが合意された。しかし，2001年に米国が京都議定書からの離脱を表明すると，本来期待されていた排出抑制効果が著しく減退することになった。日本やその他の先進国も，米国が1990年の水準から7％減らすことを前提に，自国の排出削減策を受け入れていたことから，米国だけがこの枠組みから抜けてしまうと，自国内で排出削減を続けることに産業界が強く反発することとなった。

　それ以降，京都議定書を抜けてしまった米国や，1990年代まで途上国という立場だったために排出削減義務を免れた中国などの新興国の実質的な参加を盛り込んだ新しい枠組みに向けた国際交渉が続いた。2009年にコペンハーゲンで開催された気候変動枠組条約第15回締約国会議（COP15）は，2020年目標を含めた新しい文書に合意しようとしたが至らず，政治宣言としてのコペンハーゲン合意だけが留意された。その後交渉が再開され，今度は2030年近辺の目標を含んだ枠組みへの合意が目指された。2011年のCOP17で採択されたダーバン・プラットフォームという文書では，2020年以降，全ての国が参加する議定書あるいはその他の法的効力を持つ文書の合意を目指して交渉を開始すること，その合意は2015年のCOP21での達成を目指すことなどが定められた。全ての国の参加は，中国等，温室効果ガス排出量の増加が著しい国が必ず参加するようにという先進国側の強い要望が反映されたものだったが，途上国グループ内での経済的格差が拡大する中，どのような国際制度であれば，全ての国が参加でき，なおかつ，十分な排出抑制に資する実効性が担保されるのかという点が大きな課題とされた。

3　気候変動リスクその2
――温室効果ガス排出量抑制が不十分な場合に予想される悪影響――

　人類は，気候変動影響のリスクを最小限にとどめるために，様々な工夫をしている。これを適応策という。農業従事者は，今までよりも温暖な地域で栽培されてきた農作物や品種を選ぶようになっている。集中豪雨や大型台風が来ても倒れ

にくい，茎の頑丈な稲穂を選んでいる。洪水が起きそうな河川の近くや地滑りが起きそうな山裾は，居住を見合わせるべきである。自治体の中には，2011年の震災を機にハザードマップを作成したところもあるが，ここに，気候変動影響のリスクも含めることができる。また，近年では，竜巻や局所的な豪雨など，限定された地域で生じる現象を直前に予想し，近隣住民に警報する情報システムも開発されてきている。

適応策の重要性は，近年の異常気象の増加とともに増大してきている。ただし，気候変動が進んでも，適応すれば済むということではない。なぜならば，気候変動の悪影響のすべてが適応策によって対処できるわけではないからだ。特に，人間以外の生態系への影響は，適応策が効かない領域である。猛暑の場合，人間であればエアコンが効いている部屋に入れば適応できるが，生態系は，酷暑をじっと我慢しなくてはならない。これに乾燥が加わると，森林では火災リスクが増大する。日本ではあまり見られていないが，米国や豪州，ブラジルなどの山火事は，異常気象により燃えやすくなっていることが一因として指摘されている。

人間が適応策を講じることができる領域でも，限界がある。例えば，適応策だといって，河川や海沿いの堤防を今までよりもさらに高くすることがある。しかし，河川の場合は，1つの場所で洪水を防ぐことができても，別の場所で決壊するだけであり，イタチごっこになりかねない。

このように，適応策を講じても適応しきれずに生じる損害のことを「気候変動による損失・損害」と呼ぶが，こちらについても近年注目されるようになり，この観点からの対応が求められるようになっている。

適応策については，気候変動問題が議論されるようになった1990年代から，緩和策と合わせて議論されてきた。しかし，当時は，気候変動の悪影響が生じるのは遠い将来という認識が強く，適応策の重要性を強調することは緩和策を諦めることと認識され，緩和策が重点的に議論された。気候変動の悪影響に関する科学的知見は，どれくらいの水準まで温室効果ガス排出量を抑制しなくてはならないかという水準を決める上で重要である。

前節でも引用した気候変動枠組条約2条では，条約の究極の目的として，「気候系に対して危険な人為的干渉を及ぼすこととならない水準において大気中の温室効果ガスの濃度を安定化させる」ことを究極的な目的としている。また，そのような水準を決定するにあたり「生態系が気候変動に自然に適応」できる最小限

の気候変動までは許容している。つまり，排出抑制目標の水準を巡る議論において，人為的な適応策の努力でようやく乗り越えられる気候変動の水準は想定していないことになる。

　しかし，徐々に世界各地で異常気象が生じるようになると，適応策を講じた地域でも被害を受けるようになった。そこで，これらの被害を補てんするための新たな資金供与制度を途上国は希望するようになった。これが「損失・損害」である。「損失・損害」への対応が難しいのは，世界中で生じた全ての異常気象による損害が，果たして気候変動によるものなのか，判定できない点である。地球の温暖化が始まる前であっても，このような自然災害がまったくなかったわけではない。自然災害が生じる頻度は増え，台風などの脅威が強まり，気候変動による悪影響のリスクは高まったと科学的にも証明できるのだが，1つの事象を取り上げて，これが気候変動に起因すると証明するのは困難である。途上国は，リスクは高まっているのだから，全ての異常気象の何割かを気候変動の悪影響と仮定し，補てんすべきだと主張している。これに対して資金を出す側の先進国は消極的である。

　2013年の第19回締約国会議（COP19）では，このような議論の末，「損失・損害のためのワルシャワ国際メカニズム」を設立し，国際的な取り組みの方向性について議論を続けることになった。

　適応策と損失・損害は，途上国に限定されるものではない。先進国でも異常気象による被害は増大しており，適応策の重要性が高まっている。他の多くの先進国は，日本よりも早く，すでに適応計画を策定済であり，国土計画などに反映されている。日本ではようやく2015年11月に適応計画を閣議決定し，今後，各自治体で適応計画の策定が急がれることになる。日本では，適応策を，防波堤建設や河川工事など新たな公共投資の契機と捉えられている向きもあるが，人命や生態系へのリスク軽減を第一に考えるのであれば，やたらに造作物を作ればよいということでもない。より適切な居住地区の指定や，猛暑期における健康への配慮，竜巻などの早期警報システムの整備が重要だろう。

4　2015年9月の国連持続可能な開発目標（SDGs）

COP21より3カ月ほど前，2015年9月にニューヨーク国連本部にて採択され

た「持続可能な開発のための 2030 年アジェンダ」では，目標 13 に「気候変動及びその影響を軽減するための緊急対策を講じる」と提示され，その下に，ターゲットとして，以下の項目が挙げられた。

13.1　全ての国において，気候関連災害や自然災害に対する強靭性（レジリエンス）及び適応力を強化する。

13.2　気候変動対策を国別の政策，戦略及び計画に盛り込む。

13.3　気候変動の緩和，適応，影響軽減及び早期警戒に関する教育，啓発，人的能力及び制度機能を改善する。

13.a　重要な緩和行動の実施とその実施における透明性確保に関する開発途上国のニーズに対応するため，2020 年までにあらゆる供給源から年間 1000 億ドルを共同で動員するという，気候変動枠組条約の先進国による約束を実施し，可能な限り速やかに資本を投入して緑の気候基金を本格始動させる。

13.b　途上国及び小島嶼途上国において，女性や青年，地方及び社会的に疎外されたコミュニティに焦点を当てることを含め，気候変動関連の効果的な計画策定と管理のための能力を向上するメカニズムを推進する。

この項目からわかるのは，緩和策，適応策，損失・損害の 3 種類の中で，適応策が非常に大きく扱われている点である。もともと国連の持続可能な開発に関する議論が，途上国の発展を中心に位置づけていることがその理由と考えられるが，レジリエンスを高めるという意味では気候変動の悪影響のリスクに備えることが主眼とされているのが明らかである。日本をはじめとする先進国においては，ここに掲げられたターゲットの達成に向けて施策を講じるとともに，自国内では緩和策リスクの軽減に向けて努力することが急務といえる。

それと同時に，気候変動に向けた緩和策を考える上で，エネルギーは極めて重要な役割を果たす。持続可能な開発目標においては，目標 7 として「全ての人々に対して，安価で信頼性のある持続可能で近代的なエネルギーへのアクセスを確保する」ことが掲げられている。より具体的には，以下のターゲットが挙げられている。

7.1　2030 年までに，安価で信頼性のある持続可能で近代的なエネルギー・サ

ービスへの普遍的なアクセスを確保する。

7.2　2030 年までに，グローバルなエネルギー・ミックスにおける再生可能エネルギーの比率を大幅に引き上げる。

7.3　2030 年までに，グローバルなエネルギー効率の改善率を 2 倍にする。

7.a 2030 年までに，再生可能エネルギー，エネルギー効率，先端的なクリーン化石燃料技術を含めたクリーン・エネルギー研究と技術へのアクセスを促進するための国際協力を強化し，エネルギー・インフラとクリーン・エネルギー技術への投資を促進する。

7.b 2030 年までに，開発途上国，特に後発開発途上国，小島嶼開発途上国，内陸開発途上国の全ての人々に対し，それぞれの支援プログラムに沿って，近代的で持続可能なエネルギー・サービスへのアクセスを供給するために，インフラを拡大し技術を向上させる。

　持続可能な開発における持続可能エネルギーの本質的な重要性については，国連総会での「すべての人のための持続可能エネルギーの国際年」（2012 年）や，「すべての人のための持続可能エネルギーの 10 年」の宣言によって，国際的に認知されるようになった。国連事務総長による「すべての人のための持続可能エネルギー」（SE4ALL）イニシアティブでは，2030 年に向けて，近代的なエネルギー・サービスへの普遍的なアクセスを確保すること，グローバルなレベルでエネルギー効率の改善率を倍増すること，及びグローバルなエネルギー・ミックスにおける再生可能エネルギーの比率を倍増することの 3 つの目標が掲げられた（Secretary-General's High-Level Group on Sustainable Energy for All 2012）。エネルギーへのアクセス，再生可能エネルギー，エネルギー効率の重要性は，これまで世界的に多くの専門家や組織が指摘してきたことでもあり，最終的に持続可能な開発目標の中に取り入れられることになった。

5　COP21 とパリ協定

　持続可能な開発目標（SDGs）が採択されてから 3 カ月後の 2015 年 12 月，パリで開催された気候変動枠組条約第 21 回締約国会議（COP21）では，2020 年以降，全ての国が参加する国際枠組みとして，パリ協定が採択された。京都議定書が採

択されて実に 18 年ぶりの成果となった。

　パリ協定では，地球の平均気温を産業革命前と比べて 2℃ 以内に抑えることを目指し，また，1.5℃ 以内を目指す努力を追求することが明記された。この目標を踏まえて，緩和策と適応策，損失・損害に関する規定が定められている。緩和策では，各国が示した 2020 年以降の排出量目標（約束草案）に向かって政策を実施していくことや，5 年ごとに目標を見直すことが決められた。適応策では，適応計画を策定し，実施していくことが求められた。損失・損害については，「損失・損害のためのワルシャワ国際メカニズム」をベースに今後議論を続けていくことになった。

　今回の協定における各国の排出量目標が法的拘束力を伴わない目標である点は，京都議定書と異なる点である。また，排出量目標設定においては，各国の国内での意思決定手続きに一任し，地球全体の合計値への配慮をせずに受け入れている点も，京都議定書とは違う（京都議定書では，3 条 1 項にて，先進国の削減目標の合計が，1990 年比で 5 ％以上の削減となることが求められている）。その意味で，冒頭の 2℃，1.5℃ 目標は，地球全体の排出削減努力を評価する上で唯一の指標としての役割を果たしており，大変重要である。

　これらの目標は，緩和策の目標として提示されているが，適応策の目処としての役割も果たしている。島国などの脆弱な国にとっては，地球平均気温の上昇が 1℃ に満たない現在でもすでに気候変動による悪影響を受けており，1.5℃ には移住を考えなくてはならないところまでリスクが上昇する。2℃ までは許容範囲という誤ったメッセージを発しないためにも，パリ協定で 1.5℃ が明記されたと考えるべきだろう。パリ協定が合意されたこと自体は画期的な出来事だったが，今後，グローバルストックテークという手続きのもとで，地球全体の排出量トレンドと長期目標との整合性が 5 年ごとに検証されることもパリ協定に規定されており，現行の排出削減努力では 2℃ を超えて温暖化が進んでしまうと判断されたときにどうするのかという点は，今後の交渉に委ねられている。

6　エネルギー分野におけるイノベーション

　持続可能なエネルギーに向けて，エネルギー・アクセスの確保，再生可能エネルギーの普及，エネルギー効率の改善が，基本的な 3 つの目標として設定された。

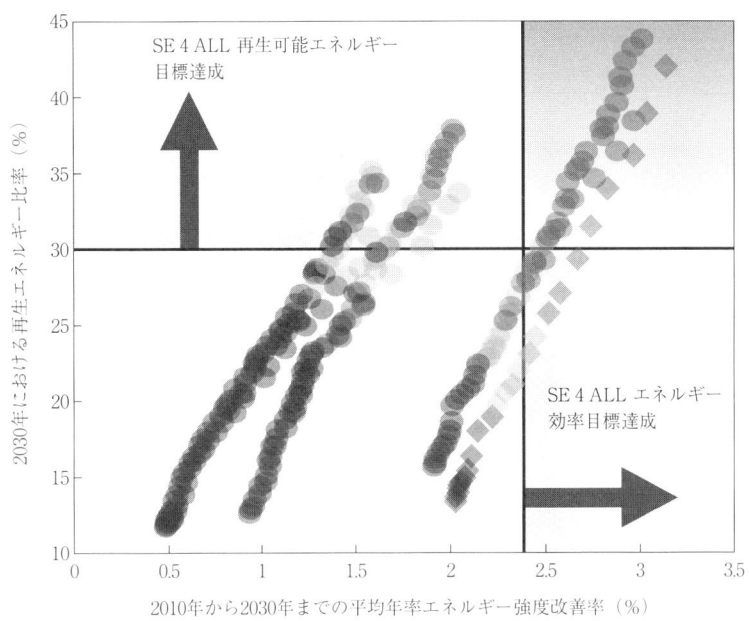

図7-1　エネルギー効率性・再生可能エネルギー目標と気候変動2℃以内抑制目標

出典：Rogelj, McCollum, and Riahi (2013) を筆者翻訳

今後，グローバルなレベルで気候変動に対する緩和策を進めていく上で，エネルギーに関するこの目標が，気候変動枠組み条約で行われてきた議論，特にパリ協定で正式に合意された気候変動を2℃以内に抑えるという目標に見合ったものであることが必要である。最近の研究によると，エネルギー効率改善と再生可能エネルギー普及に関する目標は，気温上昇幅2℃以内抑制目標にも整合的であることが示唆されている（図7-1）。

　その一方で，気温上昇幅2℃以内の目標を達成するためには，今世紀末までには温室効果ガスの排出量を正味で0にまで持っていく必要がある（図7-2）。気候変動の目標を1.5℃以内とした場合には，今世紀中ごろまでには正味排出量を0にしなければならないと推定されている（Rogelj et al. 2015）。

　しかしながら，各国がCOP21に向けて提出した気候変動対策である「約束草案」（INDC）を実施した場合，それらを合わせた地球全体の排出量は，最も費用が少ない2℃以内シナリオで想定される水準と比較しても，かなり高いレベルとなってしまう。そのギャップは，2025年時点で約90億トンCO$_2$，2030年時点

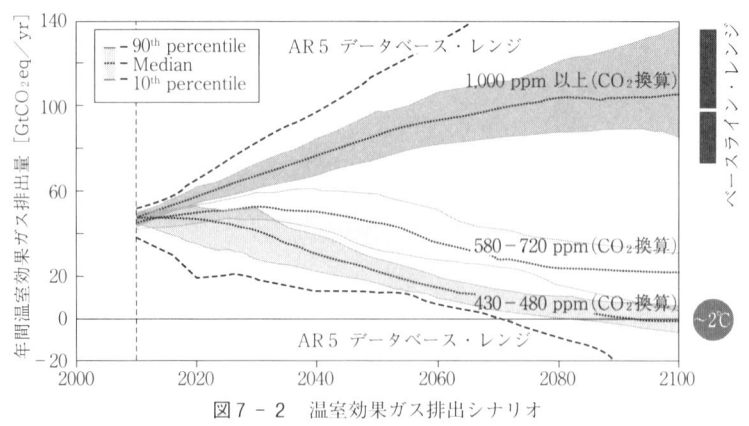

図7-2　温室効果ガス排出シナリオ

出典：Intergovernmental Panel on Climate Change（2014b）を筆者翻訳

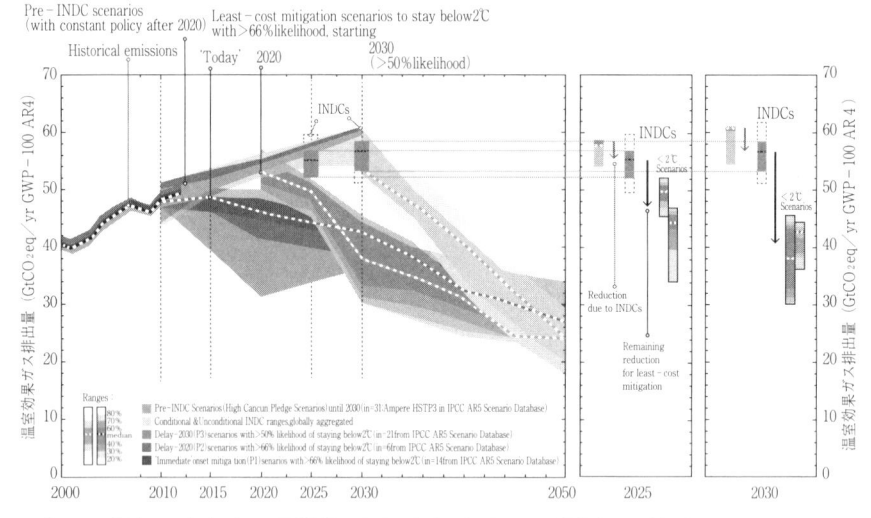

Source：AR 5 senario database, IPCC historical emission database and INDC quantification.
Abbreviations：AR 4 = Fourth Assessment Report of the IPCC, AR 5 = Fifth Assessment Report of the IPCC, GHG = greenhouse gas, GWP = global warming potential, HST = high short-term target, INDCs = intended nationally determimed contributions, IPCC = Intergovernmental Panel on Climate Change.

図7-3　2025年及び2030年における各国約束草案（INDC）に基づく世界排出量と気候変動2℃
　　　　以内抑制目標の比較

出典：UNFCCC（2015b）を筆者翻訳

では約150億トン CO_2 に達すると予想されている（図7-3）。

　したがって，パリ協定で合意された目標に向けて，今後革新的なイノベーションを世界的に促進していくことが必要不可欠である。パリ協定においては，イノベーションを実現することが，気候変動に対処しながら経済成長と持続可能な開

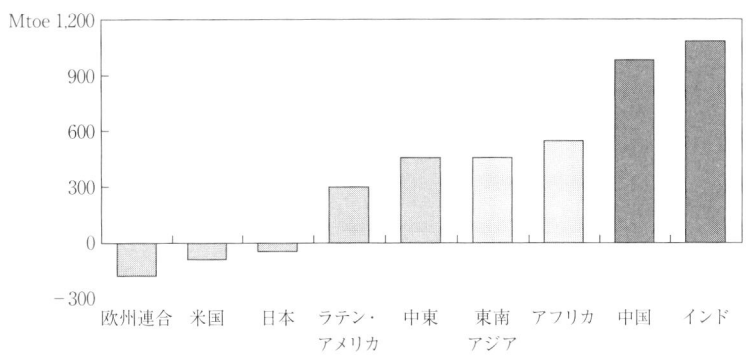

図7 - 4　各地域におけるエネルギー需要の変化（2014-2040年）
出典：International Energy Agency (2015)を筆者翻訳

発を進めていくことが取り入れられている（UNFCCC 2015a）。

　　パリ協定10条5項：イノベーションを加速・奨励・実現することは，気候変動に対して効果的で長期的な対策をグローバルなレベルで行い，経済成長と持続可能な開発を促進する上で極めて重要である。このような努力は，研究開発への共創的なアプローチや特に技術サイクルの早期の段階における技術へのアクセスを容易にするために，技術メカニズムや金融メカニズムによってサポートされる。

　各国から提出された約束草案（INDC）では，今後優先的に対策を行う予定としている分野として，主に再生可能エネルギー，エネルギー効率，運輸などが挙げられている（UNFCCC 2015b）。特に再生可能エネルギーに関しては，固定価格買い取り制度，投資プログラム，グリッド・インフラの改善などによって，クリーン・エネルギーの比率を上げることが多くの国において意図されている。また，エネルギー効率に関しては，エネルギー生産・輸送インフラの近代化や，スマート・グリッドの促進，産業プロセスにおける効率改善，省エネルギー基準などを実施することが挙げられている。持続可能な運輸も重視されており，公共交通の改善や，非効率な自動車の輸入の制限，燃費基準の活用などの手段が考えられている。

　これから2040年にかけて，日本，米国，欧州などの先進国ではエネルギー消費が減少すると見込まれるのに対して，開発途上国，特に中国やインドではエネ

ルギー需要が大きく伸びることが予想されている（図7-4）。したがって，今後こうした国々において排出削減をどれほど進めることができるかが，グローバルなレベルで気候変動への緩和策を実行する上で大きな鍵となる。

　ここで指摘したいのは，COP21 にてパリ協定が採択された背景として，排出削減と持続可能な経済発展との関連性に対する考え方が，京都議定書が交渉された 18 年前とは大きく変わってきていることがある。世界最大の排出国である中国と米国は，どちらも今まで排出削減の議論に対してむしろ最も消極的な国々だったが，今回はけん引役に回っている。2014 年 11 月，米中は，他の国に先駆けて，それぞれ 2025 年，2030 年の目標を発表した。このような背景には，排出削減を経済的な負担と考えるのではなく，新たなビジネスの契機としてとらえる考え方が芽生えていることがわかる。

　中国では，二酸化炭素排出削減は省エネ対策でもあり，省エネは経済的にもコストダウンにつながる。石炭火力発電所や冬季の暖房用の石炭利用，自動車の利用拡大によって現在深刻な状況にある大気汚染の改善のためには，エネルギー効率改善など二酸化炭素排出抑制にも資する対策が効果的である。また，太陽光や風力を中心とした再生可能エネルギーの導入が中国で急速に進んでおり，2014年には 833 億ドル，日本円にして 9 兆円以上に達している（図7-5）。COP21に向けて中国から提出された約束草案によると，2030 年までに二酸化炭素の排出がピークに達することになっているが，こうした状況を反映して，実際には中国における排出量はそれよりも早く減少し始めるのではないかと考えられている（Jackson et al. 2016）。

　他方，米国では，シェールガスの利用拡大に伴い石炭火力発電の競争力が減退し，その間に再生可能エネルギーの価格が十分に下がってきている。再生可能エネルギーの不安定性をカバーするために，ディマンドレスポンス（電力需要量を電力供給量にあわせる対策）に向けた多様なサービスが拡大している。

　このような状況の下，無理して排出削減するというのではなく，他国よりいち早く排出削減技術を普及させた企業や国が市場を制すると考えられるようになっている。排出削減に投資することを，リスクではなく機会ととらえられるようになる時，国際条約でギリギリと排出削減目標の水準について交渉しなくても済む時代に移ったと判断できるだろう。ただし，現時点ではまだ過渡期であり，排出削減をリスクとして捉える認識が強いことから，依然として各国の自主性に任せ

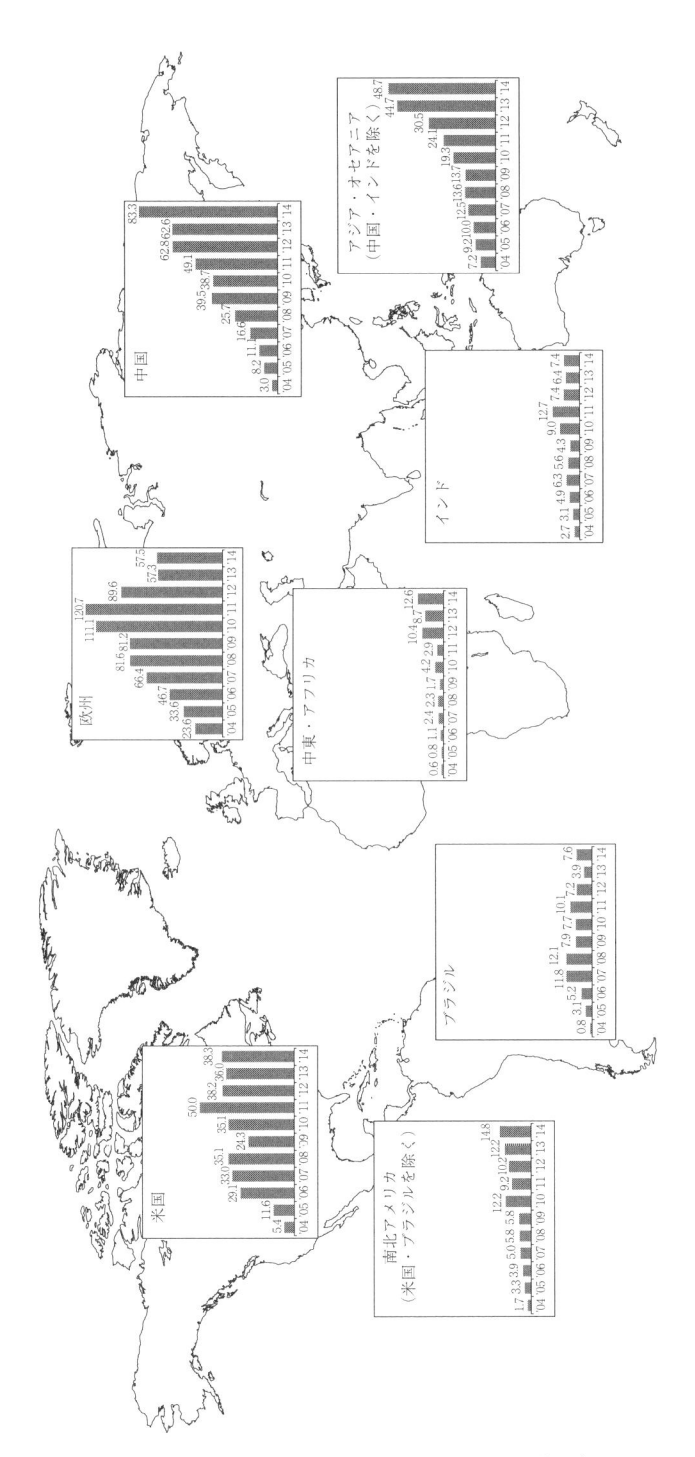

図7－5　世界各地域における再生可能エネルギーへの投資額（単位：10億ドル）

Note: New investment volume adjusts for re-invested equity.Total values include estimates for undisclosed deals.

出典：Frankfurt School-UNEP Centre and Bloomberg New Energy Finance (2015) を筆者翻訳

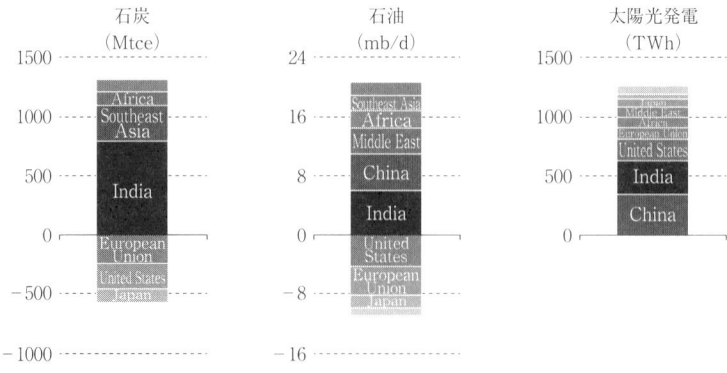

図7－6　各種燃料への需要の変化（2014年-2040年）
出典：International Energy Agency（2015）を筆者翻訳

ているだけでは低炭素社会は構築できない。COP21で合意されたおおまかな枠組みの下で，低炭素な技術や社会にいち早く投資しようとする者のリスクを軽減し，投資者が得をするようなインセンティブ作りが不可欠である。

　特に，インドでは今後エネルギー需要が大幅に増加することが見込まれるが，そのかなりの部分を石炭を中心とした化石燃料で賄うことが予想されている（図7－6）。その一方で，再生可能エネルギーへの投資が，中国などと比べるとまだ低い水準に留まっている（図7－5）。したがって，今後インドのような今後経済発展が予想される開発途上国に対して，再生可能エネルギーや省エネルギーなどの技術導入に対する投資を促進していくことが強く求められる。

　開発途上国を支援するための資金の観点からは，2009年COP15でのコペンハーゲン・アコードですでに2020年までに1000億ドルという金額が明示され，それが2030年アジェンダのターゲットでも引用された。この金額は官民合わせた金額であるが，金額の大きさそのものよりも，それが効果的に使われることが極めて重要である。低炭素社会の構築に向けた民間企業による投資がさらなる投資への呼び水となるような手続きとなるよう，今後の緑の気候基金の活動が期待されている。

　さらに，将来の革新的なイノベーションの実現に向けて，国際的な協力や連携を強化していくことも非常に重要である。2015年11月には，日本，米国，ドイツ，フランス，イギリス，中国，韓国，インド，インドネシア，ブラジル，サウジアラビアなどを含めた20カ国が，ミッション・イノベーションを共同で立ち

上げた（Mission Innovation 2015）。このイニシアティブを通じて，各国政府による
クリーン・エネルギー・イノベーションへの投資を倍増し，民間セクターや産業
界のリーダーシップ，特に世界的に有力な投資家による Breakthrough Energy
Coalition などとの連携を進めていくことを目指している。具体的な実施内容と
して，政府，民間投資家，技術関係者の協力促進のためのデータや技術的知見の
共有，技術ロードマップの策定と改善，官民パートナーシップを通じた共同研究，
グローバルなクリーン・イノベーション能力の強化や毎年の情報共有などが挙げ
られている。

7　持続可能性におけるレジリエンスの役割

　持続可能性を考える上で，レジリエンス（Resilience）は非常に重要な役割を果
たしている。あるシステムを様々なコンポーネントがネットワークを形成してい
ると捉え，効率性（Efficiency）とレジリエンス（Resilience）の間のバランスとい
う観点からその持続可能性を捉えることができる（図7‐7）。この場合，効率性
とは，システムの機能が長期間に亘って維持されるよう十分組織化されているよ
うなネットワーク能力のことを指している。一方，レジリエンスとは，システム
外の環境において起こった新たな撹乱や現在進行中の変化へ対応するための柔軟
性，行動の多様性をネットワークが確保していることを示している。システムが
効率性に傾きすぎても，またレジリエンスを重視しすぎても，サステイナビリテ
ィの観点からは最適ではなくなってしまう。両極端の状態の間でややレジリエン
スに寄っている状態が，実際のシステムにおけるサステイナビリティの「実現性
の窓」（Window of Viability）となる。
　システムの構造に関する2つの変数，具体的には，多様性（Diversity）と連結
性（Connectivity）が効率性とレジリエンスに非常に大きな影響を与える。多様性
とは，ネットワークにおけるノードとしての多様な行為者が存在していることで
あり，連結性とは，そうした行為者をつなぐルートの数である。この多様性と連
結性は，効率性とレジリエンスに対して互いに反対の効果を持つ。一般的にいっ
て，多様性や連結性が増大することは，何らかの問題や変化があった際に元の状
態に回復するための可能性を増やすため，システムのレジリエンスは促進される。
一方，効率性は無駄を省くことによって上昇するため，通常は多様性や連結性を

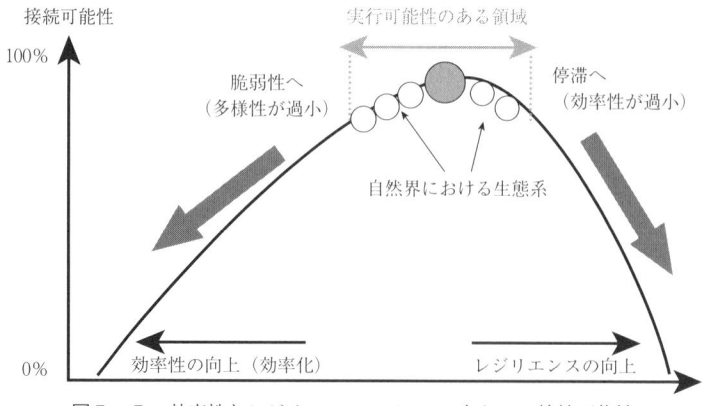

図7-7　効率性とレジリエンスのバランスとしての持続可能性

出典：Lietaer, Ulanowicz, and Goerner（2009）を筆者翻訳

減少されることを意味する。近年の世界的な金融危機においては，アメリカにおけるある限られた金融市場で起こった問題が，瞬く間にその影響を世界中に広めることにつながったが，この1つの大きな要因として，現在の政治経済システムにおいては効率性を重視するドライブが強力に作用していることが考えられる。従って，システムのサステイナビリティを維持していくためには，意図的にある程度多様性と連結性を確保して，効率性とレジリエンスのバランスを図る必要がある（Kharrazi et al. 2015a）。

　持続可能なエネルギーに向けた目標として，全ての人へのアクセス（目標7.1），再生可能エネルギーの普及（目標7.2），エネルギー効率の改善（目標7.3）が挙げられるが，もう1つの側面としてレジリエンスの確保も非常に重要である（Yarime and Kharrazi 2015）。例えば，通常の大規模の集中型発電システムに関して，自然災害などがあった時にシステムが完全に崩壊しないように，ネットワークへの過度の依存を避け，ある程度太陽光などによる自家発電の割合を維持するというようなことが考えられる。また，小規模分散型発電システムや，オフ・グリッドのシステムの導入の可能性に関して，特に開発途上国などの文脈において再評価することも必要である（Glemarec, 2012）。各地域の特性を考慮してエネルギー源の多様性を確保することも，レジリエンスの向上にとって重要と考えられる。さらに，最近スマート・グリッドを通じてデマンドをコントロールすることで，省エネルギーとともにレジリエンスを向上することも可能になってきている。特に日本にとっては，東日本大震災の経験なども踏まえて，新しい付加価値を持

つ提案を行うことができるのではなかろうか。そうした技術システムを世界規模において導入することで，地球レベルでの温室効果ガスの排出量を削減することができると同時に，日本が持つ優れた省エネルギー技術を国際展開する可能性も開けてくる。持続可能な開発目標を目指す中，こうした技術を積極的に推進することで，日本のグリーン・イノベーションのポテンシャルのグローバルなレベルにおける認知と機会の獲得につながることが期待される（Yarime, 2015）。

　近年，貿易や経済活動のグローバル化によって，世界の国々が様々なモノのフローを通じて密接につながっており，グローバルなレベルでエネルギー・システムのレジリエンスを評価することがますます重要になってきている（Hill Clarvis et al. 2014）。各国はエネルギーを直接国外から輸入して使うだけでなく，他国にあるエネルギーをその場で利用して生産された財を輸入し，それを国内で消費や中間投入に使用している。グローバル規模で広がる複雑なサプライ・チェーンに体化したエネルギー利用のネットワークが存在しており，その構造が各国のレジリエンスに大きな影響を与える。通常，エネルギーの直接の輸入については，その調達経路がもたらす影響が国のセキュリティー戦略の中で勘案されてきたが，モノの生産において使用されたエネルギーも含めて評価することは必ずしも行われておらず，意思決定にも十分に生かせていない。しかし，実際には，自然環境，災害，政治不安など様々な要因によってサプライ・チェーン上のエネルギー供給が滞れば，輸入中間投入財や食料の価格高騰などを通じて国内にも甚大な影響が及ぶ。したがって，間接的なエネルギー利用のネットワーク構造は，直接的な輸入経路に匹敵する重要性を持っている。

　１つの方法として，直接および貿易に体化されたエネルギーの供給における多様性を定量化することによって，各国のエネルギーのレジリエンスを検証することが可能である（Kharrazi et al. 2015b；Sato et al. 2016）。具体的には，各国の貿易フロー・データと産業連関表を用いて，多地域間産業連関表を構築し，グローバルなサプライ・チェーンを介した各国の消費・生産・貿易に体化したエネルギー消費量（一次エネルギー種別）の多様性を推計する。日本の場合，様々な製品や中間物を世界中から輸入しているが，特に中国から輸入されたモノを通じて多くのエネルギーを間接的に輸入している。一方，中国におけるエネルギー生産は大部分が石炭に頼っているため，結果として日本が直接及び間接的に輸入しているエネルギーの多様性は，通常考えられているよりも低くなっている（図7－8）。また

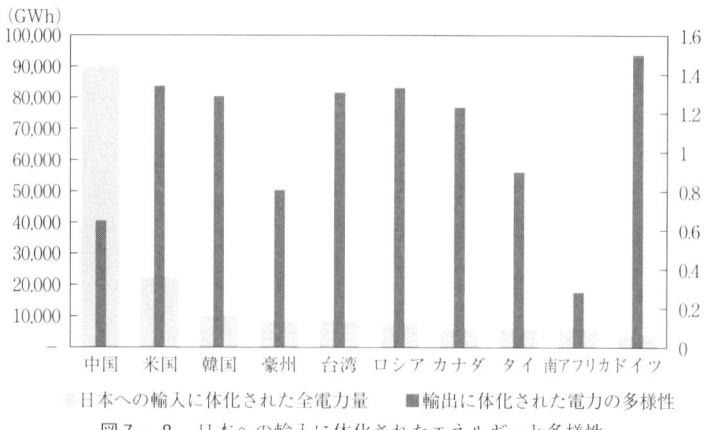

図7-8　日本への輸入に体化されたエネルギーと多様性
出典：Kharrazi et al. (2015b) を筆者翻訳

これによって，日本が輸入しているエネルギーの生産に使われている化石燃料を推計することが可能になるため，それに伴う二酸化炭素排出量も計測することができる。

　また，グローバルなレベルにおいても，自然環境，災害，政治不安など様々な要因による影響に対してエネルギー・システム全体のレジリエンスを高めることが考えられる。例えば，ある国がサプライ・チェーンの中で単一の国のエネルギーに過度に依存している場合，異常気象などのショックに対する脆弱性は高くなる。また，他の代替的な経路をどの程度持っているか，サプライ・チェーンのどの段階で当該国に依存しているのかによっても，各国のレジリエンスは異なる。その一方で，多様な経路を持ち，構造上レジリエンスが高いと評価される国では，国外のショックに備えるための国内の余分な供給源を確保する必要がない。したがって，こうした様々な特徴を持つ複数の国や地域をネットワーク化する間接連結利用が潜在的に大きな価値を持っている。多様な賦存形態を持つ複数のエネルギー資源を，生産物の貿易関係によって適切にネットワーク化することで，全体として冗長性やリスク分散による安定化機能を引き出すことが可能になる。

　こうした観点から，持続可能な開発に向けた定量的な分析と指標化，さらにそれに基づいた政策アプローチや，ガバナンスのメカニズムなどを議論することがこれから重要である。近年，貿易に体化した国外での環境負荷を評価するために，カーボン・フットプリントなどの指標を通じて持続可能性の評価に活用する取り

組みも増えてきている。しかしながら，既存の指標は国や産業，企業ごとの消費
や生産に体化した環境負荷の総計を計測することに焦点を当てており，これらの
環境負荷がグローバルなサプライ・チェーンの中でどのような経路を経て生じて
いるかについては考慮していない。今後の検討課題として，経路の多様性や経路
上の個々のエネルギー源の多様性など，構成要素の多様性をネットワーク全体の
レジリエンスに転換する新たなネットワーク・ガバナンスのメカニズムや，個々
の国がネットワーク上の環境変化に応じて適応的に特化のパターンを変える戦略
原理，さらに現実のサプライ・チェーンを最適ネットワークの観点から評価する
基準と指標の開発などが考えられる。

8　持続可能な開発に向けて

　気候変動問題は，地球の保全と人間活動の保全という2つの側面のバランスを
保ちながら歩んでいくための道を探る課題であることが見てとれた。また，この
バランスを確保するに当たっては，すでに豊かになった先進国と，これからゆた
かになろうとしている途上国との間のバランスにも配慮することが必要だった。
これらの意味で，気候変動問題は，持続可能性に関する一連の議論と性質を同じ
くする。

　持続可能性の議論では，これらのバランスへの配慮に加えて，もう1つ，現世
代と将来世代の間のバランスを重視している。現世代が今ある資源を消費してし
まうと，将来世代に，質が劣化してしまった地球だけしか残せなくなる。現世代
は，今の消費パターンを見直し，過去の世代から継承されてきたゆたかな恵みの
ある地球を，できるだけそのままの形で，あるいはよりゆたかな形で次の世代に
受け継いでいく義務を負っている。

　すでに地球は温暖化し始めており，これを今から変えることはできない。せめ
てこれ以上の劣化につながらないよう，また希少なエネルギー資源を使い切って
しまわないようにすることが求められる。特に省エネルギーや再生可能エネルギ
ーに関連するイノベーション，及び気候変動の悪影響に備えた都市づくりなどを
含めたレジリエンスの実現に投資していくことが，今後の気候変動やそれに付随
する災害リスク削減に向けた対策を行う上で極めて重要である（Hill Clarvis,
Bohensky, and Yarime 2015）。これは即ち，緩和策や適応策におけるリスクの軽減

に一致する。そして少しでも確実に，２℃ないしは1.5℃目標を目指す方向に進むことが，これからの国際社会に求められる。

参考文献

Frankfurt School-UNEP Centre and Bloomberg New Energy Finance (2015) "Global Trends in Renewable Energy Investment," Frankfurt School of Finance & Management, Frankfurt am Main, Germany.

Glemarec, Y. (2012) "Financing off-grid sustainable energy access for the poor," *Energy Policy*, 47, Supplement 1 : 87-93.

Hill C., M. M. Halle, I. Mulder and M. Yarime (2014) "Towards a new framework to account for environmental risk in sovereign credit risk analysis," *Journal of Sustainable Finance & Investment*, 4 (2) : 147-160.

Hill C., M. E. Bohensky and M. Yarime (2015) "Can Resilience Thinking Inform Resilience Investments ? Learning from Resilience Principles for Disaster Risk Reduction," *Sustainability*, 7 (7) : 9048-9066.

Intergovernmental Panel on Climate Change (2014a) *Climate Change 2014: Impacts, Adaptation, and Vulnerability, Part A: Global and Sectoral Aspects. Contribution of Working Group II to the Fifth Assessment Report of the Intergovernmental Panel on Climate Change*, Cambridge, United Kingdom and New York, NY, United States : Cambridge University Press.

Intergovernmental Panel on Climate Change (2014b) *Climate Change 2014: Mitigation of Climate Change, Contribution of Working Group III to the Fifth Assessment Report of the Intergovernmental Panel on Climate Change*, Cambridge, United Kingdom and New York, NY, USA : Cambridge University Press.

International Energy Agency (2015) *World Energy Outlook 2015*, Paris : International Energy Agency.

Jackson, R. B., J. G. Canadell, C. Le Quere, R. M. Andrew, J. I. Korsbakken, G. P. Peters and N. Nakicenovic (2016) "Reaching peak emissions," *Nature Climate Change*, 6 (1) : 7-10.

Kharrazi, A., S. Kraines, E. Rovenskaya, R. Avtar, S. Iwata and M. Yarime (2015a) "Examining the Ecology of Commodity Trade Networks Using an Ecological Information-Based Approach : Toward Strategic Assessment of Resilience," *Journal of Industrial Ecology*, 19 (5) : 805-813.

Kharrazi, A., M. Sato, M. Yarime, H. Nakayama, Y. Yu and S. Kraines (2015b) "Examining the resilience of national energy systems : Measurements of diversity in production-based and consumption-based electricity in the globalization of trade networks,"

Energy Policy, 87: 455-464.

Lietaer, B., R. E. Ulanowicz and S. J. Goerner (2009) "Options for Managing a Systemic Bank Crisis," *Sapiens*, 2(1): 1-15.

Mission Innovation (2015) "Joint Launch Statement," Mission Innovation, Paris, France, November 30.

Rogelj, J., D. L. McCollum and K. Riahi (2013) "The UN's 'Sustainable Energy for All' initiative is compatible with a warming limit of 2 °C," *Nature Climate Change*, 3(6): 545-551.

Rogelj, J., G. Luderer, R. C. Pietzcker, E. Kriegler, M. Schaeffer, V. Krey and K. Riahi (2015) "Energy system transformations for limiting end-of-century warming to below 1.5 °C," *Nature Climate Change*, 5(6): 519-527.

Sato, M., A. Kharrazi, H. Nakayama, S. Kraines and M. Yarime (2016) "The Resilience of Embodied Energy Networks: A Critical Dimension for Sustainable Development Goals (SDGs)," *Global Environmental Research*, 19(2): 187-198.

Secretary-General's High-Level Group on Sustainable Energy for All (2012) "Sustainable Energy for All: A Global Agenda-Pathways for Concerted Action toward Sustainable Energy for All," New York: United Nations, April.

UNFCCC (2015a) "Adoption of the Paris Agreement," FCCC/CP/2015/L.9/Rev.1, United Nations Framework Convention on Climate Change (UNFCCC), 12 December 2015.

UNFCCC (2015b) "Synthesis report on the aggregate effect of the intended nationally determined contributions," FCCC/CP/2015/7, United Nations Framework Convention on Climate Change (UNFCCC), 30 October 2015.

Yarime, M. (2015) "Integrated Solutions to Complex Problems: Transforming Japanese Science and Technology," Baldwin, F. and A. Allison (eds.) *Japan: The Precarious Future*, New York: New York University Press and the Social Science Research Council.

Yarime, M. and A. Kharrazi (2015) "Understanding the Environment as a Complex Natural-Social System: Challenges and Opportunities for Public Policies," Furtado, B. A., Patrícia A. M. Sakowski, and Marina H. Tóvolli (eds.) *Modeling Complex Systems for Public Policies*, Brasilia: Institute for Applied Economic Research (IPEA), Secretariat of Strategic Affairs of the Presidency of the Republic, Federal Government of Brazil.

（鎗目　雅・亀山康子）

<table>
<tr><td>第8章</td><td>環境と経済発展
——21世紀型発展へ向けて</td></tr>
</table>

1　ミレニアム開発目標とSDGs

　ミレニアム開発目標（MDGs）のいくつかの数値目標（例えば，貧困人口の半減）は，2015年を待たずして達成された（United Nations 2012）。しかし，世界全体では目標が達成されていても，すべての地域で貧困人口が半減したわけではない。実際には，中国を含む東アジア・太平洋地域での貧困人口の減少が大きく，サブサハラ・アフリカ地域では進捗状況が極めて悪いという地域格差の問題が存在する[1]。また，数値目標を達成した国においても，国内の格差の問題は考慮されていないため，すべての国民が目標達成の恩恵を受けているわけではない。

　本書第1章をはじめ，本書全体を通じて示されているように，ある程度の成果が得られたMDGsであるが，主要な目標は貧困削減と社会開発に関するものであった。環境に関するものは目標7の「環境の持続可能性確保」のみであり，持続可能性をどのように重視すべきかという視点はほとんど示されていなかった。2015年以降の国際的な開発目標であるSDGsには，MDGsに含まれていた貧困削減・教育・保健・ジェンダーの平等に関する目標に加え，持続可能性を考慮した多くの目標が含まれている。例えば，雇用と経済成長（目標8），工業化，技術革新およびインフラストラクチャー（目標9），消費と生産（目標12）などの経済開発に関する目標においても，持続可能性を重視することが強調されている。重要なことは，SDGsの数値目標達成には地球全体での所得の増加が必要となることである。MDGsから引き続き第一の目標として掲げられ，2030年までに撲滅

---

1)　Easterly（2009）で指摘されているように，初期時点における高い貧困率がサブサハラ・アフリカ諸国の達成度が低いことの一因である。Kasuga（2016）では，初期条件をそろえた上で，各国のMDGs達成度を評価している。この研究は，社会分野においてMDGs達成に必要な援助資金流入は増加したが，援助受入国の多くで明確な成果が確認されていないことを示している。

を目指す貧困についても，目標達成には経済成長が欠かせない。また，教育や健康など社会分野の目標達成にも，巨額の資金とインフラ投資が必要になる。したがって，問題は地球環境に負担をかけずに経済の規模を拡大するという持続可能な発展が可能かどうかである。持続可能性を重視した目標の達成には，MDGs以上の困難が待ち構えていることは明らかである。果たして，地球環境を維持しながら低所得地域の開発を進めることは可能なのであろうか？

2　環境と経済発展
——持続可能な開発は可能か？——

　環境問題の多くは経済活動の規模拡大に伴って発生してきたことから，環境保全と経済発展は対立すると考えられることが多い。世界銀行が毎年発行している世界開発報告の1992年版は，そのような問題意識から経済発展と環境の関係をテーマとしている（World Bank 1992）。そこでは，安全な水やきれいな空気は経済発展が本来目的とする厚生（人間生活の豊かさ）に関わるものであり，環境破壊を伴うような所得の増加は発展とはいえないという立場が明確にされている。また，世界各国のデータから，高所得国で都市のゴミの量や二酸化炭素の排出が増加していることが示されている。このような環境と経済発展の関係は，単純化すると図8-1のようになる。図8-1の横軸は経済発展指標（例えば，1人当たり所得），縦軸は環境劣化指標（例えば，二酸化炭素排出量）である。右上がりの関係は，所得の増加が環境劣化につながることを示している。一方で，World Bank（1992）は，所得増加が単調に環境劣化にはつながらないことも示している。大気汚染の指標として二酸化硫黄や浮遊粒子状物質を利用した場合，低所得国では所得の増加に伴って大気汚染は悪化するが，高所得国では所得の増加に伴って大気汚染が改善する傾向がみられる。このような関係は，単純化すると図8-2のように示される。この逆U字型の曲線は環境クズネッツ曲線と呼ばれている[2]。この図は，経済発展（1人当たり所得）が転換点となる水準以下では所得増加とともに環境劣化が進み，転換点を超えると所得増加が環境改善につながることを示し

---

2)　経済学者クズネッツによって示された経済発展と不平等の逆U字型の関係はクズネッツ曲線として知られている。縦軸を（不平等の代わりに）環境劣化の指標とし，経済発展と環境劣化の逆U字型の関係として示したものが環境クズネッツ曲線である。

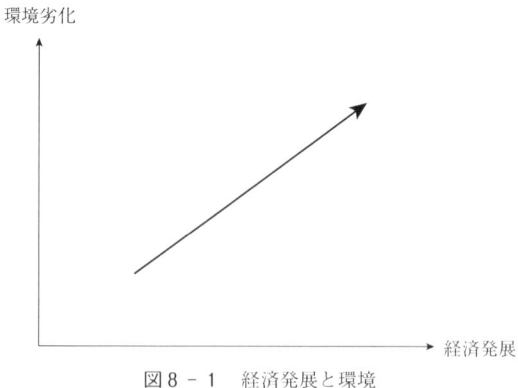

図 8 - 1　経済発展と環境

出典：筆者作成

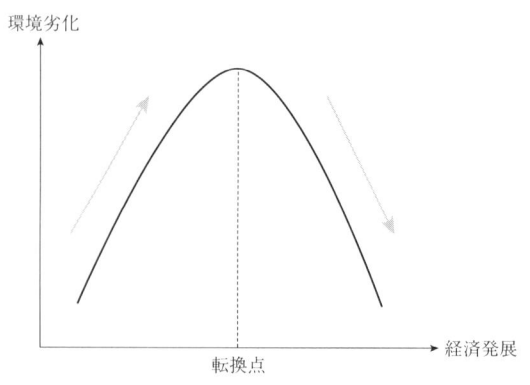

図 8 - 2　環境クズネッツ曲線

出典：筆者作成

ている。

　図 8 - 3 は，世界各国の 2011 年のデータを用いて，温室効果ガスの指標である二酸化炭素排出量と所得の関係を散布図として示している。散布図に当てはめられた直線は，工業化が進み所得が高い国で二酸化炭素排出量が多くなる傾向を示している。図 8 - 4 では，日本・米国・中国について二酸化炭素排出量の推移が示されている。この時系列データからは，1960 年代の日本・米国および 2000 年代の中国において二酸化炭素排出量の急激な増加が確認できる。これらの期間はそれぞれの国で経済成長率が高い時期に当たり，日本と中国については 10 ％前後の経済成長率を経験している。また，成長率が鈍化している近年の日本と米国では，二酸化炭素排出量はほとんど増加していない。これらの結果は，図 8 -

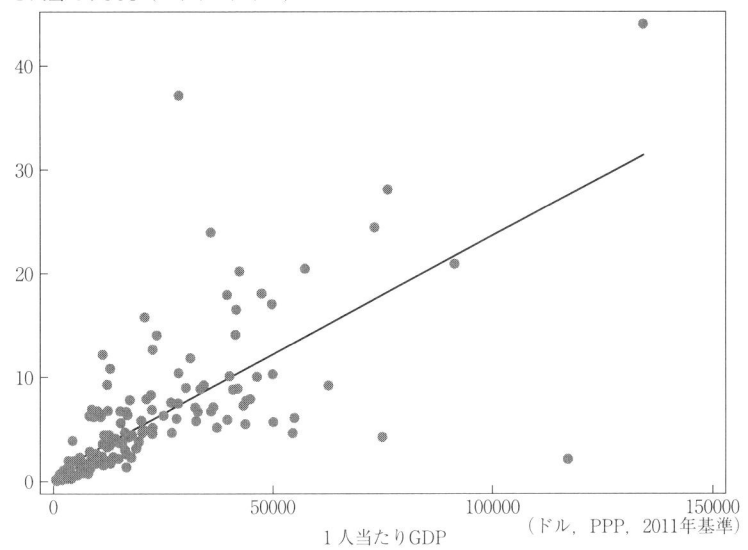

1人当たりCO$_2$（メトリックトン）

1人当たりGDP

（ドル，PPP，2011年基準）

図8‐3 二酸化炭素排出量と所得の関係（2011年）

出典：世界銀行のデータ（http://data.worldbank.org/indicator）より筆者作成

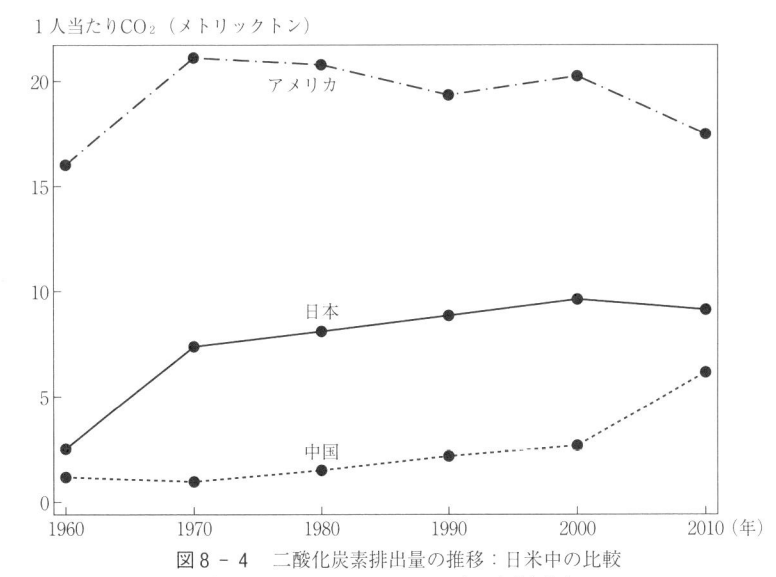

1人当たりCO$_2$（メトリックトン）

アメリカ

日本

中国

図8‐4 二酸化炭素排出量の推移：日米中の比較

出典：世界銀行のデータ（http://data.worldbank.org/indicator）より筆者作成

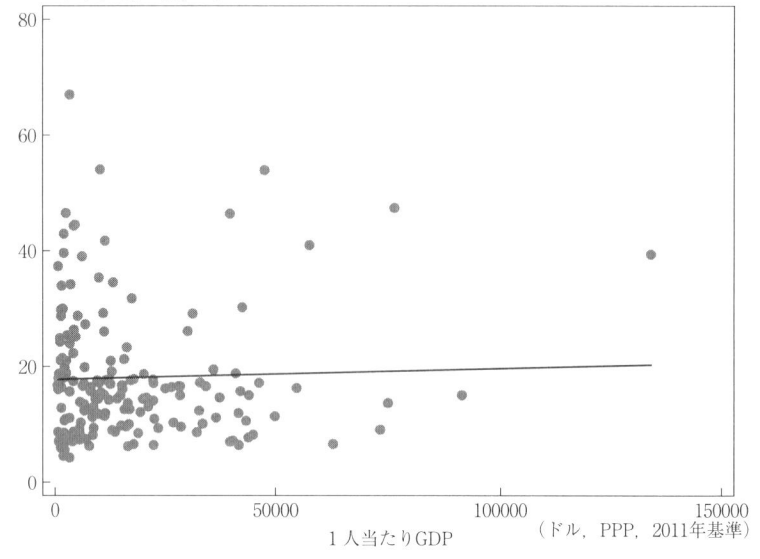

PM2.5, 年平均値 (μg/m³)

図8-5 PM2.5と所得の関係 (2011年)

出典：世界銀行のデータ (http://data.worldbank.org/indicator) より筆者作成

1に示された経済発展と環境劣化の右上がりの関係と一致している。

　図8-5においても，世界各国の2011年データを用いて，所得と環境劣化の関係を散布図として示している。ただし，ここでは大気汚染の指標としてPM2.5を利用している。この図からは，明らかな右上がりの関係は確認されず，所得の高さが必ずしも大気汚染の悪化につながらないことが示されている。図8-3と比較すると，PM2.5を指標とした場合は低所得国に大気汚染が深刻な国が多いことが確認できる。図8-6では，日本・米国・中国について，二酸化炭素排出量の推移が示されている。この時系列データからも，高成長が続いた近年の中国では大気汚染が悪化している一方で，すでに所得が高い日本・米国では環境の改善が観察される。これらの結果は，図8-2のような逆U字型の環境クズネッツ曲線に示される環境と経済発展の関係と一致している。

　このように，新興国での成長に伴う環境悪化と高所得国での環境改善はしばしば観察されるが，逆U字型の環境クズネッツ曲線はそれらをうまく説明する。しかし，このような環境と経済発展の関係は常に成立するものではない。逆U字型の関係が成立するかどうかは環境指標や標本とされる国の選択に依存する。環境クズネッツ曲線については，1990年代前半から数多くの実証研究が行われた

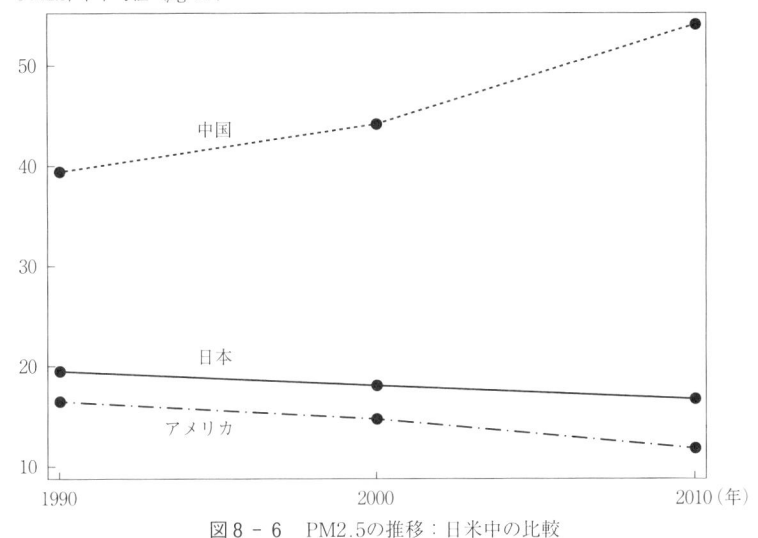

PM2.5, 年平均値（$\mu g/m^3$）

図8 - 6　PM2.5の推移：日米中の比較
出典：世界銀行のデータ（http://data.worldbank.org/indicator）より筆者作成

（Selden and Song 1994；Shafik 1994；Antle and Heidebrink 1995；Grossman and Krueger 1995；Holtz-Eakin and Selden 1995）。これらの初期の実証研究は，所得と環境指標の関係を多くの国のデータから調べたものである。研究によって汚染物質・推定式・データの選択が異なるため必ずしも結果は一致していない。しかし，全体としては所得と環境の関係が汚染物質に依存することが示された。例えば，二酸化硫黄や浮遊粒子状物質については，Selden and Song（1994），Shafik（1994）および Grossman and Krueger（1995）において逆U字型の曲線が観察された。森林破壊についても，Shafik（1994）および Antle and Heidebrink（1995）において逆U字型の曲線が観察されている。一方で，温室効果ガスについては，Shafik（1994）が所得の増加とともに一貫して増加することを示したが，パネルデータを用いた Holtz-Eakin and Selden（1995）では逆U字型の曲線が観察されている。ただし，逆U字型曲線が観察された他の汚染物質と比較して，温室効果ガスは転換点が非常に高く，転換点よりも高い所得の国は一部に限られる。これらの結果は以下のようにまとめられる。二酸化硫黄や浮遊粒子状物質で計測される大気汚染については，逆U字型曲線が観察され転換点も低い。一方で，温室効果ガスについては逆U字型曲線は観察されないか，観察されたとしても転換点は非常に高い。

これらの結果の原因は，以下のように考えられる。まず，所得の増加は環境への需要を高める。所得が低いときは環境を重視しない人々も，ある程度所得が高くなると健康的で快適な生活を強く求める傾向がある。経済学の用語では，環境需要の所得弾力性が高所得国でより高くなると表現される。健康被害が発生し，生活の質に直接影響する大気汚染などで所得が環境需要に与える影響はより顕著となる。一方で，二酸化炭素のような温室効果ガスは，長期的には気候変動につながり地球全体に大きな被害をもたらすが，即座に直接的な健康被害をもたらさない。したがって，所得水準が高くなっても人々は排出削減に積極的になるとは限らない。このように汚染物質によって所得増加の環境需要への効果は異なる。次に，環境への需要は，規制を通じて環境劣化の軽減や環境改善をもたらす。直接的な健康被害がある大気汚染については，多くの人々がその改善を求めるため強い規制が早期に導入される傾向がある。これが，二酸化硫黄や浮遊粒子状物質について逆U字型の環境クズネッツ曲線が観察される理由と考えられる。一方，直接には健康被害をもたらさない温室効果ガスについては，経済発展の初期段階で企業に大きな負担を強いる強い規制への働きかけが起こりにくい。このことから，温室効果ガスについては，逆U字型曲線が観察されるとしても，その転換点は高い所得水準とならざるを得ない。

　図8-2のような逆U字型曲線が観察される場合，転換点より右側の領域において所得の上昇は環境改善を伴っている。つまり，経済規模の拡大は環境を悪化させるとは限らない。このことから，環境クズネッツ曲線についての実証研究は，持続可能な開発が可能かどうかの証拠を提供しているといえる。ただし，上で指摘したように，所得の増加によって人々の環境需要が高まったとしても，自動的に環境改善につながるのではない。現実には，企業などの活動をコントロールするための規制が導入され，企業が資源の過剰な利用と汚染物質の排出量を抑えたり，そのための新たな技術を採用したりする必要がある。どの程度厳しい規制がどのような形で導入されるかは，各国の消費者の選好と制度に依存する。

3　ガバナンス，教育および格差がなぜ重要なのか？

　上で示したように，たとえ所得水準の上昇が環境需要の増大につながったとしても，それが望ましい規制の導入につながるかどうかは国によって異なる。この

ような視点から，環境クズネッツ曲線の研究では制度やガバナンスが考慮される
ようになった。特に，制度の異なる多くの国のデータを用いて逆U字型曲線の有
無を検証する場合，各国の制度をコントロールすることは重要である。これは，
たとえ住民の環境需要が高まったとしても，住民の意思がどの程度政策に反映さ
れるかは各国の制度によって異なるためである。

　このような視点から，Farzin and Bond（2006）は，民主主義の国においてはそ
うでない国よりも環境の質が高まるという仮説を検証した。彼らは，Polity IVと
呼ばれる民主主義指標と所得の交差項が大気汚染に与える効果を推定した。この
交差項を用いることで，所得の環境への効果が民主主義指標に依存するかどうか
を確認できる。彼らの推定結果からは，二酸化炭素，揮発性有機化合物，二酸化
窒素の排出量を環境指標として利用した場合，民主主義度が高い（国民の意思が
反映されやすい制度の）国ほど，所得の増加が環境改善につながることが示された。
また，逆U字型曲線の転換点となる所得水準も，民主主義度が高い国ほど低くな
ることが示された。これらは，民主主義の国ではそうでない国よりも，国民の環
境需要が政策に反映されていることの証拠といえる。つまり，住民の意思がよく
反映されるような国では環境の質が高くなり，経済発展と環境は両立する。彼ら
の研究は，環境需要に影響する変数として所得に加えて教育も考慮し，識字率が
低いほど温室効果ガス排出量が増加し，大気汚染も悪化することを示した。これ
は，教育水準が高い国ほど環境需要が高くなることを意味している。

　教育水準やガバナンスが環境に影響しているという結果は，住民の環境需要だ
けではなく，厳しい規制を実現するための住民の強い交渉力が必要であることを
示唆している。Boyce（1994）は，環境の質を決定する上で，企業（汚染者）と住
民の交渉の重要性を以下のように説明している。企業が社会的に望ましい水準を
超えて汚染物質を排出しようとしているとき，近隣住民の交渉力が十分に強けれ
ば企業と行政に排出水準を下げるように働きかけることができる。この場合，住
民の相対的な所得水準が高ければ交渉力は強くなるため，所得格差も環境の質を
決める重要な要因となる。Torras and Boyce（1998）は，このような交渉力の重
要性をデータで確認している。彼らは各国のデータを用いて，教育・政治的権
利・格差を考慮した上で，所得が環境の質に与える効果を推定した。彼らは大気
汚染と水質の指標を用いて逆U字型曲線が成立することを示し，高い教育水準，
政治的権利および格差是正が環境の質を改善している証拠を示した。また，

Magnani（2000）は不平等が公共投資に影響するモデルを用いて，不平等が環境保全のための投資を減少させることで環境劣化を引き起こすことを示している。また，OECD 加盟国のデータから，経済成長が環境を改善するには格差是正が必要であるという証拠も示した。このように，近年の環境クズネッツ曲線に関するいくつかの研究は，成長と環境保全の両立には格差是正が必要であることを示している[3]。

　上に示したように，教育とガバナンスに加えて格差も環境の質に影響する。これらが重要な理由は，住民の相対的な交渉力に影響するからである。住民と企業の交渉が環境の質に影響することは，日本におけるケース・スタディでも示されている。Muhandiki et al.（2005）は，滋賀県における金属メッキ工場と住民団体が，交渉の結果，最終的に自主的な協定を結び，汚染物質の排出量を削減した事例を紹介している。このような公害防止協定は，公害が深刻な問題であった高度成長期から日本各地において数多く成立してきた。公害防止協定は，法的拘束力を持つフォーマルな規制ではないが，国レベルの規制が地域事情に応じた迅速な対応には適さないため，日本の地方自治体や住民によって広く用いられてきた。環境省総合環境政策局環境計画課によると，2005 年時点で 3 万 1028 件の協定が有効であるとされる[4]。Tsutsumi（2001）によると，このような協定において求められる環境基準は，しばしば国の法律で定められた基準よりも厳しいという。Welch and Hibiki（2002）は，欧米との比較から，日本のこれらの協定の有効性は地域住民の環境需要を背景にした地方自治体の交渉力に依存すると主張している。また，日本の都市のデータを用いた Kasuga and Takaya（2017）は，不平等が大気汚染に対して正の効果を持ち，その効果が工業地域よりも住宅地域で大きくなることを示している。住宅地域で不平等の効果がより大きくなることは，不平等が住民の交渉力を弱め，厳しい環境基準の導入を妨げることで環境に負の効果をもたらしていることを示唆している。協定のようなインフォーマルな規制を通じた環境保全対策は，日本に限らずフォーマルな規制が必ずしも強くない発展途上国でも見られる。例えば，インドネシアのデータを用いた Pargal and

---

3）　これらとは逆に，不平等が環境改善につながるという結果を示している研究も存在する。例えば，Scruggs（1998），Ravallion et al.（2000）および Heerink et al.（2001）を参照せよ。
4）　『平成 17 年度地方公共団体の環境保全対策調査』（http://www.env.go.jp/press/files/jp/7745.pdf）を参照せよ。

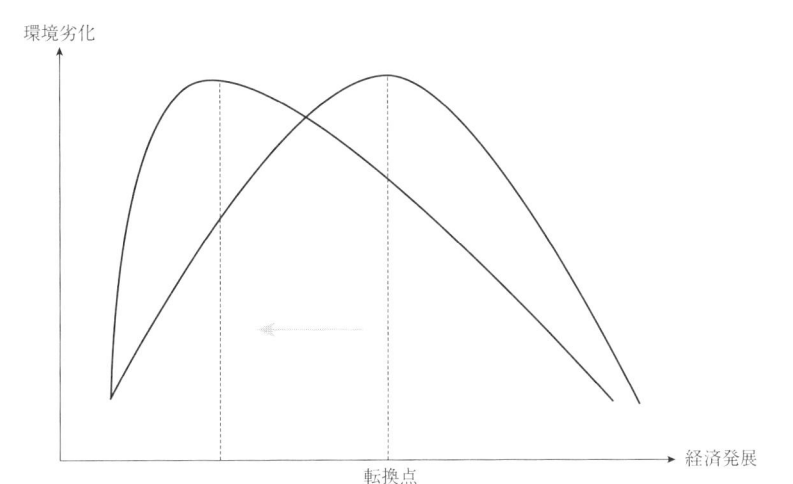

教育水準向上・ガバナンス改善・格差是正により
転換点が左に移動し，曲線が右下がりとなる範囲が拡大する

図8-7　環境クズネッツ曲線と転換点の移動

出典：筆者作成

Wheeler（1996）は，所得と教育の指標を用いて計測した住民の交渉力が公害防止に有効であったという証拠を提示している。また，アメリカについても，Boyce et al.（1999）および Zwickl and Moser（2014）によって，住民の交渉力が環境に影響するという証拠が示されている。彼らの結果は，いずれも不平等が環境に悪影響を及ぼすというものである。

　ここまでの内容から，環境に対してガバナンス，教育および格差がどのように重要であるかを以下のようにまとめることができる。図8-2のような逆U字型の経済発展と環境劣化の関係は，住民の環境需要を高めるためにはある程度の経済発展が必要であることを示している。しかし，環境需要が実際に規制につながり環境を改善するには教育・ガバナンス・格差是正が不可欠である。教育は住民の所得と環境需要を高める。環境需要が有効な規制につながるには，住民の意思が政策に反映されるような強いガバナンスおよび企業に対抗できる交渉力が必要となる。また，そのような強い交渉力の実現には高い教育水準と格差の是正が必要である。このような教育・ガバナンス・格差の影響は，図8-7に示されている。教育水準の向上，ガバナンスの改善，格差の是正はいずれも逆U字型曲線の転換点を左に移動させる。このとき，曲線が右下がりとなる領域が拡大する。これによって，所得が低い国であっても，成長と環境保全の両立が可能となる。

4 21世紀型発展へ向けて

——SDGs達成に何が必要か？——

　所得・教育・ガバナンス・格差が環境の質の決定要因として重要であることは，SDGsに含まれる異なる分野の目標が密接に関わり合っていることを意味する。SDGsにおいて，目標1は貧困削減，目標4は教育，目標8は雇用と経済成長，目標10は格差是正，目標16はガバナンスに関するものである。この中で，貧困削減・教育・ガバナンスはMDGsから引き継がれた目標であり，MDGsでは持続可能性との結びつきは必ずしも明示されていなかった。前節で示した環境クズネッツ曲線に関する研究成果は，貧困削減・教育・ガバナンスに関する目標の達成が，環境需要の拡大と住民の意志を反映した規制を通じて環境改善につながることを示している。つまり，これらの目標は，SDGsで新たに加えられた持続可能性に関わる目標と補完的であるといえる。例えば，目標7のクリーン・エネルギー，目標12の持続可能な消費と生産，目標13の気候変動対策，目標14の海洋資源保護，目標15の生物多様性保全などの目標達成には，貧困削減（目標1），教育水準の向上（目標4）および所得の成長（目標8）による環境需要の拡大が必要である。さらに，格差是正（目標10）によって住民の交渉力を強め，住民の意志が反映される法や制度の強化（目標16）も持続可能な開発には不可欠である。このように，SDGsの各目標達成への努力は補完的であり，SDGs全体の達成に貢献するような好循環を生み出す可能性がある。

　ここまでの議論から，環境保全と経済発展が必ずしも対立するものではないことが示された。しかし，SDGsの指標の多くはフロー変数であり，地球環境というストックを必ずしも計測していない。SDGsが目指す発展は，地球環境を維持しながら，人々の厚生を改善していくことである。成長や厚生は従来から様々な指標を用いて計測されてきたが，維持されるべき地球環境そのものを計測することは容易ではない。したがって，SDGsの進捗状況を目標ごとに個別に計測することは可能でも，地球全体で利用可能な資源がどれくらい存在しているのか，それらは増加しているのか，持続可能なのかを総合的に判断することは困難であるという問題がある。

　このような私たちの生活の基盤となる資源を計測する指標として，包括的な富

（新国富）という指標が開発された（第2章参照）。この指標は，2012年の国連持続可能な開発会議（リオ＋20）で公表された新たなストック指標であり，1）人工資本（設備，機械，道路など），2）人的資本（教育，健康など），3）自然資本（気候変動，土地，森林資源，水産物，化石燃料，鉱物，農業用地など）を中心に資産を評価し，数値化したものである。重要な点は，従来の経済分析や国民経済計算で用いられてきた機械やインフラだけでなく，商業的には取引できない自然資本を計測していることである。これにより，気候変動や生物多様性の損失を次世代のために軽減するような投資についても評価が可能となる。最新の『新国富に関する報告書（Inclusive Wealth Report 2014）』では，140カ国を対象にこの指標が作成されている。報告書によると，国民経済計算の枠組みの中でいわゆる「資本」とされている人工資本は包括的な富のわずか18％であり，残りは人的資本が54％，自然資本が28％である。また，1990年から2010年の間に，140カ国中85カ国で包括的な富が増加している。世界全体での変化の内訳は，人工資本が56％増，人的資本が8％増，自然資本が30％減である。この期間にほとんどの国で国内総生産は増加している。したがって，経済規模が拡大すると同時に自然資本で計測した地球環境は悪化していることになる。このように包括的な富という新しい指標を活用することで，地球環境の持続可能性を明示的に評価することができる。また，今後は持続可能な開発に貢献する農地や森林への投資およびエネルギー政策に生かすことが期待される。

　本章では，環境と経済発展の関係に関する環境クズネッツ曲線を解説し，経済発展と環境保全が両立する条件について議論した。これまでの研究成果によると，高い所得と教育水準，強いガバナンスおよび格差の是正が，持続可能な発展の必要条件となる。重要なことは，これらはすべてSDGsの目標に含まれていることである。SDGsでは，目標の数がMDGsよりも大きく増加し，対象分野も広がっている。そのため，優先順位を決めて焦点を絞ることができない，すべてを達成するには莫大な費用が必要になるという批判がある。しかし，SDGsの17の目標は無関係の独立したものではない。ここまでに示したように，目標間の補完関係が強いため，各目標への努力がSDGs全体の目標達成へ好循環を生み出し，最終的に地球環境保全への近道となりうる点はより注目されるべきであろう。所得や教育水準などの排出削減要因およびSDGsの補完関係を考慮した効果的な目標達成計画の立案と予算の効率化が望まれる。その結果として新国富が総合的な

評価として増えるような政策を進めていくことが期待される。

参考文献

Antle, J. M. and G. Heidebrink (1995) "Environment and development: Theory and international evidence," *Economic Development and Cultural Change*, 43 (3): 603-625.

Boyce, J. K. (1994) "Inequality as a cause of environmental degradation," *Ecological Economics*, 11 (3): 169-178.

Boyce, J. K., A. R. Kelmer, P. H. Templet and C. E. Willis (1999) "Power distribution, the environment, and public health: A state-level analysis," *Ecological Economics*, 29 (1): 127-140.

Easterly, W. (2009) "How the Millennium Development Goals are unfair to Africa," *World Development*, 37 (1): 26-35.

Farzin, Y. H. and C. A. Bond (2006) "Democracy and environmental quality," *Journal of Development Economics*, 81 (1): 213-235.

Grossman, G. M. and A. B. Krueger (1995) "Economic growth and the environment," *Quarterly Journal of Economics*, 110: 353-377.

Heerink, N. A. Mulatu and E. Bulte (2001) "Income inequality and the environment: Aggregation bias in environmental Kuznets curves," *Ecological Economics*, 38 (3): 359-367.

Holtz-Eakin, D. and T. M. Selden (1995) "Stoking the fires? CO_2 emissions and economic growth," *Journal of Public Economics*, 57 (1): 85-101.

Kasuga, H. (2016) "Measuring development efforts and MDG progress," *Kansai University Review of Economics*, 18: 27-52.

Kasuga, H. and M. Takaya (2017) "Does inequality affect environmental quality? Evidence from major Japanese cities," *Journal of Cleaner Production*, 142: 3689-3701.

Magnani, E. (2000) "The environmental Kuznets curve, environmental protection policy and income distribution," *Ecological Economics*, 32 (3): 431-443.

Muhandiki, V. S., T. J. Ballatore and M. Nakamura (2005) "Local efforts to control water pollution: Case study of a metal-plating industry in the Shiga prefecture," Bianchi, A., W. Cruz and M. Nakamura (eds.) *Local Approaches to Environmental Compliance: Japanese Case Studies and Lessons for Developing Countries*, Washington D. C.: World Bank: 69-87.

Pargal, S. and D. Wheeler (1996) "Informal regulation of industrial pollution in developing countries: Evidence from Indonesia," *Journal of Political Economy*, 104 (6): 1314-1327.

Ravallion, M., M. Heil and J. Jalan (2000) "Carbon emissions and income inequality," *Oxford Economic Papers*, 52 (4): 651-669.

Scruggs, L. A. (1998) "Political and economic inequality and the environment," *Ecological Economics*, 26(3): 259-275.

Selden, T. M. and D. Song (1994) "Environmental quality and development: Is there a Kuznets curve for air pollution emissions?" *Journal of Environmental Economics and Management*, 27(2): 147-162.

Shafik, N. (1994) "Economic development and environmental quality: An econometric analysis," *Oxford Economic Papers*, 46: 757-773.

Torras, M. and J. K. Boyce (1998) "Income, inequality, and pollution: A reassessment of the environmental Kuznets curve," *Ecological Economics*, 25(2): 147-160.

Tsutsumi, R. (2001) "The nature of voluntary agreements in Japan? Functions of environment and pollution control agreements," *Journal of Cleaner Production*, 9(2): 145-153.

United Nations (2012) *The Millennium Development Goals Report 2012*, New York: United Nations.

Welch, E. W. and A. Hibiki (2002) "Japanese voluntary environmental agreements: Bargaining power and reciprocity as contributors to effectiveness," *Policy Sciences*, 35(4): 401-424.

World Bank (1992) *World Development Report 1992: Development and the Environment*, Washington, D. C.: World Bank.

Zwickl, K. and M. Moser (2014) "Informal Environmental Regulation of Industrial Air Pollution: Does Neighborhood Inequality Matter?" *EcolEcon Working Paper*, Vienna: Vienna University of Economics and Business.

（春日秀文・馬奈木俊介）

第Ⅲ部　実施に向けて

<table>
<tr><td>第 9 章</td><td>**21 世紀の新グローバル・ガバナンス戦略**
——目標設定によるガバナンスと SDGs</td></tr>
</table>

1　21 世紀の世界におけるグローバル・ガバナンス

　2015 年，国連は 70 周年を迎えた。21 世紀の国際環境の中で効果的に機能していくために，国連にも変革が求められている。20 世紀中盤，第二次世界大戦後の世界では主権国家による国家間政治としての国際政治が，国際社会の動向を左右する最大要因であり，国家間関係としての国際関係をいかに平和裏に進めていくのかが課題となっていた。再び大戦を起こさないための平和と安全保障の問題が最重要課題であり，その管理のためにどのような体制や仕組みを構築していくのかが重要であった。国際連合も，そうした仕組みの 1 つとして，国連憲章のもとに管理運営されてきた。

　その理念は今も不変であり，主権国家中心に国際政治がすすめられていく現状は変わらない。しかし，この 70 年で，主権国家を取り巻く環境には，非常に大きな変化が生じていることも確かである。国家を基本的分析単位とする政治的現実主義に基づく国際関係ではとらえきれない事象が，とりわけ国境を超える環境問題をはじめとするグローバル・イシューで顕著になってきている。ガバナンスには多様な行為主体が関与しており，また多様な役割が存在することが指摘され，そうした文脈の中で，国境を越えた官民パートナーシップ（Public Private Partnership：PPP）にも注目が集まり，様々な行為主体が国際関係動向に影響を与える事例（研究）も蓄積されている（Keohane and Nye 1971；Keohane and Nye 1974；Hall and Biersteker 2002；Schaferhoff et al. 2009；Kanie, Haas and Andresen 2014）。

　グローバル化という現象そのものに関しては，様々な見方が混在し，異議が唱えられることもある一方で，それが現代国際政治情勢を突き動かす推進力になっている点に関しては，広く一致した認識が見られると考えてよい。そうした認識を俯瞰すると，以下の分析的特徴が見出される（Grande and Pauly 2005；Biermann and Pattberg 2008；Biermann et al. 2009）。

第一に，もはや国家が世界の行方を独占して舵取りしているわけではないという点。第二に，気候変動や生物多様性といった地球環境問題，難民問題，感染症などの保健衛生問題，食料やエネルギー問題，放射能の問題など，多くのグローバルな課題が喫緊の課題として表れており，その特徴の1つとして，これらの課題の多くは，影響がどこでどのように表出してくるのかの予測が困難であり，原因と結果の関係が時間的にも空間的にも特定しにくくなっていること。第三に，インターネットやソーシャルメディア，携帯電話，スマートフォンなどのICTの新技術の開発や普及により，これまでにつながっていなかった人々のつながりが生まれたり，個人レベルでの情報処理能力や発信力が大幅に増大したりしていること。また，その結果として，垂直的，水平的に重層化されたガバナンスが，時に一時的に，時にネットワーク化されて，離合集散しながら意思決定されていること。第四に，多くの行為主体が国境を越えるグローバルな脅威には協力が必要であると考えていること。第五に，意思決定過程に参加する非国家行為主体が増大傾向にあること。国際機関，ビジネス・産業界，科学者及び科学ネットワーク，非政府組織（NGO）が全て，国際政策や外交において，競って国家や国際合意形成過程に影響を与えようとしている。

　こうした環境変化は，「公共財に関する行動を調整するために，制度，過程，規範，公式の合意や非公式のメカニズムから創出される，目的を持った秩序」として，国際的，越境的，地域的レベルでの活動を網羅し，国境を超える公共及び民間セクターの活動を対象とする「グローバル・ガバナンス」を必要としている（Comission on Global Governance 1995：2-3；Benedict 2001：6232）。主権国家間の国際政治も大事であるが，相対的には，非国家行為主体の役割や権力が増大しており，それが国内・国際政治に多大な影響を及ぼす時代になっているわけである。70周年を迎える国連は，こうした状況への対応も求められることになる。

　こうした中で登場してきたのが，持続可能な開発目標（SDGs）である。地球変動に関する国際研究プログラム「フューチャー・アース[1]」のコア・プロジェクトの1つ，地球システムガバナンス・プロジェクト（ESG）を通じて活動する筆者らの研究グループは，SDGs は，上記したような新たな状況に対応すべく登場してきた，これまでとは異なる全く新しいグローバル・ガバナンスに向けた国連の

---

1)　http://www.futureearth.org

新たなガバナンス戦略である，ととらえている。本章では，このような考え方を紹介しながら，SDGs の新規性を考察したい。

2　目標によるガバナンスとは？

　広辞苑によれば，目標とは，めじるしのことであり，目的を達成するために設けた，めあてのことである。各国政府およびその他の政治的主体がグローバルな目標を採択し，国際社会総体としての意思や意気込みを明確にし，周知するのは，目的達成そのものに対して，あるいは少なくとも一般社会へ向けて，それらの目標追求に対するコミットメントを示すためである。各国政府は，会議やサミット，国連総会による宣言などを採択して国際目標を決定し，受け入れることで，そのような目標の達成と，それに付随する責任を負うことに対して，関心があることを示す。すなわち，多くの場合，目標には進捗の追跡に使われる実測可能なターゲットと時間的枠組みを含めることが期待されるわけである。こうして長期的目標を見失いがちな短期主義傾向に立ち向かうため，戦略としての目標設定が存在する。

　しかしながら，ガバナンス戦略としての目標設定の利便性と有効性に関しては，研究者の間でも考えが割れている。各国が道義的責任を負うことが可能な目標に対して，野心的な規範の導入の価値をみとめる国際法学者は多い。あるいは，普及促進および違反者への制裁のための公式な制度的仕組みの基盤となるという点で，目標設定の価値を認めているものもいる。他方，政治的「現実主義者」は，拘束力を伴う多国間条約締結がかなわなかったときの代替的，あるいは表面上の措置に過ぎないとして，目標設定を否定する傾向がある。

　実際，SDGs にもコンプライアンスを確保するための国際的な階層的ガバナンス構造は存在しない。とはいえ，ガバナンスの多様なレベルにおいて，実施を具体化するための詳細な制度や資源の動員の取り組みは，必ずしも条約上の枠組みに限られるわけではない。例えば森林管理協議会（FSC）や海洋管理表議会（MSC）といった認証制度に代表的に見られるように，インフォーマルなネットワークやパートナーシップに基づくものもある（Kanie et al. 2014b）。SDGs のような目標によるガバナンスが標榜するのは，こうしたガバナンスである。

　独立した意欲目標と，長期的コミットメントや行動基盤としての目標とを二分

することは難しい。設定当初には，一部の目標は独立の意欲目標として受け入れていたが，後に制度的構造が付随するようになったというものもある（Szasz 1992）。例えば，大西洋憲章に記された初期の共通目標は，後にダンバートン・オークス会議で公式な制度的手段が補足され，その結果，国連が生まれたのはそのようなものの好例といってよいであろう。

　国際的な目標設定には，目標実施との関係から考えると，大別して3つのタイプがあるといってよい。1つめは，単純に意欲的な目標である。このような目標は，長期的支援の促進を望む少数の国家によって提示される場合や，共通の目標について一般的な合意が形成され，各国政府が責任を持つ場合がある。例えば，19世紀の奴隷防止，人権（Sandholtz and Stiles 2009）などである。このような意欲的な目標は，各国政府が信念に基づき遵守しようとするため，協調効果を発揮する可能性がある。地球全体の平均気温上昇を産業革命前のレベルから2℃以内に抑えるという目標も，そのような意欲的な目標の一例であるといえよう。この目標は，まずEU内での合意に盛り込まれた後，主要国首脳会議（G8）の宣言，続いて2009年の国連気候変動枠組条約第15回締約国会議（COP15）におけるコペンハーゲン合意に盛り込まれた。数値目標の形態をとることで，条約第2条に盛り込まれた「気候系に対して危険な人為的干渉を及ぼすこととならない水準において大気中の温室効果ガスの濃度を安定化させること」という抽象的な目的がより具体的になっており，それが2015年のパリ協定の基盤ともなっていった。長期的かつ地球規模であるがゆえに実際の行動（政策）への直接的結びつきは見えにくいものの，国際協調行動の基盤を提供するものになっていることは確かである。

　2つめの目標設定のタイプとは，当初は意欲的な目標というレベルであるものの，後に正式な制度によって合意と支持を得て，実施および制度化される例である。ひとたびそのような目標が確立されると，達成のための努力はキャンペーンモードとなり，その後に関連する制度構築が行われるのが通常である。ミレニアム開発目標がその好例である。当初は意欲的な目標として考案されたが，後に国連事務局が達成度を測るための一連の指標を考案した。また国際環境法にも多数の例が見られる。当初の条約に広範に及ぶ意気込みが盛り込まれた後，より具体的かつ実施可能な議定書が続く。具体的な目標に関する合意が得られなくとも，多国間条約によって目標を実施可能にするための具体的メカニズム（例えば絶滅

危惧種や持続的生産レベルを特定する手順など）が導入される場合がある。

　3つめのタイプは，すぐに制度が付帯される目標である。この場合，道義的な合意が十分に広範かつ詳細であり，すぐにそれを追求できるように各国政府が制度的メカニズムを作ることができる。例としては，ブレトンウッズ制度のほか，1972年の国連人間環境会議後に作られた国連環境計画，1992年環境と開発に関する国際連合会議で合意されたアジェンダ21のフォローアップのために作られた持続可能な開発委員会，最近では，リオ＋20で設置が決まり，SDGsのフォローアップ制度となることが明らかとなってきた「持続可能な開発に関するハイレベル政治フォーラム（HLPF）」などが挙げられる。ただし，最後のケースでは，持続可能な開発目標に関する合意が得られる前に持続可能な開発に関するハイレベル政治フォーラムが作られている。

　この種の目標は，数値ターゲットに至らずに定義の広い抽象的・包括的目標にとどまることが非常に多い。さらに，それをフォローし具体化するための手段や能力は，制度構築の状況によって大きく異なる。

　持続可能な開発目標はそれぞれの特徴を少しずつ兼ね備えているが，最初の2つに近い傾向があるといってよい。なぜなら，リオ＋20で設立が決まった「ハイレベル政治フォーラム（HLPF）」は，明示的にSDGsの実施機関として設立されたというわけではなく，目標を直接支援する権限や資源は今のところほとんどないからだ。前二者のタイプだとすると，その成功の如何は今後のグローバルな制度設計，すなわちHLPFがどの程度SDGs実施にコミットできるかという点にかかってくるともいえるが，他方，SDGsの特徴の一つとして，それ以外の行為主体や多様なレベルのステークホルダーによる賛同，政治行動，および資源の動員が重要性をもつ。成功の如何は，そうした国連機関以外の仕組みづくりや，それらと国連機関との連携のあり方次第だといえよう。

3　持続可能な開発目標への文脈

　持続可能な開発目標は，ミレニアム開発目標を置き換えるという明白な政治的背景の中で出現したものだが，持続可能な開発という概念の普及によって始まった約30年間のグローバル・ガバナンスの進化における，最新の成果であるという見方こそが重要である。本節では，そのような概念的および歴史的背景につい

て考察する。

（1）持続可能な開発の文脈

　特に重要なのは，過去40年あまりのうちにグローバル・ガバナンスの対応が少しずつシフトして，地球システムと人間のシステムの相互依存が認識されてきたことである。この認識が，ガバナンス体制の革新，とりわけ，ルール策定による従来の国際法的枠組みを中心とする「国際レジーム」型ガバナンスから，目標設定によるガバナンスへの移行という実務上の動きと一致したのは興味深い。政府とステークホルダーがルール策定の限界，複雑性，および失敗事例を認識し，新たなアプローチを求めるにつれ，革新的でマルチステークホルダーの役割を重視し，かつ目標設定型のグローバル・ガバナンスへの移行が，特に持続可能性に関連して顕著に見られはじめていると言ってよい。

　さらに，環境アジェンダとして出発したものが進化して，環境，社会，経済システムの相互依存性が深く認識されるようになった。1987年，環境と開発に関する世界委員会（通称「ブルントラント委員会」）が持続可能な開発に関する一般向けのビジョンを初めて表明し，「将来世代のニーズを損なうことなく現在の世代のニーズを満たす開発」と定義した（World Commission on Environment and Development 1987）。具体的な政策に適用する際の解釈が曖昧であるために測定が困難であることは明らかだが，この定義は「持続可能な開発」概念の基準として何十年も使われている。それは，持続可能な開発の経済面，社会面および環境面の相互依存性を考慮することの重要性を強化しただけでなく，単一の世代だけの幸福に注目せずに世代間の公平性を考慮することで開発に時間的側面を追加したという点でも成功を収めたといえる。

　1992年にリオデジャネイロで開催された環境と開発に関する国連会議は，持続可能な開発の課題に対する行動への政治的勢いを加速した。具体的には，各国政府がリオで2つの大きな多国間条約――気候変動枠組条約および生物多様性条約――に署名しただけでなく，環境と開発に対する行動の指針となる原則を記したリオ宣言と，持続可能な開発に向けた広範な課題に対する詳細なアクションプランであるアジェンダ21にも署名した。リオで作られた公約，特にアジェンダ21のフォローのために，持続可能な開発委員会が設立された。しかし同会議は，当時の政治的・経済的背景に引きずられる形での「持続可能な開発」の具

体的解釈をも生み出した。それは，全体のリベラルな経済秩序を保ったまま，同概念の環境面と開発面のみに，個別に注目したのだ。この解釈は，実際には，経済成長を優先し，市場メカニズムや機構こそが環境保護と開発の懸念を同時に達成するための最良の手段であると見なすものとなっていった（Bernstein 2001）。

　10年後の2002年，持続可能な開発に関する世界首脳会議がヨハネスブルグで開かれ，アジェンダ21の実施状況を評価し，持続可能な開発に関するヨハネスブルグ宣言においてさらなる行動が要請されたが，新条約の交渉は行われなかった。その代わり，多部門にわたる官民パートナーシップ——いわゆる「タイプⅡ文書」——が実施のための主要手段として促進された。これらのパートナーシップには，ひいき目にみたとしても，成功と失敗が混在していた，というのが多くの評価するところである。明確な定量的目標や遵守，レビュー，評価制度の欠如，女性や先住民族，若者，子ども，農家などの取り残された集団からの深刻な代表不足，政府間公約の実施に力を注いだパートナーシップの相対的な少なさ，といった点が反省点として取り上げられている（Biermann et al. 2007；Bäckstrand et al. 2012：133-141；Pattberg et al. 2012；Bäckstrand and Kylsäter 2014）。持続可能な開発に関する世界首脳会議前後から，国連の文脈における持続可能な開発の概念は，より意識的に環境，経済，社会の3つの「柱」を含むように変化していった。

　2012年の国連持続可能な開発会議（リオ＋20）でも同様に，条約に関する交渉は含まれなかったが，パートナーシップから範囲を広げ，政府，ステークホルダー，財団，企業の参加とコミットメントによる多様な革新的ガバナンスと実施制度が含まれるようになった。さらに，過去のサミットに比べて持続可能な開発の社会的側面への意識が高まり，3つの側面を統合することの重要性が強調された。そうすることで，逆に，広範に及ぶ持続可能な開発アジェンダに関するガバナンスがますます断片化した複雑なシステムになりつつあることが明らかになり，タテ割りを超えた統合的なガバナンスの必要性が認識されてきた。

　統合的課題解決が必要な持続可能な開発のような，複雑な課題解決には，自律分散協調的なシステムが，より効果的に機能する。SDGsの目標によるガバナンスは，こうしたシステムを喚起するための大きなみちしるべという位置づけが出来るのである。

（2）ミレニアム開発目標の文脈

　2002年のヨハネスブルグ・サミットとほぼ時を同じくして各国政府がミレニアム開発目標にも合意したが，これが目標によるガバナンスを促すSDGsの先行事例だったと広く考えられている。ミレニアム開発目標の経験からは，本書第1章やそれに続く各章でもみてきたように，ポジティブな教訓とネガティブな教訓の双方が得られる。ポジティブな面としては，ミレニアム開発目標は重要ながらそれまで無視されていた国際的課題に対する支援を導き注目を集めること，そのような課題を正確で容易に理解できる方法で伝えることに成功した。ミレニアム開発目標に関連する改善点には，極度の貧困，初等教育における性差やより一般的な性差別の大幅削減等がある。他にも，マラリア関連疾患の減少，きれいな飲料水へのアクセス改善，ミレニアム開発目標8「開発のためのグローバル・パートナーシップ」と調和する財政資源の動員といった点があった。

　一方，ミレニアム開発目標は多くの批判も受けた。本書の第1章で詳しく触れているが，批判の一部として，目標ごとや地域ごとの達成度の差があげられる。また，グローバル目標と，国レベルの目標と優先順位の間の関連性を明確に示せていなかった。その理由の一端は，制度設計上，国連事務局がミレニアム開発目標をグローバルレベルで設定していたので，全体としての進捗測定に注目が集まるという影響があったことにある。このような包括的見地からでは，国内またはローカルレベルでの具体的ニーズや需要に対する直接的な注目や資源が必ずしも集まらなかった。

　その他の批判として，ミレニアム開発目標における包括性の不足に関するものがある。ミレニアム開発目標は，ミレニアム宣言からの3つの大きな課題「開発および貧困撲滅」「共有の環境の保護」「アフリカの特別なニーズへの対応」を対象とするものだった。シンプルで記憶に残る簡潔な目標としてこれらを規定することで，その他の課題は必然的に除外された。Fukuda-Parr（2014）が指摘しているように，ミレニアム開発目標は他の重要な課題および目標から注目をそらすという「意図せぬ合意」に遭遇したのである。さらには，ターゲットの性質に対する批判もある。ミレニアム開発目標は，結果ベースのマネジメントとして考案されたため，人権や平等のように進捗測定が困難または賛否両論である課題は含まれなかった（Alston 2005；Hulme 2007；Nelson 2007；Vandemoortele and Delamonica 2010；Browne 2014）。開発目標に含まれたターゲットでさえ，ミレニアム開発

目標と進捗測定の因果関係が疑問視された。例えば，特に経済および貧困のターゲットの表面上の達成は，ミレニアム開発目標の期間中に新興経済国，特に中国で発生した好景気によるところが大きいとする指摘がある。

　持続可能な開発目標は表面上ミレニアム開発目標を置き換える。そうすることで貧困消滅という主目的を明確に盛り込み継続するが，それだけにとどまっていない点が重要である。持続可能な開発目標とは，人間社会と地球システムの相互依存性を認識した根本的に異なるグローバル課題へのアプローチで構成されるものである。持続可能な開発目標の重要な目的は，課題間の相互関係をとらえることで，グローバル課題に対する統合的かつ体系的なアプローチを促進することであり，そのために，詳細を事前に規定しない目標によるガバナンスが有効になると考えられるのである。

（3）地球システムの限界と統合的アプローチという文脈

　地球システムが新時代――人新世（あるいは「人類世」）――に突入したことを示唆する根拠は増え続けている。今や人間が地球システムの将来を根本的に左右する力を備えてしまっている。人間は自然システムに対する影響力をもち，生命維持に必要な資源を依存している自然システムから，人間システムを切り離すことはできない。それは，本書第2章で示された，「地球システムの境界」を尊重するという考えを基礎にしつつも，「すべての人がより幸福になる権利」を認識するものである。持続可能な開発目標は，こうした権利の重要な意義を詳しく説明する役割を担うことになる。

　持続可能な開発目標は経済，社会，環境の側面を統合し，また，バランスをとるとしている。それは，SDGs策定過程でのいたずらな政治的議論を避けることに貢献をしたものの，他方で，一貫性のあるアジェンダが得られるかどうかという疑問も生み出した。例えば，持続可能な開発目標は，目標8において「持続的」かつ「持続可能な」経済成長と雇用を要請しているが，「地球システムの境界」には言及していない。他方，「成長」目標に対する交渉にこのコンセプトを含める試みがなされており（Earth Negotiations Bulletin 2014），持続可能な開発目標は同時に，天然資源の確保または持続可能な開発の様々な側面に関する政策の統合の重要性に触れている。例えば，目標12.2には「2030年までに天然資源の持続可能な管理および効率的な利用を達成する」，目標17.14には「持続可能な

開発のための政策の一貫性を強化する」と明記されている。

　複数の目標を包含した，統合的行動を体系的に運用可能にするための課題には，多様なレベルで施策を実施するよりよいガバナンス，といった横断的課題統合やその制度の問題や，目標達成のモニタリングおよび進捗評価に適した統合的かつシステム指向の評価や測定指標の作成といったことがあげられる。しかしそれだけにとどまらず，SDGs の実施全般に関わる本質的課題でもある。教育や都市の持続可能性といった公式・非公式にも合意形成されにくい問題，食物または水安全保障といった問題，あるいは公衆衛生といった問題への統合的アプローチに関する課題や機会など，「統合実施」に関する課題を挙げるだけでも，非常に広範に及ぶ。本書の他章でも主張されているように，ミレニアム開発目標は全体として環境を切り離して扱っていたため，ミレニアム開発目標 7 では環境問題を認識していたものの，社会，経済，環境問題の間の相互関係を認識できていなかった。衛生ターゲットでは多少の改善が見られたものの，魚種は減り続け，森林破壊は驚異的なスピードで続いており，温室効果ガスの世界的な排出量は増加し続けている（UN 2013）。統合的アプローチの重要性は，学術研究のなかでも強調されている（Biermann 2014；Griggs et al. 2014；Kanie et al. 2014a）。システムの連動性や統合的政策の必要性に対する認識が高まるにつれて，ミレニアム開発目標当時と比べ，グローバル課題に対する理解の深化が浮き彫りになっている。

　科学の進展により，進捗不足と相互依存性，そして，これらの複雑な課題への対応すべき規模が大きいことが明らかになってきた。これにより，人間の行動およびガバナンスシステムにおける斬新な変革が必要であることもわかってきた。一方で，ミレニアム開発目標の経験から，持続可能な開発政策の実施における膠着状態を壊すための，SDGs という新たなテンプレートが与えられてもいる。また，SDGs 設定に向けた過程では，先進国及び途上国を含む国家間だけでなく，広範に及ぶステークホルダーからの幅広い支持が得られた。見方をかえると，持続可能な開発目標に集中することで，拘束力のあるコミットメントや，貿易や気候変動といった様々な課題で進捗に至らなかった原因となる，広範に及ぶ意見の相違を克服する必要性が回避されたともいえる（Hale, Held and Young 2013；Bernstein 2013）。そうして目標に合意出来たのは，決して問題から目をそらしている訳ではない。むしろ，小異を残して大同についたと考えるべきではなかろうか。つまり，持続可能な開発をミレニアム開発目標の文脈や，いわゆる経済開発の主

流をなすアジェンダ（特に貧困削減に注力しているアジェンダ）に持ち込むことで，40年間の努力を経て，実質的に環境と開発を統合する機会がようやく得られたとみることが出来るのである。

4　SDGsと目標によるガバナンス

　環境の持続可能性と経済・産業の開発との融合を長年模索してきた国連にとって，持続可能な開発目標の設定は，「開発」と「環境」，そして「社会」という複数のアジェンダを1つの「持続可能な」開発アジェンダへと昇華する歴史的転換点であり，画期的なものであるといってよい。目標によるグローバル・ガバナンスは，SDGsによって本格的にグローバル・ガバナンスへの戦略として機能するきっかけを与えられた。言い換えれば，SDGsによって，目標によるガバナンスが広範にグローバル・ガバナンスおよび政策の中心に据えられる可能性が出てきたといってよい。その意味で，SDGsを通して，目標によるガバナンスのあり方がさらに追求されることになる。

　とはいえ，実は目標設定も持続可能性も，世界の政策や開発，地球システムガバナンスにとって新しいアプローチではない。国際連合は，過去の歴史的大プロジェクトの中でも，正義，平等，平和（あるいは戦争根絶）といったより広範な目標に深く根差している。目標設定はまた，多くの多国間協定および国際機関のプログラムにおいて中心的な役割を担っている（Ruggie 1996；Williams 1998）。一方で，「持続可能な開発」と「持続可能性」は，1992年の環境と開発に関する国連会議（「リオ地球サミット」），2002年の持続可能な開発に関する世界首脳会議といった一連の国際会議を下支えする重要な概念として展開を見せ，2012年の国連持続可能な開発会議（「リオ＋20」）では，ついに会議自体の名称に使用されるほどにまで定着した概念となっている。

　持続可能な開発目標は，目標設定アプローチ，環境ガバナンスのアプローチ，国際開発のアプローチという3つの取り組みのクロスロードにたって，様々な文脈から，取り組みを一段と前進させたものである（蟹江 2015）。それは，持続可能な開発という概念に対して，目標の具体的なターゲットを定義することで，詳細かつ具体的な意義を付加しているという点でも重要な意味を持つ。目標，具体的数値目標を含むターゲット，そして進捗を測る指標という三層構造のみから成

り立つシンプルな構造は法的拘束力を持たないが，指標によって比較可能な形で進捗を測るしくみによって行動を促進する。一方で進むべき方向性を示しながら，他方，具体的政策や行動を規定することはしない。それは，国家レベルの政策をはじめ，地域レベルの政策，あるいは国内の地方や自治体レベルの政策，そして，企業やNGO，科学者コミュニティや国際機関といった様々なステークホルダーが，呼びかけに呼応するのを待つアプローチである。上述したようなグローバル・ガバナンスの環境変化を考慮すれば，それは，当初では思いもかけないイニシャティブを創発する可能性を秘めるアプローチであり，その意味で，きわめて21世紀の今日的なアプローチである。他方，新たなアプローチの成否は不透明でもある。

「持続可能な開発のための2030アジェンダ」は，ミレニアム開発目標で達成できなかった要素を単純に継続したものではなく，貧困消滅や社会的包摂性という中心的課題解決には他の課題解決が実は必須であるという「複雑性」の認識の上に立った，普遍的で差別のない行動変化を促進することを目指すものである。それはすなわち，21世紀に拡大し続ける経済的，社会的，そして地球規模の複雑性にも対応する必要がある。それでも，持続可能な開発に特化した枠組みの中で人権，社会的・政治的包摂性，グッドガバナンスを含む包括的なアジェンダを本当に有効に扱えるのか，と疑問に思う向きもあるだろう（Browne 2014）。並々ならぬ意欲，不確かな政治的コミットメント，目標追求に必要な政治的・経済的主体と資源を動員できるかどうかという疑問は，同時に，現代社会の問題解決が抱える課題でもある。

そうした中で重要なのは，本書の第1章をはじめあらゆる章で評価をしているように，ミレニアム開発目標の一定レベルの成功により，目標設定がグローバル・ガバナンス戦略に「格上げ」される準備が整ったという点である。多くの行為主体はSDGsによって生み出される新たな戦略への期待を膨らませているが，こうした期待を醸し出す要因の一部は，それらを生み出した非常に広範かつハイレベルな合意形成プロセスにあったといってよいであろう。こうしてSDGsによってはじめて，目標によるガバナンスが，新たなしくみとして検討に値するものとなってきたわけである。

序章や第1章でも検討してきたように，ミレニアム開発目標は，それまでの国連その他の国際プロセスの成果や，2000年ミレニアムサミット前後の各国政府

や国連機関との協議を反映しているものの，具体的な語句は国連事務局によって作成されている（McArthur 2014）。簡潔ながら広範な8つのミレニアム開発目標とそれに付随するターゲットは，交渉の結果生まれたものではなかった。これに対し，持続可能な開発目標は，2年間にわたる政府間の集中した検討と交渉，そしておそらく国連史上最大の一般人およびマルチステークホルダーによる協議に基づいて策定されていった。ウェブやインターネットを通じたコンサルテーションも非常に大きな規模で実施されている。これにより，普遍性や正統性を持つしくみとなってきたわけである。

　SDGs はそれだけで独立した目標ではなく，2015年9月に国連総会で採択されたより広範な国連の新アジェンダ「我々の世界を変革する：持続可能な開発のための 2030 アジェンダ」（UNGA 2015）の中核を構成するものである。この包括的宣言には，大規模な交渉・協議プロセスだけでなく，2015年初頭に仙台で開催された第3回防災世界会議や，同7月にアディスアベバで開催された第3回開発資金国際会議など，関連する数々の国際プロセスによる成果も反映されている。

　持続可能な開発目標の達成には，国連システム全体を巻き込んだ広範な努力だけでなく，地域・国家レベル，複数の市民社会，経済，ビジネス主体など，国連システムを大きく超えた政治的支援や資源動員が必要であるという認識がある。作成過程の普遍性や正統性が，現代社会の特徴的メディアの活用なども踏まえながら，目標達成過程へも反映されていくことが目指されている。これを実現する事が出来れば，2030 アジェンダのタイトルにもあるように，「我々の世界を変革する」ための新たなグローバル・ガバナンスが，目標によるガバナンスによってもたらされることになる。

5　新たなグローバル・ガバナンスの仕組みとしての SDGs

　目標によるガバナンスは，これまで MDGs のように比較的限定的な目的の達成のためには使用されてきた。しかし，これが「持続可能な開発」という形で，多様な国家や行為主体に適用される形で提示されることとなれば，それは新たなガバナンスの方策を提示することになる。かつて，グローバル・ガバナンスのアジェンダを推進するために，これほどまでに詳細かつ大規模な目標とターゲットのリストが作られたことはなかった。SDGs はこの観点から見れば，新たなグ

ローバル・ガバナンスの戦略であるととらえることができる。

これまで国連を中心に国際協力を推進するメカニズムとしては，国際法的枠組みを中心として多様なルールのセットが提供される「国際レジーム」構築がその中心的役割を担ってきた。各国が築いてきた当該問題領域に関する法的枠組みを国際交渉によってすり合わせながら，新たな共通ルールを構築することによって，課題解決を行おうという取り組みである。GATT や WTO 関連の国際貿易ルールをはじめ，国連気候変動枠組条約やその下での京都議定書，生物多様性条約と名古屋議定書等，多くの分野でルールに基づく国際協力メカニズムが構築されてきた。

しかしながら，地球環境問題に関する国際レジームは，近年困難に直面している。国際ルール構築が，上述したような地球規模の環境変化に対処するために必要なだけの行動を積み上げられなくなってきているのである。言い換えれば，地球システムを持続可能にするために必要なレベルの行動と，従来の国際レジームによる対処が生み出す行動との間に，大きなギャップが出てきているのである。

象徴的なのは気候変動であろう。2009 年にコペンハーゲンで開催されたCOP15 にて，京都議定書につづく国際レジーム構築を行おうとしていたが，その目標は達成できなかった。結果として出てきたのは，各国が自主的目標を提示し，できることから対策をとっていく「ボトムアップ」のルール作りである。しかし，そうして出された自主的目標を集積しても，産業革命前と比較して2℃以内に気温上昇を抑える，という政治目標を確実に実現させるような排出経路とは，依然として極めて大きなギャップがある（UNEP 2015）。各国の目標がどのように構成されているのかを明らかにし，比較可能にするために透明性を高める取り組みは少しずつ進んではいるものの，野心度を向上させ，短中期的に対策を強化することは，2015 年のパリ協定合意を経て今なおできていない。

そうした中で登場したのがSDGs である。

前述した通り，SDGs は目標，ターゲット，指標という構造と，それらの進捗をモニタリングし，評価するというメカニズムをもつのみのシンプルなものである。国際法に基づくようなルールを詳細に決めていくものではない。MDGs 同様，SDGs も意欲的な目標を掲げることができるとすれば，これが従来型の国際レジームと連関し，シナジーを生み出して，新たな 21 世紀型ガバナンスが出来上がる可能性が高い。その際重要となるのは，目標主導のガバナンスと，国際レ

ジームによるガバナンスの連携をいかに埋め，両者のギャップをいかに埋めてい
くかという課題への挑戦である。その意味では，国連における目標設定で終わら
ず，地域，国，あるいはステークホルダーのレベルでも，グローバルな目標に貢
献するターゲットを設定し，関連した目標達成へむけた実施メカニズムを構築し
ていくことが，重要なことの1つであるように思われる。

　行動変化が必要である認識が高まりながら，その突破口が見いだせずにいたサ
ステイナビリティのためのガバナンス。新たなガバナンス戦略という意味で，
SDGs への期待は大きい。

参考文献

Alston, P. (2005) "Ships Passing in the Night: The Current State of the Human Rights and Development Debate Seen through the Lens of the Millennium Development Goals," *Human Rights Quarterly*, 27(3): 755-829.

Bäckstrand, K., S. Campe, S. Chan, A. Mert and M. Schäferhoff (2012) "Transnational Public-Private Partnerships," Biermann, F. and Philipp P. (eds.) *Global Environmental Governance Reconsidered*: 123-147, Cambridge MA: MIT Press.

Bäckstrand, K. and M. Kylsäter (2014) "Old Wine in New Bottles? The Legitimation and Delegitimation of UN Public-Private Partnerships for Sustainable Development from the Johannesburg Summit to the Rio+20 Summit," *Globalizations*, 11(3): 331-347.

Benedict, K. (2001) "Global Governance," *International Encyclopedia of the Social and Behavioral Sciences*, New York: Pergamon Press: 6232-6237.

Bernstein, S. (2001) *The Compromise of Liberal Environmentalism*, New York: Columbia University Press.

Bernstein, S. (2013) "Rio+20: Sustainable Development in a Time of Multilateral Decline," *Global Environmental Politics*, 13(4): 12-21.

Biermann, F. and P. Pattberg (2008) "Global Environmental Governance: Taking Stock, Moving Forward," *Annual Review of Environment and Resources*, 33.

Biermann, F., et al. (2009) *Earth System Governance: People, Places, and the Planet-Science and Implementation Plan of the Earth System Governance Project-*, Bonn: Earth System Governance.

Biermann, F., Man-san Chan, A. Mert, and P. Pattberg (2007) "Multi-stakeholder Partnerships for Sustainable Development: Does the Promise Hold?" Glasbergen, P., F. Biermann and A. P. J. Mol (eds.) *Partnerships, Governance and Sustainable Development. Reflections on Theory and Practice*: 239-260, Cheltenham: Edward Elgar.

Biermann, F. (2014) *Earth System Governance: World Politics in the Anthropocene*, Cambridge, MA: MIT Press.

Browne, S. (2014) "A Changing World: Is the UN Development System Ready ?" *Third World Quarterly*, 35(10): 1845-1859.

Comission on Global Governance (1995) *Our Global Neighborhood: The Report of the Commission on Global Governance*, Oxford: Oxford University Press.

Earth Negotiations Bulletin (2012) "Summary of the United Nations Conference on Sustainable Development: 13-22 June 2012," *Earth Negotiations Bulletin*, 27(51).

Earth Negotiations Bulletin (2014) "Summary of the Second Meeting of the High-Level Political Forum on Sustainable Development: 30 June-9 July 2014," *Earth Negotiations Bulletin*, 33(9).

Fukuda-Parr, S. (2014) "Global Goals as a Policy Tool: Intended and Unintended Consequences," *Journal of Human Development and Capabilities*, 15(2-3): 118-131.

Fukuda-Parr, S., A. E. Yamin, and J. Greenstein (2014) "The Power of Numbers: A Critical Review of Millennium Development Goal Targets for Human Development and Human Rights," *Journal of Human Development and Capabilities*, 15(2-3): 105-117.

Grande, E. and L. W. Pauly (eds.) (2005) *Complex Sovereignty: Reconstituting Political Authority in the Twenty-first Century*, Toronto: University of Toronto Press.

Griggs, D., M. S. Smith, J. Rockström, M. C. Öhman, O. Gaffney, G. Glaser, N. Kanie, I. Noble, W. Steffen and P. Shyamsundar (2014) "An Integrated Framework for Sustainable Development Goals," *Ecology and Society*, 19(4): 49.

Hale, T., D. Held, and K. Young (2013) *Gridlock: Why Global Cooperation is Failing When We Need it Most*, Cambridge: Polity Press.

Hall, R. B. and T. J. Biersteker (eds.) (2002) *The Emergence of Private Authority in Global Governance,* Cambridge: Cambridge University Press.

High-level Panel of Eminent Persons on the Post-2015 Development Agenda (2013) *A New Global Partnership: Eradicate Poverty and Transform Economies through Sustainable Development*, New York: United Nations.

Hulme, D. (2007) "The Making of the Millennium Human Development Meets Results-based Management in an Imperfect World," *Brooks World Poverty Institute Working Paper*, 16: 1-26.

Kanie, N., N. Abe, M. Iguchi, J. Yang, N. Kabiri, Y. Kitamura, S. Managi, I. Miyazawa, T. Tasaki, T. Yamamoto, T. Yoshida and Y. Hayakawa (2014a) "Integration and Diffusion in Sustainable Development Goals: Learning from the Past, Looking into the Future," *Sustainability*, 6(4): 1761-1775.

Kanie, N., P. M. Haas and S. Andresen (eds.) (2014b) *Improving Global Environmental Governance: Best Practices for Architecture and Agency*, Routledge.

Kanie, N. et al. (2014) "Integration and Diffusion in Sustainable Development Goals: Learning from the Past, Looking into the Future" *Sustainability*, 6(4): 1761-1775

Kanie, N., Peter M. Haas, Steinar Andresen (eds.) (2014) *Improving Global Environmental Governance: Best Practices for Architecture and Agency*, Routledge.

Keohane, R. O., J. S. Nye Jr. (eds). (1971) Transnational Relations and World Politics. Cambridge, MA: Harvard University Press.

Keohane, R. O. and J. S. Nye (1974) "Transgovernmental Relations and International Organizations," *World Politics*, 27(1).

Leadership Council of the Sustainable Development Solutions Network (2013) "An Action Agenda for Sustainable Development: Report for the UN Secretary-General," 6 June 2013.

McArthur, J. W. (2014) "The Origins of the Millennium Development Goals," *SAIS Review of International Affairs* 34(2): 5-24.

Nelson, P. J. (2007) "Human Rights, the Millennium Development Goals, and the Future of Development Cooperation. *World Development*," 35(12): 2041-2055.

Pattberg, P. F. Biermann, S. Chan and A. Mert (eds.) (2012) *Public-Private Partnerships for Sustainable Development: Emergence, Influence, and Legitimacy*, Cheltenham: Edward Elgar.

Pauwelyn, J. A. Wessel and J. Wouters (2014) "When Structures Become Shackles: Stagnation and Dynamics in International Lawmaking," *European Journal of International Law*, 25: 733-763.

Ruggie, J. G. (1996) *Winning the Peace*, New York: Columbia University Press.

Sandholtz, W. and K. Stiles (2009) *International Norms and Cycles of Change*, Oxford: Oxford University Press.

Schaferhoff, M. et al. (2009) "Transnational Public-Private Partnerships in International Relations." *International Studies Review*, 11: 451-474.

Shepherd, A. (2008) "Achieving the MDGs: The Fundamentals," *ODI Briefing Paper*, 43, London: ODI.

Speth, G. (1992) "A Post-Rio Compact," *Foreign Policy*, 88: 145-161.

Sumner, A. (2009) "Rethinking Development Policy: Beyond 2015," *The Broker*, 14: 8-13.

Szasz, P. C. (1992) "International Norm-making," Weiss, E. B. (ed.) *Environmental Change and International Law: New Challenges and Dimensions*: 41-80, Tokyo: UN University Press.

UNEP (2015) *The Emissions Gap Report 2015*, Nairobi: UNEP

United Nations (2013) The *Millennium Development Goals Report 2013*, New York: United Nations.

United Nations (2014a) "Report of the Open Working Group of the General Assembly on

Sustainable Development Goals," A/68/970.

United Nations (2014b) "The Road to Dignity by 2030: Ending Poverty, Transforming All Lives and Protecting the Planet: Synthesis Report of the Secretary-General on the Post-2015 Sustainable Development Agenda," A/69/700.

United Nations (2015) "Outcome document of the Third International Conference on Financing for Development: Addis Ababa Action Agenda," A/CONF.227/L.1.

UNGA (United Nations General Assembly) (2015) *Transforming Our World: The 2030 Agenda for Sustainable Development*, Draft resolution referred to the United Nations summit for the adoption of the post-2015 development agenda by the General Assembly at its sixty-ninth session, UN Doc. A/70/L.1 of 18 September.

Vandemoortele, J. and E. Delamonica (2010) "Taking the MDGs Beyond 2015: Hasten Slowly," *IDS Bulletin* 41(1): 60–69.

Weiss, E. B, D. B. Magraw and P. C. Szasz (1992) *International Environmental Law: Basic Instruments and References*, Transnational Publishers.

Williams, A. (1998). *Failed Imagination ?*, Manchester University Press.

World Commission on Environment and Development (1987) *Our Common Future*, Oxford: Oxford University Press.

蟹江憲史 (2015)「持続可能な開発目標 (SDGs) ——サステイナビリティへのクロスロード」『環境研究』(177): 24–33。

(蟹江憲史)

1　持続可能な開発目標の実現手段としての資金メカニズム

　国連の 2030 年持続可能な開発アジェンダでは，追加的な資金動員は持続可能な開発目標（SDGs）をグローバルに達成する重要な手段と指摘する（目標 10）。そして，先進国は政府開発援助（ODA）に関する国際公約を果たし，さらに複数の資金源による途上国の追加的な資金動員を目標に掲げた（目標 17）（United Nations General Assembly 2015）。

　持続可能な開発とは，従来の資源の使い捨てを意味する開発から，資源を将来の利用に向けて保全し，そのことによって人類社会の安定的な存続可能性を確保しようとするものである（本書序章参照）。したがって，環境資金も，従来の対症療法や緊急避難的な取組みや，全体の活動や事業の中の環境を改善する活動だけでなく，経済的な利益を生む部分を含めた活動全体に供給することが求められる。

　そこで持続可能な開発をどの範囲まで含めるかによって，目標達成に必要な資金推計額も変わる。例えば，UNDP（2011）は，2030 年までに気候変動緩和・適応には年間 125〜685 億米ドル，国連ミレニアム開発目標（MDGs）で設定された上下水道の目標を達成するには年間 67〜750 億米ドルが必要と推計する。そしてその多くは途上国で必要とされる。

　しかしこうした膨大な資金を ODA のみで供給するのは財政的に困難である。先進国は厳しい財政制約と援助効果の低下に起因する「援助疲れ」から，1980〜90 年代には ODA 供与額を削減してきた。このため，ODA は，気候変動緩和・適応に最小限必要と推計される額の 11 ％，上下水道目標達成に最小限必要とされる推計額を供給しているにすぎない（UNDP 2011）。しかも，新たなグローバルな課題に直面しても，新たな国際機関を創設するのではなく，国際環境条約や協定の締結により達成しようとしてきた。そしてそれを遵守・履行しようとする途上国には，新設した多国間基金や多国間資金メカニズムから資金を動員

してきた。ただし，多国間環境条約における多国間基金や多国間資金メカニズムからの資金は環境改善部分にしか充当されないため，多国間開発機関や民間企業との協調融資で行われてきた。

　ODA 以外の資金源を活用する動きは，近年ますます拡大している。革新的資金メカニズムとして，国際通貨基金の特別引出権（Special Drawing Rights, SDR）の新規発行やそれを担保にした投資，炭素税，金融取引税，通貨取引税等の導入が検討されている。これらが全て導入されれば，最大で年間 8000 億米ドルが動員可能と推計されている（UNDESA 2012）。共通価値の創造（Creating Shared Value：CSV），即ち社会の利益が増進される中で企業の私的利益の確保を図るような win-win のビジネスモデルの方が，そうでないものよりも長続きし結果的に利益も多いとの考えの下に，持続可能な開発に資する活動に転換する民間企業も増えつつある。民間金融機関も，プロジェクト・ファイナンスを通じて資源開発や再生可能エネルギーを含めた経済インフラ整備事業に資金を供給するようになっている。

　途上国自身も持続可能な開発の実現に向けて国内資金を動員するようになっている。より多くの資金を動員できるようになるには，税制の合理化や徴税体制の強化，納税義務の遵守に加え，資源を戦略的に動員できる適切な政策とその執行能力，信頼できる制度の確立が不可欠となる（World Bank 2013）。

　日本国内では，再生可能エネルギーの発電利用の迅速な拡大を促す制度として固定価格買取制度（FIT）が導入され，日本版の環境金融原則が自主的に定められ，有力な年金基金が持続可能な開発案件に対する資金運用にコミットするなどの重要な進展が見られる。他方で，他の電源と比較して二酸化炭素を多く排出する石炭火力発電所の開発計画が目白押しで，それらに対して資金供給されている状況でもある。日本でも状況は爬行的であって，持続可能な開発の実現にどのように資金を動員するかは引き続き大きな課題である。

　こうした点を踏まえて，本章では，まず先進国はなぜ開発のための資金を動員してきたのか，言い換えれば，どのような論理を用いて，国民に国際開発達成のための資金動員を正当化してきたのかを整理する。そして実際に動員された資金は，これまでどのような成果をもたらし，今後どのように SDGs の達成に資していくのかを検討する。さらに日本国内での持続可能な開発の具体化に向けた資金確保の現状と課題を検討する。

本章の構成は以下の通りである。第 2 節では，国際開発資金動員の背景にある論理と，それをめぐる議論を整理する。第 3 節では，グローバルな開発資金のこれまでの成果を簡潔に述べた上で，残された課題を整理する。第 4 節では日本国内資金の動員状況とその課題を，バイオマス発電事業の事例を通じて明らかにし，第 5 節でその課題を克服するための手法を提示する。第 6 節で明らかにされた知見を要約する。

2　国際開発資金の動員の論理

（1）資金ギャップ論

　途上国の経済発展に対する国際資金動員は，途上国が独立を果たし，先進国が第二次世界大戦の戦禍から復興を遂げた 1950 年代後半以降，国際会議の中心的課題となった。この資金動員の根拠の 1 つとなったのが，「2 つのギャップ」論であった。途上国が工業化を進めるには経済インフラの整備など大規模な投資が必要であるが，その資金を調達できる主体は政府しか存在せず，政府が投資を行えば財政赤字に陥る。また経済成長を進めるとそれに伴って必要となる原料や中間財の輸入も増えるため，外貨制約に陥る。この 2 つのギャップを埋めるには外国資金の導入が必要である，というものである。

　この議論に基づいて，国連貿易開発委員会では，「国連開発の 10 年」の下で先進国が増やしてきた ODA をさらに増額すべきことが決議された。最終的には 1970 年の国連総会で，先進国は GNP の 0.7 ％を ODA に充当させるべきことが決議された。

　しかし，資金ギャップ論は，援助代替（aid fungibility）論ないしインセンティブの観点から批判された。途上国は受け取った援助資金と同額を軍事用など非生産的な用途に使用するため資金の純増効果は生じておらず，また援助資金は投資や貯蓄ではなく消費にも向かいうることを指摘するものであった（イースタリー 2003）。

　実際には，GNP の 0.7 ％目標を達成し続けた先進国は，北欧諸国等に限られていた（詳しくは本書第 1 章参照）。しかも多くの途上国は，援助代替や能力不足の課題を解決することなく，世界的な低金利や資源ブームによる収入に乗じて，経済成長の促進や基本的なニーズの充足，政権基盤の強化等のために，外国の民

間銀行から多額の借入を行った。この結果，1980年代初頭に世界的な高金利と需要減少，資源価格の低下に直面すると累積債務問題に陥り，国際通貨基金（IMF）や世界銀行から融資と引き替えに経済構造改革を強いられることとなった。

IMFと世界銀行は，経済構造改革として，過大評価された為替レートの切り下げと管理撤廃，財政赤字削減，税制改革などのマクロ経済安定化政策に加え，国有企業の民営化と公共財・サービスの民間供給，資本規制を含む規制緩和・撤廃，労働規制改革，貿易・金融の自由化等を求めた。しかし，真剣に実施した国では，失業の増加や賃金・医療・社会福祉サービス水準の低下により，貧困が拡大した。輸出主導型工業化へと政策転換を進めた国では，労働・安全・環境規制を緩和して外資の誘致競争を繰り広げ，自然資源が豊かな国では，外貨獲得のためにその開発を促したために，環境破壊は加速的に拡大した。こうした悪影響は国内だけでなく，気候変動，生物多様性の減少，越境汚染，感染症の拡大，環境難民等の形で，リージョナルないしグローバルにも拡大した。

こうした事態を受けて国連は2000年にミレニアム開発目標を採択し，貧困削減，教育，衛生・医療，環境，ガバナンス等の分野で8つの目標を設定し，その達成を全世界に訴えた（本書第1章参照）。そして2002年にモントレーで国際開発資金会議を開催し，先進国は「国民総所得（GNI）比0.7％目標」達成に向けて努力すべきことを明記した。結果，2011年には先進国のODA供与額は1330億米ドルと，2002年の2倍に増加した（UNDESA 2012）。しかし，0.7％目標達成にはさらにODAを2倍以上増額する必要がある。そこで，持続可能な開発のための2030年アジェンダでも，上記の0.7％目標，及び後発途上国に対する最低GNI比0.2％のODA供与が目標として明記されている。

このように，国連の会議では常に，資金ギャップ論とそれに基づく先進国の「0.7％目標」達成が提起されてきた。

（2）地球公共財の議論

1992年の国連環境開発会議で「共通だが差異のある責任」が原則として明示化されたことで，途上国は，先進国に地球環境問題に対応するための資金を，GDP比0.7％のODAに追加的に供与することを求めてきた。

この主張に理論的な根拠を与えようとしたのが，地球公共財の議論であった

（カウル他 1999）。地球公共財の議論では，グローバルな課題を地球公共財の過剰使用，過少使用（基本的人権の過少な保護等），供給不足の問題として捉える。そして供給不足に関しては，財の性質別に供給戦略を示している。具体的には，地球公共財を，以下の３つに分類する。

A．供給の全体量が重要なもの（二酸化炭素やフロンガスの排出）

B．供給量が最も脆弱な国の供給能力に規定されるもの（感染症等）

C．可能な限り最良で最も迅速な供給が不可欠なもの（最新の農業・医療技術）

そして，過小供給に陥る原因は，タイプAの公共財では囚人のジレンマやただ乗りに，タイプBの公共財では他国の供給なしにはそれ以上の供給は無駄になると考えることに，タイプCの公共財では限定された供給主体と漏出効果によるただ乗りにあると指摘した。これを踏まえて，供給戦略として，タイプAとCの公共財では私的な利益が得られる仕組みを組み込むことが，タイプBの公共財では他国の供給を保証し検証するメカニズムを構築することが不可欠であることを指摘した。

この論理を参照しつつ，実際の地球公共財を供給する多国間資金メカニズムが新設されてきた。タイプAの公共財の供給メカニズムとしては，京都議定書の下で創設されたクリーン開発メカニズム（CDM）が挙げられる。温室効果ガスの排出は，どの国で排出（削減）しても，気候変動に同じ影響を及ぼす。そこで，排出削減費用の低い分野や事業に優先的に投資を行えば，世界全体で必要となる気候変動緩和の費用を小さくすることができる。CDM は，排出削減費用の高い先進国が，削減費用の低い途上国に技術や資金等の支援を行って排出削減事業を実施し，その結果削減された排出の一定量を自国の排出量の削減分に充当するのを認めることで，費用対効果の高い排出削減を促す。

タイプBの公共財の供給メカニズムとしては，５つの国連環境条約の資金メカニズムとして設立された地球環境ファシリティ（GEF）や，国連気候変動枠組条約の下に設立された適応基金，MDG 目標 6 に掲げられた三大感染症（エイズ・マラリア・結核）の克服を目的に，法人格を持つ主体として設立された「グローバル・ファンド」が挙げられる。

さらに，経済開発協力機構（OECD）が導入を勧告してきた ODA 支援事業に対する環境アセスメントや，公的輸出信用機関に対する環境社会配慮の共通アプローチ等の下限設定型の環境規制の調和，及び世界の主要金融グループが自主的

な環境社会リスクマネジメントの枠組みとして採用しつつある赤道原則も，タイプＢの地球公共財に分類することができる。ただし供給主体は，前者はOECD加盟国，後者は参加表明金融機関に限定されており，その他の国や金融機関の参加を確保しているわけではない。

3　グローバルな開発資金の成果と課題

　1990年以降，グローバルな課題の解決を目的とした多国間資金メカニズムが新設され，追加的な資金を動員してきた。GEFは，1991年の設立から2014年までに信託基金から135億米ドルを供給したが，その5倍の金額を協調融資で動員した（Global Environment Facility 2015）。またCDM及び共同実施への追加投資額（incremental cost）は，2010年1年間に22〜23億米ドル（Buchner et al. 2013）で，全投資額は，CDM事業だけで110〜270億米ドル（Olbrisch et al. 2013）と推計されている。さらに，グローバル・ファンドは，2001〜15年に総額284億米ドルの資金を動員した。この結果，HIVによる死者数を36％，結核による死者数を29％，マラリアによる死者数を48％減少させるなど，三大感染病での死者数を毎年200万人，累計で1700万人減少させたと推計されている（The Global Fund 2015）。

　その一方で，多国間資金メカニズムは，新たな課題を提起している。

　第一に，国際的・国内的な衡平性を改善しないことである（カウル・グルヴァン，2005）。特にGEFとCDMは，中国・インド・ブラジルの3カ国への資金配分が顕著に高く，次に配分の多い国もメキシコやインドネシア等の中所得国であった（Rüther, Müller and Jara 2014：森 2015a）。これは2つの資金メカニズムとも，高い社会的収益が期待できる省エネや再生可能エネルギー事業に多くの資金を動員したためであった。そして新興経済国や中所得国ほど，温室効果ガスの排出削減余地が大きく，かつ自国の発展戦略の中にCDMを組み込み，自国の技術を活用してCDM事業を提案するなど，資金を効果的に利用できる能力を持ち，かつ向上させてきた（森 2010）。

　他方，グローバル・ファンドはアフリカの感染症大量発生国に，適応基金は気候変動の影響に脆弱な国に多くの資金を配分している。この2つの資金メカニズムは，比較的多くの資金を低所得国に配分しているものの，必ずしも最も貧しい

国やその中の最も貧しい地域に重点的に配分しているわけではない。

　第二に，途上国の当事者意識（オーナーシップ）とガバナンスの向上を阻害しうる。経済開発協力機構（OECD）の「援助効果に関するパリ宣言」（2005 年）やそれを具現化した「アクラ行動計画」（2008 年）は，援助効果低下の原因を「成果重視の管理」の欠如だけでなく，援助供与国による途上国の国家開発戦略や手続きの無視，供与国間の手続きや行動の調整不足にもあると認識し，その改善を求めている。しかし，多国間資金メカニズムは，明確に定義された政策目標の達成を目的としているがゆえに，途上国の開発戦略上の優先順位や受入能力を軽視してきた。途上国の能力不足や協調融資の必要性などから，世界銀行や国連機関などの多国間開発機関が事業実施機関として事業の企画・申請・進行管理・報告，及び資金調達・管理を担ったことも，この点に拍車をかけた。しかも動員された資金は，政府の予算外資金として扱われる。このことは，途上国の議会や国民の支持を得る必要をなくし，迅速な支出を可能にした半面，当事者意識を向上させなかった。このため，開発リーダーシップを発揮し，多国間資金メカニズムの政策目標を国の発展戦略に組み込んで改革を戦略的に進めている国（Fritz and Menocal 2007）を除けば，受取国政府が予算から追加的な資金を支出することにはならなかった（Rüther, Müller and Jara 2014）。

　この課題に対応するために，グローバル・ファンドや適応基金では，資金への直接アクセス方式（direct access modality）を導入した。この方式は，グローバル・ファンドでは，途上国国内の調整機構から指名された第一次受取機関（Principal Recipient）が，適応基金ではその信託基準を満たしたと認証を受けた途上国国内の実施機関が，基金から直接資金を受け取って活動を行うことで，受取国の優先順位や手続きを事業に反映させることを容易にするものである。そして実際に，グローバル・ファンドでは効果が科学的に検証された治療薬や予防法をニーズの高い人々に届け，適応基金でも政府の優先順位や地元のニーズに合致した事業を形成・提案・実施し，国内アクターの適応事業実施能力を向上させた（森 2015b）。

　ただし，グローバル・ファンドでは資金を供給した 140 カ国中 29 カ国で高リスク・低能力を理由に UNDP が第一次受取機関となり（Bird, Billett and Colon 2011），適応基金では認証を受けた国内実施機関は 2015 年 11 月末時点で 20 機関，承認された 51 事業の 3 分の 1 を占めるにすぎない（Adaptation Fund 2015a, 2015b）。

多くの途上国の事業実施に必要な能力の向上は，依然として課題として残されている。

　第三に，分野横断型の課題への対応が困難であった点である。多国間資金メカニズムは，明確に定義された特定政策目標の達成を目的として設立されたがゆえに，関連する分野への影響や相乗効果を視野に入れて資金を動員することは困難であった。

　そこで，多国間資金メカニズムを新設する際に，既存のものを統廃合して，より包括的な機能を持つものを設立することが提案された。具体的には，グリーン気候基金（GCF）を新設する際に，GEF や適応基金，気候投資基金等の一部ないし全てを統合するという案が提示された。しかし，GCF の設立から 3 年を経ても，未だ統廃合は進んでいない。

　こうした多国間資金メカニズム間の分断を解消する 1 つの方法として，グローバル・タックスの導入を契機とした，独自財源と多様な利害関係者による意思決定機構を備えた超国家機関の創設が考えられる（上村 2014）。市民社会団体は，グローバル・タックスの導入を想定した国連徴税機関の設立を求めてきた（Concord Europe 2015）。しかし，2015 年のアジスアベバ国連開発資金会議の合意文書で，企業の租税回避や汚職への対応強化を通じた国内資金動員は記載されたものの，グローバル・タックスは全く言及されなかった。

　第四に，新興経済国・途上国の活動の増加が，先進国の地球公共財の供給効果を相殺する可能性が高まっていることである。近年新興経済国は政府開発資金の供給が増加しており，2011 年までに年間 120〜150 億米ドル，先進国の ODA 供給額の 10〜15 ％を占めるまでになっている（World Bank 2013）。特に中国は政府開発資金の供給を急速に増加させており，2013 年には 710 億米ドルを供給している（Kitano and Harada 2014）。そしてその大半を経済インフラの整備に配分している。さらに 2015 年にはアジアインフラ投資銀行を設立し，経済インフラの整備にさらなる資金供給を予定している。しかし中国は OECD 加盟国ではないので，OECD の ODA や輸出信用機関に対する環境社会配慮勧告，今後決定される石炭火力発電融資制限等の「下限設定型の環境規制」には拘束されない[1]。このため，石油等の資源の獲得と引き替えに，紛争国や人権侵害の著しい国に対しても

1）「OECD 石炭火力融資制限　『低価格型』で中国の影」『日本経済新聞』2015 年 11 月 21 日。

資源開発や経済インフラ整備の資金を供給してきた（Halland et al. 2014）。

4 持続可能な開発の具現化に向けた日本国内の資金動員の現状と課題

　国際的な開発資金動員が課題となる一方で，持続可能な開発目標（SDGs）は MDGs とは異なり，先進国内での実施も必要になることから，先進国内での資金動員も重要な課題となる。日本に関していえば，環境省（2015）によれば，いわゆる環境ビジネスの売上高は，近年，約 90 兆円を超えるまでに成長している。しかしながら，持続可能な開発を具体化する取り組みのファイナンスという意味では，まだまだ順風というわけではなく，改善の余地がある。

（1）バイオマス発電事業の事例からの考察
　環境資本利用の最近の顕著な事例の 1 つの典型が，バイオマス発電である。ここでは，商業性の強い発電事業として進めている岩手県野田村でのバイオマス発電と，水俣市で計画されつつある極めて小規模の発電の事例を対比することで，持続可能な開発の具体化に当たって資金が果たす役割を考えてみたい。
　バイオマス発電は，太陽光発電に対する固定価格買取制度（FIT）上の買取価格が徐々に譲許的・奨励的なものではなくなっていく中で，通常の汽力発電である点から安定電源として扱えるために，FIT の買取価格も比較的に好意的なものとして維持されている。また，その手間が掛かるがゆえに発生する付加価値は概ね地元に落ちるため，地域振興との親和性も太陽光発電よりは強い。このため，事業としての難度は高いが，事業の対象として未利用森林資源を活用するバイオマス発電が選ばれることが増えつつある。
　その一方で，バイオマス発電にはいくつかのリスクが存在する。第一に，大規模にすると，発電量を維持するために必要な膨大な木材を安定的に集荷することが困難になる点である。発電能力 1MW 当たりでは，年間 2 万 m^3 程度の木材が必要である。1ha に高さ 2m で木材をぎっしり並べたイメージである。水俣の場合は，当初は 9MW 程度で計画されたが，近隣の，伐採・収穫可能で，再植林もしやすい持続可能性のある森林経営適地での炭素固定量などから見て，この規模の発電は到底困難と計算された。そこで現在では，2MW 以下程度の規模での建設が模索されている。他方，岩手県野田村での発電事業は 14MW と大規模で

あるが，これは周辺の山々が平坦であって持続可能な森林経営適地が広く，森林組合も強力で，発電事業に協力的でもあるためである。さらに，隣接の久慈市には港湾があり，地域材で不足する場合は外材のチップも輸入できる立地であって，安定的な発電には恵まれた立地である。

　第二のリスクは，太陽光発電とも共通するが系統電力へ売電するに当たって高圧線などへつなぎ込めるかどうかである。そのために立地は慎重に選ばれる必要がある。電力会社では，地図などを示してつなぎ込める余裕の大小を予め示しているところがある。しかし，余裕の乏しい所で敢えてつなぎ込む場合には，必要な対策等の機微にわたる点は必ずしも予め示されず，様々な事業案を検討することを阻んでいる。

　これらの要因のため，ファイナンス上の障害が生じる。太陽光発電であれば，第二のリスクさえ克服できれば，事業リスクは小さいので，例えば20年のメーカー保証などがあれば，FIT で設定された価格に基づいて収入を予測することができる。実際，FIT による固定価格での電力買取を期待する事業計画は，政府が2030年に想定する電源ミックスにおける太陽光発電容量を凌駕するほどとなって，制度の見直しを呼び込んでしまった。しかしバイオマス発電では，第一の集材リスクもあるので，資金の貸し手にはキャッシュフローの確実性が読めない。それでも，野田村の場合は，親会社のある子会社としてビジネスが行われるので，親会社の自己資金の親子ローンや親会社である商社がその信用力で集めるコーポレートファイナンスの良質な資金を注ぎ込むことができる。他方，水俣の場合は，事業主体が地元の若手林業家であるので，コーポレートでの与信は特段優れた立場になく，プロジェクトとしての収益性が担保となるプロジェクト・ファイナンスの考え方に立つ必要があるが，与信を行える目利きがいないのである。

　このように，コーポレートとして環境取り組みを行うのであれば，金融機関は長年の取引で培われた信用や，熟知されかつ積み上がってきている担保物件等を根拠に，プロジェクトの環境効果などの目利き職員がいなくとも与信できる。しかし，事実上起業して臨むようなケースでは，環境分野でのプロジェクトに与信できる目利きがなかなかいないのである。水俣のケースでも，構想はすでに2年以上経つが，「果たして儲かるものなのか」という一点で事実上頓挫している。

（2）資金利用者からのヒアリング結果

　慶應大学と地球環境戦略研究機関が 2013 年 11 月から 2015 年 12 月に全国 18 カ所で行った，企業等 20 団体からの資金利用者からのヒアリングの結果，次のような指摘が典型的に見られた。

　　・既存のビジネスでのリスクに比べ，環境側面を大事にした場合のリスクが大きい。例えば，化石燃料価格や FIT 価格の将来見通しが不明で，キャッシュフローの予測が困難。
　　・省エネのようなネガティブキャッシュフローを当てにするビジネスであると，細かい検討が必要で，小規模案件には不向き。
　　・初期投資が大きく，ペイバックが長いため，投資としては機会費用が大きい。
　　・特に森林管理のようなものは短期の収益になじまない。
　　・結果的に民間ビジネスが可能な環境分野には偏りが生じる。
　　・環境性能の優れた製品でも客筋の支持が弱く，需要が読めない。
　　・不動産改修の場合，テナントとオーナーとの間の利益配分が難しい。

　これらの声を踏まえると，環境的に良好な側面を持つ事業を開始させ，育てていくためには，FIT だけにとどまらない政策的な関与を行って，リスクの軽減やヘッジを行うことが期待される。

（3）資金の需給マッチングのための政策の進展と課題

　日本では，日銀が主導する異次元の金融緩和の下，資金そのものは潤沢で，借りられるものであれば，一般的に金利は低い。しかし，環境側面に優れた事業については，補助金はあったとしても，補助金でカバーされない自己資金部分を確保することが難しい。このような問題を克服するために，日本国内でもいくつかの優れた取り組みが近年行われている（小林・脇山 2016）。

　第一は，「21 世紀金融行動原則」である。これは，前文で「持続可能な社会の形成のために必要な責任と役割を果たしたいと考える金融機関の行動指針として策定された」として，7 つの原則を示している（表 10 - 1）。また，業態を超えて金融業界全体が持続可能な社会形成へ参加することを促すため，「運用・証券・投資銀行」，「保険」，「預金・貸出・リース」の業態ごとのガイドラインを設

表10-1 持続可能な社会の形成に向けた金融行動原則（21世紀金融行動原則）

1. 自らが果たすべき責任と役割を認識し，予防的アプローチの視点も踏まえ，それぞれの事業を通じ持続可能な社会の形成に向けた最善の取組みを推進する。
2. 環境産業に代表される「持続可能な社会の形成に寄与する産業」の発展と競争力の向上に資する金融商品・サービスの開発・提供を通じ，持続可能なグローバル社会の形成に貢献する。
3. 地域の振興と持続可能性の向上の視点に立ち，中小企業などの環境配慮や市民の環境意識の向上，災害への備えやコミュニティ活動をサポートする。
4. 持続可能な社会の形成には，多様なステークホルダーが連携することが重要と認識し，かかる取組みに自ら参画するだけでなく主体的な役割を担うよう努める。
5. 環境関連法規の遵守にとどまらず，省資源・省エネルギー等の環境負荷の軽減に積極的に取り組み，サプライヤーにも働き掛けるように努める。
6. 社会の持続可能性を高める活動が経営的な課題であると認識するとともに，取組みの情報開示に努める。
7. 上記の取組みを日常業務において積極的に実践するために，環境や社会の問題に対する自社の役職員の意識向上を図る。

出典：環境省（2011）による。

け，業態ごとに持続可能な社会の形成に寄与するための参照すべき諸基準，取り組み事例の主な切り口などを示していることが特徴となっている。21世紀金融行動原則は，2011年10月，起草に当たってきた有志の金融機関によって採択され，それへの署名は，2011年11月15日から開始された。2017年初時点では，署名金融機関は250社となり，銀行・信用金庫・保険・証券・リースなど様々な形態の金融機関が署名している。また，毎年その実施状況のレビューが行われている。

　世界的には，機関投資家などのESG投資[2)]の原則を定めた先例として，責任投資原則（PRI）がある。PRIは，国連環境計画などのイニシアティブによって2006年4月に定められたものであり，世界の投資家を対象とした投資行動に関する指針となっている。これに対し，21世紀金融行動原則は，投資行動だけでなく預金，保険，リースなども含めた全ての金融行動に関する指針として策定された点に大きな特徴がある。本行動原則は，環境省の音頭の下，金融機関による起草委員会によって検討が重ねられた結果，志を同じくする金融機関が協働する

---

2) 経済的なパフォーマンスに加え，環境（E）や社会（S），企業ガバナンス（G）に対してよいインパクトを与えるような投資と定義される。

出発点となるよう策定された。

　第二は，「責任ある投資家」の行動規範としての諸原則である「日本版スチュワードシップ・コード」が 2014 年 2 月に，金融庁において設置された「日本版スチュワードシップ・コードに関する有識者検討会」によって策定されたことである。これにおいては，機関投資家が把握すべき投資先企業の状況として，投資先企業のガバナンス，企業戦略，業績，資本構造と並んでリスクへの対応が掲げられており，このリスクには，社会・環境問題に関連するリスクが含まれる旨が明記されている。このように金融庁が主体となって投資と対話を通じて企業の持続的成長を促す動きが出てきている。これまでに受け入れを表明したのは 175 の機関投資家で，年金基金等も 19 入っている。年金基金の環境を考慮した投資への意識が高まっている。例えば，セコム企業年金基金では，安定した収入を獲得することに主眼をおき，長期的に持続する資産運用を検討した結果，ESG 投資を採用している。ESG 投資が企業年金の本来追求すべき安定した運用収益をもたらし，運用結果においても多くのステークホルダーが納得でき，社会性を持った資産運用となることを考慮したとしている（セコム 2015）。

　なお，日本の特徴として，環境投資の促進策が単独の強い政策によってではなく，重層的な仕組みを構築しながら目的を達成するという方策を採ってきたことが挙げられる。例えば，規制強化を段階的にし，金融での資金体制を整え，政府が補助や税率軽減などを通じて介入を行いリスクを軽減するといった仕組みなどである。投資における受託者責任への環境考慮の導入は，こうした重層的な環境投資促進策の下で雪だるま的に大きな効果を発揮することが期待される。

　第三は，個々の事業の環境側面の強化に力を発揮する政策としての，FIT 及び石油石炭税に上乗せされる「地球温暖化対策税制」というミニ炭素税の導入である。2011 年 3 月の福島原発事故の経験を経て，身近に存在する再生可能エネルギーの活用を一層図るため，日本は FIT を導入した。太陽光発電におけるキャッシュフローが確実に見込めることになり，投資の体制が構築された。2014 年末までに累積設備容量は 23.3GW にまで到達し，イタリア（18.5GW）を抜いて，ドイツ（38.2GW），中国（28.2GW）の次にくる世界第 3 位の太陽光発電国となり，国の年間電力需要の 2.5％をカバーするまでに至った。

　2012 年には，温暖化対策税が導入された。この税は，石油や石炭に課される石油石炭税に上乗せするものである。上乗せされる税率は，含有炭素量当たり一

定額であるため，炭素税となっていて，炭素1トン当たり289円（2.3ドル，2.1ユーロ：2015年6月の為替レートで換算）の税率である。しかし，欧州の環境税に比べ税率が低く，省エネなどへのインセンティブ効果はそれほど強力ではない。価格による削減効果の不足を補うため，この税収は温暖化対策のために再投資される。この税収を活用して，例えば，地域再生可能エネルギー事業へのツーステップローンの原資が造成されている（鹿児島銀行 2015）。

　以上のように，国内の資金が，環境側面に優れた取り組みに向かいやすくなるような仕組みなどが徐々に整備はされつつある。しかし他方では，英国中央銀行の総裁が座礁資産として警鐘を鳴らす石炭火力発電所が，日本では，第1節で述べたように数多く新設が構想されるなど，持続可能な開発が自然に進むような状態には至っていない。持続可能な開発目標（SDGs）は，持続可能な活動をチェックする1つの指標として機能する可能性も秘めている。実際，資金の観点からは，そうした側面や行動評価の手段，あるいは，1つの認証制度的な役割を期待する声も上がりつつある。持続可能な取組みを促進する1つの手段として期待したい。

5　持続可能な開発の実現に向けて日本の国内資金を動員する手法

　日本銀行の資金循環統計によると，日本の金融機関，法人，家計の各分野の金融資産・負債において，金融仲介機関の資産合計は，2014年時点で3124兆円，その内訳は預金取扱機関が58％，保険・年金基金が19％，その他金融仲介機関が23％と，預金取扱機関による資産が大きな割合を占めている。一方，米国を見ると，預金取扱機関が26％，保険・年金基金が32％，その他金融仲介機関が42％と，預金取扱機関の資産割合が日本に比べ少ない。日本の個人金融資産（家計が保有する金融資産残高）は2014年で約1694兆円であり，その資産構成は，現金・預金52.5％，保険・年金準備金26.4％，株式・出資金9.5％，投資信託5.5％である。これは，米国の個人金融資産の資産構成（現金・預金13.4％，保険・年金準備金32.5％，株式・出資金33.4％，投資信託13.1％）と比べると，現金・預金の割合が大きく，株式・出資金や投資信託の割合が小さい。

　このような国内の資金循環の特質を踏まえつつ，第4節で示した現状の課題の克服を考えると，2つの方向が見えてくる。1つは，国民に頼りにされている民間銀行を一層持続可能な開発に役割を果たすようにする方向である。

その実現のためには，例えば，次のような方策が適切ではないかと考えられる。

・プロジェクト・ファイナンスの円滑化のための，当該プロジェクトが生み出す環境価値を第三者的に評価する中立的な組織の設立。環境価値が高い案件については，国が組成している無利子貸付金を優先充当して，長寿命プロジェクトの資金繰りを支援。SDGs はこうした価値を客観的・普遍的に示すものとして機能しうる。
・環境リスクの大小に応じてこれをヘッジする保険商品の開発。これにより，通常の金融機関が抱えるリスクを外出し，トータルの資金コストの引き下げが可能になる。
・金融機関職員の環境リテラシーを強化する研修，環境組織の組み込み。リテラシーの向上はあらゆる分野での教育にかかる SDGs に関しても，その重要性が指摘されている（本書第 5 章参照）。こうした取り組みは SDGs の多様な目標を横断する活動として重要な役割を果たすと考えられる。
・国際決済銀行や金融庁等が，都市銀行等が行うコーポレート融資が気候変動リスクなどに弱い債権・強い債権に分けた管理を行うように指導できる制度的基盤・根拠づくり（銀行による金融行動を律するために「バーゼル銀行監督委員会」によって設けられ，国際的に適用される基準として 1988 年以来継時的に発展してきているバーゼル規制への反映など）。

　第二は，日本ではまだまだ不足している直接金融を強化する方策である。このようなものとして，次のようなものが考えられる。

・政府による低リスクの投資的資金造成の支援。例えば，老健施設入居などの際に現物給付が保証されている投資基金への，流動性が高い預貯金からの資金の誘導（さらに死亡の場合は，子孫へ優遇課税で相続可能）。
・企業が拠出した場合に経費扱い（課税所得不算入）となる，社会公益的な種金投資を担う公的な基金を設立し，この基金が環境等へ取り組むベンチャー企業等への資金供給を行う。
・年金基金・保険会社などの機関投資家が，将来の気候変動リスクなどの顕在化に備えた資金運用を行うように求めることのできる制度的な基盤づくり。

なお，投資の行く先となる企業や事業については，持続可能性から見た投資の適格性が強く問われるようになろう。このため，例えば，通常の企業の有価証券報告書において，すでに取り込まれている資産除去債務（例えば汚染所有地の清浄化費用）に加え，スコープ3[3]での事業の生み出すCO_2フローの計算と開示を義務付けることなどが必要になろう（小林 2015）。また，そもそもの基盤として，企業に対して一層の持続可能な形での環境資源利用を促すための，本格的な炭素税の導入などのカーボンプライシングも必要と思われる（小林・浜田 2015）。

6　得られた知見

　本章で明らかにした知見は，下記の通りである。

　第一に，持続可能な開発目標達成の資金メカニズムは，資金ギャップ論だけでなく，地球公共財論に理論的根拠を依拠していること，そして地球公共財論に依拠して新規に設立された資金メカニズムは，衡平性や途上国の当事者意識，供給資金間の分断化といった課題を抱えており，さらに新興経済国の政府開発資金に効果を相殺される可能性があることを指摘した。その意味では，持続可能な開発目標を主流化し，新興経済国の政府資金も含めて持続可能な開発へ向かうべく資金メカニズムを構築することが重要である。

　第二に，日本でも，21世紀金融行動原則や日本版スチュワードシップ・コードに署名する企業が増加し，FITやミニ炭素税が導入される等，持続可能な発展の実現に向けた活動に資金が動員されるようになったが，バイオマス事業の事例を通じてそれらはまだ十分ではないことが明らかとなった。持続可能な開発目標は国内においても資金動員を促進する1つの機能を果たす可能性がある。本章では，そうした可能性を踏まえながら，より多くの資金を動員するために必要となる手法を提案した。

参考文献

Adaptation Fund (2015a) "National implementing entities," http://www.adaptation-fund.org/apply-funding/implementing-entities/national-implementing-entity.（最終アクセ

---

3)　個別企業のバウンダリーを超えた，川上・川下の取引先などでの排出量を加えるような広いバウンダリーのこと。

ス日：2015 年 11 月 23 日）

Adaptation Fund（2015b）"Projects table view," http://www.adaptation-fund.org/projects-programmes/project-information/projects-table-view.（最終アクセス日：2015 年 11 月 23 日）

Bird, N., S. Billett and C. Colon（2011）"Direct access to climate finance: Experiences and lessons learned," *Discussion Paper*, New York: UNDP.

Buchner, B. et al.（2013）"The landscape of climate finance," Haites E.（ed.）, *International Climate Finance*: 14-31 Oxon: Routledge.

Concord Europe（2015）"*Declaration from the Addis Ababa Civil Society Forum on Financing for Development*," http://www.concordeurope.org/civil-society/funding-for-ngo-s/item/download/448_2526317fec5743bdbd0a678261b75d61.（最終アクセス日：2015 年 11 月 23 日）

Fritz, V. and Menocal, A. R.（2007）"Development states in the new millennium: Concepts and challenges for a new aid agenda," *Development Policy Review*, 25(5): 531-552.

Global Environmental Facility（2015）*The A to Z of the GEF: A Guide to the Global Environmental Facility*, Washington, D. C.: GEF.

Halland, H. et al.（2014）*Resource Financed Infrastructure: A Discussion on a New Form of Infrastructure Financing*, Washington, D. C.: The World Bank.

Kitano, N. and Y. Harada（2014）"Estimating China's foreign aid 2001-2013," *JICA Research Institute Working Paper*, 78, Tokyo: JICA.

Olbrisch, S. et al.（2013）"Mitigation: Estimates of incremental investment and incremental cost," Haites E.（ed.）, *International Climate Finance*: 32-53, Oxon: Routledge.

Rüther, L. L., U. Müller and M.P. Jara,（2014）"Cooperation with global funds," Rüther, L. L., C. A. Martinez and U. Müller（eds.）, *Global Funds and Networks: Narrowing the Gap between Global Policies and National Implementation*: 103-125, Eschborn: Nomas.

The Global Fund（2015）"Grant portfolio," http://www.theglobalfund.org/en/portfolio.（最終アクセス日：2015 年 11 月 23 日）

UNDP（2011）*Human Development Report 2011: Sustainability and Equality: Towards a Better Future for All.*

United Nations General Assembly（2015）"A/70/L.1-Transforming our world: the 2030 Agenda for Sustainable Development," http://www.un.org/ga/search/view_doc.asp?symbol=A/70/L.1&Lang=E.（最終アクセス日：2015 年 11 月 23 日）

United Nations Department of Economic and Social Affairs（UNDESA）（2012）*World Economic and Social Survey 2012: In Search of New Development Finance*, New York: United Nations.

World Bank（2013）"Financing for Development Post-2015" http://www.worldbank.

org/content/dam/Worldbank/document/Poverty%20documents/WB-PREM%20financing-for-development-pub-10-11-13web.pdf.（最終アクセス日：2015年11月23日）

イースタリー，ウィリアム（2003）『エコノミスト南の貧困と闘う』東洋経済新報社。

上村雄彦（2014）「地球規模問題を一気に解決する処方箋?!──グローバル・タックスの可能性」上村雄彦編『グローバル協力論入門──地球政治経済論からの接近』法律文化社：129-140。

カウル，インゲ他編（1999）『地球公共財──グローバル時代の新しい課題』日本経済新聞社。

カウル，インゲ・カテル，ル，グルヴァン（2005）「地球公共財への資金の手当て──財政の新たな領域」，カウル，インゲ他編『地球公共財の政治経済学』国際書院：185-227。

環境省（2011）「環境配慮経営ポータルサイト」https://www.env.go.jp/policy/keiei_portal/kinyu/gensoku.html（最終アクセス日：2017年3月6日）

環境省（2015）『環境産業の市場規模・雇用規模等の推計結果の概要について（2013年版）』http://www.env.go.jp/policy/keizai_portal/B_industry/1-3.suikei.pdf（最終アクセス日：2015年1月10日）。

鹿児島銀行（2015）『「かごしま再生可能エネルギーファンド」の共同設立及び出資のお知らせ』http://www.kagin.co.jp/library/pdf_release/newsh270702_134.pdf（最終アクセス日：2015年12月7日）。

小林光（2015）「2015年のパリの約束によってサポートされることが望ましい環境取組みについて」『環境研究』（178）：5-9。

小林光・浜田宏一（2015）「炭素税，法人減税と一体で」『日本経済新聞』経済教室，2015年9月30日朝刊。

小林光・脇山尚子（2016）「環境金融の夢」『環境研究』（181）：41-49。

セコム（2015）『セコム企業年金基金の取り組み』http://www.secom.co.jp/corporate/csr/stewardshipcode.html（最終アクセス日：2015年12月7日）。

森晶寿（2010）「中国のCDM政策と農村の持続可能な発展」佐和隆光編著『グリーン産業革命』日経BP社：145-157。

森晶寿（2015a）「東アジアの経済発展と環境協力」亀山康子・森晶寿編著『グローバル社会は持続可能か』岩波書店：163-183。

森晶寿（2015b）「適応基金における直接アクセス方式は，気候変動による脆弱性削減要因にどのような効果をもたらしたのか？　適応基金による支援事業の事例分析」『国際開発学会第25回全国大会要旨集』。

（小林　光・森　晶寿）

<table>
<tr><td>第 11 章</td><td>国連目標の実施
——国連目標と国別・ステークホルダー別目標をどうつなげるか？</td></tr>
</table>

　持続可能な開発のための 2030 年アジェンダ（2030 アジェンダ）では，途上国向けの開発目標であったミレニアム開発目標（MDGs）が，1972 年に開催された「国連人間環境会議」（ストックホルム会議）から続く持続可能な開発プロセスの流[1]れに統合された色彩が強い。よって地球サミットで採択されたアジェンダ 21 の特徴が色濃く反映され，SDGs 達成に向けての実施主体は，各国政府だけではなく，企業や市民など全てのステークホルダーであることが強調されている。またMDGs が，一部の学者や国際機関職員によってトップダウンの形で策定されたのに対して，SDGs は数々のコンサルテーションが世界各地で実施され，政府間の交渉によって策定されたのが対照的である（本書序章及び第 1 章参照）。

　SDGs は，このようにオープンな形で策定され，市民を含む多様なステークホルダーが実施の主体となっていかなければならない。しかし肝心の実施者となるビジネス，市民等のステークホルダーの多くが SDGs の存在を未だ知らない，若しくは知っていても十分に理解しておらず自分達の目標として捉えていなければ，実施につながる可能性は低い。本章では，過去の類似の事例（ローカル・アジェンダ 21 や，持続可能な発展に関する戦略など）の経験も踏まえ，効果的なマルチステークホルダーの目標設定や，参画を考察する。

1　SDGs 策定過程における実施とステークホルダー

SDGs は今後 2016 年から 15 年間の世界全体の開発目標であり，国連加盟国193 カ国全ての国が合意した目標という点で，条約のように法的拘束力を持たな

1）　スウェーデンで 1972 年に開催された「国連人間環境会議」（ストックホルム会議）から始まった定期的に開催される国際会議のプロセス。1992 年国連環境開発会議（リオ地球サミット），2002 年には持続可能な開発に関する世界首脳会議（ヨハネスブルグ・サミット），2012 年国連持続可能な開発会議（リオ＋ 20）が開催された。

いものの非常に大きな意義がある。実施において各国政府が最も重要な役割を果すのはいうまでもないが，過去の開発の教訓に鑑み，市民をはじめとするマルチステークホルダーによる参画が鍵になってきている。SDGs では，その必要性がしっかりと認識されており，SDGs の策定段階から，オープンに世界中の各ステークホルダーとコンサルテーションをする形で策定されてきた。またマルチステークホルダーの参加の重要性が各所に散りばめられ，パートナーシップ目標も SDG17 に掲げられている。

　SDGs は幅広にコンサルテーションをし，193 カ国での交渉で合意された結果，政治的な一面が強くなり，細かい部分で合意に至らなかったケースが多々あった。結果，SDGs のターゲットの中には定量的でなく，達成期限がはっきりしないものも数多くあり，特に実施手段など政治的コミットメントが弱いターゲットでその傾向が強い。達成期限のない目標は，モニタリングやレビューが難しくなるのはいうまでもない。これらの目標を国内で効果的な実施のためのツールとするには，定量的で達成期限を設定することが必要である。また効果的な SDGs の実施には，各種のステークホルダーが自分の活動に該当する目標・ターゲットを理解し，独自の目標として取り入れることが重要である。例えば企業であれば工場で使う電力の再生エネルギー率を 15 年で倍増するというような SDG7 にあるターゲットに類似した定量的な目標を設定することが可能であるかも知れないし，個人では，スイッチをこまめに消して電力の消費量を 20％減らすなどの目標設定が可能かも知れない。言い換えれば，各主体が，各自の優先事項や現状を考慮し，SDGs の内容を理解した上で，目標・ターゲットを設定し，実施していくということである。

　いわゆる実施手段（Means of Implementation）に関係したターゲットの交渉では，先進国対途上国という構図が生まれたため，結果，定量的ではなく，期限が明確になっていないものが多い。実施手段は，特に，途上国での実施に極めて重要なものであり，国際社会は十分にその重要性に留意する必要がある。近年，ODA の相対的な役割は本国送金や直接海外投資などに比べて減少しており開発資金のトレンドが変わりつつあるが，最貧国にとっては未だ ODA は重要な資金源である（OECD 2016）。

　途上国が先進国からの資金援助に依存する時代は終りつつある（本書第 10 章参照）。SDGs に先立って採択されたアディスアベバ合意では，国内資金動員や，

海外直接投資（FDI）の重要性が強調された。国内資金動員を増やすためには，国内の徴税能力を強化することが必要であり，FDIを増やすためには，法制度を整備し，腐敗を減少させるなど，ガバナンスを向上させることが肝要である。実施手段としてビジネスに資金や技術を提供するよう要請し続けても資金が出てくるわけではなく，そこに収益をもたらすビジネス・センスがなければならない。投資環境を整備し，うまく投資のインセンティブを作り出していくことは重要な政府の役割であると言える。

またSDGsは普遍的なゴールとして，政府間で交渉した結果，8つの目標であったMDGsなどと比較して，17のゴール，169のターゲットと数が多くなり，フォーカスが弱くなった。したがって，これらを適切に整理し，国，企業，NGOなど各ステークホルダーにとって妥当（relevant）な目標，ターゲットを自ら選定し，オーナーシップを持つことが重要である。

このように，普遍性を目指し，またオープンな策定プロセス，政府の交渉を経て政治的に策定されたために，SDGsは数が多く，達成期限，数値目標が明確でなく，叙述的な部分も多々ある。指標（indicator）の設定状況にもよるが，特に，不明確なターゲットの多い環境，実施目標の実施に，各国がどの程度対応していけるかが，大きな鍵であるといえる。

2　過去の教訓

持続可能な開発のための国際的なアジェンダを各国や地方で実施していくという取り組みは過去にもあった。1992年の地球サミットでは，持続可能な開発を実現するために各国および関係機関が実行すべき行動計画として，40章，350ページにも及ぶ包括的な文書であるアジェンダ21が採択された。法的拘束力はないものの，内容は社会，経済，環境分野に亘り，貧困削減，消費形態の変更，人口動態，大気汚染，放射性廃棄物に至るまで，充実した内容であり，SDGsの原型がここに見られるといってもよい。実施手段やメジャーグループの役割などもすでに取り上げられており，行動計画を実現するための（人的，物的，財政的）資源のありかたなどについても規定されている。

国連では同時にこのアジェンダ21の実施を支援するメカニズムとして，持続可能な開発委員会（Commission on Sustainable Development: CSD）が1992年に国

連総会により設置された。経済社会理事会の委員会の1つのとして53カ国の代表で構成され，アジェンダ21，その他の合意事項の実施をモニタリングする任務を付与されたが，1992年以降も気候変動に代表される世界の環境破壊は止まることがなく，持続可能な開発委員会の20年に亘る活動はこの意味では目的を果しておらず，政治的で機能的でないことや，資金不足など様々な課題が指摘されている（Joint Inspection Unit of the United Nations 2008）。

2012年の国連持続可能な開発会議（リオ＋20）を契機として，このCSDは，ハイレベル政治フォーラム（High Level Political Forum）に取って変わられることとなり，SDGs実施の方向付け，進捗のモニタリング，パートナーシップ醸成の場としての役割が期待されている。しかし，1992年にCSDが与えられた任務と極めて類似した内容となっているため，CSDが上手く機能しなかった理由や，過去の課題を振り返って分析し，改善策を見出すことが肝要である。CSDは，ハイレベルな政策決定者が参加しなかったため，そこでなされた議論が実施につながらなかったとの批判があり，その点を改善するため，HLPFでは，4年に一度首脳級の会合を国連総会で，毎年，大臣級の会合を経済社会理事会で開催することが決まっている。

またアジェンダ21の実施メカニズムとして，地方レベルで進めるローカル・アジェンダ21という仕組みも取り入れられた。アジェンダ21が目指す持続可能な開発を実現するために，地方公共団体がローカル・アジェンダ（行動計画）を策定するというものである。これは，アジェンダ21を実現するためには，地方レベルでの実施が鍵であり，その実施主体として極めて重要な役割を果たすと考えられる地方公共団体による実施を促す目的があった。当時の日本の環境庁は，これらの動きを支援し，指針を与えるため，「ローカル・アジェンダ21策定ガイド」を発表している。

具体例としては，1993年に神奈川県で策定された「アジェンダ21かながわ」や，京都市で1997年に採択された「京のアジェンダ21」などがあり，他にもボトムアップで持続可能な社会を実現するための行動計画が，各地で採択された。世界中の多くの地方自治体でも，ローカル・アジェンダ21が策定されているが，マルチステークホルダーの参加が形式的であり，市民や企業の代表が意見をいう程度で，通常の行政計画の策定とほとんど変わらないといった指摘が多い（Barruti 2015）。行動計画を策定するまでには至ったものの，持続可能な社会の実現

に大きく貢献したとはいえないというのが概ねの評価である。韓国では，中央政府がローカル・アジェンダ21を支持し，1995年時点で全ての地方政府が，国家行動計画に沿って既存の環境プログラムを見直し，新しいプログラムを策定したが（Division for Sustainable Development, UNDESA 1997），これによって具体的にポジティブな変化が起こったかどうか検証するには詳細な研究が必要である。

またアジェンダ21において，国レベルでは，「持続可能な開発に関する国家戦略（National Sustainable Development Strategy：NSDS）」を策定すること，「持続可能な開発に関する国家委員会（National Council for Sustainable Development：NCSD）」を設置することが求められた。これに従い，数多くの国で国家戦略が策定され，国家委員会が設立された。ドイツなどの国は現在でもこのプロセスを継続しているが，日本は，NSDSやNCSDの設置には至らず，環境基本計画をそれに該当するものとして，国連持続可能な開発委員会（CSD）に登録している。

ヨーロッパの主要国は，NSDSを策定し，NCSDに該当する機関も設置しているが，NSDSは内容が概念的であり抽象的であるため，これが各種持続可能な発展につながる政策の実施につながったか評価するのは難しい。

他のアジア地域においても状況は類似しており，国の計画作り等は一定程度進んだものの，ステークホルダーの参加，モニタリング，レビュー，評価が適切にされていないケースが多かった。結果，似たような戦略をその当時の流行りの国際的コンセプトに合わせて何度も作り直すケースも多々見られた（Olsen 2014）。

3 進捗を測定するための国別目標・ターゲット

SDGsの進捗を測定するためには，適切な指標が設定される必要があるという共通認識から，グローバル指標が，2016年3月に国連統計委員会にて決定され，同9月の国連総会で決定する。世界各国のプライオリティやニーズは開発のレベル，天然資源の有無，その他諸々の事情によって大きく異なっているのが現状である。先進国では多くのSDGターゲット（普遍的で安全な飲料水へのアクセスや初等教育など）が達成済みであるし，アイスランドは豊富な地熱によって，またパラグアイでは水力発電によって，すでに再生可能エネルギー100％を実現しているのに対し，リビアなどの国では，再生可能エネルギーがほぼ0％であるなど，再生可能エネルギーの普及状況なども各国によってまちまちである。よって国や

地方レベルで独自のターゲットを設定することが必要であり，進捗を測定するためにも，グローバル指標に基づき，国，地域に応じた指標を開発する必要がある。また 2030 アジェンダでは，「誰一人取り残さない」（no one will be left behind）という原則が掲げられているが，これを具体的な実施につなげるには，全ての主要なカテゴリーに属する人々，特に脆弱な立場にあるとされる人々をカバーする，正確で，時宜を得た，細分化されたデータを確保することが必要である。

　このように，SDGs は普遍的目標である一方，世界各国の発展のレベル，状況は大幅に異なるため，全ての国が全ての目標・ターゲットの達成に向けて施策を実施することは想定されていない。大多数の国において SDGs でカバーされている分野で，すでに国家目標・計画・戦略などが存在しているため，これらの既存の目標・計画・戦略とも調整しつつ，国別目標を見直すことが必要である。SDGs は，社会，経済，環境の各分野をカバーしており，国家レベルで見ると，財務や経済，産業，環境などに携わる複数の省庁の管轄分野をまたがるものであるため，SDGs の実施における調整は，省庁間を超えた上部組織によってなされることが理想である。国家元首等による強いリーダーシップがなければ実現するのはなかなか難しい課題もある。

　また SDGs が扱う分野の中には国際条約がすでに存在している分野も少なくない。エネルギーや水分野などでは SDGs と類似した内容の条約はまだ存在していないが，目標 13 にある気候変動や目標 15 の生物多様性などは，条約が存在する。このような条約の下では国際的なレポーティング・メカニズムが数多く存在するため，重複して政府のレポート作成の負担が増大することを避けるために既存メカニズムの整理が必要である。生物多様性条約では，条約締約国が定期的に国別報告書を提出する義務があり，また提出されたレポートが幅広く引用され，地球規模生物多様性概況（GBO）が定期的に作成されている。国際的なモニタリング，レビューとフォローアップは，既存のものを最大限利用し，シンプルで効率的なものであることが望ましい。

　また SDGs 達成の進捗を把握するためには，信頼のおける，タイムリーなデータが必要とされているが，現状ではデータ収集はまだまだ不十分であり，データの信頼性がなかったり，データ間の比較が不可能であったり，またデータが古かったりと，不正確で非効率的な政策決定や，政策実施につながっているとの認識がある。つまり，多くの科学者，政策決定者，市民が限定的な質の低い環境デー

タに依拠しながら，生物多様性の保全，気候変動問題などの様々な課題に取り組んでいる場合も多い。これらの課題を解決しなければ，特に途上国での自然資源が知らぬ間に失われていくという危険もある。データの比較可能性（comparability）や精度を国際的にどう高めていくかが今後国際社会の課題である。

4　マルチステークホルダーの参画

　持続可能な開発を実現するには，3つの分野（社会，経済，環境）の課題に政府全体で，つまり，全てのステークホルダーが実施の担い手となることが求められている。このようなマルチステークホルダーの参加は，1992年の地球サミットで女性，若者，NGO，国連，先住民，農民，企業，労働組合，科学者など，メジャーグループ（major group）の役割が正式に認識された後，国際社会でも頻繁に言及されるようになった。SDGs ではこの精神をさらに推し進めて，SDGs の策定プロセスも参加型とし，目標の策定から実施，フォローアップにいたるまでマルチステークホルダーが参加するという新しいアプローチが形成された。ここにも SDGs の大きな意義があるといえる。グローバルな持続可能な開発のためのガバナンスにおいて，2030 アジェンダというビジョンが定められたことの意義は大きく，そしてそのビジョンを実現する過程で各ステークホルダーが自分自身で考え，創意工夫して検討し，実施するというスタイルが取り入れられつつある。

　このように理論上では，マルチステークホルダーの参画の重要性は国際舞台で理解されつつあるものの，現実にそう簡単にことは運ぶのであろうか。上述の通り，リオ・サミットで採択されたアジェンダ21 をボトム・アップで実施に移すことを目指すローカル・アジェンダ21（地方自治体が各々アジェンダを策定，実施する）という取り組みがあったが，ステークホルダーの参加が形式的なものに留まったり，あまりうまくいかなかったりしたと指摘する文献が多い。またどこまでマルチステークホルダーが参画すれば十分な参画といえるのかも明確ではないため，評価も難しいのが現状である。政府が，コンサルテーションのための会議を形式的に年に何回か開催するだけでは，十分な参画が得られているとはいいがたい。また市民や企業が効果的にモニタリングやレビューに参画するためには，政府による信頼性及び透明性のある情報の提供が重要であるが，情報開示に立ちはだかる障壁も多い。

SDGs では，ローカル・アジェンダ 21 から一歩進んで，各ステークホルダーが政府に協力するというだけではなく，実際に実施，モニタリングやフォローアップとレビューの主体として参加するというアプローチを推進している。各ステークホルダーが自らの意思と責任に応じ，SDGs の該当する部分を実施するという方法が，SDGs の実施に有効であるとされている。こういったアプローチが現実に有効となるためには，市民，ビジネスなどが自分たちの活動が環境や開発に及ぼす影響をよりよく理解し，持続可能な社会を実現するための行動を選択できるようにならなければならず，これを実現するには，持続可能な開発に関する教育や周知啓発を促進することが重要である。どう市民に情報提供をしていくかが大きな課題ではあるが，すでに取り組みが始まっている。一例としては，SDGs を周知啓発するために，70 億人を 7 日間で啓発するというスローガンを掲げた Global Goals（http://www.globalgoals.org/）キャンペーンが開始されており，世界の著名人が SDGs を周知し，実施につなげるためのメッセージを提供している。また日本国内でも，OPEN2030 プロジェクト（http://open2030project.com/）がスタートしている。

　SDGs は 17 の目標と 169 のターゲットで構成されており，開発の主要な課題を全て取り扱っており，複雑で，理解するのが難しく，覚え辛い。そのため，Global Goals キャンペーンでは，極度の貧困，不平等・不正，気候変動の 3 分野に集約して広報を行っている。国連では，2016 年からの実施に向けて Partnerships Engagement for the Sustainable Development Goals というオンラインでステークホルダーが自主的にその取り組みを登録できるウェブサイトを打ち出した。

　国レベルの先駆的な取り組みとしては，フィンランドが持続可能な開発に関する国家委員会（Finnish National Commission on Sustainable Development）を設立しており，国家の「持続可能な開発戦略」の策定から採択において重要な役割を果たしている。企業，政府，研究機関，都市，NGO 等の様々なステークホルダーが参加し，持続可能な開発に関する自らの行動についてのコミットメントを表明する場が設けられている。現在の取り組みの改善やパートナーシップ組織同士の協働，経験の共有などに役立てられており，日本での実施の参考になると考えられる。

　現代では，Google Earth や Google Outreach，スマートフォンなどの技術の進歩により，従来科学者が果たしていた自然環境の観察や環境破壊についての警笛を鳴らすなどの役割を市民が果たすことが徐々に可能になってきている。20 世

紀最大の環境破壊の1つとも言われるアラル海の消失などの現象も，Google Earth などによって早期に市民が警笛を鳴らし，計画策定に参加することで，未然に防ぐことができるようになる。

　また市民が身近に行動を変えることのできる分野として消費があるが，これも商品やサービスについての正確で信頼たる情報がなければ，消費者が持続可能な開発につながる選択をするのは難しい。企業は，商品やサービスとその生産手段について責任があり，商品の健康面及び環境面での特徴や生産方法の持続可能性について，より多くの情報を消費者に対して提供していかなければならない。こういった情報に基づいて，消費者は社会や環境面に配慮して，選択や利用を行うことが可能になる。持続可能な消費と生産（SCP）や食品廃棄物のターゲットを達成するには，こうした市民の行動が極めて重要である。

5　マルチステークホルダー目標の落とし込み
##　——グローバル・コンパクトの試み——

　国連グローバル・コンパクトは，国連が掲げている数々の目標を達成する上での企業の重要な役割，また国連とビジネス界との隔たりを認識したコフィー・アナン前国連事務総長が提唱した，人権，労働，環境，腐敗・汚職防止に関する10原則に企業を中心とした団体が自主的にコミットし，行動するというグローバルなイニシアティブである。2000年にニューヨークの国連本部で正式に発足し，2015年時点で世界約160カ国の1万3000を超える団体（そのうち企業が約8300）が署名しており（グローバル・コンパクト・ネットワーク・ジャパン 2015），国連が打ち出したイニシアティブの中でも非常にポテンシャルが大きく，求心力を持つイニシアティブであるといえる。

　グローバル・コンパクトは，SDGs の採択を見越して以下の2つの主要なレポートを企業向けに発表しており，SDGs を実施する上で，企業自身も独自の目標を設定することを推奨している。ここでは，それらのレポート・ツールの概要を紹介する。

（1）SDG コンパス（SDG Compass）

　SDG コンパスは，地球が経済，社会および環境の面で大きな課題に直面して

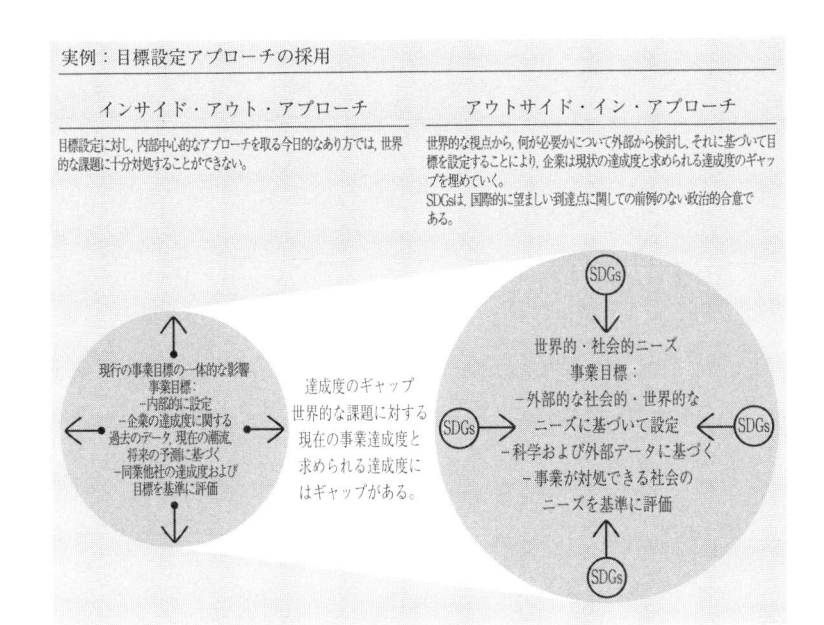

図11-1 企業による目標設定「アウトサイド・イン・アプローチ」

出典：GRI, UN Global Compact, WBCSD（2015）SDG Compass
『SDGsの企業行動指針——SDGsを企業はどう活用するか』（IGES・GCNJ訳）

おり，これらの課題に対処するためには，企業の行動がSDGs達成に不可欠であるということを背景に国連グローバル・コンパクト，グローバル・レポーティング・イニシアティブ（GRI），および持続可能な開発のための世界経済人会議（WBCSD）により作成されたレポート・政策ツールである。SDGコンパスは，その名が示すとおり，企業の行動指針であり，各企業の事業にSDGsがもたらす影響を解説するとともに，持続可能性を企業の戦略の中心に据えるためのツールと知識を提供するものである。SDGsを企業の中で主流化するため，5つのステップ（1. SDGsの理解，2. 優先課題の設定，3. 目標の設定，4. 経営への統合，5. 報告と情報発信）を提案している。

　また目標の野心度を設定するにあたり，従来通りの，現在および過去の業績を分析し，今後の動向と道筋を予測し，同業他社を基準にするやり方では，グローバルな社会的，環境的な課題に十分対処することはできないとし，「アウトサイド・イン」のアプローチを推奨している。「アウトサイド・イン」とは，世界的な視点から，何が必要かについて外部から検討し，それに基づいて目標を設定し，企業は現状の達成度と求められている達成度のギャップを埋めていくというアプ

ローチである（図11-1）。つまり SDGs という大きな目標に基づいて各企業が意欲レベルを設定し，その業界，立ち位置，規模に基づいて各企業の「相応の負担」を決定することを意味している。

（2）SDG 産業マトリックス（SDG Industry Matrix）

SDG 産業マトリックスは，国連グローバル・コンパクトと KPMG が共同で作成したツールであり，SDG コンパスとは互いに補完し合うものとされている。包摂的で持続可能な繁栄を実現するため，より広範な民間セクターの行動を喚起し，有用な情報を提供することを目的とする。「共有された価値」という視点を通じて，民間セクターは，社会，環境課題に対処する上でのビジネスチャンスを明確にすることができるとしている。マトリックスは，参加型のプロセスで作成され，既存の企業のグローバル・コンパクト 10 原則へのコミットメントを活用し，企業が持続可能で包摂的な経済成長，繁栄，幸福への道筋に貢献しつつ，ビジネスのための価値を創造する機会を SDG の各目標について示している。

（3）企業の目標設定，取り組みの例

例えば日用品メーカー大手の P&G などは，工場の動力源を 100％再生可能なエネルギーにするなど持続可能性を実現するための長期的で野心的なヴィジョンを設定し，その下で具体的な短期目標を掲げた。森林関連では "2015 年までにリサイクル以外の木材繊維は 100％第三者認証を得たものを調達する" という中期目標が設定され，2013 年には，第三者認証済みの比率を 97％にまで引き上げた。再生可能エネルギーに関しては，"2020 年までに工場での再生エネルギー使用率を 30％に引き上げる" という目標を掲げ，2013 年度時点で約 7.5％まで実現した（P&G 2014）。

これらは SDGs が採択される以前から取り組まれてきたものであり，必ずしもグローバル目標にそって設定されたものではないが，結果的にいずれも国際社会が推進している政策と合致した目標となっている。SDGs もこのような企業，地方自治体，その他市民団体等の目標設定，実施をする上での指針となる目標となることが望ましい。市民の環境・持続可能性意識が高まるにつれ，企業の持続可能性への配慮がますます重要になると同時にビジネスチャンスにもなりうる。また世界のメジャーな流通業や日用品メーカーなどが参加する「コンシューマー・

グッズ・フォーラム（消費者財フォーラム）」や世界の大企業がメンバーである「グローバル・エレクトリシティ・イニシアティブ」等，企業や市民グループが自主的に持続可能性目標を設定し，実施を目指す「有志連合（Coalitions of the Willing）」がここ最近とみに増えてきており，SDGsがこうした流れを活発化出来ればさらによい。ODA等の政府による資金援助の相対的役割が低下している中，ビジネスによる自発的な開発への参画がますます重要になることは間違いない。

6 SDGsの実施手段，協働と連携

　国別，ステークホルダー別の目標設定，モニタリング，レビューが重要であるのは上述の通りであるが，目標達成に必要な活動を起こしていくにはそれ相応の資金が必要である。年間2〜4.5兆円がSDGsを実施していくのに必要という試算もある（The Economist 2015；Sachs and Schmidt-Traub 2014）。これは世界全体のGDPの約4％にあたり，OECD DAC諸国のGNIにおけるODAの割合が2014年時点で0.29％であったことを鑑みると，ODA以外の開発資金をどう調達するかが大きな課題であるといえる。どんなに崇高なヴィジョンや目標を策定しても，資金がなければ絵に描いた餅である。SDGsに掲げられている貧困削減や気候変動など地球規模課題を解決していく上で，従来通りODAを増額していくことは特にODAが歳入の大部分を占める後発開発途上国のために極めて重要である。しかし，近年のドナー国の傾向を鑑みるとSDGs達成のための資金を全てODAで賄うのは現実的ではない。

　途上国への資金フローの内訳を見ると（図11-2），ODAの占める割合は年々減少傾向にあり，今後の開発資金は，ODA以外の資金源がより重要になると予想され，このトレンドは第3回開発資金会議のアディスアベバ合意や2030アジェンダにおいても認識されている（本書第10章参照）。近年は，民間資金の役割が重要と認識されるにつれ，ODAを民間直接投資を増やすための触媒として使うという考えが広まりつつある。途上国への直接投資は，途上国への技術移転に役立ち，途上国の経済を活性化し，失業率の低下などにもつながる。日本のような先進国は，ODAを通じて海外直接投資（FDI）を呼び込むための支援（直接投資のリスク軽減，途上国の法制度の整備や，インフラ整備支援など）や税金による国内資金を増やすための支援など，直接投資の増加につながるものに重点を変えていく

個人送金 34.0%	海外直接投資 21.3%	ODA 16.4%	その他証券 14.1%	その他公的 フロー

図11- 2　途上国への資金フロー内訳（2013）

出典：OECD (2015a) *Development Co-operation Report 2015, Making Partnerships Effective Coalitions for Action.*

ことも必要かも知れない。

　このような資金援助の潮流を受けて，新しい資金援助の形として「Blended Finance」が近年注目を浴びている。「Blended Finance」は，世界経済フォーラムと OECD によって「民間の投資フローを新興市場に向けるための，開発資金，慈善基金の戦略的な使用」（OECD 2015b）であると定義され，リスクを調整し収益を還元しつつ，開発インパクトの高いセクターに民間投資を意識的に向けることを目的とする。

　こういった国際機関，政府，民間，民間財団の資金を集める「Blended Finance」をベースにしたイニシャティブが近年数多く立ち上げられている。エネルギー分野では，2011 年，潘基文国連事務総長が「万人のための持続可能なエネルギー（SE4ALL）」を立ち上げ，2030 年までに，(1)近代的エネルギーへの普遍的アクセス達成，(2)世界全体でのエネルギー効率の改善率の倍増，(3)世界全体での再生可能エネルギーのシェア倍増の3つの目標を掲げた。この3つの目標は，持続可能な開発目標（SDGs）にもほぼそのまま取り上げられているが，これらの3つの目標の達成を目指して政府，民間，市民団体などのステークホルダーの連携が開始され，「Blended Finance」の形が生まれつつある。例えばオバマ大統領が打ち出した SE4ALL とも協力関係にあるパワー・アフリカというマルチステークホルダー・パートナーシップに 2014 年，シティが 25 億米ドル調達することをコミットし，電気にアクセスできる人口をサハラ以南アフリカで倍増することを目指している。これは SDG7 の達成に向けての大きな貢献になると考えられる。

　実際今日までに，パワー・アフリカは，このようなサハラ以南のアフリカで民間部門からのコミットメントを 200 億米ドル以上動員し，米国政府は，財政支援，融資保証，技術サポートに7億米ドル以上提供することにコミットしている。結果，米国政府がコミットした1ドルに付き，民間部門の3ドルの投資を生み出しているとされる（USAID 2015）。こうして，従来の ODA 主導の開発から，公的資金を触媒として民間資金主導の開発にシフトしていくと考えられる。

また，こうした Blended Finance による資金調達が，SDGs の他のゴールに波及していく可能性もある。SDIP（Sustainable Development Investment Partnership）と GFF（Global Finance Facility in support of Every Woman Every Child）が好例である。SDIP は，世界経済フォーラム，OECD や世界の主要な銀行（シティバンク，ドイツ銀行，住友三井銀行）などが中心となり 2015 年アディスアベバ国連開発資金会議で打ち出されたイニシャティブで，今後 5 年間に 1000 億ドルの資金を動員し，途上国のインフラ整備に充当する。公的資金としてカナダ，デンマーク，オランダ，ノルウェー，スウェーデン，米国，英国等が資金を提供するとともに，上述の銀行や，ゲーツ・ファンデーションなどの民間の企業も参加している。背景に，途上国での民間投資のニーズは莫大なものであるにもかかわらず，政治的，金融上のリスクから，民間投資が思うように進んでいない現実がある。SDIP は，このようなリスクを緩和することで，民間資金を動員することを目的としている。

　GFF は，世界銀行が中心となり，RMNCAH（Reproductive, Maternal, Neonatal and Child and Adolescent Health）という，いわゆる母子保健の問題に対処するための Blended Finance である。こちらについても，カナダ，ノルウェー，米国国際開発庁（USAID），さらには，ゲーツ・ファンデーション，Merck や Johnson & Johnson 等のいくつかの企業が参加しており，コンゴ，エチオピア，ケニアを対象にして活動をしている。日本もケニアのサポートに対して資金提供を行っている。これらの機関からの資金を元手に，世界銀行が債券（bonds）を発行し，市場から資金調達する。年間 333 億ドルの資金ギャップのある RMNCAH 問題に対処していこうとするものであり，対象国はいつまでに何をやるかに関する目標を策定し，その達成を評価した上で資金が供給される。

　今後も SDGs を推進するための新しい資金メカニズムが出てくると考えられるが，資金が途上国の定量的なパフォーマンスとリンクして提供されるということであれば，援助資金の効率性を高める可能性はあるものの，短期で結果の見えやすい，比較的達成し易い施策に偏ってしまったり，定量的なターゲットがないものが軽視される可能性がある。例えば初等教育へのアクセス向上などは，再生可能エネルギー率を上げるよりも往々にしてインフラ・コストも小さく，実施が進みやすい。だからといって，気候変動やエネルギー対策が優先度が低いというわけではなく，同時に実施していかなければならない課題である。地球全体の持続可能性を担保するためには，世代を超えた長期的な視野が必要であり，この点で，

環境分野の目標の実施の優先度が下がらないよう留意が必要である。

7　今後の SDGs の展開

　政府がトップダウンによって SDGs で掲げられているような課題を達成していくには限界があることが広く認識されつつある。特に環境関連の目標達成には，多くのステークホルダーを巻き込んで，各々の強みを活かしつつ推進するという，新たなアプローチが有効であると考えられる。このような新しいアプローチを即座に途上国に定着させるのは困難であるが，先進国や一部の先進的な企業などによって，モデルとなるようなよい事例が出てきている。共産主義のトップダウンな計画経済が数々の重大な問題を引き起こしたのは周知の事実であり，包摂性，自主性を重んじたアプローチが必要なのはいうまでもない。フィンランドの持続可能な開発委員会やグローバル・コンパクトの SDGs コンパスのアウトサイド・イン・アプローチなどは好例である。これらの先駆的な例をモデルとし，そのような事例を他の諸国，ステークホルダーへ水平，また国際から地域，地方レベルに垂直展開していくことが重要である。このようなマルチステークホルダーによる参画と行動を促す政策を導入し，全体的に推進していくことが，今後有力なアプローチであると考えられる。

　SDGs は包括的な世界の開発目標であり，扱っている課題の数も多く，目標間，課題間の関連もあり，また目標ごとに想定される実施主体が異なるケースもあり複雑である。このような複雑な目標・ターゲットをうまく整理し，相乗効果を持つ実施につなげるのが，SDGs の課題である。異なる発展段階にある国々で共通の目標を掲げることは容易ではない。これをオープンな形で政府間交渉によって達成した意義は大きい。気候変動対策等と同様，資金や技術移転等の実施手段を担保することは大きな課題であるが，新しいファイナンスの形もできつつある。このモメンタムを失うことなく，また，アジェンダ 21 や MDGs の教訓を取り入れつつ，SDGs が，世界が一丸となってグローバルな問題に取り組むというマインドセットを世界中に生むきっかけになることを願う。

参考文献

Barrutia, J. et al.（2015）"From Rio to Rio + 20: twenty years of participatory, long term oriented and monitored local planning ?" *Journal of Cleaner Production*, 106, Elsevier Science.

Division for Sustainable Development, UNDESA (1997) "Institutional Aspects of Sustainable Development in the Republic of Korea," http://www.un.org/esa/agen da21/natlinfo/countr/repkorea/inst.htm.（最終アクセス日：2015 年 12 月 2 日）

GRI, UN Global Compact, WBCSD (2015) SDG Compass, The guide for business action on the SDGs.

『SDGs の企業行動指針——SDGs を企業はどう活用するか』（IGES・GCNJ 訳）http:// sdgcompass.org/wp-content/uploads/2016/04/SDG_Compass_Japanese.pdf（最終ア クセス日：2016 年 11 月 17 日）。

Joint Inspection Unit of the United Nations (2008) "Management review of environmental governance within the United Nations system," JIU/REP/2008/3.

OECD (2015a) *Development Co-operation Report 2015, Making Partnerships Effective Coalitions for Action*, Paris: OECD Publishig.

OECD (2015b) "Blended Finance Vol. 1: A Primer for Development Finance and Philanthropic Funders," World Economic Forum.

OECD (2016) "Taking stock of aid to least developed countries (LDCs)," https://www.oe cd.org/dac/financing-sustainable-development/Taking-stock-of-aid-to-least-developed-countries.pdf.（最終アクセス日：2015 年 12 月 2 日）

OECD (n.d.) Resource flows beyond ODA in DAC statistics.

Olsen, S. and E. Zusman (2014) *Governance and National Sustainable Development Strategies: Implications for the Sustainable Development Goals*, IGES.

P&G (2014)『再生可能資源——再生可能エネルギー・材料への転換』http://jp.pg. com/sustainability/env2.jsp（最終アクセス日：2015 年 12 月 2 日）。

Schmidt-Traub, G. and J. D. Sachs (2014) "Financing Sustainable Development: Implemen ting the SDGs through Effective Investment Strategies and Partnerships," SDSN.

The Economist (2015) "Development, The 169 commandments," http://www.economist. com/news/leaders/21647286-proposed-sustainable-development-goals-would-be-worse-useless-169-commandments.（最終アクセス日：2015 年 12 月 2 日）

USAID, Kenya Power Africa Fact Sheet (2015) https://www.usaid.gov/powerafrica/ kenya（最終アクセス日：2015 年 12 月 2 日）, http://www.oecd.org/dac/development-co-operation-report-20747721.htm（最終アクセス日：2015 年 12 月 2 日）, http:// www.oecd.org/dac/stats/beyond-oda.htm.（最終アクセス日：2016 年 4 月 18 日）

グローバル・コンパクト・ネットワーク・ジャパン (2015) http://www.ungcjn.org/gc/ （最終アクセス日：2015 年 12 月 2 日）。

（吉田哲郎・森　秀行）

<table>
<tr><td>第 12 章</td><td>ボトムアップ・アプローチによる SDGs への挑戦
——人々を中心に据えた SDGs 達成へ向けた課題</td></tr>
</table>

1 ボトムアップ・アプローチを考える

2015 年 9 月に国連総会において採択された持続可能な開発目標（SDGs）は，開発途上国のみならず，先進国を含む多くの国際社会の国々の総意として，2030 年の先を見据えつつ，2030 年までに地球規模で達成すべき目標を示した。本章の目的は，かかる経緯をふまえ，今後 SDGs の達成にむけて様々な取り組みが進む状況を想定し，特にボトムアップの観点から SDGs 達成にむけた提案と課題を整理することである。

本章の構成は以下の通りである。最初に，SDGs の先代目標群とみることができる開発途上国を対象としたミレニアム開発目標（Millennium Development Goals：MDGs）は全て達成されていないことをふまえ，国際開発に関わる実務や研究の分野において，これまでのボトムアップ・アプローチとトップダウン・アプローチの関係をどのように捉えることができるのか，両者の関係を客観的情報と主観的情報の相違や意義の検討を通じて概観する。次に，国際開発における教訓や日本における公害問題への対応を振り返りつつボトムアップ・アプローチの役割と必要性を確認する。その上で，MDGs の根拠となるミレニアム宣言が発表された時点（2000 年）と今回 SDGs が策定された時点（2015 年）の社会経済情勢の違いの内，グローバルレベルの都市化の進行と携帯電話に代表される情報通信技術機器の普及に着目し，ボトムアップ・アプローチの観点より，これらの観点が今後の SDGs 達成を検討する上で重要になることを確認し，関わる課題を俯瞰する。その上で，筆者のグループがインドネシア第二の都市スラバヤおよびフィリピン・セブ沖の離島で開催した住民参加型ワークショップより得られる知見の概要に言及し，最後に本章の論点をまとめる。

2 ボトムアップ・アプローチについて

　本章では「ボトムアップ・アプローチ」を，以下のように緩やかに定義した。すなわち，「人々の具体的な生活環境，ニーズ，制約など個人を取り巻く環境を最大限に配慮しつつ，彼らの主体的な関わり・参加を前提に，できるだけ多くの集団構成員の利益や恩恵を実現する意思決定アプローチ」である。この定義を理解するために，対比的なトップダウン・アプローチの理念を示すことが有効である。本章ではそれを「国際社会を構成する多様な国々，地域特性の異なる地方自治体を束ねる中央政府，あるいは国際機関など，広域の利益を実現すると想定されている組織が，特定の個人やコミュニティの個別事情を積極的には考慮せず，国や地域や集団の構成メンバーに共通する特徴や条件に基づき，マクロ的に意思決定するアプローチ」と捉える。両アプローチは排他的ではなく補完的であると考えられるが，その補完のあり方は本章が議論する大きな論点の1つである。

　このボトムアップ・アプローチとトップダウン・アプローチの間には，連続的な相違があり，離散的な二者択一というわけではない。それぞれの特徴や要素を兼ね備えたハイブリッド的アプローチも当然存在し，その連続性を空間的解像度と意思決定や合意形成における情報やデータの影響力と利害関係者の数という観点から解釈することも可能である（図12-1）。

　SDGs の文脈においてトップダウン・アプローチをとる際，その対象者や利害関係者（主に国家，国際機関，多国籍企業，国際 NGO など）は多様であり，また，その数が多くなるため，客観的情報やデータ（再現性の高い，あるいは専門家により妥当性が説明される科学的データ）に基づく意思決定や合意形成がしばしば必要となる。結果として，個別の主体や組織，あるいは地域の独自の特徴や特殊な事情は捨象される傾向にあり，客観性があると認識され，様々な主体や状況に対して共通性や再現性の高いと認識される情報やデータが重要視されることになる。一方，ボトムアップ・アプローチをとる際，意思決定を下す基本単位となる個人は主観的情報や価値観，さらには，計測が難しい人間の内面的感情や精神状態（例えばストレスレベル）をしばしば重視する。個人レベルの主体が意思決定を下す際，利害関係者の数は，その意思決定主体の周辺にいる主体の数になるため，トップダウン・アプローチによる意思決定や合意形成を実現する際に考慮すべき利害関

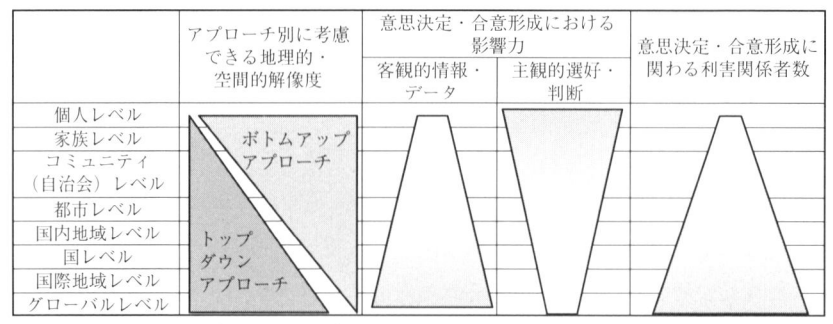

図12-1　トップダウン・アプローチおよびボトムアップ・アプローチの関係性

出典：筆者作成

係者の数と比較すると，相対的に限定的になる（しかし，その意思決定が容易ということを必ずしも意味しない）。図12-1にある通り，どちらか一方のアプローチが常によい，ということにはならず，相互に補完的である[1]。

3　国際開発分野における教訓

SDGs達成に向けた課題をボトムアップ・アプローチから考える際，まず，過去を振り返り，国際開発の分野において，どのような教訓や課題が認識されているのか概観することは有意義であろう。その多くの教訓や課題を限られた紙面ですべて記述することは困難であるが，近年では「人間中心主義」と呼ばれるアプローチにより解釈され，開発の中核的対象として位置付けられている人々をどのように支援し，その開発をどのように実現すべきかという実務的内容を構成している。同時に，そもそも「開発」とは何かを問うことを忘れてはならないという主張も存在する（国際開発の目的や役割に関する時系列的論点の変遷については，特に開発社会学の観点より，伊東（2009）に詳しい）。

ボトムアップ・アプローチという理念に対しては，例えば，Crescenzi and Rodríguez-Pose.（2011）は，実証的研究に基づく事例の積み上げのアプローチと

---

1)　なお，トップダウン・アプローチを政府部門などによるインフラ整備，ボトムアップ・アプローチを住民参加と整理する主張もある。辻田（2001）は，両方のアプローチはいずれも不十分とみなし，解決を必要とする問題の利害関係者間のパートナーシップを構築・醸成することが不可欠であるとしている。本章では，SDGsの達成に向けて，様々な空間スケールにおける意思決定・合意形成における主観的及び客観的情報の影響力，さらには利害関係者の数により2つのアプローチを捉えていることに留意が必要である。

みなしている。すなわち，住民のニーズや住民を取り巻く現実や制約を十分に踏まえ，それらを理解することが不可欠である。また，限られた資源を活かし，実際の人々の暮らしや居住環境の改善を「効果的」かつ「持続的」に実現するためには，中央政府や外部の開発援助機関によるトップダウン・アプローチだけでは不十分であり（時には状況を悪化させることすらあり），実際の受益者である（あるいは当事者である）人々をまさに開発の真ん中に据えて我々は考え行動しなければいけないという教訓に基づく主張でもある。

　住民ニーズを重視する主張は開発途上国にのみ該当するものではなく，先進国を含む国々においても普遍的に重要である。例えば，中央政府のみならず，多くの地方自治体が厳しい財政事情に直面している日本では，住民ニーズの把握に基づく施策の設計・実施は，限られた予算的・人的資源を効果的・効率的に利用するため，今後ますます重要になる。その際，中島（2006）は日本に文脈を前提として，地方自治体などが地域における施策を実施する際，住民のニーズの代表値を基に施策の設計・実施を行うと，実際には多様化している住民個人の意思やニーズとの乖離が生じる課題を指摘し，住民ニーズを把握する意義とそのための計測論として指標の重要性を主張している。

　こうした従来の国際開発の分野における教訓や課題の観点より，SDGs 達成に関与する受益者や利害関係者の SDGs に対する関心や関与について考えてみよう。もし，こうした受益者や利害関係者の目標達成への取り組みが外発的・依存的・非主体的であれば，「効果的」に目標を達成し，その改善された状況が「持続する」ことは困難となる可能性がある。また，政府や開発援助機関が目標達成のために積極的に行動をとったとしても，その行動が受益者のニーズや彼らを取り巻く社会的・文化的制約を踏まえたものでなければ，いずれの行動は極めて非効率的な結果をもたらし，時には悪害すら及ぼす可能性がある。マクロ的数値上の目標達成に固執し，人々が直面している個別具体的な状況を過度に捨象した取り組みやプロジェクト実施を盲目的に展開すれば，一部の人々，特に社会的弱者の立場にある人々の状況をより一層困難な状況にしてしまう懸念も排除できない。こうした課題は，我々がすべての個人のニーズや制約を考慮した各個人ごとの詳細な政策を資金的・労力的・時間的に実現できない以上，MDGs から SDGs へ目標群が変遷した経緯とは独立して，極めて本質的かつ普遍的に重要な課題である。貧困，飢餓，環境破壊，健康など，MDGs が対象とした問題について状況が改

善した地域が報告されているが，地球規模で見れば設定された8つの目標すべて
が達成され，いずれの問題も解決したとは言い難く，MDGs を巡って様々な批
判や教訓が指摘されている（例えば，Fehling, Nelson and Venkatapuram（2013），本
書第1章参照）。MDGs が示した目標が達成できなかった以上，開発問題に関わる
教訓をわすれてはいけないのである。

さて，SDGs の達成目標年である 2030 年には，いったいどのような評価が
SDGs に対して与えられているか，懸念される事項をボトムアップアプローチの
観点より大胆に予測・検討してみたい。第一に，策定された SDGs の数が 17 と
多く，その対象が開発途上国のみならず先進国も対象とした総論的かつ平均像を
目標群になっているため，人々の関心が拡散し，あるいは一部の人々にとっては
関心をもつ対象とならず，具体的な取り組み・行動につながる意思決定が不十分
になる懸念がある。また第二に，SDGs の 17 つの目標に対して，169 のターゲッ
ト（指標）を設定し，それぞれの進捗をモニタリングする前提になっているが，
これら多数のターゲット数の存在自体が論点を拡散させ，さらにはモニタリング
活動に必要となる人的・財務的リソースや実務的ノウハウが十分に確保・育成で
きず，ターゲットの達成が中途半端・不十分になる懸念が残る。また，専門家が
個人的関心や独善的狭視により状況を自らにとって都合よく解釈し，科学的・客
観的データの万能性を過剰に評価する姿勢に対する批判（Chambers 1997）もあ
り，設定された 169 のターゲットの妥当性にも留意が必要である。SDGs の人々
のためのターゲットではなく，ターゲットを必要と考える専門家のためのターゲ
ットになる恐れがある，ということである。

SDGs は開発途上国のみならず，先進国も対象とした結果，MDGs が考慮して
いた状況と比較して，ますます多様な状況を考慮しなければならない（その考慮
の結果，多数の目標が設定されたとみることもできる）。その多様性に対処する1つの
アプローチとして，国レベルの SDGs，地域レベルの SDGs，さらにはコミュニ
ティレベルの SDGs と入れ子状の階層的 SDGs を策定し，その実施を促す指摘が
ある。このアプローチの実施に際しては，日本の環境行政分野における「環境管
理計画」およびその類似計画の経験と教訓が参考になる。日本では，1990 年代
に環境行政分野において，「環境管理計画」やその他多数の関連計画が策定され
た。これらの計画は，国が定めた大枠の計画および目標に対応して，地方自治体
が各行政域内における目標を階層的・整合的に設定することが一般的であった。

これらの多数の目標群が相応の役割を果たしてきたことも事実であるが，同時に「実効性がない」といった批判があったことも重要な教訓である（中口・川崎（1996），辻坂（1997）などを参照）。もちろん，一国内の１つの行政分野における話と，国際的な開発目標との話を安易に比較すべきではないが，後者の状況が前者の状況と比べて利害関係などが一層複雑である事態も多いことから，前者において機能しない仕組みが後者において機能するとは想像しにくい。目標やターゲットが増えても，その達成のために人々のコミットメントをうながすインセンティブを付与する仕組みやそのために必要となるリソース，さらにそのインセンティブ付与の仕組みを維持するために要する費用とその分担のしくみがはっきりしなければ，階層別の目標やターゲットは形式主義に基づく形式上の"書き物"に陥ってしまうリスクがある。目標を設定することは持続的開発のためのツールであり，"ゴール"ではないことに留意が必要である。

4　人々を中心に据えたアプローチ
──日常生活の状況把握のための主観性と客観性について──

次に，ボトムアップ・アプローチの観点より，人々の日常を捉える必要性と意義を検討してみよう。

我々は，日々の暮らしの中で，それぞれの希望や制約を抱えながら生活している。そうした日常生活における雇用，子供の教育，住居の周辺環境（居住環境）のあり方を持続的で"望ましい方向"へ変えていくことは，先進国，開発途上国を問わず，いずれの国においても必ずしも容易なことではない。例えば，環境に優しい行動として，人々が飲料ボトルや食料容器のリサイクルを行うことが望ましいとわかっていても，小さな子どもを抱えた共働きの，日々忙しい世帯が決められた曜日の限られた時間帯に行動することは必ずしも容易ではなく，また，身体的機能が衰え視野が狭くなり視力がおちてきている高齢者にとって，小さく細かいリサイクルの手順の表記を読み取ること自体が困難である。さらには，自宅から離れた指定された場所までリサイクル対象の容器を運ぶことは，必ずしも容易ではなく現実的でもない。また，概して正しい行いと認識されている環境調和型行動を実際に取るか否かは，何を大切と考えるかという主観的な価値判断や各人のライフステージに至るまで経験された経験にも影響をうけており，我々の主

観的判断は決して静的ではなく，時系列的に動的である（小島・阿部・大迫 2014）。

　SDGs の実現に向けて，現在の社会の様々な状況を把握・評価することは，時系列的に今後の取り組みの進捗をモニタリングするためのベンチマークを設定するために不可欠である。そして，その現状把握を行う際，人々を議論の中心に据えて対応するのであれば，客観的情報と主観的情報がともに重要になってくる。例えば，開発途上国の首都では交通渋滞が激しくなりつつあるが，こうした激しい渋滞に巻き込まれた際，車の中で過ごす 2 時間（あるいはそれ以上！）は人々にとって非生産的であり，快適なものではない。しかし，その 2 時間を耐え難い時間と捉えるか，仕方がないと捉えるか，そうした感覚は極めて主観的なものである。一方，自動車が浪費するガソリンやその結果排出される排気ガスや微粒子粒子などは環境面や健康面において望ましいものではなく，科学的および疫学的にこうした排気ガスなどの影響の分析・評価は，科学的・客観的であることが期待されている。

　また，蛇口より利用する水道水について，いつでも 24 時間，自由に使いたいという希望をもつ開発途上国の住民がいる場合，集合住宅の屋上にある住民共用の貯水タンクの容量が決まっており，かつ貯水タンクに水を組み上げるために電動ポンプを動かす必要があっても，その電気代を極力抑えたいという財政的制約がある場合，実際には 1 日 4 時間程度しか使えない実態が後述のスラバヤ（インドネシア）のコミュニティでは確認された。このような状況に対して，非常に不満を持ち事態を深刻に捉える人もいれば，一方で慣れれば問題ないとする人もいるかもしれない。さらには，生活排水の処理が十分適切に行われていない場合，居住地域周辺では快適とはいえない異臭が漂い，滞留した汚水に発生した蚊によってデング熱といった感染症が広まる懸念もある。そうした状況に対して，根本的な生活排水対策を望む人々が多数を占める一方で，病気になっても今まで治ってきたから問題ない，と深刻にとらえない人もいる。

　エネルギー（具体的には電力やガス）についてはどうであろうか。いつでも望む時に，電気製品などを利用するために自由に電気を使えることを希望している人がいる一方，所得水準が低い世帯や，世帯における家電製品の数（＝電力消費のポテンシャル）が限られている場合には，実際に電気を利用する時間は限られているので，24 時間電気が使えなくても大きな問題は発生せず，慣れれば大丈夫と主張する人もいるかもしれない。さらに，電力については，人々は消費する立

場だけではなく，途上国の僻地や離島にしばしば導入される独立型の比較的小規模な再生可能エネルギーシステム（太陽光，風力など）の運営および維持管理を行う立場になることもある。こうした小規模なシステムであっても，小型の蓄電池などのコンポーネントを，適切に維持管理をしなければシステムを持続的に運営することが困難になる。しかし，人々はそうした維持管理のために常に積極的に費用を負担し，労力をかけるとは限らない。すなわち，主観的に「維持管理のために費用を負担する意欲がある」と意思表明をしても，客観的にみると全くそうした行動が実現していない，また実際そうした費用を負担する能力がないといった事態が生じうる。結局，非電化地域に導入された独立型の再生可能エネルギーシステム全体が適切な維持管理を行われなかったために，発電・蓄電する機能が失われていくという事例も報告されている（Hong and Abe 2012）。なぜ，人々は自らの生活を支え非常に便利な電気を生み出すシステムの維持のために積極的に行動しないのか，そうした現実を理解するためには，人々の動機や能力（capacity），そして現実の制約などを把握することが不可欠である。

　人々を中心に据えて SDGs 達成の課題を明らかにするためには，日常生活や居住環境に対する人々の主観的評価と客観的評価の 2 面性を考える必要がある。1 つの側面は，人々がどのような情報にアクセスしているかということであり，またもう 1 つの側面はどのような情報にアクセスできるのか，ということである。情報へのアクセスという点は，特に開発途上国では，本来人々を守り，必要な公的サービスを提供すべき中央政府や地方政府の組織能力がしばしば不十分であるため，人々が必要な情報や物的施設や制度も含む広義の社会的資本基盤にアクセスできないことがある。前述のように都市住民は往々にして他者や外部に依存せざる得ないことがしばしばあることから，こうした都市住民を取り巻く周辺環境が十分に整備・充実していないことは，非常に深刻である。また，仮に他の情報へアクセスする手段を持っていても，住民が日々の仕事に忙しく，その手段を活かす時間がなく，実態として把握している情報が限られてしまうかもしれない。住民を取り巻く無形・有形のインフラは都市住民にとって非常に重要であるが，性差による社会的役割の差異や規範の有無，雇用形態や雇用条件などによって大きく左右される人々の時間の過ごし方によっては[2]，人々を取り巻く広義のインフラ整備だけでは対応できない状況が存在することを意味する。

　結局のところ，ボトムアップ・アプローチに基づき，人々のニーズや問題に

我々の関心の焦点を当てる場合，何が問題か，どのような状況をどのように改善したいか，という判断は優れて主観的判断を伴うものであり，一般に客観性を重視しているといわれる外部者（行政職員や専門家）の判断と，実際の現場において暮らしている人々の判断とは必ずしも一致しない（チェンバース 2000）。そのような状況においては，客観的情報が存在するのであれば，トップダウン的な普及啓発活動とともに意思決定を行う必要性がある。一方で，人々の主体的な取り組みや参加を促すことを重視する立場からすると，むしろ専門家の意見よりも人々の主観的判断に基づく取り組みを重視したほうが目標を達成する上で効果があり，また効率的である可能性があることを示唆されている。[3] 人々の参加を促したボトムアップ・アプローチによるプロジェクトの方が，その結果が高いという既存研究はこの主張に整合する（Isham, Narayan and Pritchet 1995）。

　また，別の事例として，バングラデシュの人々の暮らしにおける，携帯電話の人々の暮らしにおける位置付けや役割について，「携帯電話の購入以前に，基本的衣食住の改善に取り組むべきである」という一般的な見方と，「貧しい人たちが携帯電話を持てば，自らが必要とするニーズを発信し，よりよくそのニーズを満たせるようになる」という対比的視座も指摘されている（サリバン 2007）。この事例は実際の受益者たる人々がどのように技術を認識しているのか捉える重要性と，その認識の有無が人々を取り巻く環境を具体的に変えることができるか否かが，重要な要因となっていることを明らかにしている。何に着目し，何を計測すべきか，そしてどのように計測するのかという課題は，単に相対的な議論のための認識論ではなく，具体的に社会を変えていくために，我々は何を知るべきか（あるいは，何を知ることが困難なのか），SDGs をいう枠を超えて強く認識すべき本

---

2)　水無田気流は，『時間のない女，居場所のない男』（日本経済新聞出版社，2015 年）において，人々の幸福を考え上で重要な要素について，日本における女性と男性の特徴を「時間」と「居場所」に軸に対比的に論じている。また，レヴィーン（2002）は，時間に反映される地域性や社会性を指摘し，経済情勢が健全な国や地域ではその経過は早く，また，産業が発展している国では人々の 1 日あたりの自由な時間は少ないと論じ，時間という概念がもつ主観性と客観性を紹介している。

3)　客観的事実に基づく意見や判断と，市民の主体的・主観的判断の間に深刻な乖離がない場合や，両者の間の相違が人命，汚染事故対策，災害救助などに関して致命的な状況をもたらさないと判断できる場合を想定した議論である。この点は，専門家の役割に関する倫理的議論や客観的事実が確実・唯一に存在するのかという別の論点にもつながるが，本章ではそれらの点は触れない。

質的な課題である。

5　ボトムアップ・アプローチの意義と役割
――MDGs や日本における公害対策からの教訓――

　MDGs の意義や成果を積極的に評価する指摘がある一方，複数の課題が指摘されている（Fehling, Nelson and Venkatapuram 2013）。その1つは MDGs が示した one-size-fits-all に対する指摘である。社会・経済・環境・文化など様々な点において多様である開発途上国を対象に，共通する最大公約数的課題を抽出にするプロセスは，各対象国の様々な特徴や独自性を，結果的に捨象選択することである。数多くある課題の中から限られた8つあるは17つの課題に対して目標を設定した経緯を踏まえれば，ある意味で当然生じる指摘であり批判である。8つの目標（MDGs）にしても，17つの目標（SDGs）にしても，その目標数自体に絶対的・客観的根拠を与えることは難しく，One-size-fits-all に対する批判は，必然であった。開発途上国のみならず先進国を対象に，数多くある課題の中より共通する課題を抽出し17つの目標に絞り込んだ時点で，個別事情をやはり捨象していることになり，その点は MDGs と本質的に同じ構図である。

　このように共有的重要な課題を絞り込む過程で結果的に個別事情を捨象して設定された SDGs の達成に向けて，ボトムアップ・アプローチの意義を考えるために，日本の高度経済成長期における公害問題への対応を概観してみよう。公害対策への対応という文脈では，中央政府による全国一律な対応を促す方針がトップダウン・アプローチであり，それぞれの地方自治体や研究者・住民がそれぞれの地域の状況をふまえて，様々な制約がある中個別の政策・施策を，創造的に設計・実施したことがボトムアップ・アプローチとみることができる。公害が激化し，環境や人々の健康への影響が深刻化する中，具体的な対応を模索し事態の改善に最初に積極的に動いたのは中央政府ではなく，地方自治体であった。北村（1997）は行政法の専門家の観点より，我が国の公害・環境条例の歴史を4つのステージに分類して，それぞれの特徴を述べている。そこでは，東京都，川崎市といった当時の「汚染先進自治体」がそれぞれの域内の事情を踏まえ独自の対応を率先的に模索し実践したことを指摘している。このような取り組みは，問題の状況を詳しく把握している現場に近い個人や組織が主体的に行動することにより

のみ事態が改善されるよい事例である[4]。実際，日本ではこうした先駆的な自治体の取り組みを中央政府が後追い的に認め，そうした取り組みが他の自治体へ普及していった経緯があった。今日でも，公害の被害者の方々の様々な苦悩や困難は存在しており，その意味では公害問題は社会的に解決したとは言いがたい。また一度起きた問題は解決できない教訓を忘れてはいけないが，少なくとも問題が再度起きないように地方自治体が率先してそれぞれの地域の事情を踏まえた行動をし，事態を改善してきた過去の経緯は，まさにボトムアップ・アプローチ事例の一例である。そこには，トップダウン・アプローチとボトムアップ・アプローチという 2 つのアプローチが相互に補完的な関係であったと見るよりも，ボトムアップ・アプローチをとる主体が創意工夫を積極的に行い，具体的な結果を示してその意義を広く関係者に認識してもらい，そうした "Best Practice" の普及のためにトップダウン・アプローチをとる主体がサポートした図式を読み取ることができる。公害に対する地方自治体，特にその職員の取り組みについては，田尻（1980）が事例をふまえて詳しく述べている。

　それでは，SDGs の達成にむけて，ボトムアップの観点より，どのような効果的で効率的な取り組みを検討すべきであろうか。その具体的な方策を検討する前に，MDGs が策定された 2000 年と SDGs が策定された 2015 年の社会情勢の違いを確認し，2 つの年（時代）の差異を踏まえて，SDGs 達成のための課題を検討することとする。

6　2000 年と 2015 年における社会経済情勢の違い
——都市化の進展と ICT の普及——

　MDGs が策定された 2000 年と SDGs が策定された 2015 年の期間には，様々な社会経済情勢や技術システムの変化が生じているため，すべての変化や差異を本章で網羅的に確認することは困難である。しかし，本章では特に「都市化」と

---

4)　実際には，地方自治体や研究教育機関の一部の職員やスタッフが，所属する組織の外部及び内部における様々な障害や制約，時に恣意的な妨害などに直面しつつ強い意志をもって奮闘することによって問題の解明や事態の改善が実現していったと理解すべきである。足尾銅山鉱毒事件や水俣病などの問題解明や解決に関する記述を参照されたい。この点は，田尻（1980）にくわえて，宇井（1985, 2006）に詳しい。

「携帯電話に代表される情報通信技術（Information and Communication Thechnology, ICT）の普及」の2点に着目する。前者は，人々はどこで暮らしているかという場所に関する観点であり，後者は，人々はどのようにコミュニケーションをとっているのかという人と人のつながりに関する観点である。

（1）グローバルに進む都市化について

　地球全体の人口規模は拡大し続けており，2000年に約62億人であったその規模は2015年には74億人にまで増大している。そして，2000年以降の大きな社会情勢変化の通過点として，2007年を境目に人類史上はじめて，都市に居住している人数が農村（非都市）に居住している人数を世界規模で上回る時代へ突入した（World Urbanization Prospects : The 2014 Revision）。国連の報告によれば，2014年の時点で人口約54％が都市部に居住しており，その趨勢は今後も進むものと予測されている（United Nations 2014）。2030年には世界の人口の約60％が都市に居住するという予測もある。要するに，2030年における望ましい国際社会を構想するためには，都市における人々の暮らしを構想することが不可欠なのである。

　宇沢（2003）が指摘するように，都市は，土地の生産性により制約を受ける農村とは異なり，居住する人々が土地の生産性に依存することなく，生計を立てていくために必要な所得やサービスを得る場所である。都市の発展の過程においては（そして今も），大気汚染問題や交通渋滞・事故，さらには根本的なコミュニティのあり方を問う問題がつきまとってきた。この点を宇沢（2003）は「都市の諸様相はそのまま，そのときどきの時代的特徴を鮮明にあらわし，その国の政治的，経済的特質を反映する」としている。

　都市における人々の居住や雇用は，現代社会における大量生産・大量消費，さらには大量流通や大量調達を可能とする技術の普及と表裏一体となって可能になって実現してきたが，特にこれらの集中的かつ大規模な経済活動はコミュニケーション技術（印刷，電報，電話など）の発達と深く関連している。実際，輸送・移動・コミュニケーション技術の発展と並行して，先進国では時間をかけて都市化という社会経済的現象が進展してきた。宇沢（2003）が指摘する通り，都市の出現とは歴史的現象であり，様々な経済活動が比較的限られた空間的・時間的の場所において集約的に実施されることにより，運搬・移動時間や情報交換の効率化と

関連費用の削減が実現し，様々な人々や組織恩恵を認識するにより進展してきた人類社会の変遷そのものでもある。

　しかし，都市におけるメリットは都市全体に関して確実に存在するものの，都市内の状況を個別具体的に見てみると，近年では過剰な集中による交通渋滞，一部地域における劣悪な都市居住環境，都市内地区間の雇用格差，所得格差，教育サービスなど格差，都市自治体自体の財政危機など，様々な問題が噴出している。SDGs の達成目標年である 2030 年には，現在よりも世界人口が増え，その多くの割合の人々が都市に居住すると見込まれているが，何もしなければ 2030 年の都市住民はこうした様々な問題（場合によっては現状よりも悪化した問題）に直面することになる。それゆえ，SDGs の 1 つは，「持続可能な都市，コミュニティづくり」（目標 11）であり，これらの問題への対応の重要性が位置付けられているのである。

　特に，開発途上国では，先進国における都市発展における一連のプロセスを飛び越して先進国型の都市化が急速に進行し，さらに都市内の居住環境の極端な格差拡大（スラムにおける劣悪な水環境，廃棄物処理，電力への限られたアクセスなど）や治安などの悪化が大きな課題となっている（Rakodi and Lloyd-Jones 2002）。

　加えて，こうした開発途上国の急速な都市化や都市における課題や状況については十分に検討されておらず，あるいは過小評価されているという指摘がある（Tannerfeldt and Ljung 2006）。例えば，都市部において，安全な水へのアクセスや住居に関してその条件が極めて厳しい地域（いわゆるスラム）に居住する人口規模を推定する際，その基礎情報となる家計調査などが，ホームレスの人々や不法居住とみなされている人々が考慮していないことがあるため，その人数を過小評価しているという指摘である。この指摘は，我々は SDGs の文脈において，貧困，健康，水環境，エネルギー，廃棄物などに関する情報を十分に収集していない可能性があることにも通じる指摘である。

（2）携帯電話に代表される情報通信技術（ICT）の普及

　次に 2000 年から 2015 年へ間の社会情勢の大きな変化として本章が着目した観点は，インターネットに代表される情報通信機器の普及とそれに伴う人々の情報やコミュニケーションのあり方の変化である。すなわち，途上国の人々であっても携帯電話を持っている人が非常に増えてきており，物理的施設やインフラへの

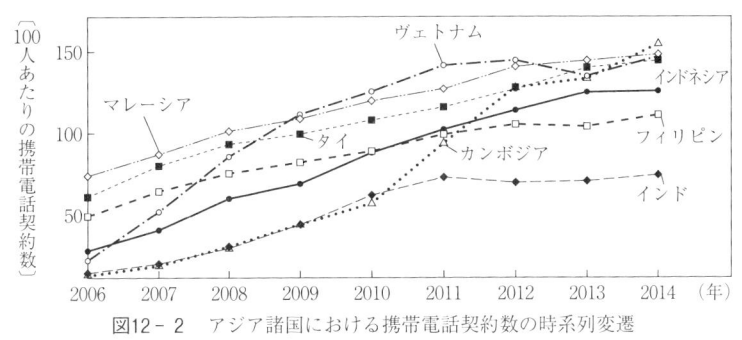

図12-2 アジア諸国における携帯電話契約数の時系列変遷

出典：World Development Indicators より筆者作成

アクセスは未だ限定的であったとしても情報へのアクセスや情報の交換という観点から見ると，2000年と2015年では大きくその社会情勢が変わっている。

　図12-2は，アジア諸国における人口100人あたりの携帯電話の契約数である。データの都合上，最も古いデータの年が2006年になっているが，2006年から2014年にかけて，携帯電話の普及は急速に高まっていることがうかがえる。本章がのちに触れるインドネシアに絞って見てみると，2000年に100人あたりの携帯電話の契約数が1.76件であったが，2014年には126.18件にまで増加している。この契約件数は，同国における平均的数値であるため，約2.6億人の人口と多数の島・民族から構成される同国の実態をすべて反映しているわけではないが，平均では，一人当たり1件の携帯電話の契約がすでに実現していることになる。

　ちなみに，固定電話がグラハム・ベルにより発明されたのは，1876年米国においてであった。その後，米国では加速度的に固定電話の普及が進み，それに伴い産業や流通のあり方も変わっていった。当時の固定電話の普及と現代の携帯電話などの情報通信機器の普及は，その携帯性や利用可能な人々の社会的立場や所得水準，情報・サービスの種類や量，さらには情報通信機器によってつながっている人々の空間的スケールの相違などを考えると一概に比較できない。しかし，情報通信機器の普及によって未来がバラ色になるわけではないことは，現在の米国の国内における貧富の極端な格差の拡大を踏まえれば指摘するまでもない（例えば，Heckman and Kruger（2005）を参照）。

　本論に戻ろう。本章は携帯電話の普及を論じることを目的としていない。しかし，この携帯電話の普及状況は今後の社会のあり方や人々の暮らしを考える上で，

大きな意味を持つと考えられる。かつては開発途上国の大半の人たちは，日常生活において重要な情報へのアクセス手段がなく，他の人たちとタイムリーなコミュニケーションをとるためには，face-to-face 以外の手段が事実上存在せず，それゆえその行動範囲（面積）は非常に限定的であった。先進国においても，電信・電話網が発達する前は，多くの情報の伝達は馬車や鉄道による物流や人の動きに付随して行われた（Prad 1973）。しかし，今日，携帯電話などの普及により，多くの人々と意見交換をしたり新たな情報源にアクセスしたりすることが可能となった。そして情報を比較的容易かつ安価に交換するだけでなく，市民自身が自らの意志や活動について情報を発信し，その情報，意見，経験を他の人々と容易に共有する能力とツールを入手できるようになりつつある。例えば，バングラデシュにおいて，農民は従来，自らの作物を売却する際，仲買人に買い叩かれていたが，実際にどれほどの価格で市場で売買されているのか携帯電話で確認してから交渉のすえ仲買人に売却できるようになった。あるいは医者の診断を必要とするとき，医師のいると思われる隣の村にとりあえず行ってみるのではなく，事前に医師がいるかどうかを確認することができるようになった（サリバン 2007）。SDGs 達成のための取り組みとその進捗のモニタリングのために，こうした人々の情報へのアクセスと情報の発信能力を考慮することが極めて重要と考える。それは，単に情報へアクセスできる，あるいは情報を発信できるということにとどまらず，人々が個人として SDGs 達成に向けて主体的に関与できる可能性を示唆している。また，携帯電話などを通じていろいろな情報へのアクセスができることのみならず，情報の発信も可能となり，1 人の人間として，行動や意思決定の選択肢が増えることが何よりも重要である。Todaro & Smith（2011）は開発における中核的価値として，「生存のための基本的ニーズの充足能力」，「1 人の人間として自尊心を持つこと」，「他に隷属せず，自ら選択できること」の 3 つの価値を掲げている。携帯電話などの ICT 機器は，Todaro らが指摘する 3 つの中核的価値のうち，特に「他に隷属せず，自ら選択できること」に対して大きく貢献する可能性を秘めている。例えば，近年急速に普及が進み脚光を浴びている ICT を活用したタクシー配車システムである UBER は，いろいろと懸念や批判があることも事実であるが，ICT が人々の働く姿を変える事例であり，米国のみならずジャカルタ（インドネシア）においてその利用が始まったところである（米国と同じく，既存のタクシー業界などとの利害衝突があり，今後の動向は不透明でもある）。

インドネシアの文脈において ICT が人々の暮らしや働き方に与える影響という点において興味深い別の事例として GO-JEK（www.go-jek.com）と呼ばれるオートバイの配車システムの普及がある。この "ゴジェ" は，インドネシアの若い起業家によって提案・開発された，スマートフォンのアプリをインターフェースとしたシステムである。

当初 GO-JEK は，アプリをつうじて繋がった顧客（人）を指定の場所まで運び料金を得るサービスであったが，次第に人にくわえて小さな荷物や小規模な食料の運搬を行うサービスにビジネス対象が拡大してきている。筆者のグループがワークショップを開催したスラバヤ（インドネシア）のような大都市における深刻な交通渋滞に伴う時間の浪費の改善に向けて，この GO-JEK は 1 つの有力な処方箋となる可能性を秘めている。特に重要なことは，この GO-JEK のシステムのオートバイの運転手（パートナーと呼ばれる）として参加し働くためには，オートバイを合法的に所有し，運転免許と身分証明書を持ち，55 歳未満であり，そして中学校以上の学歴があればよいということである。さらに，フルタイムで働くか，希望する時間帯だけ働くか，パートナー側に労働時間の選択の裁量がある点も重要である。GO-JEK のような ICT をベースとしたシステムが今後社会に定着するかどうかは，雇用に関わる将来の安定性や顧客の安全性など検討すべき課題も予見され，早急な評価は控えるべきだろう。GO-JEK のパートナー（オートバイの運転手）として働くことで得られる収入も，限られた時間のみであれば，世帯を支える水準には満たない。しかし，ICT を活用したシステムにより，従来存在しなかった雇用の機会が創出され，その結果，従来働くことが困難であった人たちに雇用のチャンスと自己決定権が生じ，しかも，ICT をつうじて，都市における人々が，これまで活用できなかった空き時間や育児の都合を考慮しつつ，補完的な収入を得ることができる新しい雇用形態が出現している事実は注目に値する。

一方で，こうした ICT の普及は，社会における格差を縮小させるばかりか，むしろその格差を拡大しているという指摘や報告もある。世界銀行による最新版の世界開発報告（World Development Report 2016）のテーマは "Digital Dividends" であり，それによれば，インターネットや携帯電話などの通信機器は確かに社会を豊かにすることに貢献しており，その潜在的役割は非常に高い。しかし，その大部分の恩恵を受けている人たちは一部の富裕層などに偏り，社会における格差

を拡大しているとも指摘している（World Bank 2016）。また，ICT の普及により人々のコミュニケーションの密度が希薄となり，個人主義が強くなり，コミュニティや家族内での会話ですら減っているという指摘もある。通信情報技術の普及は，人々を豊かにし，グローバル社会を持続的な社会に変換していくポテンシャルを秘めている。SDGs の達成に向けて人々がどのように ICT を活用しているのか，どのように ICT を活用できるのか，人と ICT との関係を今後注視していくことが不可欠である。

　特に，バロウズ（2015）が指摘するように，今後，個人の発信能力や発言影響力がますます増大していく可能性を考えると，国や国際機関など伝統的に権威を持つ組織がトップダウン的に目標を示し，その方向性に人々の行動を促すというアプローチには自ずと限界が出てくる可能性がある。この点は，極端な思想をもつ特定の人々が ICT を活用し様々な形で現代の国際社会を揺さぶっていることにすでにその一端が見えている。伊藤（2003）は，我が国（日本）における大都市住民が都市に何をもとめているのかを問い，その問いに「結局，個人と家庭の空間をよくすればよいことにつきるのではないだろうか」と自らやや悲観的な答えを投げかけ，人々のコミュニティや都市といった公共空間に対する関心が薄れ，他者の快適さや安全性に対する思いやりが低下してきている事態を憂いている。人々は常に善意の塊でもなければ，利他的というわけでもない。一人ひとりの個人がどのような価値観や倫理観に基づきに周囲の人々や組織，あるいは自治体，国，企業などと関係を構築・維持するのか，そうした点を問うことが，ボトムアップ・アプローチを機能させるためには不可欠である。

7　ボトムアップ・アプローチによる事例調査・研究

　筆者のグループは，SDGs の実現にむけて，人々はどのような要望や課題を実際にもち，どのような観点・方策を重視するのか，ボトムアップ・アプローチの観点より具体的に現場で調査してきた。特に都市化と情報通信技術（もう少し抽象的にいえば，人々の情報へのアクセス能力および発信能力）の発展を強く意識しながら，ボトムアップ・アプローチによる SDGs の達成に向けて，インドネシアのスラバヤ市内において，住民参加型ワークショップ（Participatory Workshop，以下 PWS）をこれまで 3 年間にわたり開催してきた。以下，その経緯やその結果の概

要を紹介したい。

筆者らが特に PWS の開催にあたり目的としたことは，SDGs が人々の関心や現実的生活環境と無縁な存在となることを回避するために，人々が自ら望む将来の目標を自らの主観的認識により形成し，その目標の達成にむけて主体的な行動を促す居住生活環境を包括的に評価する指標作りの枠組みを提案することであった。

ところで，"Sustainable Development Goals (SDGs)" という言葉は，一般の人々には馴染みのない言葉であり，なぜ SDGs が重要なのか，必ずしもその意味は必ずしも明確ではない。そこで，PWS を開催する際には，SDGs の理念や目的を一般の人々でもわかるように，必要な時以外は SDGs という用語は使わず，我々の目的は参加者の日常生活を理解し，彼らの希望や問題意識を確認することを目的に PWS 開催地の地元パートナーと連携しつつ PWS を開催した。

PWS 開催に際してもう一点，課題があった。それは，一般の人々にわかりやすい用語や説明をつうじて，SDGs のエッセンスを理解してもらえたとしても，いったいどのように人々は SDGs の実施プロセスに関わることができるのか，ということである。人々は自分の生活や利害に関わりのあることでなければ，積極的に関わる意図を持ち得ず，結果として行動を実践しないと予測された。既存研究においても，開発プロジェクトの実施にあたり，住民参加を積極的に行ったプロジェクトのほうが，それを行わなかったプロジェクトよりも，よい結果をもたらすという指摘がある (Isham, Narayan and Pritchett 1995)。SDG 達成に向けても，人々の住民参加それ自体が重要ではなく，人々にインセンティブを認識してもらえる住民参加の仕組みを検討・実践することが重要となる。

8 都市内部のコミュニティを対象とした住民参加型ワークショップの設計・開催

今日の都市の経済活動空間は，構造的に外部依存的である。都市の内部では，経済的効率性が主に優先され，付加価値の高い活動が集中する。結果として，すべての食料を都市内で生産・調達し，必要となるエネルギーや水など都市内で確保することは難しく，その周辺，時には遠方よりこうした資源を確保し，運搬する必要性がある。都市における人々の日常生活も同様に他者に依存的である。都

市の住民は必要な食料をすべて自ら生産することは土地の制約や典型的な賃金労働という雇用形態からして難しく，基本的に店など他者から物やサービスを購入する必要がある。また，都市の効率性を支える電気やガス，交通網，治安など有形・無形のインフラは，自治体や公的組織の直接・間接的関わりにより供給される公共サービスであり，これらの整備が不十分な場合やこれらを利用できない場合，都市における人々の生活には様々な支障が生じる。今日の都市は，その内部に居住あるいは労働する多くの人々に恩恵をもたらしている一方で，都市内部のインフラなどに十分にアクセスできず，外部に依存する都市の特徴ゆえに自立的選択肢を持つことが難しい人々も多く生み出している（持続的都市の現実を定めた目標11が必要とされる所以である）。現在，世界各国で進行中の都市化において，都市内の貧困層やスラムの問題は大きな課題となっているのである。

　筆者のグループは，一般的な市民，特に都市部において所得水準が低く，相対的に居住環境に課題が多いと思われる都市内コミュニティーに着目し，彼らがどのように現状をとらえ，どのような将来を望み，そのためにはどのようなアクションが必要と人々自身が考えているのか，ワークショップ形式により調査を行った。調査に協力してもらった市民は，2つのコミュニティの住民である。1つは，インドネシア第二の人口規模を有する都市であるスラバヤ市内のコミュニティの1つである。彼らは元々，スラバヤ市内へ雇用や収入をもとめて流入した人々であり，移住直後は河川沿いにいわゆる“不法”居住していたが，その後，地元自治体の方針で，住民移転という形で現在の集合住宅地に移住してきた人々である。また，都市部と対照的な地域における一般的な住民が上記と同様の課題を検討するため，フィリピンにおける離島（住民約300世帯，人口約1000人）の住民を対象に住民参加型ワークショップを開催した。いずれも，事例調査に基づく研究であり，当然ながらこれらの事例より得られた知見を一般化することは難しい。しかし，それぞれのコミュニティとの信頼関係を確立し，継続して観察・調査することに得られる，具体的な情報の解釈を重視した。[5]

（1）住民参加型WS開催にむけた準備

　研究者が母国語の利用が不可能な状況下において調査を行う場合，大きな課題の1つは，現地におけるコミュニケーション手段の確保である。今回は，筆者の研究グループ内に調査対象国出身の研究者がいたこと，また現地の研究者と共同

研究を行う形をとることで，このコミュニケーション手段の最低限の要件を確保した。結果的にすべての PWS はすべて現地語で開催され，その結果を英語あるいは日本語に翻訳することで研究を進めるプロセスをとった。

　次に，現地における現状把握と日本より出向く研究者グループと調査対象となるコミュニティの方々との接点を構築するため，参加を要請する人々の教育歴なども考慮し，専門的用語の利用は極力さけた。現地側共同研究者の意向をふまえつつ，彼らの文脈で理解できる説明を心がけ，現地コミュニティのリーダーと現地側共同研究者を交えた事前の準備会合を，WS 開催前に必ず毎回開催した。

　PWS 開催にあたり，研究者側として把握したい情報の収集に務めることは当然であるが，同時に参加者に対して WS 主催者の意図や質問者の意図を理解してもらうために，双方向のコミュニケーションを実現する必要があった。また，主催者側の質問や課題について一方的に話をすすめ，聞き取り調査などを行なっても，そもそも PWS の内容が普段参加者の日常会話における話題とは言い難いため，参加者の PWS に対する参加意欲を一定時間維持できない懸念があった。そこで，PWS のプログラムにおいては，時より休憩や気分転換のゲームなどを織り混ぜ，積極的に PWS に "参加" してもらう工夫を行った。こうした楽しみの要素は，研究調査を純粋に捉えると副次的なものであり，必須とはいえないかもしれないが（時に "ノイズ" を巻き込む可能性すらあるが），筆者のグループが生の人々に向き合い，意見を引き出す（＝教えてもらう）以上，参加者の人々との距離を縮め，信頼関係を構築し，相互に学び合う場を醸成する上で重要であった。この "楽しみ" に関する重要性は Chambers（1997）においても指摘されている。

　また，現地の人々（PWS の参加者の人々）の生活環境や価値観を十分に理解している現地側の調査研究協力者として，スラバヤ大学の研究者グループとの協力体制の確立が極めて重要であった。そのために，WS 開催にあたっては，電子メ

5）　2つの住民参加型 WS の報告については，以下の資料を参照されたい。
Pandyaswargo, A. H., N. Abe, and Hong George William C.（2014）"Participatory workshop on bottom-up study contributing to the realization of Sustainable Development Goals: Pangan-an Island case study," http://www.ide.titech.ac.jp/TR/TRIDE-2014-03.pdf.

Pandyaswargo, A. H., N. Abe, and Y. Franciscus（2014）"Participatory workshop on bottom-up study contributing to the realization of Sustainable Development Goals: Surabaya case study," http://www.ide.titech.ac.jp/TR/TRIDE-2014-02.pdf.

ールなどによる事前の調整や資料作成のみならず，事前に日本側の研究スタッフがスラバヤを訪問し，現地の視察および具体的な段取りの調整などをおこなった。

　住民参加型ワークショップは2013年から毎年スラバヤおよびセブ沖離島でそれぞれ1回開催されてきたが，最初の年は参加者との信頼関係の構築，および主観的な生活改善における優先事項の把握，2年目は，優先順位としてあげられた項目間の相互比較を議論・確認した。その結果と関連既存研究のレビューの結果，ボトムアップ・アプローチにより持続的な開発目標を議論するためには，実際の人々の暮らしの実態とその実態の中に投影されている様々な課題や主観的な満足度やニーズを把握するのみならず，その包括的計測方法を提案する必要性が明らかになった。これは，所得水準などにより計測される客観的厚生水準の計測と，住民の生活満足度など主観的判断より計測する主観的計測アプローチが相互補完的に重要であると考える，近年の開発経済学などの分野の大きなトレンドに整合するものである。

　2015年に開催した3年目のPWSにおいては，参加者の主観的生活に対する認識や課題を把握するために，調査アプローチとして実績のある生活時間調査（time-use study）の枠組みを活用することとした。この調査枠組みは，持続的開発のあり方を住民の主観的観点より考える上で重要となる住居，食料，エネルギー，水，廃棄物など様々な生活の断面をどれほど望むように利用できているか，それぞれを利用できる時間の長さに着目して，人々の生活実態を明らかにすることを意図して適用した。生活時間調査は，日本，米国，英国など多くの先進国では実績があり，その調査名が示す通り，人々が生活においてどのように時間を使っているか明らかにすることを目的とし，国連や欧州諸国におけるデータベースの構築や国際比較の実績がある[6]。しかし，開発途上国における生活時間調査の事例は少ない[7]。筆者のグループは，限られた予算を前提に，調査のために協力を得たコミュニティの人々を対象に実施する生活時間調査を企画実施した。対象となったコミュニティの人々の教育水準や就業状況が必ずしも安定的ではないため，

---

6) 国連によるデータベース（http://unstats.un.org/unsd/demographic/sconcerns/tuse/default.aspx）と欧州における比較データベース（https://www.h5.scb.se/tus/tus/）がある。筆者らはHETUS categoriesを基本的に踏襲したが，一部カテゴリーを統合した。
7) Nuryettyらによる東京学芸大学の研究チームにより実施された，インドネシアの首都であるジャカルタ市住民を対象に実施された調査結果が存在するが，その報告書にまさに記載されている通り，開発途上国における生活時間調査として稀有な事例である。

地元研究者グループとの協議の上，図視化あるいは簡便な表現などを心がけ，当該調査を実施した。

9　住民参加型 WS からわかったこと
── 人々の主観と SDGs の関係 ──

　SDGs を構成する 17 つの目標は，マクロレベルあるいはグローバルレベルからの議論を踏まえ設定されたものも多く，例えば目標 10：Reduce Inequality が注目している格差や不平等さは複数の個人間に存在する富などの配分状況に関するものであり，個人としては如何ともしがたい（相互扶助や宗教的に相互に支援しあうという状況も想定されるが）。果たして，SDGs の 17 つの目標に対して，人々は，自らの日常生活との接点より関心を持てるのだろうか。

　そこで，PWS における住民の意見や収集した情報から，住民の主観的関心の有無と SDGs との関係性を整理したものが表 12 - 1 の通りである。17 つの目標のうち，住民の関心と接点がある目標は 12 つあると判断した。ただし，一部は間接的で弱い接点である。同時に，編みかけをしている 5 つの目標は，明らかに住民の関心とは接点がなく，これらはトップダウン・アプローチによる取り組みが期待されている目標となる。

　PWS の参加者の関心と SDGs が定めた目標との関係について，エネルギーに関わる観点から具体的に見てみよう。古くは Leitmann（1994）が指摘するように，現在でも開発途上国における非電化地域では，バイオマスが調理燃料として使用され，その結果生じる劣悪な室内の空気汚染がしばしば問題視されている。しかし，PWS を開催したインドネシア固有の事情として，政府の方針で，従来一般的に使われていた灯油から LP ガスの利用促進のための補助金が導入されて普及が進んでいるため，少なくとも筆者グループの調査の協力してもらった参加者のコミュニティでは，LP ガス利用に伴う室内大気（空気）の悪化という議論や認識は人々にはなかった。むしろ，LP ガスを貯留している金属製のタンクの強度や管理に問題があるのか，時に破裂事故を起こすため，人々はその安全性に真剣に懸念を示していた。このようにエネルギーと人々の暮らしの接点は，多くの途上国の調理に関わる観点については，伝統的燃料と室内大気汚染の関係が指摘されているが，スラバヤの事例では，エネルギー利用（より正確には LP ガスの

表12-1　SDGs と PWS の参加者の主観的関心や改善の優先度と関連性（事例）

SDGs（17の目標）	PWS から確認された個人レベルの関心・改善の必要性の有無（○, △, ×）
目標1．あらゆる場所のあらゆる形態の貧困を終わらせる	△（一人当たりの所得水準と照らし合わせると，参加者の多くは貧困状態にある。所得の不安定さや失業に対する関心は高い）
目標2．飢餓を終わらせ，食糧安全保障および栄養改善を実現し，持続可能な農業を促進する	△（食料安全保障や持続的農業については触れず。しかし，安全な食料に対する女性参加者の関心は高い）
目標3．あらゆる年齢のすべての人々の健康的な生活を確保し，福祉を促進する	△（ジェンダーという観点は明確には議論にならず）
目標4．すべての人に包摂的かつ公正な質の高い教育を確保し，生涯学習の機会を促進する	○（子供によい教育を，という女性参加者の関心は高い）
目標5．ジェンダー平等を達成し，すべての女性及び女児の能力強化を行う	△（ジェンダーという観点は明確には議論にならず）
目標6．すべての人々の水と衛生の利用可能性と持続可能な管理を確保する	○（水道水と生活排水の処理に関する関心は高い）
目標7．すべての人々の，安価かつ信頼できる持続可能な近代的エネルギーへのアクセスを確保する	△（電力料金が高いという指摘のみあり）
目標8．包摂的かつ持続可能な経済成長及びすべての人々の完全かつ生産的な雇用と働きがいのある人間らしい雇用（ディーセント・ワーク）を促進する	○（所得の不安定さや失業に対する関心は高い）
目標9．強靱（レジリエント）なインフラ構築，包摂的かつ持続可能な産業化の促進及びイノベーションの推進を図る	（関心の提示なし）
目標10．各国内および各国間の不平等を是正する	△（論点はあくまでコミュニティ内における選挙の透明性や公平性に関するもの）
目標11．包摂的で安全かつ強靱（レジリエント）で持続可能な都市及び人間居住を実現する	△（水，エネルギー，食料，廃棄物など，あらゆる面で望ましい生活を望んでいる。ただし，都市という規模ではなく，身の回りの局所的な視点である）

目標12. 持続可能な生産消費形態を確保する	△（ごみの分別やコンポストについて関心あり）
目標13. 気候変動およびその影響を軽減するための緊急対策を講じる ＊国連気候変動枠組条約（UNFCCC）が，気候変動への世界的対応について交渉を行う一義的な国際的，政府間対話の場であると認識している	（関心の提示なし）
目標14. 持続可能な開発のために海洋・海洋資源を保全し，持続可能な形で利用する	（関心の提示なし）
目標15. 陸域生態系の保護，回復，持続可能な利用の推進，持続可能な森林の経営，砂漠化への対処，ならびに土地の劣化の阻止・回復及び生物多様性の損失を阻止する	（関心の提示なし）
目標16. 持続可能な開発のための平和で包摂的な社会を促進し，すべての人々に司法へのアクセスを提供し，あらゆるレベルにおいて効果的で説明責任のある包摂的な制度を構築する	△（論点はあくまでコミュニティ内における選挙の透明性や公平性に関するものだが，それでは保活的な社会の促進と関連がある）
目標17. 持続可能な開発のための実施手段を強化し，グローバル・パートナーシップを活性化する	（関心の提示なし）

出典：外務省の情報などをもとに筆者加筆

貯留）に伴う危険性のほうが問題視されており，国や地域ごとにエネルギーに対する人々の問題意識が異なることを示す事例となった。この点に関連して，Anableら（2014）は，家庭におけるエネルギー消費量の総量に関するデータは存在しても，それらが具体的にどのように使われ，それがどのように時間の経過とともにその消費量が変動しているのかを示すデータはほとんどなく，エネルギー消費と我々の生活の関係性を示す情報の不在を指摘している。各世帯や個人の生活パターンを細かに観察し，理解することは現実的に必要となる人材不足や個人情報保護の観点より困難である。しかし，現在急速に進みつつある各種情報の収集センサー技術の発展やインターネットとモノとの融合が，こうした課題を解決していく可能性があり，今後の動向に十分注意を払うべきである。

10 具体的な生活様式を理解する
──生活時間調査からわかったこと──

　ボトムアップ・アプローチにおいては，人々の具体的な生活様式を理解することが極めて重要である。そこで，筆者の研究グループは，スラバヤにおいて実施したPWSのなかで，参加者がどのような暮らしをしているのか理解するために，前述のように生活時間調査を実施した。ここでは2名の参加者（男性）の調査結果の概要を見てみよう。1名の参加者は昼間の定職について働き，夜間に家族と一緒の時間を過ごしているが，もう1名の参加者は夜間勤務のある仕事をしており，午前中のみ家族と過ごしていた。2名に共通することは，平日も休日も労働勤務の長さに大きく差がなく，両名とも休日といえる時間を十分に確保できていないことである。これらの点より，主観的満足度や幸福度を決める上で重要な要素の1つと考えられる家族との会話の時間や余暇のための時間を確保することが難しいことがうかがえた。このような背景には，調査対象となった者がインフォーマルセクターで働いており，その仕事の内容や条件はしばしば予期せぬ形で変動し，それゆえ収入も不安定であることとも関係があると解釈できた。また，このような状況は，乳幼児等に対する家族の世話や家庭内外の教育を通じた将来世代への投資が必ずしも行われていない可能性を示唆しており，かつそれぞれの問題が相互に関連している。持続的開発をボトムアップの観点から議論するためには，単に雇用の創出や教育機会の提供といった個別の政策を個別に実施するだけでは不十分であることが事例研究を通じて示唆された。

　また，生活時間調査や聞き取り調査の結果より，PWS参加者間の勤務時間や生活時間の実態には当然違いがある一方，宗教上の祈りのための時間はいずれの参加者においても確保されており，それらの時間が日常生活において主観的幸福やコミュニティの安定を維持するために大きな役割を果たしている可能性が示唆された。さらに，スラバヤにおいて，PWSへ参加した住民が居住している集合住宅では，それぞれの世帯の個室の清潔さや整頓状況はバラバラであるが，礼拝のためのスペースだけはいつ訪問しても綺麗になっていた。また，PWSの開催においても，参加者が一体となって祈りや感謝を捧げる機会があり，コミュニティの秩序や一体感を大いに貢献していると感じられた。こうした，コミュニティ

を構成する関係者が概ね全員議論なく受け入れている“何か”の存在が，コミュニティにおける全体的な居住環境を改善するため，そしてSDGsの達成につながるコミュニティレベルのアクションを促すためには不可欠ではないかという仮説を持つに至った。この“何か”は，宗教的な結びつきであったり，社会規範であったり，コミュニティの一体感・きずなといった無形の何かであり，いわゆるソーシャルキャピタル（社会関係資本）に関する議論につながる。坂田（2011）は，この議論に関連して，「コミュニティーと国家の開発におけるソーシャル・キャピタル」と題した既存研究のレビューを行い，その中で社会関係資本について，ある集団の構成メンバー間の結束を高めるための「ボンディング社会関係資本」の紹介から始め，その後，社会関係資本が2つの観点から整理され，他の組織と水平的につながるための「ブリッジング社会関係資本」，そして政府などの公的期間と垂直的につながるための「リンキング社会関係資本」に分けられた経緯をまとめている。PWSの実施をふまえて筆者が観察したものは，このうち「ボンディング社会関係資本」に相当するが，特に本章が着目している情報通信機器との関係からみると，「ブリッジング社会関係資本」や「リンキング社会関係資本」が今後重要になってくると予想される。携帯電話などの情報通信機器は技術的手段に過ぎないが，それらが「つながる」社会関係資本の形成にどのようにつながっていくのかが，興味深い今後の課題である。坂田（2011）が指摘する通り，住民たちの能力のみでアクセスできる資源，知識，情報に限界がある可能性がある一方，こうした限界を補うように携帯電話などの情報通信機器の普及が加速し，人々が積極的に声をあげ，ネットワークを形成していく可能性がある。空間的に限定された伝統的なコミュニティから，ネットワークをつうじて拡大したバーチャルなコミュニティが今後ますます拡大していくとすれば，その拡大したネットワーク型のコミュニティにおける社会関係資本の構築有無やその中身が，SDGs達成の可否を左右する要因になるのかもしれない。

　そして，今回着目したスラバヤ市のコミュニティの人々が概ね共通して生活において望んでいたことは，安定的な雇用とそれによる安定した水準の収入であった。インフォーマルセクターで働く住民が多いコミュニティを対象としたPWSの結果としては当然の結果かもしれないが，雇用のあり方が住民の主観的幸福度を左右しており，その点に対する議論や改善のための具体的な方策なくして持続的な開発目標の議論をトップダウン・アプローチにより求めても，住民の観点か

らは主体的関心をもって取り組む課題として受け止められない可能性が高いことが示唆された。

　また，フィリピンの離島における PWS からわかったことは，彼ら日常生活の様々な局面で SDGs との接点があることである。事例として，ここでは，ある一人の参加者の週末の時間の過ごし方の概要を見ることとする。この参加者は，島で人力三輪タクシーの運転手をしている男性である。ある週末，彼はある病気をもつ自分の子供を無償で診療してくれるという病院があると人づてに噂を聞き，是非とも我が子に治療をうけさせたいという希望のもと，確たる根拠も予約もなく，噂だけを頼りに地域の一番大きな島の病院へ子供と妻とともに午前 9 時前に向かった。しかし，彼らが住む小さな島から地域で一番大きな（病院のある）島へ行くためには，小さなボートと大きなボートを乗り継がないといけない。そのあと，乗り合いタクシーにのって病院についたのが昼前なので，移動に 3 時間近くかかっている。そこから，彼らは医師の診断を期待してずっと待合室で待ったのだが，実はこの診断は事前に自治会の推薦や地元自治体の紹介がなければ受けられないものであり，待っていても診断をうけられる可能性はもとより低かったのである。結果的に，彼は病院の待合室で 5 時間近くの時間を過ごしたものの，希望していた診断を子供に受けさせることはできなかった。その後，病院のある島にいる兄弟の家に宿泊し，翌日，また往路と逆のルートで約 3 時間をかけて，居住地である離島へ戻ったのであった。

　あとで確認し分かったことだが，この男性が噂で聞いた無償の医療支援プログラムは，ある慈善財団が地元の自治体と病院と連携し，その財団が資金を負担する形で実施されているものであり，この制度の恩恵を適切に受けるためには，まず行政と財団の連携による制度や手続きを適切にとり，地元の自治組織から"推薦"を受ける必要があった。したがって，この男性が自分の子供に希望する診療をうけさせるためには，一連の行政手続きが必要であるという情報を入手し，その内容を理解し，関係各位に対して適切に連絡・行動を取れるリテラシーが不可欠であった。しかし，この男性はそうしたリテラシーを断片的に有していたものの十分に有していなかった。また，この約 300 世帯が暮らす離島には病院はなく，医師も看護師もおらず，医療を受けるためには，病院のある地域の大きな島へ船に乗り，時間をかけて長距離移動しなければいけないという現実があり，医療へのアクセシビリティに大きな制約があった。また，この男性の家族が無償の医療

支援制度に関心を示したのは，彼の所得は極めて限定的であり，子どものための医療費用を負担できる状況にはないことも背景にあった。この男性のある 1 日の生活時間をみると，その様々な局面で，SDGs が指摘している課題との接点が明らかになってきたのである。17 つの SDGs の個別目標を見ているだけでは，これらが人々の日常生活とどのような接点をもっているのか必ずしも判然としない。今回取り上げた男性の 1 日の生活時間の過ごしかたから垣間見れるように，ボトムアップ・アプローチにおいては，人々の日常生活においてどのように SDGs の目標と接点があるのか把握することが極めて重要である。実はこうした指摘は特に新しい知見ではない。その意味で，SDGs をボトムアップ・アプローチから捉えることは，これまで開発の分野で「人間を中心に据えた」アプローチに関わる教訓や知見を再確認することにほからない。

　本章で特に論点として明示したいことは，開発における「時間」の意味である。上記の離島の男性の事例に関連付けると，日常生活における「5 時間」を長いと見るか否か，また，それによる心理的，経済的損出を感じるか否かといった主観的判断である。日本人の多くの立場からすると，おそらくは，5 時間待って何も結果を得られないという事態は極めて残念な状況と認識されるだろう。それは，5 時間という時間の長さそのものに起因するものか，あるいは日常の多忙な仕事によるストレスによるものか，あるいは時間あたりの損失収入（機会費用）の大小によるものか，その要因は様々であろう。そして，どれほど残念に思うかは，「時間」の長さや価値に対する主観的判断は当事者の生活環境，雇用環境，居住地，家族構成，周辺インフラ環境などによって変化するものと思われる。

　今回，セブ沖の離島における前述の男性に話を聞いたところ，彼は 3 時間であれば待っても問題ないとのことであった。もちろん，子供のためであれば 3 時間ぐらい問題なく待てるという側面もあったと思われる。一方，筆者を含む多くの日本人は我が子のためとあっても，5 時間にわたり何の当てもなく待ち，結果として何も目的を達成できないという状況をよしとする人はどれだけいるだろうか。3 時間程度であれば待てると答える方も少ないかもしれない（日本における病院待機時間やそれに対する満足度などは，厚生労働省が「受療行動調査」として定期的に実施・発表している[8]）。時間の長さとその意味は相対的なものであり，そこにそれぞ

8)　厚生労働省のホームページ（http://www.mhlw.go.jp/toukei/list/34-17.html）を参照のこと。

表12-2 BNU（都市生活ニーズ）指数の提案とその構成

BNUの構成要素	着眼点	計測対象
住居	ある単位期間において，雨風から守ってくれる快適で安全な住居にどれだけの時間を過ごしているか	現状に対する主観的評価と，現状を改善する場合主観的希望状態の差を計測
水および衛生環境	ある単位期間において，安全な水の確保，適切な廃棄物の処理および適切な廃水処理がどれだけの時間実現しているか	
エネルギー	ある単位期間において，どれだけ必要とするときに必要な量と質のエネルギー（例：電力）を利用できているか	
食料	ある単位期間において，どれだけ必要とする安全安心な食料を入手できているか	
仕事・収入	ある単位期間において，どれだけ安定的な仕事があり，収入を得る機会を得ているか	
居住・コミュニティ環境	ある単位期間において，どれだけ快適な居住・コミュニティ環境に囲まれているか	

出典：筆者作成

れの社会や文化の価値観が反映されている（レヴィーン 2002）。時間は地球上のどこにいても，だれにとっても1日24時間であるが，同時に，時間を通じて見える社会や文化の多様性は，開発における人々が直面する問題やニーズを理解する上で極めて有効である。

　以上より，筆者のグループは，都市化という流れと携帯電話に代表される情報通信機器の普及，さらに時間という単一次元から人々の暮らしを理解する発想を統合し，都市生活ニーズ指数（Basic Needs of Urban-Life（BNU）Index）のプロトタイプを考案するに至った（Pandyaswargo and Abe 2015）。この指標は，表12-2にある通り，人々の暮らしを住居，水環境（上下水道），エネルギー，食料，雇用，生活周辺環境の断面に着目して，理想とする状況と現状に対する認識の差を数値化し，重みをつけて統合する指数である（詳しくはPandyaswargo and Abe（2014），POST2015 ワーキングペーパー #1 を参照されたい）。

　実際のBNUの結果については，単に数値を提示するのではなく，図示することにより比較的容易に人々やコミュニティの生活環境の実態について理解を促す

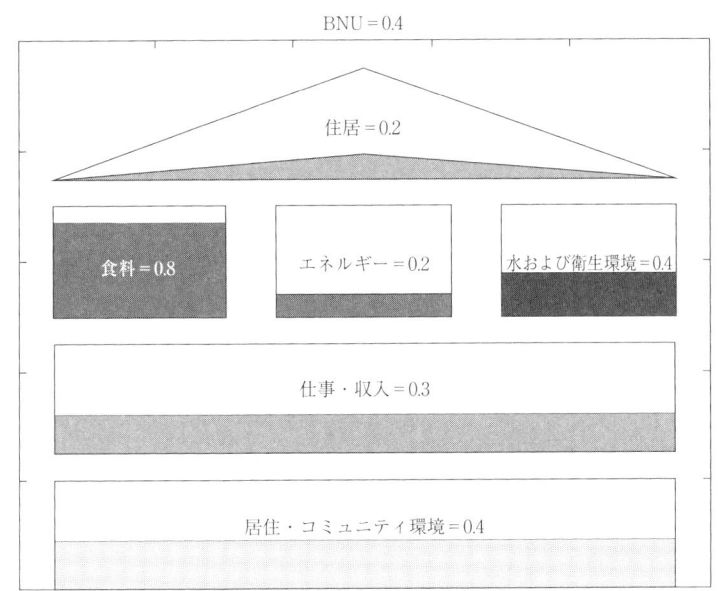

BNU = 0.4

住居 = 0.2

食料 = 0.8

エネルギー = 0.2

水および衛生環境 = 0.4

仕事・収入 = 0.3

居住・コミュニティ環境 = 0.4

図12 - 3　スラバヤで開催したワークショップ参加者（男性，16名）の BNU に対する評価平均値

出典：筆者作成

ことを目的に，5つの切り口が1つの「家」を構成するようなデザインを提案した。図12-3中の数値は，男性参加者による時間換算における被験者の都市生活に対する各断面（住居，食料，エネルギー，水，雇用，コミュニティ環境）に対する現況の評価を示し，1に近づけば近づくほど人々は主観的にその断面に満足しており，0（ゼロ）に近づくほど，人々は満足していないことを示す。この図12-3では，全体の総合的評価点は0.4点であり，全体を構成する5つの断面をみると，住居：0.2点，食料：0.8点，エネルギー：0.2点，水：0.4点，雇用：0.3点，コミュニテイー環境：0.4点である。回答者はそれぞれの断面の重要性について，主観的な意見をのべ，それがそれぞれの重みになって計算されている。

　次に，図12-4中の数値は，女性参加者による時間換算における被験者の都市生活に対する各断面（住居，食料，エネルギー，水，雇用，コミュニティ環境）に対する現況の評価を示している。図12-4では，図12-3と同じく，全体の総合的評価点は0.4点である。全体を構成する5つの断面をみると，住居：0.0点，食料：0.7点，エネルギー：0.5点，水：0.5点，雇用：0.3点，コミュニティ環境：0.1点である。サンプルが限定的であるため，考察も限定的であるが，男性

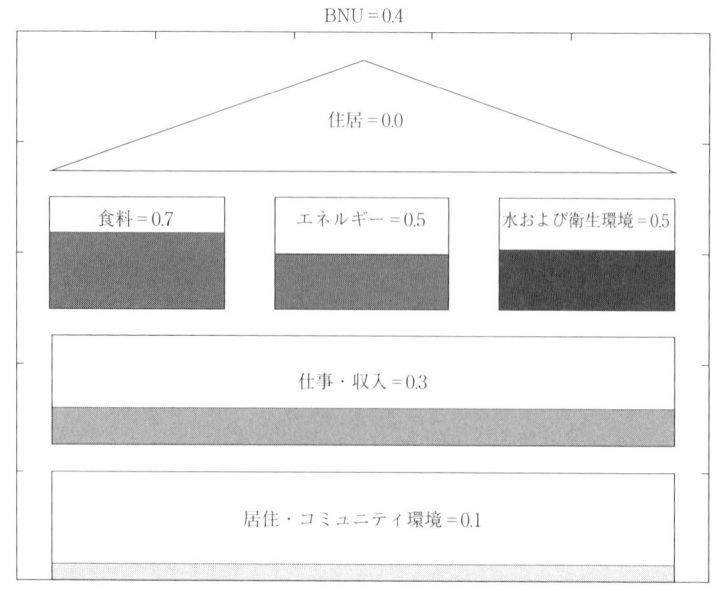

図12-4 スラバヤで開催したワークショップ参加者（女性，16名）の BNU に対する評価平均値

出典：筆者作成

の評価と比べると，女性の評価は特に住居およびコミュニティ環境に対する評価が低いことがわかる。

　図12-3及び図12-4は，男性と女性の間では望ましいとする社会やコミュニティーの理想像が異なる可能性があることを可視化を通じてわかりやすく示すことも意図している。

　BNU を提案したもう1つの意図は，この指標は人々の主観的評価をもとに算出する構造を持ち，同時にその主観的評価において高度な知識，経験さらには特別な観測機器などを要求しない構造を確保するため，「時間」という尺度をもって様々な日常生活の断面を評価することであった。本指標はプロトタイプの段階にあるため，今後はこの BNU の適用事例を増やしつつ（その過程を通じて指標の構造や情報収集方法を継続的に改善し），その適用事例を通じて，住民自身の課題発掘のための能力強化支援，複数のコミュニティの比較による地域間格差やその対応策の検討，さらには国際的に都市コミュニティ間の比較などを実施して活用方法をより明確にする必要がある。さらには人々が主観的判断により自ら状況を把握し，望む将来像を設定し，それに向けて取り組みを行う場合の進捗度合いを図

る物差しとして機能することを願っている。

11　SDGs 達成に向けた課題

　人を議論の中心に据えるボトムアップ・アプローチは，突き詰めると，人々の
ニーズや主観的現実をできるだけ踏まえ，人々の主体的な参画や取り組みを促し，
人々の参画や取り組みを通じて状況の改善を図る取り組みである。それにより，
人々は自らの存在を確認し，"開発"の目標の 1 つともいえる自尊心（self-
esteem）を保ち，自らの力で事態を変える確かなモチベーションを持ちえるので
ある。これは何も開発途上国の所得の低い人たちだけに関する指摘ではない。
我々の社会を構成するすべての人たちが，自らの存在意義と潜在的役割を認識し，
地球の持続性を少しだけも高めるために行動をとるモチベーションをもち，その
具体的な行動を実現するために人々の意識や社会の資源の利用を促すことが
SDGs の大きな役割である。残念なことに，現代では様々な形での社会的疎外の
問題が生じており，自らの自尊心を保てない人や不条理な状況に陥ってしまう人
が途上国のみならず先進国においても少なからず存在する（むしろ増えているかも
しれない）。そのような事態を解決・改善するために，SDGs が目標 8，目標 11，
そして目標 16 において言及している社会的包摂の側面は，まさにボトムアッ
プ・アプローチの重要性を指摘していると解釈することもできる。今後 SDGs の
達成に向けて様々な取り組みを進める際には，実態を知る，関係する人々の声を
謙虚に聞くという極めて基礎的な要件を今一度確認する必要があるだろう。

　2030 年に至るまでに，より多くの人々が居住する都市において，人々の雇用
形態や様々な社会経済活動の形態が，現在の状況と比較して大幅に変容する可能
性も排除できない。2000 年と 2015 年の大きな社会状況の変化として，携帯電話
に代表される情報通信機器の普及を指摘したが，これらの 2 つの側面の社会情勢
の変化による影響よりも，さらに大きな影響力のある技術変革やその普及による
社会情勢の変化が今後生じる可能性がある。今後，我々の社会の経済活動が急速
に変わっていくという予見すらある（リフキン 2015）。SDGs の策定プロセスにお
いては，「誰一人取り残さない（no one left behind）」というポリシーが明確に掲げ
られていたが，特に，情報通信技術と SDGs の間の接点でいえば，「すべての
人々が繋がりたい時に人，情報，技術に繋がることができるようにすること」が

重要になり，そのつながり方がどのように人々，コミュニティ，そして社会に影響をもたらすのか，どのように社会関係資本の変化に影響を及ぼすのか，これらの点こそが，ボトムアップ・アプローチの観点から見るとSDGsの達成にむけて今後注視すべき最も重要なテーマであると思われる。

　また，ボトムアップ・アプローチにおける住民参加や人々のニーズ・課題を捉えるプロセスの重要性は，開発途上国における現場のみならず，多くの先進国においても確認されつつある。これは，従来の権威に基づくトップダウン・アプローチでは，多様性のある国民ニーズには答えられなくなってきていることや，限られた資源を最大限に活用するためには，公共部門の組織にあっても，市民のニーズにマッチした施策を積極的に立案し，実施する必要性が高まっているためと理解できる。我が国でも，街づくり，地域おこし，防災，環境アセスメントなど様々な局面や政策的側面でボトムアップ・アプローチを実践するべく，必ずしも望ましい状況には至っていないが，多くの人々や組織による取り組みがすでに実践されている。SDGsをボトムアップ・アプローチから捉えることは，先進国におけるこうした従来からその必要性が指摘されながらも，必ずしも十分に根付いているとは言い難い様々なレベル・形態の住民参加型の活動をさらに推進する一つの重要な根拠や原動力（ドライビング・フォース）となる可能性がある。[9]

　以上の考察をふまえ，SDGs達成へ向けた課題として本章の内容をまとめると，以下のとおりになる。

　①住民を中心に据えてSDGs達成の取り組みを行う際，今後より世界的に多くの人々が住む都市という場所を強く意識する必要がある。その際，都市の特徴をふまえ，人々の生活は極めて外部や他者に依存的であり，その依存する先は自治体であったり，水道やエネルギーなどを供給する公共インフラであったり，あるいはコミュニティであったりする。今後の産業構造や雇用形態の変化によっては，元来脆弱性の高い都市住民がさらに脆弱性の高い状況に陥る可能性もあるため，

---

9)　予算的・人的制約に直面した政府，自治体，国際機関などが，人々のニーズの把握に努め，その把握した情報に基づき政策やプロジェクトを実施する場合，資源や労力の投入先は選択的となり，「メリハリ」のある資源配分が出現することがしばしばある。その「メリハリ」がつけられた結果，行政などによる検討や支援の対象から外される人々や課題が生じ，こうした人々や課題が放置される状況に陥る可能性を否定できない。人々のニーズの把握という行為は，少数の社会的弱者や社会において認識されにくい複雑な問題を覆い隠す"都合の良い"手段として利用されるリスクがあることを忘れてはならない。

都市住民の依存性と脆弱性をふまえた取り組みが重要である。そのために，都市における公共性の高いサービスへの住民のアクセシビリティを高めることが重要である。

　②携帯電話やスマートフォンに代表される情報通信機器の普及により，人々の様々な情報や資源へのアクセシビリティは高まり，情報・意見の発信能力が高まってきている（同時にまだ人々の間に情報格差があり，一概に情報通信機器の普及を肯定できる状況にはない）。ICT を活用した新しいシステムが，人々に新しい雇用形態を提供し，自主決定権の高い新しい働き方を実現させる可能性がある。その先駆的事例としてインドネシアにおけるオートバイの配車システムである GO-JEK の事例をつうじて，人々がみずから主体的に行動をとり，自らの生活環境や雇用状況を変えようというシステムが ICT の普及により現実となってきており，今後，同様の動きが先進国のみならず，開発途上国でも見られるようなっていく可能性を考察した。こうした個人が様々なことを実施できる状況が増えている反面，個人主義が強くなり，自らの狭い知識や自らの価値観のみを主張する市民が多くなる社会が到来するならば，個別事情を捨象し様々な国や地域の共通項問題に基づき設定された SDGs は人々の興味や関心に響かない可能性がある。同時に，人々は手にした情報通信機器をつかって，主観的な主張や希望を自己本位に主張するだけの存在になってしまう可能性もあるため，ボトムアップ・アプローチが単なる狭い自己利益を実現するための自己表現の場になってしまう懸念も残る。よって，SDGs の達成のためには，トップダウン・アプローチとボトムアップ・アプローチの組み合わせの議論と目標を提示するだけではともに不十分であり，人々をつなぎ，複数の人々の利害や異なる意見を調整する "何か" が必要となることを指摘した。その "何か" について，ソーシャル・キャピタル（社会関係資本）の研究分野で整理されている「ブリッジング社会関係資本」や「リンキング社会関係資本」という観点から考察を行い，"他人・情報・もの・技術とのつながり" が今後重要となることを指摘した。SDGs 達成のためには，こうした "つながり" を強化する取り組みが不可欠となる。

　③都市が成立する 1 つの要因は，その域内におけるより効率的な経済活動が可能となることであり，その効率性の 1 つの断面は，「限られた時間でより多くのことができる」ということである。その都市における人々の「時間」の使われ方とその使われ方に対する人々の主観的認識は，人々を取り巻く生活環境の評価に

資する重要な断面である。そこで，PWS を通じた確認した人々の生活環境改善の優先順位分野を考慮し，SDGs の進捗状況をモニタリングし，人々を取り巻く状況の理解を人々に促すツールとすることを目的に，人々の将来に対する要望と現在の状況の相違を 5 つの居住環境の断面（住居，水，エネルギー，廃棄物・衛生，雇用，コミュニティ環境）から捉え，時間の単位で換算・統合する Basic Index for Urban-life Needs（BNU）の概念を紹介した。

謝辞：

　本章の一部は，環境省環境研究総合推進費戦略課題 S-11「持続可能な開発目標とガバナンスに関する総合的研究——地球の限られた資源と環境容量に基づくポスト 2015 年開発・成長目標の制定と実現へ向けて」のサブテーマ 1 (2)の成果に基づくものであり，本サブテーマ実施に貢献した Dr. Andante Hadi Pandyaswargo, Dr. George William Hong, Mr. Yunus Fransiscus および Dr. Ambiyah Abdullah に記して感謝申し上げる。しかし，本章の意見は筆者個人のものである。

参考文献

Anable, J., B. Anderson, E. Shove and J. Torriti (2014) "Categories, Concepts and Units: Representing energy demand in and through time," Working Paper 3, Lancaster: DEMAND Centre.

Chambers, R. (1997) *Whose Reality Counts? Putting the First Last*, Practical Action Publishing .

Crescenzi, R. and A. Rodríguez-Pose (2011) "Reconciling top-down and bottom-up development policies," *Environment and planning A*, 43(4): 773-780.

Fehling, M., B. D. Nelson and S. Venkatapuramd (2013) "Limitations of the Millennium Development Goals: a literature review," *Global Public Health*, 8 (10): 1109-1122, http://dx.doi.org/10.1080/17441692.2013.845676.

Heckman, J. J. and L. B. Kruger (2005) *Inequality in America What Role for Human Capital Policies?*, MIT press (paperback edition).

Hong, G. W. and N. Abe (2012) "Sustainability assessment of renewable energy projects for off-grid rural electrification: The Pangan-an Island case in the Philippines," *Renewable and Sustainable Energy Reviews*, 16(1): 54-64, ISSN 1364-0321, http://dx.doi.org/10.1016/j.rser.2011.07.136.

Isham, J., D. Narayan, and L. Pritchett (1995) "Does Participation Improve Performance? Establishing Causality with Subjective Data," *World Bank Economic Review*, 9(2):

175–200, DOI: 10.1093/wber/9.2.175.

Leitmann, J.（1994）*Rapid Urban Environmental Assessment Lessons from Cities in the Developing World, Volume1, Methdology and Preliminary Findings*, Urban Management Programmee Discussion Paper, World Bank.

Nuryetty, M. T., S. Nakayama（2015）*Time Use Survey 2004 in Jakarta, Indonesia*, Tokyo Gakugei University Press.

Pandyaswargo, A. H. and N. Abe（2014）"Participatory workshop on bottom - up study contributing to the realization of Sustainable Development Goals: Surabaya case study." *Technical Report of International Development Engineering*, May. 2014.

Pandyaswargo, A. H. and N. Abe（2015）"Basic utilities satisfaction and consumption in an urban community: Case of study of Surabaya,Indonesia," The 26th Annual Conference of Japan Society for International Development（JASID）.

Pred, A. R.（1973）*Urban Growth and the Circulation of Information: The United States System of Cities 1790-1840*, Harvard University Press.

Rakodi, C. and T. Llyoyd-Jones（2002）*Urban Livelihood A People-centered Approach to Reducing Poverty*, Earthscan.

Tannerfeldt, G. and P. Ljung（2006）*More Urban Less Poor, an introduction to urban development and management*, Earthscan.

Todaro, M. P. and S. C. Smith（2011）*Economic Development*, Addision Wesley.

United Nations（2014）*World Urbanization Prospects*, New York: United Nations.

World Bank（2016）"World Development Report 2016: Digital Dividend," http://www. worldbank.org/en/publication/wdr2016.（最終アクセス日：2016 年 1 月 25 日）

伊東早苗（2009）「開発社会学の視座」大坪滋・木村宏恒・伊東早苗編『国際開発学入門』勁草書房。

伊藤滋（2003）「ヨーロッパの都市計画から学ぶ」宇沢弘文・國則守生・内山勝久編『21世紀の都市を考える──社会的共通資本としての都市 2』東京大学出版会。

宇井純（2006）『合本公害言論』亜紀書房。

宇井純編（1985）『技術と産業公害』東京大学出版会。

宇沢弘文（2003）「社会的共通資本としての都市」宇沢弘文・國則守生・内山勝久編『21世紀の都市を考える──社会的共通資本としての都市 2』東京大学出版会。

北村喜宣（1997）『自治体環境行政法』良書普及会。

小島英子・阿部直也・大迫政浩（2014）「一般廃棄物処理に対する住民選好──ライフステージによるセグメンテーション」『計画行政』37（4）：30-42

坂田正三（2011）「開発論」稲葉陽二・大守隆・近藤克則他編『ソーシャルキャピタルのフロンティア──その到達点と可能性』ミネルヴァ書房。

サリバン，ニコラス／東方雅美・渡部典子訳（2007）『グラミンフォンという奇跡──「つながり」から始まるグローバル経済の大転換［DIP シリーズ］』英治出版。

田尻宗昭（1980）『公害摘発最前線』岩波新書。

辻坂吟子（1997）『環境管理計画とエコロジカル・アプローチ——地方公共団体における自然環境評価のいままでとこれから』PREC Study Report, Dec/1997, accessed on Jan 20, 2016, http://www.prec.co.jp/research/report/pdf/01138.pdf（最終アクセス日：2016 年 11 月 17 日）。

辻田祐子（2001）「政府と市民のシナジー——都市環境衛生のパートナー湿布の問題点」佐藤寛編『援助と社会関係資本——ソーシャルキャピタル論の可能性』アジア経済研究所。

チェンバース，ロバート／野田直人・白鳥清志監訳（2000）『参加型開発と国際協力——変わるのはわたしたち』明石書店。

中口毅博・川崎健次（1996）「地域環境計画における定量目標の設定動向とその評価——都道府県・政令市レベルの事例」『環境情報科学論文集』10：13-18.

中島とみ子（2006）『住民ニーズと政策評価——理論と実践』ぎょうせい。

バロウズ，マシュー／藤原朝子訳（2015）『シフト——2035 年，米国最高情報期間が予測する驚愕の未来』ダイヤモンド社。

リフキン，ジェレミー／柴田裕之訳（2015）『限界費用ゼロ社会——＜モノとインターネット＞と共有型経済の台頭』NHK 出版。

レヴィーン，ロバート／忠平美幸訳（2002）『あなたはどれだけ待てますか？——せっかち文化とのんびり文化の徹底比較』草思社。

（阿部直也）

<table>
<tr><td>第 **13** 章</td><td>統合目標形成へ向けて
——SDGs 達成に向けた日本への処方箋</td></tr>
</table>

1 なぜ，日本への処方箋が必要か？

（1）MDGs と SDGs

2001 年に策定され，2015 年に達成期限を迎えたミレニアム開発目標（MDGs）は，貧困と飢餓の終結，初等教育の普及，ジェンダーの平等推進など途上国の経済社会開発に主眼を置いた目標群であった。MDGs の結果，乳幼児死亡率の減少やマラリアの蔓延の防止などの課題について大きな前進が見られたが，貧困の終結など達成できなかった課題も残されている。加えて，近年では気候変動や生物多様性の保護という環境の問題や，持続的な経済成長や雇用という経済の問題，人権や社会的な平等という社会の問題も増加してきた。このような社会，経済，環境をとりまく様々な課題はそれぞれが独立して存在しているのではなく，互いに影響し合い，複雑に絡み合っていることが明らかとなっている。

このような背景を受けて，MDGs の後を継ぐ国際目標として設定されたのが 2015 年 9 月に採択された持続可能な開発目標（SDGs）である。SDGs は 17 の目標と 169 のターゲットで構成されている。地球システムを持続的に維持するための課題を包括的に扱う国際アジェンダであり，先進国，途上国を問わず，地球上のすべての国々や人々が協力し，地球全体として目指すべき方向性を示した目標群である（詳しくは第 1 章参照）。

（2）求められる国・地域の主体性

しかし，先進国と発展途上国では国が直面する課題やその優先順位は同じではないし，同じ経済発展レベルの国であっても国ごとにも違う。もっといえば，同じ国であっても地域によって異なることもあるであろう。SDGs はこのような課題の多様性を十分に理解しつつも，あらゆる人類が共通して目指せる目標，つまり「ユニバーサル」な目標として 17 に目標を統合したものである。このため，

目標そのものやその実施手段については，具体的な数値目標が示されていなかったり，抽象的であいまいな記述や表現を多く含んでいる。SDGs の国連合意文書には以下のような一節がある。

　　持続可能な開発目標（SDGs）とターゲットは，各国の置かれたそれぞれの現状，能力，発展段階，政策や優先課題を踏まえつつ，一体のもので分割できないものである。また，地球規模且つすべての国に対応が求められる性質のものである。ターゲットは，地球規模レベルでの目標を踏まえつつ，各国の置かれた状況を念頭に，各国政府が定めるものとなる。また，各々の政府は，これら高い目標を掲げるグローバルなターゲットを具体的な国家計画プロセスや政策，戦略に反映していくことが想定されている。持続可能な開発が経済，社会，環境分野の進行中のプロセスとリンクしていることをよく踏まえておくことが重要である[1]。

つまり，本書の第 12 章で強調されているように，SDGs ではグローバルな目標に鑑みながら，より具体的な目標設定は，国ごとあるいは地域ごとに様々な社会的・経済的背景を踏まえながら，個別に定めることを求めているのである。それぞれの国や地域が，グローバルな課題と方向性をしっかりと理解した上で，自分たちの発展の方向性を主体的に定めていくアプローチが求められている。

（3）日本の持続可能性目標の設定と実施に向けて

　日本はこの国連の文書に合意をしている。そうである以上，これまでの施策を見直し，環境，経済，社会的課題のそれぞれのつながりや因果関係に配慮しながら，日本としての目標を再設定することが必要となる。「グローバルな SDGs に対して日本が果たすべき役割は何か？」「日本の持続可能性課題の優先順位はどうあるべきか？」「具体的にそれぞれの分野においてどのような目標設定が必要になるか？」このような問いに対して一つひとつ答えを出していかなければならない。

1）　外務省（2015）『我々の世界を変革する――持続可能な開発のための 2030 アジェンダ（仮訳）』http://www.mofa.go.jp/mofaj/files/000101402.pdf（最終アクセス日：2016 年 1 月）。

これは日本という社会の構造を根本から見直す作業であり，新しい社会を生み出す変革への挑戦であるともいえる。このような大きな社会変革を伴う取り組みを実行に移すためには，これまでのようなトップダウンによるアプローチでは，目標設定はできたとしても，その実現は困難になるだろう。目標の設定段階から，社会の構成員である私たち一人ひとりが，自分たちの目指す方向性としてしっかりと受け止められるようなアプローチでなければならない。具体的には，国民全体を巻き込みつつ，オープンな場で議論を重ね，複雑に絡み合う課題に対して，丁寧に合意形成を目指していくプロセスが必要不可欠である。しかし，残念ながら現段階においては，日本にはその目標を議論しようとする機運が生まれているとは言い難い。

（4）処方箋のねらい

このような認識のもと，国民全体を巻き込んだオープンな議論のプロセスの第一ステップとして，議論のたたき台を提示しようと作成したのが2016年1月に公表された「SDGs 達成に向けた日本の処方箋（以下，「処方箋」）」である（POST2015 プロジェクト 2016）。この「処方箋」はあくまで SDGs について研究してきた研究者グループの立場から，日本国内の議論を喚起することを目指して作成したものである。作成にあたっては，グローバルな SDGs を参考にしつつ，日本における重点課題や国民の関心度等に鑑みながら，9つの分野に統合して整理した。なお，先進国である日本には，日本国内を持続可能な社会にしていくための処方箋と，世界全体の持続可能性を高めるための国際貢献としての処方箋のどちらも必要であることから，それぞれ「国内目標に向けた処方箋」「国際貢献目標に向けた処方箋」として区別して整理した。

なお，この処方箋には，これまで日本が政策課題として取り組んできた個別分野の数値目標や様々な政策的取り組みも多く含まれている。これは個別分野については日本も持続可能性課題にある程度前向きに取り組んできたことを意味している。一方で，それぞれの目標を個別に推し進めた場合に生じうる「相乗効果・波及効果」や「副作用」については十分に議論されてこなかった。課題ごとに担当する省庁や課が分かれてしまっていたこともその要因の1つであろう。また，これまで十分に議論されてこなかった課題や，2020年といった短期的な目標はあっても，SDGs の目標年である2030年の目標がないものもある。これらにつ

いては，グローバルな SDGs と照らし合わせつつ，日本は具体的にどのような目標を設定すべきかや，諸外国との関係の中で国際的にどのような貢献を行っていくべきかについて，これから議論を進めていく必要がある。こうした目標のターゲットについては，今後，様々なステークホルダーを巻き込んだ目標設定の議論が必要となることを明確にするために，あえて目標値を示さずに「X」として示している。

2　日本への処方箋

　以下では作成した 9 分野・28 の処方箋について個別に解説を行う。なお，紙面の制約上，要点以外は割愛している。より詳細なデータや解説等については，プロジェクトのホームページに示してある『SDGs 達成に向けた日本への処方箋』（http://kanie.sfc.keio.ac.jp/post2015/prescriptions-for-japan/）をご覧いただきたい。

（1）貧困と格差社会

①処方箋 1.1　貧困・労働格差の解消（表 13 - 1）

　2001 年に設定されたミレニアム開発目標で「2015 年までに 1 日 1.25 ドル未満で生活する人口の割合を 1990 年の水準の半数に減少させる」という目標が掲げられた。その後，世界において 1 日 1.25 ドル未満で生活する人口は大きく減少している（1990 年：19 億人から 2015 年：8.36 億人）（UN 2015）。日本国内には，このような，いわゆる「絶対的貧困」の境遇にいる人は限定的であると考えられる。しかし，日本にも日本特有の「貧困」問題があることに注意する必要がある。日本の貧困の状況を表す指標の 1 つに相対的貧困がある。相対的貧困率はそれぞれの国や地域，時代によって，「適度な生活水準」は変わってくるとの観点から，経済協力開発機構（OECD）によって開発された指標で，「一定基準（貧困線）を下回る等価可処分所得しか得ていない者の割合」で算出される。我が国における相対的貧困率は 2012 年で 16.1 ％となっており，年々高まる傾向にある（厚生労働省 2014）。これは OECD の平均である 12 ％よりもかなり高い値となっている（OECD 2014）。このような所得格差が拡大している要因の 1 つは雇用形態の変化である。最近では安定した仕事に就けず，経済的に自立できないケースが多く見られるようになっている。

表13-1 「貧困・労働格差の解消」の処方箋

国内目標に向けた処方箋		
	A	2030年までに日本の相対的貧困率，子ども貧困率をX％以下にする。
	B	2020年までにフリーター数を2003年の217万人から124万人以下にし，2030年にはX人以下にする。
	C	2030年までに，年齢や障害者，男女等の区別なく，同一労働同一賃金を達成する。
国際貢献目標に向けた処方箋		
	a	2030年までに，現在1日1.25ドル未満で生活する人々と定義されている，極度の貧困をあらゆる場所で終結させる。
	b	2030年までに性と生殖に関するヘルスケアを全ての人々が利用できるよう支援する。
	c	2020年までに若年雇用のための世界的な戦略を展開・運用し，国際労働機関（ILO）の仕事に関する世界協定を実施する。

②処方箋1.2 経済的・社会的格差に起因する新たな課題への対応（表13-2）

　また，こうした経済的・社会的格差は新たな課題を生み出している。例えば，結婚や出産を希望しつつも，経済的・社会的要因によって断念している層が多く存在していることに目を向ける必要があるであろう（内閣府 2015a）。また，貧困の世帯に生まれた子どもが本来なら均等に享受できるはずの教育機会を逸してしまうケースも見られており，貧困の連鎖に繋がることが懸念されている。

（2）食料

①処方箋2.1 食料生産における環境負荷の低減（表13-3）

　我が国では，多くの田畑において施肥量が過剰であり，余剰養分量が大きい。過剰な施肥は農業の経営的な側面でも合理的ではない上に，水質汚染を引き起こしたり，地球温暖化の原因となる一酸化二窒素を発生させたりするなど環境に悪影響を及ぼす可能性が高い。

　また，畜産分野では成長促進目的で飼料に添加して使用される抗生物質によって，耐性菌（抗生物質が効かない菌）が増加するという問題も指摘されている。我が国でも添加してよい家畜の種類，生育段階，量等が定められているが，欧州等では抗生物質の飼料添加が全面的に禁止されている実態がある（農林水産省 2003）。

　また，水産分野についても，資源量が枯渇しないよう，漁獲量について適切な

表13- 2 「経済的・社会的格差に起因する新たな課題への対応」の処方箋

国内目標に向けた処方箋		
	A	2030年までに経済的・社会的要因によって出産を断念する人をなくす。
	B	2018年までに希望する全ての人が子供を預けて働くことができるためのサービスの受け皿を確保し，待機児童をゼロにする。
	C	第1子出産前後の女性の継続就業率を現状の38％から2020年までに55％にし，2030年にＸ％に高める。
	D	2030年までに日本の子ども貧困率をＸ％以下にする。
国際貢献目標に向けた処方箋		
	a	貧困層および脆弱層に対する社会保障制度の確立を支援する。
	b	2030年までに性と生殖に関するヘルスケアを全ての人々が利用できるよう支援する。
	c	財政，賃金および社会保障政策をはじめとする政策導入を支援し，平等の拡大に貢献する。
	d	2030年までにすべての人々に出生登録を含む法的な身分証明を提供する。
	e	2025年までに児童就労問題（少年兵の徴募や利用を含む）の終焉に貢献する。

表13- 3 「食料生産における環境負荷の低減」の処方箋

国内目標に向けた処方箋		
	A	2030年までに単位面積あたり化学肥料使用量および農薬使用量をＸ％以下に抑える。
	B	2030年までにエコファーマーの認定数をＸ件に拡大する。
	C	2018年までに有機農法の面積シェアを1.0％以上に，2030年にはＸ％にまで拡大する。
	D	2030年までに畜産分野で成長促進等の目的で使用される抗生物質をＸ％削減する。
	E	2030年までに農業分野の温室効果ガス排出量をＸ％削減する。
	F	水産資源を，各資源の生物学的特性によって定められる最大持続生産量のレベルまで回復させるため，科学的な管理計画を実施する。
国際貢献目標に向けた処方箋		
	a	開発途上国に対して環境負荷が少なく，資源効率の高い農業の技術移転，インフラ開発，能力開発を実施する。これらを通じて，対象国の大気，水，土壌の汚染防止に貢献する。

表13-4 「農産品の持続可能性情報へのアクセス」の処方箋

国内目標に向けた処方箋		
	A	2030年までに食に関わる様々な情報（健康，安全，産地，環境影響，経済影響，社会影響等）の評価・表示制度を確立し，誰でも持続可能性の高い食品を選択できるようにする。
	B	情報提供を通じて，食に関する様々な持続可能性について，国民の理解（フードリテラシーズ）を高めていく。
	C	2030年までに小売・消費段階の1人あたり食品ロスを半減もしくはX％低下させる。
国際貢献目標に向けた処方箋		
	a	開発途上国に対し，より持続可能な生産消費形態に移行するための科学的・技術的な能力の強化を支援する。
	b	持続可能性に関する情報を，国家や地域，企業の各種計画および定期報告等に組み込むことを支援する。
	c	フェアトレード推進により食料生産に関わる搾取をなくす。

　管理を行っていくことが重要である。しかし，最大持続可能生産量を正確に把握することは困難な場合もある。今後は科学的な分析結果を最大限活用しつつ，その評価手法を適宜改善し，資源が持続的に利用できるような管理計画に繋げていくことが重要になると考えられる。

②処方箋2.2 農産品の持続可能性情報へのアクセス（表13-4）
　上に示したような食に関わる環境負荷を減らすためには，その情報をきちんと消費者に届けることが求められる。しかし，我が国では食品表示に関して，健康・衛生・安全といった観点で様々な情報が提供されているものの，食品の生産・加工・流通等のプロセスにおける環境負荷や，生産者の製造過程におけるコンプライアンス遵守状況（不当労働等）についての情報は記載されていない。このため，消費者がより持続可能性の高いプロセスによって供給された食品を選択したくても，選択のために必要な情報が十分に与えられていない状況にある。

③処方箋2.3 食料の安定供給と地方再生の実現（表13-5）
　また，安定供給の問題も見逃せない。我が国では食料の大部分を輸入によって

表13-5 「食料の安定供給と地方再生の実現」の処方箋

		国内目標に向けた処方箋
	A	食料自給率は，2020年までに供給熱量ベースで50％，生産額ベースで70％にまで引き上げ，2030年にはさらに向上させる。
	B	食料自給力については，2030年までに，現在想定されている食料消費パターンにおいて，それぞれX kcal/人・日を確保する。
	C	食料輸入に関して近隣諸国との連携関係を構築するなどの取り組みを通じて，国民が安心できる食料供給力を確保する。
	D	国産の農産物の競争力を高めることで，地方の活力を高める。
	E	2030年までにすべての人が持続可能な方法で容易に食料品にアクセスできるようにする。
		国際貢献目標に向けた処方箋
	a	農業・水産技術の技術移転や輸送・備蓄等のインフラ整備，能力開発等の国際協力を通じ，農業・水産の生産性の向上と飢餓の終結に貢献する。

表13-6 「気候変動への適応と種子・遺伝子の保全」の処方箋

		国内目標に向けた処方箋
	A	気候変動に適応した食料生産システム（作付品種の変更，土壌改良等）の継続的な見直しを行う。
		国際貢献目標に向けた処方箋
	a	レジリエントな農業の実践を支援し，生態系の保全，気候変動や極端な気象現象，干ばつ，洪水その他の災害への適応能力の向上および土地と土壌の質の漸進的な改良を促す。
	b	種子・植物バンクなどを通じて，種子，栽培植物，飼育動物・家畜およびその近縁野生種の遺伝的多様性の維持に貢献する。
	c	開発途上国が気候変動適応策を国家や地域の計画に組み込むことを支援する。

賄っているため，不測の事態によって海外からの輸入が途絶えてしまった場合への備えが十分であるとは言えない。例えば日本の食糧自給率は供給熱量ベースで，40％前後で推移しており，日本の農林水産業が有する食料の「潜在生産能力」を示す食料自給力は低下傾向にある。持続可能性の観点からは，様々な状況を想定し，安定的に食料を供給できる体制を持っておくことは重要なことといえる。

表13-7 「健康長寿命社会の実現」の処方箋

国内目標に向けた処方箋		
	A	2020年までに健康寿命を1年，2030年までにX年延伸する。
	B	2020年までにメタボ人口を2008年比25%，2030年までにX%削減する。
	C	2020年までに健診受診率（40から74歳）を80%，2030年までにX%にする。
	D	2030年に向けて，最新の科学的知見に基づき，たばこの規制に関する世界保健機関枠組み条約の実施を段階的に強化する。
国際貢献目標に向けた処方箋		
	a	2030年までにあらゆる形態の栄養不良の終結に貢献する。
	b	国際社会が目指す，2030年までの妊産婦，新生児，5歳未満児の死亡率目標達成に貢献する。
	c	世界の道路交通事故による死傷者の削減に貢献する。
	d	日本が有する環境技術等を通じ，有害化学物質，大気，水質，土壌の汚染による死亡および病気の件数の大幅な減少に寄与する。
	e	2030年までに非感染性疾患（NCD）による早期死亡の減少に貢献する。
	f	特に，健康リスクの早期警告，リスク緩和およびリスク管理の能力開発を支援する。

④処方箋2.4 気候変動への適応と種子・遺伝子の保全（表13-6）

　気候変動が食料生産に与える影響にも目を向けておく必要がある。輸入依存度が高い日本は特に世界の食料生産の動向にも影響を受けやすいことに鑑みると，世界の安定的な食料生産に向けて日本も協力していくことが重要である。

（3）健康

①処方箋3.1 健康長寿命社会の実現（表13-7）

　健康寿命とは，「健康上の問題で日常生活が制限されることなく生活できる期間」と定義されている。日本の平均寿命は国際的に見てもトップレベル（2012年時点で男性79.94歳，女性86.41歳）であり，健康寿命も世界一長いといわれているが，政府は2020年までに国民の健康寿命をさらに1年以上延伸することを目標に掲げている（首相官邸 2013）。こうした健康寿命の延伸は，社会全体の医療費・介護費等の社会保障費用の削減にも繋がるであろう。

表13-8　「こころの健康の維持と薬物乱用の防止・治療の促進」の処方箋

国内目標に向けた処方箋		
	A	2030年までに人口10万人あたりの自殺死亡率をX％減少させる。
	B	2030年までに過労死数をX人以下に削減する。
	C	麻薬乱用やアルコールの有害な摂取を含む，薬物乱用の防止・治療を強化する。
国際貢献目標に向けた処方箋		
	a	麻薬乱用やアルコールの有害な摂取を含む，薬物乱用の防止・治療を強化する。

表13-9　「感染症の発生・まん延の防止」の処方箋

国内目標に向けた処方箋		
	A	2030年までに国内におけるエイズ，結核，マラリア，熱帯病といった感染症を根絶する。
	B	2030年までに新たな感染症への対応策を強化（予防接種，緊急医療体制の構築等）し，発生・まん延を防止する。
	C	2030年までに長期的な気候変動の影響も踏まえた感染症リスクの継続的評価を実施し，ガイドラインを作成・更新する。
国際貢献目標に向けた処方箋		
	a	2030年までに世界におけるエイズ，結核，マラリア，熱帯病といった感染症の終焉に向けて国際協力を進めるとともに，肝炎，水系感染症及びその他の感染症にも対処する。

②処方箋3.2　こころの健康の維持と薬物乱用の防止・治療の促進（表13-8）

　身体の健康に加えてこころの健康維持もいきいきとした生活には不可欠である。我が国の自殺者は2万人から3万5000人の間で推移している（内閣府 2014および 2015）が，自殺のうちかなりの数は代表的なこころの病気である「うつ病」が関連していると言われている。また，過労死やいじめなどの問題への対応も求められる。

③処方箋3.3　感染症の発生・まん延の防止（表13-9）

　感染症とは，微生物が体内に侵入し感染することによって起こる病気を指す。国連のSDGsでは目標3.3において，エイズ，結核，マラリアのいわゆる三大感染症に加えて，これまで顧みられなかった熱帯病，肝炎，水系の感染症に対処する目標が掲げられている。三大感染症に関しては，これまで実施してきたように，

表13-10 「公平で質の高い医療・介護・福祉サービスの確保」の処方箋

国内目標に向けた処方箋		
	A	2030年までにすべての人に，公平で質の高い医療・介護サービスを提供する。また，2025年までに介護人材を248万人，2030年までにX人確保する。
	B	2030年までにすべての人々に，安全かつ安価で利用しやすい，持続可能な輸送システムへのアクセスを提供する。
	C	社会保障制度を通じて無報酬の介護や家事労働を認識・評価する。
国際貢献目標に向けた処方箋		
	a	貧困層および脆弱層に対する社会保障制度の確立を支援する。
	b	財政，賃金および社会保障政策をはじめとする政策導入を支援し，平等の拡大に貢献する。
	c	ユニバーサル・ヘルス・カバレッジ（UHC）の達成に貢献する。

日本でのまん延を抑制しつつ，海外における発生やまん延の抑止にも力を入れることが重要である。こうした三大感染症に加えて，近年では中東呼吸器症候群（MERS），エボラ出血熱，鳥インフルエンザ，新型インフルエンザなど新たな脅威が生まれている。今後，地球温暖化が進行し，蚊の生息条件や人々の生活様式が変化するとマラリアやデング熱，日本脳炎などの感染症が再流行したり，患者数が増加する可能性もあるだろう。これらの新しい感染症リスクへの対応が求められている。

④処方箋3.4　公平で質の高い医療・介護・福祉サービスの確保（表13-10）

　今後，人口の高齢化が進むにつれて，医療・介護サービスを必要とする人は急増することが見込まれる。将来にわたって質の高い医療・介護サービスを提供し続けることができるかどうかは，持続可能な社会に向けた私たちの大きな課題の一つである。医療・介護を担う人材の確保は重要な課題である。このまま対策を講じなければ，2025年には30万人の人材不足に陥ると推計されている（介護人材にかかる需給推計検証ワーキングチーム 2015）。

（4）教育
①処方箋4.1 質の高い教育・訓練への公正なアクセスの推進（表13-11）

表13-11 「質の高い教育・訓練への公正なアクセスの推進」の処方箋

国内目標に向けた処方箋		
	A	2020年までに3から5歳児の幼児教育を無償化し，幼児期の教育形態の多様性等に配慮しつつ，5歳児の義務教育化についての検討を継続する。
	B	2030年より前のX年までに私立校も対象とした高校授業料完全無償化を実現する。
	C	2030年までに高等教育公財政の対GDP比1.0％を達成する。
	D	2030年までに公財政教育支出の対GDP比をX％に引き上げる。
国際貢献目標に向けた処方箋		
	a	開発途上国の学校建設，教師教育，教材・カリキュラム開発，保護者や地域社会と学校・行政との連携強化等の国際協力を強化する。
	b	特に非識字者の多い開発途上国において，ノンフォーマル教育等を通じた識字教育を支援する。
	c	開発途上国や紛争影響下にある国々において，産業界との密接に連携した職業訓練・技術教育分野の国際協力を強化する。

　持続可能な社会の実現にあたっては，そうした社会を担う多様な人材の育成が不可欠である。そのためには，すべての人々が男女や親の経済力の区別なく，生涯にわたり良質な教育や職業訓練・技術教育への公正なアクセスを得られることが重要である。しかし，近年，我が国において様々な社会経済的格差が良質な教育へのアクセスの格差となって顕在化してきている。そうした背景の1つには，我が国の国民総生産（GDP）に占める教育部門への公的支出の割合の低さがある。教育が社会の格差を縮小させるのではなく，むしろ助長するのであれば，社会の持続可能性を実現していく上で多様な人材を十分に活用することができず，社会の不安定化のリスクの増大にもつながりかねない。

②処方箋4.2　持続可能な開発のための教育（ESD）の推進（表13-12）
　サステナブルな未来を築くためには，人々が複数の領域の問題の関連性を考え，その解決のために行動することが欠かせない。そのためには，教育を通じて，人々が自然環境や世代間の公正を含む社会的公正に関心を払い，様々な地球規模の課題について，自らの課題として捉え，共通の未来のために行動を起こす力，すなわち「市民リテラシー」を育んでいくことが何よりも重要である。そのため

表13 - 12 「持続可能な開発のための教育（ESD）の推進」の処方箋

国内目標に向けた処方箋		
A	2030年までに ESD を通じ，すべての子ども，若者，成人が，持続可能な発展とライフスタイル，人権，ジェンダー平等，平和と非暴力の文化，グローバル市民，および文化的多様性を理解・尊重する態度と能力である「市民リテラシー」を身につける。	
B	すべての人が教育の場や年齢に関わらず生涯にわたり持続可能な発展の学習の機会を得られる仕組みを整備する。	
C	校内・外での ESD を通じ，防災・減災教育を強化する。	
国際貢献目標に向けた処方箋		
a	ESD のグローバル・アクション・プログラム（GAP）の推進に関し，リーダーシップおよびファシリテーターシップを発揮する。	
b	ESD のモニタリング・メカニズムの構築や指標の作成に関し，リーダーシップを発揮する。	

の新しい教育のアプローチとして，「持続可能な開発のための教育（Education for Sustainable Development：ESD）」が提唱されている。

③処方箋4.3 教育および社会におけるインクルージョンの推進（表13 - 13）

　サステナブルな社会とは，すべての人々が多様な価値観を尊重し合いながら，年齢，性別，障害，文化，人種，出生，宗教，経済やその他の状況による区別なく，社会の一員として主体的に生きることができる「共生社会」である。共生社会の実現に向けて，障害を持つ児童生徒と健常者が同じ場で共に学ぶことを追究するとともに，個別の教育的ニーズのある児童生徒に対し，最も的確に応える指導を提供できる「インクルーシブ教育」を実現していくことが大切である。また，同様に，近年我が国においても急増している外国にルーツを持つ子ども達の教育の充実や，先進諸外国に比べて圧倒的に少ない難民の受け入れや社会統合に向けた定住支援への理解と制度整備を強化することも重要である。

④処方箋4.4 地球規模課題解決のための高等教育・研究分野の国際競争力の強化と国際協力の推進（表13 - 14）

　今日，グローバル化が一層進展する中，地球温暖化や感染症対策をはじめとす

表13−13 「教育および社会におけるインクルージョンの推進」の処方箋

国内目標に向けた処方箋		
	A	2030年までに障害を持つ子どもや青年が，それぞれのニーズに合った豊かな学びにアクセスし，卒業後自立的で質の高い地域社会生活を営めるための仕組みを構築する。
	B	インクルーシブ教育の実現のため教職員体制を充実するとともに，特別支援員やスクールカウンセラー，ソーシャルワーカー等の専門家の配置等の環境整備を行う。
	C	外国にルーツを持つ児童生徒や無国籍の児童生徒一人ひとりの学ぶ権利を保障するため，きめ細やかな受け入れ・支援体制を構築する。
国際貢献目標に向けた処方箋		
	a	難民に開かれた社会を構築するため，難民問題に対する市民の意識を高め，難民の受け入れ及び定住支援を強化する。
	b	開発途上国において各国の個別の事情を踏まえつつ，インクルーシブ教育や障害を持つ児童・生徒の教育の充実に関する支援を実施する。

表13−14 「地球規模課題解決のための高等教育・研究分野の国際競争力の強化と国際協力の推進」の処方箋

国内目標に向けた処方箋		
	A	我が国が有する高い研究力や技術力を地球規模課題の解決に役立て，グローバル人材を育成するため，高等教育機関の国際的な競争力を強化する。
国際貢献目標に向けた処方箋		
	a	地球規模課題解決に向けた開発途上国の高度人材の育成に貢献するため，途上国からの留学生に対する奨学金を拡充するとともに，開発途上国の高等教育分野の国際協力を強化する。
	b	地球規模課題解決のための開発途上国への研究支援を強化する。
	c	地球規模課題解決に向けた開発途上国の高度人材の育成に貢献するため，途上国からの留学生に対する奨学金を拡充するとともに，開発途上国の高等教育分野の国際協力を強化する。

　る地球規模課題の脅威が急激に増している。これらの問題は，一国や一地域だけで解決することが困難であり，国際社会が共同で取り組んでいくことが不可欠である。同時に，知識やイノベーションの創出が持続的成長の源泉となる知識基盤型社会を迎え，高等教育機関や研究機関の役割がますます重要視されている。そうした中，日本の高等教育機関や研究機関は，途上国の高度人材育成に積極的に

表13-15 「男女間の就労機会や賃金格差の解消」の処方箋

国内目標に向けた処方箋		
	A	25から44歳の女性就業率を2020年までに73％に，2030年までにＸ％にまで高める。
	B	第1子出産前後の女性の継続就業率を2020年までに55％に，2030年までにＸ％に高める。
	C	男性の育児休業取得率を2020年までに13％に，2030年にはＸ％に高める。
	D	2017年末までに待機児童をなくす。
	E	社会保障制度を通じて無報酬の介護や家事労働を認識・評価する。
	F	2030年までに女性が家事・育児等に費やす時間が男性の家事・育児等に費やす時間のＸ倍を超えないようにする。
	G	2030年までに同一労働同一賃金を実現させ，賃金格差を解消する。
	H	2020年までに週労働時間60時間以上の雇用者の割合を現状の10％から50％以上削減する。
国際貢献目標に向けた処方箋		
	a	移住労働者，特に女性の移住労働者や不安定な雇用状態にある労働者など，すべての労働者の権利を保護し，安全・安心な労働環境を促進する。
	b	社会保障制度を通じて無報酬の介護や家事労働を認識・評価する。

貢献するとともに，先進的な知識や経験を積極的に途上国と共有し，ともに環境問題をはじめとする様々な地球規模課題の解決に努力していくことが求められる。

（5）ジェンダー

①処方箋5.1 男女間の就労機会や賃金格差の解消（表13-15）

2014年における労働力率（15歳以上の人口のうち，「就業者」と「完全失業者」が占める割合）を男女別に見ると，男性が70.4％であるのに対して，女性は49.2％となっており，依然として大きな隔たりがある（総務省統計局 2015）。また，家事・育児等の無報酬活動に費やす時間は女性が299分であるのに対して，男性は62分とおよそ5分の1となっており（OECDホームページ n.d.a），他国と比較してもその差は大きいものとなっている。さらに，男女間の給与格差が大きく，同一労働同一賃金の原則が実行されていないと指摘されている。

②処方箋5.2 女性リーダーの活躍の拡大（表13-16）

表13－16 「女性リーダーの活躍の拡大」の処方箋

国内目標に向けた処方箋		
	A	社会のあらゆる分野において，2020年までに指導的地位に女性が占める割合を少なくとも30％程度とし，2030年にはＸ％程度にまで高める。
	B	ジェンダー平等に向けた人材開発のための施策を導入し，実行する。
国際貢献目標に向けた処方箋		
	a	社会のあらゆるレベルの意思決定において，女性の参画及び平等なリーダーシップの機会を確保する。

表13－17 「男女間の暴力の撤廃と人権の尊重」の処方箋

国内目標に向けた処方箋		
	A	男女間のあらゆる暴力を排除する。
	B	Ｘ年までにすべての都道府県において性犯罪被害に関する相談を受けていることを明示し，相談を行っている男女共同参画センターを１つ以上設置する。
	C	2030年までに市町村における配偶者暴力相談支援センターの数をＸカ所にまで拡大する。
	D	Ｘ年までに警察官，医師，看護師，弁護士，カウンセラー，教職員等，男女間の暴力や性犯罪被害の支援する関係者向けの研修制度を確立する。
国際貢献目標に向けた処方箋		
	a	世界中のあらゆる場所におけるすべての女性及び女児に対するあらゆる形態の差別の撤廃に貢献する。
	b	人身売買や性的，その他の種類の搾取など，すべての女性及び女児に対する，公共・私的空間におけるあらゆる形態の暴力を排除する。

　世界経済フォーラムが公表しているレポートによると，日本の男女格差を示す指標は142カ国中104位となっており，男女間の格差が依然として大きいことが示されている（World Economic Forum 2014）。政府は，このような状況を踏まえ，「社会のあらゆる分野において，2020年までに指導的地位に女性が占める割合を少なくとも30％程度とする目標」[2]を定めて取り組みを進めており，「指導的地

2）　指導的地位：2007年男女共同参画会議の決定で「(1)議会議員，(2)法人・団体等における課長相当職以上の者，(3)専門的・技術的な職業のうち特に専門性が高い職業に従事する者とする」とされている。

表13-18 「あらゆる水リスクへの備えと対応」の処方箋

国内目標に向けた処方箋		
	A	10万人当たり死亡者数および被災者数を，2030年までにX人以下に引き下げる。
	B	大規模災害や渇水等の発生時においても最低限必要な水へのアクセス確保の手段を準備する。
	C	2030年まで継続的にデータを蓄積し，適宜気候変動リスクへの適応策を見直す。
国際貢献目標に向けた処方箋		
	a	日本が有する水に関連する様々な防災・減災の技術やインフラを海外に輸出するとともに人材育成や制度構築等のソフト支援を行う。
	b	気候変動の予測や早期警告等を通じて気候変動による災害リスク低減に貢献する。
	c	2030年までに貧困層および脆弱な立場にある人々の保護に重点を置き，水害などの災害による死者数や被災者数を大幅に削減する。

位」に占める女性の割合は増加しつつあるものの，目標の達成にはほど遠い状況となっている（内閣府・男女共同参画推進連絡会議 2011）。

③処方箋 5.3 男女間の暴力の撤廃と人権の尊重（表 13-17）

　男女間の暴力は，配偶者・パートナー間にも多く見られる問題であり，その大部分は女性が被害者である。また，内閣府の調査では異性から無理やり性交された女性は 6.5％にものぼっており，このうち被害について「どこ（だれ）にも相談しなかった」と回答した割合は 67.5％にのぼっている（内閣府 2015b）。

（6）水

①処方箋 6.1 あらゆる水リスクへの備えと対応（表 13-18）

　2000 年から 2013 年までの間に，自然災害によって 1 万 8000 人以上の命が失われており，その被害総額は 13 兆円にものぼると推計されている（総務省統計局 2016）。特に我が国においては水に関連する被害は大きく，津波，高潮，洪水，土砂災害，ゲリラ豪雨などに適切に対処することが求められている。また，我が国では水道の普及率は 97％を超え，安価で直接飲用できる安全な水が手に入りやすい状況にあるものの，近年発生した東日本大震災や豪雨・台風等では水インフラ施設が被害を受け，水供給が長期にわたってストップする事態が発生してお

表13-19 「健全な水循環の維持・確保・拡大と水質の改善」の処方箋

国内目標に向けた処方箋		
	A	土壌を保持し水を育む機能が良好に保たれる森林の割合を2018年までに78%とし，2030年にはX%に高める。
	B	2030年までに都市部における水循環を適正化し，地盤沈下等の影響を受ける地域をなくす。
	C	2030年までにすべての一級河川において流域委員会（縦割りを排除し，利水・治水・環境について話し合う場）を設け，住民参加で方針を議論する。
	D	2020年までに環境基準達成率をそれぞれ河川：X%，海域：X%，湖沼X%にまで高める。
国際貢献目標に向けた処方箋		
	a	持続可能な森林管理の実施支援等を通じて，国際社会における水源地域の保全に貢献する。
	b	2030年までに必要に応じて国境を越えた協力などを通じ，あらゆるレベルで統合的な水資源管理を支援する。
	c	水および衛生に関する技術移転，インフラ整備支援，人材育成等を通じて，2030年までに世界で水質の汚染等による死亡および病気の件数の大幅減少に貢献する。
	d	2025年までに海洋堆積物や富栄養化をはじめ，特に陸上活動によるあらゆる種類の海洋汚染を防止し，大幅に減少させる。

り，災害時においても必要最低限の水へのアクセスを確保していくことは課題の1つとなっている。また，温室効果ガスの排出に伴う気候変動によって，降雨量が変化する可能性があり，地域によっては過去に経験したことのない渇水や洪水を経験する可能性もある。これらの変化に対しても備えていかなければならない。

②処方箋6.2 健全な水循環の維持・確保・拡大と水質の改善（表13-19）

　日本各地の水源地域では，人口減少や高齢化等の影響によって森林の適正な維持管理ができない地域が増加しつつあり，水源地の健全性が維持できなくなってきている。このまま何も対策を講じなかった場合，土壌を保持し水を育む機能が良好に保たれる森林の割合は現状の74%から今後5年間で56%に低下するとの試算もある。

　一方で，都市部では水利用の変化や都市化等に伴う地下浸透・涵養機能の低下

表13-20 「水リテラシーの向上」の処方箋

国内目標に向けた処方箋		
	A	2030年までに使用している水道水の水源や使用した排水の行き先についての認知度をX%以上に高める。
	B	水を入口とした環境教育が盛んになり，そのための副読本が作成される。
	C	2030年までに市民による水質モニタリングの参加者をX%増加させ，地域の水環境や生態系に詳しい，市民科学者をX人育成する。
	D	2030年までに水系の災害に対するリテラシーを高める。
国際貢献目標に向けた処方箋		
	a	水および衛生管理向上のため，地域コミュニティの参加を支援・強化する。
	b	2030年までにあらゆる場所の人々が，持続可能な発展および自然と調和したライフスタイルに関する情報と意識を持つよう支援する。
	c	開発途上国に対し，より持続可能な生産消費形態に移行するための科学的・技術的な能力の強化を支援する。

によって，河川流量の減少，都市型水害等の増加，湧水の枯渇といった問題が引き起こされており一部には地盤沈下が進行している箇所も存在している。

　健全な水循環を維持・確保・拡大していくためには，一般市民も含めて水に関わる様々な主体が話し合い，方針を議論する場を作っていくことが求められる。また，水質に関しては，特に湖沼や閉鎖性水域の水質改善が重要な課題の1つとなっている。

③処方箋6.3 水リテラシーの向上（表13-20）

　我々が利用している水がどこから来て，どこへ向かうのかを一人ひとりが把握することによって，下流の受益地域にも水源を守る意識が生まれ，水域単位での統合的な水資源の管理を行うことが可能になると考えられる。また，水を1つの切り口として，人と自然環境との関わり方について，一人ひとりが考える機会を提供することにもつながる。

④処方箋6.4 世界の水問題解決への貢献（表13-21）

　我が国はこれまで世界の水問題の解決に大きく貢献してきた。世界の水と衛生

表13-21 「世界の水問題解決への貢献」の処方箋

国際貢献目標に向けた処方箋		
	a	2030年までにすべての人々に，安全で安価な飲料水への普遍的かつ公平なアクセスおよび適切かつ公平な衛生施設・衛生状態へのアクセスを達成するよう支援を行う。
	b	上記目標を達成するため，2030年までの水と衛生問題の ODA の X ％以上を我が国が拠出する。
	c	我が国が有する経験，技術，水災害の教訓等の強みを活かし，引き続き，技術的・人材的に貢献を継続する。

分野における政府開発援助（ODA）の最大のドナーである。我々は多くの食料を海外から輸入しており，その食料を生産する国において多くの水を消費していることに鑑みれば，世界の水不足等の問題に対しては今後も積極的に貢献していくことが重要である。また，水供給分野にとどまらず，様々な技術や水災害の教訓等の強みを活かし，水と衛生に関する国際目標や，水資源管理，気候変動等の議論をリードすることにより，世界的な水問題の解決に向けた取り組みに貢献することができる。

（7）資源・エネルギー

①処方箋7.1 効率的なエネルギー利用（表13-22）

　SDGs のターゲット7.3では「世界のエネルギー効率（ここでは GDP あたりの一次エネルギー消費量の意味で使用）の改善の速度を倍増させる」ことが掲げられている。これは，2011年9月に，潘基文国連事務総長が提起した SE4ALL と呼ばれるイニシアティブに準拠している目標であり，世界全体のエネルギー効率の改善率を現在の年率1.3％から，倍の2.6％にまで高めるという目標となっている（IEA and WorldBank 2015）。我が国の場合，1990から2010年にかけてのエネルギー効率の改善率は0.3％程度にとどまっているが，我が国のエネルギー関連の計画では，これまでより大幅なエネルギー効率改善速度を目指した計画となっている（経済産業省 2015）。こうした目標を踏まえつつ，世界のエネルギー効率の改善速度を倍増させる目標に，日本も貢献するという観点から，具体的な目標を早急に設定することが望まれる。

表13-22 「効率的なエネルギー利用」の処方箋

国内目標に向けた処方箋		
	A	2030年までに世界のエネルギー効率の改善速度を倍増させる（SDG7.3）目標に貢献するべく、国内の年間平均一次エネルギー効率改善率X％/年以上を達成する。
	B	温室効果ガスの大幅削減に寄与するエネルギー効率の高い技術の開発・普及を促進する。
国際貢献目標に向けた処方箋		
	a	技術協力等を通じて、世界のエネルギー効率改善に貢献する。

表13-23 「再生可能エネルギーの普及拡大」の処方箋

国内目標に向けた処方箋		
	A	2030年までに我が国の一次エネルギー/最終エネルギーに占める再生可能エネルギーの割合をX％へと拡大させる。
	B	再生可能エネルギーの大量普及社会に向けて電力システム改革を完成させるとともに、必要な技術開発・インフラ整備を行う。
国際貢献目標に向けた処方箋		
	a	技術協力等を通じて、世界の再生可能エネルギー普及に貢献する。
	b	途上国におけるエネルギーへのアクセスを向上させるため、再生可能エネルギーの普及を支援する。

②処方箋7.2 再生可能エネルギーの普及拡大（表13-23）

　SDGsのターゲット7.2では，「世界のエネルギーミックスにおける再生可能エネルギーを大幅に増加させる」という目標が挙げられている。このSDGsターゲットでは少し抽象的な表現になっているが，処方箋7.1にあげたSE4ALLでは，最終エネルギーに占める再生可能エネルギーの比率を2030年までに倍増するという，より具体的な目標が示されている（IEA and WorldBank 2015）。再生可能エネルギーは，二酸化炭素を排出せずに我が国のエネルギー自給率を高めることができることから，持続可能な社会作りにおいては欠かすことができないエネルギー源である。大幅な再生可能エネルギーの導入目標を達成するためには，電力システム改革を完成させるとともに，電力のみならず，熱や交通分野においても再生可能エネルギー普及に向けた技術開発投資やインフラ整備を集中的に行っていくことが求められる。

表13-24 「エネルギーリテラシーの向上と，エネルギー自治」の処方箋

国内目標に向けた処方箋		
	A	2020年までに予定されている電力システム改革を着実に実施し，消費者が電力等の種類を選べるようにする。
	B	あらゆるエネルギー関連施設の建設・運営において，地元住民の意思が尊重される。
国際貢献目標に向けた処方箋		
	a	開発途上国において，多様な主体の参画に基づくエネルギー自治を実施していくために，透明性の高い公共機関の設置や関連人材育成を支援する。

③処方箋7.3 エネルギーリテラシーの向上と，エネルギー自治（表13-24）

　持続可能性の高いエネルギーシステムを構築するためには，それぞれのエネルギーの特性や我が国の経済・社会がおかれている状況に鑑み，どのようなエネルギーをどのように利用していくかについて国民自身あるいは地域住民自身が判断・選択をしていくことが求められる。再生可能エネルギーの固定価格買取制度が導入されて以降，我が国においても地域住民が主体となって再生可能エネルギー事業に取り組む事例が数多く見られるようになり，地域において再生可能エネルギー条例を定めている自治体も増加している。このような地域では，エネルギーに対する理解，つまりエネルギーリテラシーが著しく高まっている。また，現在制度設計が進められているもののひとつにエネルギーシステムの一体改革があるが，消費者がエネルギーについて適切な判断・選択を行うためのリテラシーを身につけておく必要がある。エネルギーリテラシーが高い社会においては，いかなる主体も地元や周辺地域の住民の意思を無視してエネルギー関連施設の建設・運営を行うことはできない。住民主体による新しいエネルギー自治の時代を目指していく必要があるだろう。

④処方箋7.4 資源生産性の向上（表13-25）

　我が国では3R（リデュース，リユース，リサイクル）の取り組みの進展や，個別リサイクル法の整備等によりごみの最終処分量の大幅削減が実現するなど，循環型社会形成に向けた取り組みは着実に進展している。我が国では「第三次循環型社会形成推進基本計画」において資源生産性，循環利用率，最終処分量の3つの指標について，2020年度までの目標値を定めている（環境省 2013）。

表13-25 「資源生産性の向上」の処方箋

		国内目標に向けた処方箋
	A	資源生産性を2020年までに46万円/トンに，2030年にはX万円/トンにまで高める。
	B	循環利用率を2020年までに17％に，2030年にはX％にまで高める。
	C	最終処分量を2020年までに1,700万トンに2030年にはXトンにまで削減する。
	D	持続可能な消費と生産に関する10年計画枠組み（10YFP）を国際的に先導する。
		国際貢献目標に向けた処方箋
	a	アジア3R推進フォーラム，我が国の廃棄物・リサイクル産業の海外展開支援等を通じた地球規模での循環型社会の形成を目指す。
	b	有害廃棄物等の水際対策を強化するとともに，資源性が高いが開発途上国では適正処理が困難な循環資源の輸入及び環境汚染が生じないこと等を要件とした，国内利用に限界がある循環資源の輸出の円滑化を図る。
	c	2030年までに資源利用効率の向上とクリーンな環境に配慮した技術および産業プロセスの導入拡大を通じた，インフラの改良や産業の改善等を支援し，その持続可能性を向上させる。

（8）生物多様性

①処方箋8.1 生物多様性の保全（表13-26）

　地球上には様々な生物が存在しており，その数は未確認のものを入れれば3000万種にものぼると推定されている。国際自然保護連合（IUCN）では，絶滅の恐れがある種（絶滅危惧種）を「レッドリスト」として毎年公表しているが，2014年6月のレッドリストでは，評価した7万6201種のうちの約3割を絶滅危惧種と選定している（環境省 2015）。また，国連が2001年から2005年にかけて実施したミレニアム生態系評価では，過去数百年の間に人類によって種の絶滅速度は自然状態の最大1000倍程度にまで高まった可能性を指摘するとともに，将来にわたってはさらに現状の10倍の速度に早まる可能性を示唆している（Millennium Ecosystem Assessment 2005）。日本の生態系については，『人間活動にともなう我が国の生物多様性の損失は全ての生態系に及んでおり，全体的にみれば損失は今も続いている。特に，陸水生態系，沿岸・海洋生態系，島嶼生態系における生物多様性の損失が大きく，現在も損失が続く傾向にある」と評価されている

表13-26 「生物多様性の保全」の処方箋

国内目標に向けた処方箋		
	A	生物多様性国家戦略2012-2020を確実に実施する。
	B	外来種の侵入を防止するとともに，これらの種による陸域・海洋生態系への影響を大幅に減少させるための対策を導入する。
	C	水産資源を，各資源の生物学的特性によって定められる最大持続生産量のレベルまで回復させるため，科学的な管理計画を実施する。
国際貢献目標に向けた処方箋		
	a	2020年までに様々な生態系の保護・回復に貢献し，生態系サービスの持続可能な利用を確保する。
	b	2020年までに絶滅危惧種を保護し，また絶滅防止するための緊急かつ意味のある対策を講じる。
	c	国際合意に基づき，遺伝資源の公平な利用と，適切なアクセスの推進に貢献する。
	d	保護対象の動植物種の密猟及び違法取引を終焉させる取り組みに貢献する。
	e	生物多様性と生態系の保全と持続的な利用のために，あらゆる資金源からの資金の動員及び大幅な増額を行う。
	f	2025年までに海洋堆積物や富栄養化をはじめ，特に陸上活動によるあらゆる種類の海洋汚染を防止し，大幅に減少させる。

（環境省生物多様性総合評価検討委員会 2010）。

（9） ガバナンス

①処方箋9.1 SDGs達成に向けた制度の構築（表13-27）

　我が国では持続可能な発展に関する事項を横断的に管理して，政策の一貫性を確保するような省庁は存在しない。今後，SDGsを効果的に実施していくためには，持続可能な開発を扱う省庁，あるいはSDGsの実施を管理し，把握できるような制度を導入するとともに，地方自治体がSDGsを策定し実施することを支援することが必要である。

　また，その実施にあたっては，透明性を確保しつつ，政府，市民社会，民間セクター，国連機関やその他のセクターのアクターを集結し知識や知見，技術や資金源など，利用可能な資源を動員しながら，グローバル・パートナーシップを強

表13-27 「SDGs 達成に向けた制度の構築」の処方箋

国内目標に向けた処方箋		
A	国内に政策の一貫性を確保するための仕組みを導入する。	
B	地方自治体で SDGs を実施できるよう，必要な支援を行う。	
C	処方箋を議論する仕組みを構築する。	
D	政策を確実に実施するための官民を超えたパートナーシップを奨励し，そのための資金源を確保する。	
E	処方箋に書かれた政策の進捗を図るための指標を設定し，モニタリングする。	
国際貢献目標に向けた処方箋		
a	発展途上国で SDGs の効果的実施およびそのための仕組み，統計的能力が構築されるよう支援する。	
b	国連および地域レベルでの SDGs 実施，およびフォローアップとレビューが効果的に行われるためのリーダーシップを発揮する。	
c	日本における SDGs 実施に関して得られた教訓や技術等を国際的に発信する。	

化することが必要となる。また，実施後は進捗管理が必要となるため，持続可能な発展に関するこれまでの教訓を基に，指標の作成やレビューの取りまとめを行う国内制度を構築すること，また我が国がアジアをはじめとする地域や国連におけるレビューについて積極的に貢献することが求められる。

②処方箋9.2 SDGs 達成に向けた資金の動員（表13-28）

　SDGs を効果的に実践するためには，分野横断的な対応が必要な課題のための予算を確保することが重要となる。また，政府，市民社会，民間セクターの知識や知見，技術や資金源など，利用可能な資源を動員することが求められる。公共施設の建設や維持管理を民間の資金や技術能力を活用するプライベート・ファイナンス・イニシアティブ（PFI）等の活用もその手段の1つとなるだろう。

　我が国は政府開発援助（ODA）を 1970 年代以降増加させ，1989 年にアメリカを抜き世界最大の援助国となったものの，2000 年以降は国内の厳しい経済・財政状況を背景に，徐々に ODA 総額を減少し，現在では世界第5位となっている。国民総所得（GNI）比で見ると，開発援助委員会（DAC）加盟 23 カ国中，0.19％

表13-28 「SDGs達成に向けた資金の動員」の処方箋

国内目標に向けた処方箋		
	A	SDGs達成のために，領域横断的な政策が必要となる課題に対して，特に予算を確保する。
	B	パートナーシップの促進により，SDGs達成に向けた民間企業の活動・投資・イノベーション・資金の動員を強化する。
国際貢献目標に向けた処方箋		
	a	発展途上国でSDGsが効果的に実施されるよう支援する。
	b	パートナーシップの促進により，SDGs達成に向けた民間企業の活動・投資・イノベーション・資金の動員を強化する。
	c	SDGsの実施，およびフォローアップとレビューが効果的に行われるための多国間および二国間資金援助を強化する。
	d	開発途上国に対するODAをGNI比0.7%に，後発開発途上国に対するODAをGNI比0.15から0.20%にする（SDG17.2）。

で第18位であり，決して援助大国とはいえないのが現状である（OECDホームページ n.d.b）。SDGsに掲げられている貧困削減や気候変動など地球規模課題を解決していく上で，後発開発途上国に向けたODAを適正化していくことは極めて重要で，テロの原因を排除するという意味で安全保障にも関係する活動である。一方，途上国全体で見るとODAの役割は減少傾向にある。したがって，海外直接投資（FDI）を呼び込むための支援や税金などによる国内資金を増やすための支援も重要である。

3 処方箋とグローバルな目標との関連

　SDGsは，17の目標と169のターゲットで構成されているが，「処方箋」ではこれを9つの分野にさらに統合している。では，SDGsに示されているグローバルな目標のうち，日本にとって重要な分野のみを取り上げたのかといえばそうではない。この9つの分野の処方箋を実施することで，SDGsのほとんどのターゲットをカバーすることが可能となる。図13-1は，処方箋が提示する9つの目標とグローバル目標である国連のSDGsの各目標との関係を図示したものである。

目標			国連のSDGsとの関連
貧困と格差社会	処方箋1.1	公平で質の高い医療・介護・福祉サービスの確保	1, 2, 5, 8, 10
	処方箋1.2	経済的・社会的格差に起因する出産障壁の撤廃	1, 2, 3, 4, 5, 8, 10, 16
食料	処方箋2.1	食料生産における環境負荷の低減	2, 3, 6, 9, 12, 13, 14, 17
	処方箋2.2	農産品の持続可能性情報へのアクセス	2, 4, 8, 11, 12, 14, 15, 16, 17
	処方箋2.3	食料の安定供給と地方再生の実現	2, 8, 11, 14, 17
	処方箋2.4	気候変動への適応と種子・遺伝子の保全	1, 2, 13, 15, 17
健康	処方箋3.1	健康長寿命社会の実現	2, 3, 11, 12
	処方箋3.2	こころの健康の維持と薬物乱用の防止・治療の促進	3, 8
	処方箋3.3	感染症の発生・まん延の防止	3, 6, 13
	処方箋3.4	公平で質の高い医療・介護・福祉サービスの確保	1, 3, 5, 10, 11
教育	処方箋4.1	質の高い教育・訓練への公正なアクセスの推進	1, 2, 3, 4, 5, 6, 8, 10
	処方箋4.2	持続可能な開発のための教育（ESD）の推進	1, 2, 3, 4, 5, 6, 8, 10, 11, 12, 13, 14, 15, 16, 17
	処方箋4.3	教育および社会におけるインクルージョンの推進	1, 4, 8, 10
	処方箋4.4	地球規模課題解決のための高等教育・研究分野の国際競争力の強化と国際協力の推進	2, 3, 4, 7, 9, 11, 12, 13, 14, 16, 17
ジェンダー	処方箋5.1	男女間の就労機会や賃金格差の解消	1, 5, 8, 10, 16
	処方箋5.2	女性リーダーの活躍の拡大	1, 5, 10, 16
	処方箋5.3	男女間の暴力の撤廃と人権の尊重	5, 16
水	処方箋6.1	あらゆる水リスクへの備えと対応	1, 2, 6, 11, 13, 14
	処方箋6.2	健全な水循環の維持・確保・拡大と水質の改善	6, 11, 14, 15
	処方箋6.3	水リテラシーの向上	4, 6, 12, 17
	処方箋6.4	世界の水問題解決への貢献	6, 17
資源・エネルギー	処方箋7.1	効率的なエネルギー利用	7, 9, 12
	処方箋7.2	再生可能エネルギーの普及拡大	7, 9, 12
	処方箋7.3	エネルギーリテラシーの向上と，エネルギー自治	7, 9, 11, 12, 16, 17
	処方箋7.4	資源生産性の向上	8, 9, 12
生物多様性	処方箋8.1	生物多様性の保全	2, 4, 6, 14, 15
ガバナンス	処方箋9.1	SDGs達成に向けた制度を構築する	16, 17
	処方箋9.2	SDGs達成に向けて資金を動員する	17

図13－1　処方箋と国連SDGsとの関連

出典：筆者作成

それぞれの目標がいかに分野横断的で，課題同士は密接に繋がっているかがわかってもらえるであろう。

4　今後に向けた期待

本研究プロジェクトで作成した「処方箋」も社会において「薬（＝具体的な対

応策）」が作成され，「服用（＝実施）」されなければ意味をなさない。一方で「処方箋」が１つのきっかけとなり，これまであまり関わりを持たなかった主体同士の議論が進むことになれば，「薬」の効能を高めることにもつながるだろう。

　重要なのは個々で示した「処方箋」をにらみながら，互いの相乗効果・波及効果を高めつつ，副作用に配慮しながら全体として社会の持続性を高めるように国民全体のベクトルをあわせていく取り組みである。全く副作用のない「処方箋」はないかもしれないが，その時々の社会の「経過」を見ながら，必要に応じて「処方箋」も組み替えていくことが求められる。

　残念ながら，持続可能な社会づくりに向けて，残された時間はそれほど多くない。政府には，様々な立場の市民の声を拾い集め，企業，自治体，そして研究者なども巻き込みながら，様々な主体がオープンに議論出来る場を早急に設置することを期待したい。世界と日本の体質改善に向けた取り組みは待ったなしである。

参考文献

International Energy Agency（IEA）and the World Bank（2015）"Sustainable Energy for All 2015-Progress Toward Sustainable Energy," http://www.worldbank.org/content/dam/Worldbank/Event/Energy%20and%20Extractives/Progress%20Toward%20Sustainable%20Energy%20-%20Global%20Tracking%20Framework%202015%20-%20Key%20Findings.pdf.（最終アクセス日：2015 年 12 月 1 日）

Millennium Ecosystem Assessment（2005）"Ecosystems and Human Well-being: Synthesis," Washington, D. C.：Island Press, http://www.millenniumassessment.org/documents/document.356.aspx.pdf.（最終アクセス日：2015 年 12 月 1 日）

OECD（2014）"Income Inequality Update," http://www.oecd.org/els/soc/OECD2014-Income-Inequality-Update.pdf.（最終アクセス日：2015 年 12 月 1 日）

OECD ホームページ（n. d. a）"Balancing paid work, unpaid work and leisure," http://www.oecd.org/gender/data/balancingpaidworkunpaidworkandleisure.htm.（最終アクセス日：2015 年 12 月 1 日）

OECD ホームページ（n. d. b）"Official Development Assistance 2014," http://www.compareyourcountry.org/oda?lg=en.（最終アクセス日：2015 年 12 月 1 日）

UN（2015）"The Millennium Development Goals Report 2015," http://www.un.org/millenniumgoals/2015_MDG_Report/pdf/MDG%202015%20rev%20（July%201）.pdf.（最終アクセス日：2015 年 12 月 1 日）

World Economic Forum（2014）"The Global Gender Gap Report 2014," http://www3.weforum.org/docs/GGGR14/GGGR_CompleteReport_2014.pdf.（最終アクセス日：

2015 年 12 月 1 日）

介護人材にかかる需給推計検証ワーキングチーム（2015）『介護人材需給推計（暫定値）
　　の検証結果』http://www.mhlw.go.jp/file/05-Shingikai-12601000-Seisakutoukatsukan-
　　Sanjikanshitsu_Shakaihoshoutantou/0000075026.pdf（最終アクセス日：2015 年 12 月
　　1 日）。

外務省（2015）『我々の世界を変革する——持続可能な開発のための 2030 アジェンダ
　　（仮訳）』http://www.mofa.go.jp/mofaj/files/000101402.pdf（最終アクセス日：2015
　　年 12 月 1 日）。

環境省（2013）『第三次循環型社会形成推進基本計画』http://www.env.go.jp/recycle/
　　circul/keikaku/keikaku_3.pdf（最終アクセス日：2015 年 12 月 1 日）。

環境省（2014）『平成 26 年版　環境・循環型社会・生物多様性白書』https://www.env.
　　go.jp/policy/hakusyo/h26/pdf.html（最終アクセス日：2015 年 12 月 1 日）。

環境省（2015）『平成 27 年版環境白書・循環型社会白書・生物多様性白書』http://www.
　　env.go.jp/policy/hakusyo/h27/pdf/2_4.pdf（最終アクセス日：2015 年 12 月 1 日）。

環境省生物多様性総合評価検討委員会（2010）『生物多様性総合評価報告書』『生物多様性
　　総合評価の概要』http://www.biodic.go.jp/biodiversity/activity/policy/jbo/jbo/index.
　　html（最終アクセス日：2015 年 12 月 1 日）。

経済産業省（2015）『長期エネルギー需給見通し』http://www.meti.go.jp/press/2015/07/
　　20150716004/20150716004_2.pdf（最終アクセス日：2015 年 12 月 1 日）。

厚生労働省（2008）『「新待機児童ゼロ作戦」について（概要）』http://www.mhlw.go.
　　jp/houdou/2008/02/dl/h0227-1a.pdf（最終アクセス日：2015 年 12 月 1 日）。

厚生労働省（2014）『平成 25 年　国民生活基礎調査の概況』http://www.mhlw.go.
　　jp/toukei/saikin/hw/k-tyosa/k-tyosa13/index.html（最終アクセス日：2015 年 12 月
　　1 日）。

国土審議会水資源開発分科会調査企画部会（2013）『大規模災害等に対する水供給システ
　　ムへの被災状況と対応』http://www.mlit.go.jp/common/001020124.pdf（最終アクセ
　　ス日：2015 年 12 月 1 日）。

国土審議会水資源開発分科会調査企画部会（2014）『ゼロ水（危機的な渇水）への備え』
　　http://www.mlit.go.jp/common/001057775.pdf（最終アクセス日：2015 年 12 月 1 日）。

国土審議会水資源開発分科会（2015）『今後の水資源政策のあり方について——水の恵み
　　を享受できる「幅を持った社会システム」への転換　答申』http://www.mlit.go.
　　jp/report/press/water02_hh_000061.html（最終アクセス日：2015 年 12 月 1 日）。

首相官邸（2013）『日本再興戦略　中短期工程表』http://www.kantei.go.jp/jp/singi/
　　keizaisaisei/pdf/koutei_jpn.pdf（最終アクセス日：2015 年 12 月 1 日）。

総務省統計局（2015）『労働力調査』http://www.stat.go.jp/data/roudou/sokuhou/nen/ft/
　　index.htm（最終アクセス日：2015 年 12 月 1 日）。

総務省統計局（2016）『日本統計年鑑』http://www.stat.go.jp/data/nenkan/index1.htm

（最終アクセス日：2015 年 12 月 1 日）。

独立行政法人国際協力機構（2015）『国際協力機構年次報告書 2015』http://www.jica.go.jp/about/report/2015/index.html（最終アクセス日：2015 年 12 月 1 日）。

内閣府（2014 および 2015）『自殺対策白書』http://www8.cao.go.jp/jisatsutaisaku/whitepaper/index-w.html（最終アクセス日：2015 年 12 月 1 日）。

内閣府（2015a）『平成 27 年版少子化社会対策白書』。

内閣府（2015b）『平成 27 年版男女共同参画白書』。

内閣府・男女共同参画推進連絡会議（2011）『「2020 年 30%」の目標の実現に向けて』http://www.gender.go.jp/kaigi/renkei/2020_30/pdf/2020_30_all.pdf（最終アクセス日：2015 年 12 月 1 日）。

内閣府ホームページ（n. d.）『仕事と生活の調和推進のための行動指針』http://wwwa.cao.go.jp/wlb/government/20barrier_html/20html/indicator.html（最終アクセス日：2015 年 12 月 1 日）。

農林水産省（2003）『抗生物質の使用と薬剤耐菌性の発生について——家畜用の抗生物質の見直し』http://www.maff.go.jp/j/syouan/johokan/risk_comm/r_kekka_iyaku/h151110/pdf/031110_giji.pdf（最終アクセス日：2015 年 12 月 1 日）。

農林水産省ホームページ　『日本の食料自給力』http://www.maff.go.jp/j/zyukyu/zikyu_ritu/012_1.html（最終アクセス日：2015 年 12 月 1 日）。

POST2015 プロジェクト（2016）『SDGs 達成に向けた日本への処方箋』http://kanie.keio.ac.jp/post2015/wp-content/uploads/2016/03/prescriptions-for-the-SDGs-implementation.pdf（最終アクセス日：2015 年 12 月 1 日）。

（榎原友樹・蟹江憲史・小坂真理）

終　章	21世紀の持続可能なガバナンスとSDGs

　本書は，持続可能な開発目標（SDGs）を①その背景となった変化，②SDGsの特徴と具体的課題に関する諸問題，③SDGsの実施に関する課題，という3つの観点から分析を加えた。本書の検討を通じ，いくつかの点が明らかになった。今後の研究課題とともに，それらを以下に整理する。

　まず第一に，目標設定によるグローバル・ガバナンスという新しいアプローチの特徴である。目的設定によるガバナンスは，国際法体系による「できること」の積み上げ式アプローチの限界が，「やらねばならぬこと」との重要なギャップをもたらし始めた時代に，「やらねばならぬこと」を提示することから始めた新しいアプローチである。それは，設定当初においては国際法システムからは切り離されている。SDGsは法的拘束力を有するものではなく，国連決議によって決められたものである。そのため，各国による批准プロセスを経て発効するものでもない。国連で採択されたSDGsを国内法システムに移行することについての法的な責任もない。しかしながら，いくつかの目標は他のプロセスを刺激し，あるいは副次効果を生みながら，法的なレジームの一部となる可能性もある。例えば，目標13の気候変動に関する目標は，国連気候変動枠組条約やパリ協定といった合意との関連性を見ることができる。今後こうした，既存のあるいは今後生じてくる国際合意との関連やその関連研究はますます重要性を増してくるであろう。一方，SDGsは「測り，比べる」というのが最大の特徴である。指標設定は国連レベルで終わるわけではなく，今後国レベルや企業等でも指標設定が奨励されている。これまで考えられてきた，OECDの指標や，人間開発指標，幸福度指標，新国富などといったものを踏まえ，指標によって何がどう測られ，計測へ向けた能力がいかにして高められ，そして社会がどう変わるのか。明らかにすべき課題は多い。

　第二に，SDGsはグローバルな目標設定の包括性や統合性に重要な特徴をもつ。

一見極めて数の多い 17 の目標と 169 のターゲットは，実は相互連関しており，いくつかの目標を実施することで，他の目標も自ずと実施せざるを得なくなる。また，MDGs とは異なり，SDGs は途上国も先進国も目標実施の対象となっている。これに関連し，MDGs が貧困の削減に焦点を当てていたのに対し，SDGs では貧困の削減や経済的発展に加えて，公平性やよいガバナンス，環境保全にも焦点があたっており，持続可能な開発の環境，経済，社会という 3 つの側面が統合された形になっている。これはグローバルアジェンダ設定においては非常に重要な進展である。1970 年代より持続可能な開発の議論ははじめられていたが，国連の問題としては持続可能な開発という議題はそれほどの主要な議題にはなっていなかった。約 40 年を経た 2015 年に，持続可能な開発の議題は，国際経済の議題と同等の国際アジェンダとして認識されることになったわけである。こうした変化は，各個別目標においても，量から質への変化，資源投入からシステム全体の変革への変化といったように表れてきている。SDGs は単なる MDGs の拡大延長ではなく，大きな変革なのである。変革がどのように浸透するか，どのようなメカニズムで生み出されるか，さらには，本当に変革がもたらされるのか。その失敗と成功や要因等，今後明らかにすべき点は多い。

研究コミュニティにおいても，課題解決型の研究推進が世界的トレンドになりつつある。2014 年に始まったフューチャー・アース（Future Earth）という地球変動に関する一大国際研究プログラムでも，超学際とも，文理社会協働とも訳されるトランスディシプリナリティー（transdisciplinarity）による新たな研究フロンティアの開拓が求められている。象牙の塔を飛び出して，社会の中で真の学際研究を行う取り組みである。

第三に，ただし，SDGs は戦略的プロセスを経て合意されたものではないという点が挙げられる。SDGs は，2011 年に最初のアイデアが出され，2012 年の UNCSD（リオ + 20）において 2015 年までに SDGs を詳細に作っていくと決まったが，この時 SDGs がポスト 2015 年開発アジェンダの中核を成すメカニズムになるとは多くの人は予想していなかった。しかし，2014 年を中心に開催された OWG プロセスがポスト 2015 年開発アジェンダを議論する唯一の国家間フォーラムの場であったことから，次第に SDGs は国連システムの中で中核的な役割を果たすこととなった。こうした偶然もまた，国際政治ではよくあることであるが，SDGs の策定過程についても，さらなる検討や分析が必要であろう。

第四に，目標設定によるガバナンスは，国家間のゆるやかな制度調整やネットワークを通して機能することが期待されているという点が挙げられる。目標17ではグローバル・パートナーシップの強化や促進を求めており，自発的な約束や行動を基にパートナーシップを構築することで，世界規模でのSDGs実施やそのモニタリングを進めていくこととなる。認証制度や，NGOと企業によるパートナーシップを通じた監視システムなど，目標をめざしながら制度的イノベーションが自由な発想で登場する可能性がある。すなわち，ゆるやかな制度調整とはいえ，目標の実施達成度が低くなるわけではないのである。ボトムアップであり，コンセンサスに基づいて，各国が自発的に行い，またステークホルダーを重視するガバナンスでは，その参画者そのものがSDGを成功に導く主要な要因としてあげられることになる。逆にいえば，近年の，法的拘束力のある多国間合意が困難に直面しているという状況の中では，こうした仕組みに今後期待せざるを得ないともいえよう。SDGsのグローバルレベルの実施については，制度的にモニタリングを行うしくみはこれまで曖昧ではあったが，統計的進捗によるモニタリングにプラスしてハイレベル政治フォーラム（HLPF）がその責任を担うこととなった。今後，どの程度HLPFによるガバナンスが効果的であるかを検証していく必要がある。

　こうした特徴を持つSDGsの実施を今後成功に導くための条件や課題としては，以下の点を挙げておきたい。

　まず，目標設定によるガバナンスの成功は，以下の点にかかっていることを認識することが必要となる。すなわち，各国のコミットメントを掲げることで，進捗評価のための明確なベンチマークを設定すること，そして各国政府における公式で測定可能な公約を掲げ，場合によって各国は自らの約束を実行できない不履行においては体面を損なうと感じさせる手続きを設定すること，といった点である。このことは，これまでの法的枠組みに基づく国際協力行動と対比すればより鮮明になるであろう。例えば，気候変動の場合は，2015年のパリ協定へのレジーム構築に向けて，約束草案という形で各国政府の公約を示すことになった。SDGsはその逆の道をたどり，先に国連においてグローバルにおける合意をつくったが，それに続くように国レベルの公約を示すことである。国における公約には国内で拘束力を持たせる事が理想である。まさに，バックキャスティングのアプローチである。加えて，SDGsの実施の進捗を測るための指標や，既存の伝統

的な国別報告を超えるようなレビューのシステムも必要となるであろう。

　これに関連し，第二に，SDGs は世界的に適用されるものであるが，国の状況，能力や背景を考慮しながら国や地域に適応しながら実施することが期待されている点が重要である。この点はグローバルで画一的な，いわゆる "one-size-fits-all" アプローチをとっていた MDGs とは根本的に異なる点であり，本書の第13章でも特に協調されている点である。多くの国で，国家開発目標や計画が存在するため，それらを国連で合意された SDGs に鑑みながら，各状況に合わせて変革していく作業が必要である。その際，いかに国内の資源を動員するかという点に加えて，その国の役割や世界の中でとるべきポジションについて考察する必要がある。同様に，すでに国内における目標があっても SDGs の目標達成年である 2030 年と一致しないような異なるタイムフレームで設定している場合や，国の目標が国連で合意された SDGs の目標よりも低い場合には，国内における調整が必要となる。そのため，SDGs を成功に導くためにはグローバルレベルでの野心的な目標設定と，国レベルの背景に鑑みた野心の間の効果的な「翻訳」作業が必要となる。本書 13 章に示した日本への「処方箋」はこうした作業の一例である。

　第三に，グローバルレベルにおけるガバナンスを既存の制度とどのように統合させていくのか，あるいは連携させるのかという点が，SDGs 実施の主な課題となってくる。目標設定によるガバナンスにおいては，他の法的レジームとは異なり，既存あるいは新設のガバナンスの調整とは必ずしも一体とはなっていない形の野心（aspiration）から始まっているという点を課題として十分認識する必要がある。

　グローバルレベルで進捗モニタリングの中核制度となるのは「持続可能な開発のためのハイレベル政治フォーラム（HLPF）」である。2015 年に各国政府は，HLPF が「グローバルレベルにおけるフォローアップとレビューのプロセスのネットワークを監督する中心的役割」を果たすことに合意した。SDGs の進捗状況を把握する 1 つの要素として，「グローバル持続可能な開発報告書（Global Sustainable Development Report：GSDR）」があげられる。指標によって進捗を測る一方で，GSDR がより質的に進捗を測る役割を担うことになる。GSDR は政策指向で，SDGs 実施における成功点のみをあげるだけではなく，実施に向けた政策ギャップや過不足点についても言及するものと考えられており，2030 アジェンダでも話されているように，科学と政策のインターフェイスを強化する重要な役割

を担うことになる。包括的課題としての SDGs に関する科学的評価を総合的に評価する，という非常に挑戦的な役割が期待されるわけである。その意味では，こうしたメカニズムを通じて HLPF が十分な調整機能を発揮できるかどうか，そしてそのための制度設計がいかなるものとなるべきかについて，さらなる研究が必要となる。

　資源の動員も，SDGs の成功には欠かせない。目標 17 では，グローバル・パートナーシップを推進することにより知識，専門的知見，技術及び資金源を動員することが期待されている。SDGs は公的資金だけで実施可能なものではなく，官民パートナーシップや民間の連携によるパートナーシップも必要である。また，リーダー国や先進企業，自治体などを含むステークホルダーのリーダーシップも重要であろう。

　特定のターゲットに的を絞ったもの，あるいは特定の国において構築されるパートナーシップの存在も重要である。例えば，ターゲット 12.3「2030 年までに小売り，消費レベルにおける世界全体の一人当たりの食糧の廃棄を半減させ，収穫後損失などの生産・サプライチェーンにおける食料の損失を減少させる」について，世界資源研究所（World Resources Institute）とオランダ政府が共同でたちあげた「Champion 12.3」というイニシアティブは，政府，ビジネス，国際機関，研究機関，農家団体，市民団体がパートナーシップを構築して，2030 年の目標に向けた食料損失と廃棄に関する活動を促進させる目的をもっている。また日本では，SDGs の実施活動を促進する「Open 2030 プロジェクト」が立ち上がっており，この運営は企業だけではなく，NGO や政府，研究者がパートナーシップを構築することにより実施されている。このように SDGs を促進する手段のひとつとしてパートナーシップは促進されるべきであるが，一方でパートナーシップにも課題がある。2002 年のヨハネスブルグ・サミットで合意された「タイプⅡ文書」というパートナーシップ実施の経験を踏まえると，透明性確保などの様々な点で課題も残されている。こうした点を克服して新たなパートナーシップのイノベーションを起こすことができるか，その条件は何か。課題は山積である。

　最後に，今後 15 年で起こり得る変化に対応するガバナンスの適応力，言い換えればレジリエントなガバナンス構築，という課題を挙げておきたい。目標によるガバナンスは新たな状況に対応できるように柔軟でなければいけない。例えば2000 年からの 15 年の間には，インターネットの普及，地球システムの脆弱性が

明らかになったことなどはもとより，中国やインドが経済的に台頭してきたこと，途上国の間で不均一な速度で経済成長が起こり，それに起因する形で国際交渉における「G77＋中国」というひとつの交渉グループの求心力が落ちていったこと，政府ではないアクターが意思決定の場に参加するようになったことなど，どれも2000年以前には明確かつ十分認識されていなかった変化が起きている。2016年から2030年に向けた15年の間にも大きな変化が起こり得るだろう。そのためのガバナンスの構築は，予測できない変化に対応できるように十分に高い柔軟性を有するべきであるし，どうすればそのような柔軟性を維持できるかについても，今後明らかにすべきである。

　課題は大きいが，それだけの課題を解決できるだけの潜在性のあるアプローチが，目標によるガバナンスであるという期待もできる。世界の意思は示された。その「本気度」が試される今後15年である。

（蟹江憲史・小坂真理）

索　引
(*は人名)

あ 行

アウトカム指標　73
アウトプット指標　73
アクラ行動計画　202
アジアインフラ投資銀行　203
アジェンダ 21　3, 112, 183, 184, 214, 216–218, 220, 228
アディスアベバ合意　225
*イースタリン, R.　82
異常気象　141
イノベーション　148
因果ループ　98
インクルーシブ教育　279
インセンティブ　154, 235
インターリンケージ (inter-linkage)　89
インド　154
インドネシア　248
インフォーマルセクター　254
インプット指標　73
*ヴィゴツキー, L.S.　110
ウェルビーイング　69
ウォーター・フットプリント　90, 92, 95
栄養不良の二重苦　132
エコロジカルフットプリント　71
エネルギー　141
エネルギー・アクセス　148
エネルギー効率　148
エボラ出血熱　277
援助効果に関するパリ宣言　202
温室効果ガス　141, 164, 167–169

か 行

*カーソン, R.　80
カーボン・フットプリント　158

海外直接投資　→FDI
改善率　73
開発援助委員会　→DAC
開発指標　79
開発のためのグローバル・パートナーシップ　185
海洋の酸性化　43
格差　162, 169–172, 245
格差社会　270
格差是正　172
学習する組織 (Learning organization)　114
隠れた栄養不良　131
価値観　246
価値判断　235
カナダのウェルビーイング指標　→CIW
ガバナンス　158, 170–173, 216, 290
環境改善　163, 168, 169, 172
環境基準　170
環境クズネッツ曲線　163, 164, 166, 168–173
環境資源制約　42, 43, 47, 50, 64
環境指標　166
環境需要　168–172
環境需要の所得弾力性　168
環境と開発に関する国連会議　→地球サミット
環境と開発に関する世界委員会　→ブルントラント委員会
環境破壊　163
環境負荷　158
環境保全　170, 172, 173
環境容量 (プラネタリー・バウンダリー)　102
環境劣化　163, 166, 170, 171
環境劣化指標　163
官民パートナーシップ　→PPP

緩和策　141

キー・コンピテンシー（Key competencies）
　　114

気候変動　43, 172, 173, 284

気候変動による損失・損害　144

気候変動抑制策　141

気候変動枠組条約　142, 183, 200

気候変動枠組条約第15回締約国会議　→
　　COP15

気候変動枠組み条約第21回締約国会議
　　→ COP21

技術メカニズム　151

技術ロードマップ　155

客観的情報　230, 236

教育　81, 271

教育の質　108, 122, 123

共通価値の創造　→ CSV

共通だが差異のある責任　199

京都議定書　15, 143, 200

居住環境　242

近代化論（Modernization theory）　109,
　　110

金融メカニズム　151

＊クズネッツ, S.　79

グリーン・エコノミー　68, 74-76, 93

クリーン・エネルギー　172

クリーン開発メカニズム　→ CDM

グリーン気候基金　→ GCF

グリーン成長　68, 74-78

グローバル化　112

グローバル・ガバナンス　179, 297

グローバル・コンパクト　222-224, 228

グローバル持続可能な開発報告書　→
　　GSDR

グローバル・シティズンシップ教育　107

グローバル指標　218

グローバルストックテーク　148

グローバル・タックス　203

グローバル・パートナーシップ　299

グローバル・ファンド　200-202

グローバル・レポーティング・イニシアティ
　　ブ　→ GRI

経済開発指標　79

経済協力開発機構　→ OECD

経済協力開発機構開発援助委員会　→
　　OECD/DAC

経済社会理事会　217

経済成長　162, 163, 170, 172

経済成長率　164

経済発展　169, 171-173

経済発展指標　163

携帯電話　242, 243

＊ケネディ, R.　80

健康　275

健康寿命　275

原子力発電　142

公害　170

公害防止　171

公害防止協定　170

公害問題　239

交渉力　169-172

厚生　163

幸福度指標試案　84

幸福度に関する研究会　84

効率性（Effiiency）　155

国際開発資金会議　199

国際開発目標　→ IDGs

国際通貨基金　→ IMF

国際復興開発銀行　→ IBRD 世界銀行

国際連合　80

国際連盟　79

国内総生産　→ GDP

国民経済計算　173

国民経済計算システム　→ SNAs

国民所得計算　79

国民総生産　→ GNP

国連開発計画　→ UNDP

国連環境開発会議　199

国連環境計画　→ UNEP

国連自然保護連合　→ IUCN

国連持続可能な開発会議（リオ＋20）　3,
　　14, 93, 96, 182, 184, 188

国連持続可能な開発サミット　42

国連総会　198

国連大学　43

国連統計委員会　118

国連人間環境会議（ストックホルム会議）
　　111, 214

国連ミレニアムサミット　83

国連ミレニアム宣言　25

＊コッブ，J.　81

固定価格買取制度　→ FIT

コペンハーゲン　82

コペンハーゲン・アコード　154

コミュニティー　247, 248

コンピテンシー　114

さ　行

災害リスク削減　→ DRR

最終処分量　288

再生可能エネルギー　141, 148

サステイナビリティ指標　68, 85

サプライ・チェーン　157

サルコジ報告書　83

参加型アプローチ　100

三大感染症　200, 276

シェールガス　152

ジェンダー　14, 83, 281

ジェンダー格差　118

ジェンダー平等　118

時間　257

識字率　118

資金ギャップ論　198

資源・エネルギー　286

資源生産性　288

資源利用　93

システム思考（Systems thinking）　114

システム・ダイナミックス　98

自然資本　42, 44, 173

持続可能性（サステイナビリティ）　42-43,
　　47, 63, 64, 84, 111, 155, 162, 163, 172, 173

持続可能な開発　47

持続可能な開発委員会　→ CSD

持続可能な開発に係る指標　70

持続可能な開発に関する国家委員会　→

NCSD

持続可能な開発に関する国家戦略　→
　　NSDS

持続可能な開発の指標　69

持続可能な開発のための 2030 アジェンダ
　　8, 10-12, 42, 68, 89, 146, 189, 196, 214, 220

持続可能な開発のための教育　→ ESD

持続可能な開発のための世界経済人会議
　　→ WBCSD

持続可能な開発のための世界サミット　→
　　ヨハネスブルグ・サミット

持続可能な開発目標　→ SDGs

持続可能な経済的福祉の指標　→ ISEW

持続可能な消費と生産　→ SCP

持続性　64

持続的開発指標　→ SDI

実現性の窓（Window of Viabiity）　155

実施手段　→ MoI

実施手段（means of implementation）
　　215, 225

疾病の二重の負担　130

指導的地位　282

指標（indicator）　69

指標が満たすべき要件　70

指標の利用目的　69

市民社会　81

市民リテラシー　278

社会開発指標　79

社会的弱者　14, 233

社会的疎外　261

社会的費用　81

社会的便益　81

社会的包摂　261

シャドープライス　47, 48

柔軟性　155

住民参加型ワークショップ　247, 248

住民ニーズ　233

住民の幸福実感向上を目指す基礎自治体連合
　　（幸せリーグ）　84

主観的情報　230, 236

循環利用率　288

純就学率　26, 30

使用制限目標　50

情報通信技術　→ ICT

使用量制限　48

食料　271

食糧自給率　274

初等教育　35

初等教育修了率　118

ジョムティアン　82

新型インフルエンザ　277

人権主義　82

人工資本　42, 44, 46, 173

新国富（包括的な富，Inclusive Wealth）
　42-47, 63, 64, 172, 173

人的資本　42, 44, 173

人的資本論　109

信頼関係　249

森林破壊　167

スティグリッツ報告書　83

ステークホルダー　214-216, 218, 220, 221,
　225, 226, 228

ストック　42, 47, 172

すべての人のための持続可能エネルギー
　→ SE4ALL

スマート・グリッド　151

成果重視の管理　202

生活時間調査（time-use study）　250

生活当事者　81

生活の質　82

脆弱性　260, 261

成層圏のオゾンの破壊　43

『成長の限界』　80

政府開発援助　→ ODA

生物多様性　173, 289

生物多様性条約　15, 183, 219

生物多様性の損失　43

生物多様性保全　172

世界エイズ・結核・マラリア対策基金（グロ
　ーバルファンド）　129

世界開発報告　163

世界教育推進活動　→ GEFI

世界教育フォーラム 2015（World Education
　Forum 2015）　106

世界銀行（World Bank）　23, 163, 199

世界経済フォーラム　226

世界自然保護基金　→ WWF

世界人権宣言　22

世界的な淡水利用　43

赤道原則　201

世代間・世代内の公正　112

絶対的貧困　270

＊セン，A.　81

＊センゲ，P.　114

潜在能力（capability）　110

相対的貧困　270

ソーシャルキャピタル（社会関係資本）
　255

損失・損害　145

損失・損害のためのワルシャワ国際メカニズ
　ム　145

た　行

ターゲット　221

ダーバン・プラットフォーム　143

第一次国連開発の 10 年　80

大気エアロゾルの付加　43

大気汚染　163, 166, 168-170

第 3 回開発資金会議　225

耐性菌　271

第 2 回国連防災会議　117

多国間基金　197

多国間資金メカニズム　197, 203

多地域間産業連関表　157

「ダッシュボード型」の指標　72

多様性（Diversity）　155

淡水資源　61

炭素回収・貯蔵　→ CCS

地下浸透・涵養機能　284

地球温暖化対策　112

地球温暖化対策税制　208

地球環境ファシリティ　→ GEF

地球公共財　81, 199

地球サミット　2, 96, 112, 183, 188, 220

地球市民教育　→ GCED

地球の境界（Planetary Boundaries）　43, 57-64

窒素とリンの循環　43

中国　152

中東呼吸器症候群（MERS）　277

直接アクセス方式（direct access modality）　202

『沈黙の春』　80

低炭素型産業　2

低炭素社会　154

ディマンドレスポンス　152

＊デーリー，H.　81

適応基金　200

適応策　143

＊デューイ，J.　110

統計，知識及び政策に関する国際フォーラム　83

統合的な水資源の管理　285

統合的水管理　→ IWRM

当事者意識（オーナーシップ）　202

特別引出権　197

都市化　240

都市型水害　285

都市生活ニーズ指数　→ BNU

土地利用の変化　43

トップダウン・アプローチ　230

鳥インフルエンザ　277

トリプルボトムライン　72, 82

な　行

名古屋議定書　15

二酸化炭素　142

21世紀型学力　114

21世紀金融行動原則　206

2015年へのカウントダウン・イニシアティブ　130

乳幼児死亡率　26

人間開発指標　→ HDI

人間開発報告書　82

人間開発論　110

人間の潜在能力発展アプローチ　81

妊産婦および乳幼児の健康を守るためのパートナーシップ　130

ネクサス（Nexus）　85, 89-91

ネクサス・アプローチ　90, 91, 96, 100, 102

ネクサス構造　98, 101

ネットワーク　155

能力強化　260

は　行

バーチャル・ウォーター　90, 92

バイオマス発電　204

排出量目標（約束草案）　148

ハイレベル政治フォーラム　→ HLPF

パリ協定　147

万人のための教育　→ EFA

万人のための教育世界宣言　23

汎用的能力　114

ピアソン報告　23

非識字者　118

批判的教育学（critical pedagogy）　113

兵庫県の豊かさ指標（Hyogo Well-being In-dex）　85

兵庫行動枠組 2005-2015　117

費用便益分析　45, 46

貧困　81, 172, 270

貧困人口　162

フィードバックループ　99

フィリピン　248

ブータン　84

フォローアップ　219-221

複合指標　82, 84

複雑性　102

不就学者数　118

2つのギャップ論　198

不平等　170, 171

プライベート・ファイナンス・イニシアティブ　→ PFI

＊ブルデュー，P.　121

ブルントラント委員会　13, 183

ブルントラント報告書　112

＊フレイレ，P.　113

プロジェクト評価　64
文化資本（cultural capital）　120, 121, 123
米国　152
閉鎖性水域　285
ベーシック・ヒューマン・ニーズ　→ BHN
ヘルスリテラシー　128, 133, 134
ベンチマーク　236
変容的学習（transformative learning）　113
包括的『富』報告書2014（新国富報告書）（Inclusive Wealth Report 2014: UNU-IHDP and UNEP 2014　43
保健衛生　81
ポスト2015年開発アジェンダ　4, 5, 38
ボトムアップ・アプローチ　230

ま　行

マネジメント・サイクル　100, 101
マラリア　27, 32, 36
マルチステークホルダー　214, 215, 217, 220, 222
水　283
水・エネルギー・食料ネクサス　91, 102
水資源　92
水リテラシー　115-117
ミッション・イノベーション　154
緑の気候基金　154
ミニ炭素税　211
ミレニアム開発宣言　83
ミレニアム開発目標　→ MDGs
ミレニアム・サミット　25
民主主義指標　169
無報酬活動　281
メジャーグループ（major group）　216, 220
＊メジロー, J.　113
目標達成度　73
モニタリング　215, 217-221, 225

や　行

有限性　102
有志連合（Coalitions of the Willing）　225
ユニバーサル・ヘルス・カバレッジ　128, 137
幼児死亡率　31, 35
『4つの自由』　22
ヨハネスブルグ行動計画　3
ヨハネスブルグ・サミット　2, 13, 112, 185, 301
よりよい暮らし指標　→ BLI
よりよい暮らしのためのイニシアティブ（Better Life Initiative）　83

ら　行

リーマンショック　83
リオデジャネイロ　82
利害関係者　231
リテラシー　114, 117
倫理観　246
レジリエンス（Resilience）　141, 155
レッドリスト　289
レビュー　215, 218-221, 225
連環　89
連結性（Connectivity）　155
ローカル・アジェンダ21　214, 217, 218, 220, 221

わ　行

『われら共有の未来（Our Common Future）』　111
『我々の求める未来（The Future We Want）』　96

アルファベット

BHN　110
Blended Finance　226, 227

BLI（Better Life Index）　83

BNU（Basic Needs of Urban-Life Index）
　258, 260

Breakthrough Energy Coalition　155

CCS　142

CDM　200, 201

CIW（Canadian Index of Well-being）　84

COP15　143, 181

COP21　147

CSD　216-218

CSV（Creating Shared Value）　197

DAC　82

DAC 新開発戦略　82

DeSeCo（Definition and Selection of Competencies: Theoretical and Conceptual Foundation）　114

DPSIR フレーム　72

DRR　117

EFA（Education for All）　106, 108, 111, 118

ESD　106, 107, 109, 112, 113, 115, 116, 118, 122

ESG 投資　207

FDI　216, 225

FIT　197, 204, 205, 211

Future Eaeth　94

GAH（グロス・アラカワ・ハッピネス）　84

GAVI ワクチン・アライアンス（旧称：ワクチンと予防接種のための世界同盟）　129

GCED（Global Citzenship Education）　106

GCF　203

GDP　42, 43, 79

GEF　200

GEFI（Global Education First Initiative）　107

genuine savings　71

GNH　84

GNP　79

GPI（Genuine Progress Indicator）　81

GRI　223

GSDR（Global Sustainable Development Report）　96

Happy Planet Index　71

HDI（Human Development Index）　82

HIV（エイズ）　22, 27, 32, 36

HLPF　68, 182, 217

IAEG-SDGs　68

IBRD 世界銀行　80

ICT（Information and Communication Thechnology）　241

IDGs　23, 31

IMF　80, 197, 199

Inclusive wealth index　71

ISEW（Index of Sustainable Economic Welfare）　81

IUCN　111, 289

IWRM　92

MDGs（Millenium Development Goals）　22, 25, 30, 31, 33, 34, 37, 38, 42, 82, 83, 106, 109, 111, 115, 128, 129, 136, 137, 162, 163, 172, 173, 186, 196, 199, 267, 270

MoI（Means of Implementation）　115-117, 215

NCSD　218

Nexus KAN（Knowledge Action Network）　94

NSDS　218

ODA　23, 33, 34, 199

OECD　82, 84, 114

OECD/DAC　23, 34

OECD 生徒の学習到達度調査（PISA）　114

PFI　291

PPP（Public Private Partnership）　155, 178

PSR フレーム　72

RACER クライテリア　70

Redefining Progress　81

SCP　222

SDG コンパス（SDG Compass）　223

SDGs　22, 38, 43, 50, 63, 68, 85, 106, 108,

116-118, 121, 162, 172, 173, 186, 196, 214-222, 224-228

SDG 指標に関する機関間専門家グループ
→ IAEG-SDGs

SDG ターゲット　218

SDI　79, 84

SE4ALL　226, 286

SNAs（System of National Accounts）　42, 82

UNDP　23, 81

UNEP　43

WBCSD　223

WWF　111

執筆者紹介 （所属，執筆順，＊は編著者）

＊蟹江憲史（編著者紹介参照，まえがき・序章・第1章・第9章・第13章・終章）

井口正彦（京都産業大学外国語学部国際関係学科助教，第1章・第6章）

宮澤郁穂（地球環境戦略研究機関（IGES）プログラム・マネージメント・オフィス主任研究員，第1章）

馬奈木俊介（九州大学大学院工学研究院都市システム工学講座主幹教授・都市研究センター長，第2章・第8章）

玉置哲也（九州大学大学院工学研究院環境社会部門特任助教，第2章）

中村寛樹（九州大学大学院工学研究院環境社会部門特任助教，第2章）

村上進亮（東京大学大学院工学系研究科准教授，第2章）

橋本征二（立命館大学理工学部環境システム工学科教授，第2章）

吉川直樹（立命館大学理工学部環境システム工学科特任助教，第2章）

草郷孝好（関西大学社会学部社会システムデザイン専攻教授，第3章）

鈴木政史（上智大学大学院地球環境学研究科准教授，第3章）

田崎智宏（国立環境研究所資源循環・廃棄物研究センター循環型社会システム研究室室長，第3章・第4章）

遠藤愛子（総合地球環境学研究所准教授，第4章）

北村友人（東京大学大学院教育学研究科准教授，第5章）

興津妙子（日本学術振興会特別研究員（RPD）早稲田大学大学院アジア太平洋研究科，第5章）

山﨑瑛莉（上智大学グローバル教育センター特任助教，第5章・第6章）

稲場雅紀（一般社団法人SDGs市民社会ネットワーク（SDGsジャパン）代表理事，第6章）

山本太郎（長崎大学熱帯医学研究所国際保健学分野主任教授，第6章）

鎗目雅（香港城市大学能源及環境学院副教授，第7章）

亀山康子（国立環境研究所社会環境システム研究センター副センター長，第7章）

春日　秀文（かすがひでふみ）（関西大学経済学部経済学科教授，第8章）

小林　光（こばやしひかる）（慶應義塾大学大学院政策・メディア研究科特任教授，第10章）

森　晶寿（もりあきひさ）（京都大学大学院地球環境学堂准教授，第10章）

吉田　哲郎（よしだてつろう）（地球環境戦略研究機関（IGES）持続可能な社会のための政策統合領域タスク・マネージャー，第11章）

森　秀行（もりひでゆき）（地球環境戦略研究機関（IGES）所長，第11章）

阿部　直也（あべなおや）（東京工業大学環境・社会理工学院 融合理工学系地球環境共創コース准教授，第12章）

榎原　友樹（えはらともき）（株式会社イー・コンザル代表取締役，第13章）

小坂　真理（こさかまり）（東海大学教養学部人間環境学科特任准教授，第13章・終章）

《編著者紹介》

蟹江憲史 (かにえ・のりちか)

1969年	生まれ。
1994年	慶應義塾大学総合政策学部卒業。
2001年	博士学位（博士（政策・メディア））取得（慶應義塾大学）。
現　在	慶應義塾大学大学院政策・メディア研究科教授。
	東京工業大学大学院社会理工学研究科連携教授。
	国連大学サステイナビリティ高等研究所シニア・リサーチフェロー。
	東京大学サステイナビリティ学連携研究機構客員教授。
	大学共同利用機関法人人間文化研究機構総合地球環境学研究所客員教授。

著　作　Kanie, N. and F. Biermann (eds.) forthcoming (2017) Governing through Goals: Sustainable Development Goals as Governance Innovation, MIT Press.

Kanie, N., P. M. Haas, S. Andresen (eds.) (2014) *Improving Global Environmental Governance: Best Practices for Architecture and Agency*, Routledge.

Kanie, N. and P. M. Haas (eds.) (2004) *Emerging Forces in Environmental Governance*, United Nations University Press.

Kanie, N., P. M. Haas, S. Andresen, G. Auld, B. Cashore, P. S. Chasek, J. A. Puppim de Oliveira, S. Renckens, O. Schram Stokke, C. Stevens, S. D. VanDeveer and M. Iguchi (2013) "Green Pluralism: Lessons for Improved Environmental Governance in the 21st Century" *Environment: Science and Policy for Sustainable Development*, Volume 55, Issue 5: 14-30.

Griggs, D., M. Stafford-Smith, O. Gaffney, J. Rockström, M. C. Öhman, P. Shyamsundar, W. Steffen, G. Glaser, N. Kanie, and I. Noble (2013) Sustainable development goals for people and planet, *Nature*, 495: 305-307. (21 March 2013).

『地球環境外交と国内政策——京都議定書をめぐるオランダの外交と政策』（慶應義塾大学出版会，2001年）ほか。

持続可能な開発目標とは何か
——2030年へ向けた変革のアジェンダ——

| 2017年 3 月30日 | 初版第 1 刷発行 | （検印省略） |
| 2020年12月 1 日 | 初版第 3 刷発行 | |

定価はカバーに
表示しています

編著者	蟹　江　憲　史
発行者	杉　田　啓　三
印刷者	大　道　成　則

発行所　株式会社　ミネルヴァ書房

607-8494　京都市山科区日ノ岡堤谷町1
電話代表　(075)581-5191
振替口座　01020-0-8076

太洋社・藤沢製本

ISBN978-4-623-07779-3
Printed in Japan

勝間　靖 編著 　　　　　　　　　　　　　　　　A 5 ・352頁
テキスト国際開発論　　　　　　　　　　　　　本体2,800円

大芝　亮 編著 　　　　　　　　　　　　　　　　A 5 ・242頁
国際政治学入門　　　　　　　　　　　　　　　本体2,800円

長谷川雄一・高杉忠明 編著 　　　　　　　　　　A 5 ・436頁
新版 現代の国際政治　　　　　　　　　　　　本体3,500円

石井貫太郎 編著 　　　　　　　　　　　　　　　A 5 ・384頁
開発途上国の政治的リーダーたち　　　　　　本体3,600円

石井貫太郎 編著 　　　　　　　　　　　　　　　A 5 ・280頁
現代世界の女性リーダーたち　　　　　　　　本体3,200円

佐藤信一・太田正登 編著 　　　　　　　　　　　A 5 ・248頁
グローバル時代の国際政治史　　　　　　　　本体2,500円

内田孟男 編著 　　　　　　　　　　　　　　　　A 5 ・332頁
国際機構論　　　　　　　　　　　　　　　　　本体3,200円

竹原憲雄 著 　　　　　　　　　　　　　　　　　A 5 ・576頁
日本型 ODA と財政　　　　　　　　　　　　本体7,000円

内藤正典・岡野八代 編著 　　　　　　　　　　　A 5 ・258頁
グローバル・ジャスティス　　　　　　　　　本体2,800円

坂井秀吉・柳原　透・朽木昭文 編著 　　　　　　A 5 ・384頁
現代の開発経済学　　　　　　　　　　　　　本体3,800円

──────────ミネルヴァ書房──────────
http://www.minervashobo.co.jp/